新时代营销学系列新形态教材
中国高等院校市场学研究会推荐教材

市场营销学

符国群◎主　编
费显政◎副主编

中国高等院校市场学研究会组织编写

清华大学出版社
北　京

内 容 简 介

本书以顾客价值为主线、营销过程为辅线组织内容，全面、系统地介绍了营销基本原理、工具和方法。为加深理解，本书提供了反映最新营销实践的实例、案例、延伸阅读材料。全书分为价值理念篇、营销过程篇、价值发现篇、价值设计篇、价值创造与传递篇、价值获取篇，共 20 章。内容全面、体系完整、理论与操作并重，反映时代与本土特色，是一本既有传承又有创新的新形态教材。

本书既可作为高等院校市场营销本科专业入门教材，也适合经济与管理类专业学生学习使用。

图书在版编目（CIP）数据

市场营销学/符国群主编. —北京：清华大学出版社，2023.4（2024.8 重印）

新时代营销学系列新形态教材

ISBN 978-7-302-63230-6

Ⅰ．①市… Ⅱ．①符… Ⅲ．①市场营销学 – 教材 Ⅳ．①F713.50

中国国家版本馆 CIP 数据核字(2023)第 056664 号

责任编辑：刘志彬
封面设计：汉风唐韵
责任校对：宋玉莲
责任印制：刘海龙
出版发行：清华大学出版社
　　　　　网　　址：https://www.tup.com.cn，https://www.wqxuetang.com
　　　　　地　　址：北京清华大学学研大厦 A 座　　　　邮　　编：100084
　　　　　社 总 机：010-83470000　　　　　　　　　　邮　　购：010-62786544
　　　　　投稿与读者服务：010-62776969，c-service@tup.tsinghua.edu.cn
　　　　　质 量 反 馈：010-62772015，zhiliang@tup.tsinghua.edu.cn
　　　　　课 件 下 载：https://www.tup.com.cn，010-83470332
印 装 者：天津安泰印刷有限公司
经　　销：全国新华书店
开　　本：185mm×260mm　　　印　张：28　　　字　数：592 千字
版　　次：2023 年 5 月第 1 版　　　　　　　　印　次：2024 年 8 月第 2 次印刷
定　　价：79.00 元

产品编号：099847-01

丛 书 序

早在 20 世纪 30 年代，市场营销作为一门课程被引进我国，但受制于当时商品经济不发达，以及后来我国长期处于"短缺经济"状态，作为市场经济产物的市场营销并没有在中国"开枝散叶"。改革开放以后，伴随着我国社会主义市场经济的发展，经济学和管理学逐渐成为"显学"，作为管理学科重要组成部分的市场营销，不仅作为一门课程，还作为一个专业被众多大学开设。据不完全统计，目前我国有 700 余所高校开设了市场营销本科专业，每年招收的本科学生数以万计。不仅如此，作为商科知识的重要部分，几乎所有经济与管理类专业的学生都需要了解和学习市场营销知识，因此，社会对市场营销相关的教材和书籍有着巨大的需求。

有需求，就会有供给。早期的市场营销教材几乎是原封不动地对美国同类教材的翻译和"引进"，以至菲利普·科特勒的教材长时期成为我国学生接触、了解市场营销的启蒙读物。时至今日，我国绝大部分营销专业相关教材，都是以西方尤其是美国教材为基础加以改编或删减，真正立足于本土营销实践和具有中国理论特色的教材可谓凤毛麟角。这固然与中国营销学术总体上仍处于追赶阶段有关，也与我国一段时间营销学术界过于追求发表学术论文，对编写教材不甚重视有莫大关系。可喜的是，最近几年伴随国家对高校考核政策的调整，教材编写工作日益受到重视，一些优秀学者开始把更多的精力投入到教材建设中。

鉴于目前营销专业教材良莠不齐，众多高校教师在选用教材时面临难以抉择的窘境，中国高等院校市场学研究会（以下简称"学会"）决定组织全国营销领域知名学者编写一套具有本土特色、适应市场营销本科专业教学的高水平教材，以此推动营销学科建设和营销人才培养。本套教材力图博采众长，汇聚营销领域的最新研究成果及中国企业最新营销实践，以体现当前我国营销学术界在教材编写上的最高水准。为此，学会成立了专门的领导机构和编委会，负责每本教材主编、副主编遴选，同时要求主要撰稿者具有重要的学术影响和长期的一线教学经验。为确保教材内容的深度、广度和系统性，编委会还组织专家对教材编写大纲做了深入、细致的讨论与审核，并给出建设性修改意见。可以说，本套教材的编撰、出版，凝聚了我国市场营销学术界的集体智慧。

目前规划出版的教材共计 33 本，不仅涵盖营销专业核心课程教材，而且包括很多特色教材如《网络营销》《大数据营销》《营销工程》等，行业性教材如《旅游市场营销》《农产品市场营销》《医药市场营销学》《体育市场营销学》《珠宝营销管理》等。由于各高校在专业选修课甚至一些专业核心课程的开设上存在差异，本套教材为不同类型高校的教材选用提供了广泛的选择。随着社会、科技和教育的发展，学会还会对丛书书目进行动态更新和调整。

我们鼓励主编们在教材编写中博采众长，突出中国特色。本套教材在撰写之初，就提出尽量采用中国案例，尽可能多地选用本土材料和中国学者的研究成果。然而，我们也深知，市场营销这门学科毕竟发端于美国，总体上我国尚处于追赶者的地位。市场营销是一门实践性和情境性很强的学科，也是一门仍在不断发展、成长的学科，远未达到"成熟"的地步。更何况，发展中国本土营销学，既需要中国学者长期的研究积淀，也需要以开放的心态，吸收国外一切有益的优秀成果。在教材编写过程中，一味地排斥外来材料和成果，牵强附会地引用所谓"本土"材料，不仅是狭隘的，也是应当予以摈弃的。当然，在选用外来成果和材料时，需要有所甄别，有所批判和借鉴，而不是囫囵吞枣式地对所谓"权威材料"全盘接受。

本套教材的编写，在学会的发展史上也是一个里程碑式的事件。为了保证教材的编写质量，除了邀请在各领域的资深学者担任编委会成员和各教材的主编，还要求尽量吸收各领域的知名学者参与撰稿。此外，为方便教材的使用，每本教材配备了丰富的教辅材料，包括课程讲义、案例、题库和延伸阅读材料等。本套教材出版方清华大学出版社具有多年新形态教材建设经验，协助编者们制作了大量内容丰富的线上融媒体资源，包括文本、音视频、动漫、在线习题、实训平台等，使丛书更好地适应新时代线上线下结合的教学模式。

教材编写组织和出版过程中，众多学者做出了努力，由于篇幅所限，在此不一一致谢。特别要感谢学会副会长、华东理工大学景奉杰教授，从本套教材的策划、组织出版到后期推广规划，他尽心尽力，做出了非凡的贡献。清华大学出版社经管事业部刘志彬主任也是本套教材的主要策划者和推动者。从 2019 年 9 月清华大学出版社和学会达成初步合作意向，到 2020 年 12 月学会教学年会期间双方正式签署战略合作协议，再到 2021 年 4 月在北京召开第一次编委会，整个沟通过程愉快而顺畅，双方展现出充分的专业性和诚意，这是我们长期合作的坚实保障。在此，我代表学会，向所有参与本系列教材撰写、评审和出版的专家学者及编辑表示感谢！

教材建设是一项长期的工作，是一项需要付出智慧和汗水的工作，教材质量高低最终需要接受读者和市场的检验。虽然本套教材的撰写团队中名师云集，各位主编、副主编和编者在接受编写任务后，精心组织、竭忠尽智，但是由于营销专业各领域在研究积累上并不平衡，要使每本教材达到某种公认的"高水准"并非易事。好在教材编写是一个不断改进、不断完善的过程，相信在各位作者的共同努力下，经过精心打磨，本套教材一定会在众多同类教材中脱颖而出，成为公认的精品教材！

北京大学光华管理学院教授、博士生导师
中国高等院校市场学研究会会长

自 21 世纪初，我几乎每年为北京大学光华管理学院本科生开设"市场营销学"课程。其间，曾几度想结合自己的教学体会，写一本融合中西方营销管理理论与实践、适合中国学生阅读的教材，由于各种事务缠身，一直未能动笔。也许是机缘巧合，在步入 21 世纪第 3 个十年之际，中国高等院校市场学研究会决定与清华大学出版社合作，编写一套适应新商科需要的市场营销系列教材。作为该系列教材的推动者之一，我觉得组织力量编写一部具有本土特色的营销学教材，十分契合之前的想法，条件也基本成熟。部分源于外部力量的推动，部分由于疫情期间反而有更多的时间"清静"下来进行思考和写作，本书才得以在计划的时间内完成。

本教材博采众长，也融合我个人对营销学科知识体系构建的一些思考，总体上具有如下特色。

1. 内容新颖、覆盖广泛。如果以 20 世纪 50 年代作为营销学科创立的起点，该学科迄今已有 70 余年的历史。在此过程中，一代一代的营销学者孜孜以求，提出了很多与营销相关的概念、理论与方法，选择哪些内容予以呈现，这是摆在每一位教材编写者面前的重要问题。我们的基本指导思想是：侧重选择那些经过时间积淀、被学界公认或在大多数现有教材中出现的内容予以介绍和讨论，同时增加反映学科内在逻辑、彰显时代特色的内容。除了 STP 与 4P's 等经典内容，本书增加和扩充了很多特色内容，如将"成为市场导向的公司""营销道德与可持续营销""洞察行业与市场"分别辟专章予以介绍，将反映发展和维持客户关系的内容用"建立和维持客户关系""建立品牌声誉"两章进行讨论。此外，为反映时代特色，除了用专章介绍和讨论数字化营销外，还在各相关章节嵌入与互联网、数字化等技术相关的内容；对于那些新近出现，十分新颖、时髦的术语、理论与工具，则采用简单提及或在"延伸阅读"材料中予以反映，既固守教材主体内容的"传承性"和"稳定性"，又让学生能接触到前沿的理论与实践。

2. 主、辅线分明，体系完整。在确定了涵盖的内容之后，如何将这些内容以某种具有内在逻辑的方式呈现给读者，这是需要认真思考和斟酌的又一重要问题。为此，我们采用"顾客价值"作为主线、"市场营销过程"作为辅线的思路来安排章节内容。全书分为价值理念篇、营销过程篇、价值发现篇、价值设计篇、价值创造与传递篇、价值获取篇共 6 篇，每篇又分为 2～7 章不等，都紧紧围绕本篇主题展开论述，既彰显各篇章之间的内在逻辑和联系，又反映各篇所要介绍的核心内容。

3. 兼收并蓄、强化本土特色。市场营销无论是作为课程还是作为专业均是西方"舶来品"，总体上，我国营销学术水平与西方相比尚有差距，对此无须讳言。可喜的是最近十多年，我国学者正在奋起直追，在引进、消化和吸收外来成果的基础上，结合中国营销实践开展学术与案例研究，取得了不俗的成果，这为我们更多地采用本土材料和案例提供了条件和可能。虽然在涉及基本原理的成果引用上，目前仍以西方学者的成果为主，但本教材采用的案例和"延伸阅读"材料，绝大部分来自于我国学界与业界，这一方面有助于学生感受中国正在发生的营销实践活动，另一方面也有助于加深对相关概念与原理的理解。

4. 理论与操作并重。考虑到本书的主要读者群是缺乏营销实际经验的商科学生，在介绍相关概念、理论后，不仅深入浅出地对它们进行说明和诠释，而且会通过营销运用举例、延伸材料阅读让学生加深对这些概念和理论的理解。对重要的营销原理或理论，本教材在系统讨论其营销意义的基础上，还会提供相应的分析或运用工具，使学生在理解这些理论或原理的内涵及背景的基础上，知道如何在理论指导下，运用相关工具去解决具体的营销问题。比如，在介绍与营销相关的消费者需要与动机理论后，简明扼要地描述了用来识别消费者潜在动机的各种投射技术，以及如何将产品特征与消费者需要或消费者目标相联系的"手段—目标链"技术；在"动态管理新产品"一章，则介绍了诸如"超前用户法"、PDCA 循环法等在其他同类教材中不曾出现的新产品开发工具。上述理论与操作并重，通过工具提供强化学生操作意识的思想贯穿在本书的各个章节。

本书涵盖内容比较广泛，阐释全面、深入，文字通俗易懂，便于学生自学。在课程具体讲授过程中，任课教师可以根据所在高校专业培养目标与学生特点，选取其中的重点章节进行讲授，或者将某些具有内在关联的章节合并讲授，没有必要逐章逐节进行灌输式授课。比如，在给北大光华本科生授课时，由于学生自学能力比较强，我通常要求他们在授课前预习相关章节，我在课堂上只讲授核心概念和原理，并通过课堂讨论、课堂案例或当前热点营销事件分析来让学生加深对相关内容的理解。为便于各相关高校教师使用本书，我们不仅提供题库、授课 PPT、核心案例分析要点，还将对各篇章的课时安排、重点讲授内容提供参考建议，并以"教师手册"的形式予以反映。

本书第一章、第二章、第四章、第五章、第八章、第十一章、第十四章、第十五章和第二十章由北京大学符国群撰写；第三章由北京工商大学李杨撰写；第六章由中国传媒大学张成虎撰写；第七章由中南财经政法大学费显政撰写；第九章由重庆交通大学姚琦撰写；第十章由江西师范大学金虹和福建农林大学刘路星撰写；第十二章由武汉大学朱华伟和陕西师范大学张丽君撰写；第十三章由宁波大学马永斌撰写；第十六章由北京科技大学张晓丹撰写；第十七章由桂林电子科技大学袁胜军撰写；第十八章由对外经济贸易大学李世豪撰写；第十九章由中山大学邬金涛撰写。最后由符国群对各章进行修改、润色和统稿。在大纲初稿讨论阶段，北京大学彭泗清教授、中南大学龚艳萍教授、华东理工大学景奉杰教授、首都经济贸易大学王永贵教授提出了许多宝贵的修改意见，在此向他们表示衷心的感谢！

虽然做了多方面努力，试图尽可能地减少疏漏与错误，但受时间和水平所限，不当之处仍在所难免，希望学界同人和读者提出宝贵意见，以便今后修改、完善。

符国群

2023 年 2 月于北京大学

目　录

第五篇　价值创造与传递篇

第一篇

价值理念篇

第一章

现代组织中的市场营销

通过本章学习，学员能够：

1. 解释市场营销的含义和市场营销的核心概念；
2. 理解常见的市场营销误解及形成原因；
3. 理解市场营销的功能与作用；
4. 了解市场经营理念的演变；
5. 了解未来影响市场营销的主要力量。

第一节　理解市场营销

一、市场营销的含义

Marketing 一词最初出现在 1905 年美国宾夕法尼亚大学课程中，该词在中国香港地区和中国台湾省被翻译成"市场行销"，在中国内地被翻译成"市场营销"。拉夫·巴特勒（Ralph Butler）也许是第一个对市场营销概念予以澄清的学者。[1]之前的教材和学术论文，充斥着"贸易""流通""交换"等术语，也有关于推销、广告等企业微观活动的论述，但对企业在产品出售前的活动，如市场调查、产品策划与上市准备等，没有合适的词汇来表述，在此背景下巴特勒用 marketing 来表示"产品促销者在正式推销产品和做广告之前所需要做的所有活动"。从这里可以看出，marketing 从一开始就不是描述诸如推销、广告之类的"单项"活动，而是包含众多活动的"整体性"现象。

Marketing 作为一门课程于 20 世纪 30 年代被引进到我国，当时被翻译成市场学。[2]中华人民共和国成立后，由于实行计划经济，产品由国营商店统购包销，市场学没有用武

---

① Bartels R. Development of Marketing thought: a brief history[J]//Schwartz G, Science in Marketing, New York: John Wiley and Sons Inc, 1965: 47-69.

② 李飞. 中国营销学史[M]. 北京：经济科学出版社，2013：57-58.

之地。改革开放后，在引进国外设备和技术过程中，需要引进西方的管理。市场学或市场营销学被作为一门管理学课程再次引入我国。1980年中美两国政府合作成立"中国工业科技管理大连培训中心"，致力培养国有企业的厂长、经理，"市场营销"被列为培训班的核心课程。随后，一些财经院校和综合性大学陆续开设"营销学"课程，培养营销学方面的研究生，或开设营销学本科专业。到2000年左右，我国绝大部分高等院校都设立有市场营销本科专业或开设"市场营销"课程，全国市场营销专业教师超过4000人。[①]

在企业实践层面，市场营销越来越受到重视。很多企业除了设立销售部，还设立市场部或市场营销中心，负责企业的营销工作。那么，到底什么是市场营销呢？美国市场营销协会（American Marketing Association, AMA）在1960年将市场营销界定为：将货物或服务从生产者转移到消费者这一过程中所实施的所有活动。在回顾了25个关于营销的定义后，AMA于1985年对营销重新做了界定：市场营销是对货物、服务、创意的构想、定价、分销、促销等方面的规划与实施过程，以创造能够满足个人或组织目标的市场交换。在2007年，AMA对市场营销的定义是：营销是创造、传播、传递和交换对顾客、用户、合作伙伴乃至整个社会有价值的产品的一系列活动、机制和过程。

著名营销学者菲利普·科特勒（Philip Kotler）认为，市场营销涉及顾客需要的满足，它是个人或组织通过创造产品与价值，并与他人进行交换以实现自己所需所欲的社会与管理过程。通俗地讲，市场营销就是通过交换比竞争者更好满足顾客需要与欲望的产品并获利的过程。[②]

理解市场营销，需要把握一系列与之相关的概念，包括市场、交换、需求、价值、消费者满意等。表1-1列出了关于这些核心概念的定义。

表1-1　市场营销核心概念及含义

核心概念	定义
市场	狭义的市场是指产品或服务的交易场所；广义的市场或经济学意义上的市场是指商品交换关系的总和。市场营销意义上的市场是具有某种特定需要的消费者组成的集合，包括3个关键要素，即人口（购买人数）、购买力和购买意愿
需要、欲望与需求	需要是一种生理或心理上的不平衡状态，如饿了要吃，渴了要喝，吃了要排泄，这属于人的基本生理需要；另外，人还有爱和被他人接纳等社会性需要，这些需要不能由营销人员凭空创造出来。欲望是人的需要的具体表现形式，如饿了的时候，有人喜欢吃米饭，有人喜欢吃面条，欲望受文化和个人特质的影响很大。需求是具有支付能力的需要或欲望
产品（提供品）	能满足人的需要与欲望的任何东西，包括有形物品，也包括无形的服务与体验甚至想法
顾客价值与顾客让渡价值	顾客从产品获取、拥有、使用中所获得的利益总和称为顾客价值或顾客感知价值。顾客让渡价值则是顾客感知价值和顾客为此付出的成本的比较，如果用公式表示，则顾客让渡价值=顾客获得的总利益−顾客付出的总成本。这里的顾客利益包括经济利益、时间利益和心理与社会利益，同样，顾客支付的成本既包括为购买产品或服务所支付的货币成本，也包括时间成本、心理成本等

---

① 吴建安. 市场营销学[M]. 北京：高等教育出版社，2000.
② 科特勒. 市场营销原理：亚洲版[M]. 北京：中国人民大学出版社，1997.

续表

核心概念	定义
交易与交换	交易是指一次性的买卖或交换活动。交换是指为了从他人那里获得所欲之物，而以某种有价之物作为回报的行为过程。交换的发生，需要具备 5 个条件：交换双方的存在；交换的每一方拥有对方所要的有价物；每一方有沟通和提供对方所需物品的能力；每一方都可自由地接受或拒绝对方的要约；双方均能从交换中获益
顾客满意	顾客在特定购买情形中对其所付出的是否得到足够回报的认知状态，它是顾客对产品或服务的期望水平与感知的实际水平的主观比较

二、市场营销的三个层次

对市场营销可以从活动、职能、理念三个层次做理解。

从活动角度看，市场营销包括市场调研、顾客与竞争分析、市场营销策划、产品开发、促销、广告、定价、分销、公共关系等。很多一线市场营销人员，可能更多从这一角度理解市场营销。从活动角度看市场营销有利有弊：优点是，便于组织内部分工、明确具体活动责任、逐步形成人员专业化；缺点是，可能形成市场营销的"碎片化"思维，忽视各种营销活动的内部联系，以及营销活动与企业其他职能活动的关联，形成"只见树木，不见森林"的状态。

从职能角度看，就是把营销看成与制造（运营）、财务、研发、人力资源等相平行的职能，并与其他职能一起共同服务于组织目标。这样理解市场营销的好处是，有利于从整体与过程视角把握营销，有利于把握营销活动内部的有机联系，也有利于把握营销职能和其他组织职能的分野、边界及它们彼此之间的互动关系。不足之处是，如果囿于职能视角，可能会淡化其他职能部门肩负的"营销"职责，把营销视为"营销部门"的事。营销这一职能不同于其他组织职能的地方，在于它是一种具有"渗透性"的职能，不能完全由组织内单一的部门来承担。正是在这一意义上，很多年前，惠普公司的老总就指出："营销太重要，不能把它留给营销部门。"[1]同样，管理学大师彼得·德鲁克（Peter F. Drucker）认为，营销"涵盖整个企业的活动，是从最终成果的视角来看待整个事业，换句话说，是从顾客的角度来看企业，因此企业的所有部门都必须有营销的考量，担负起营销的责任"[2]。

实际上，从职能角度看，营销还可以进一步细分为销售与市场（规划或策划）两种更基本的职能。前者是指把产品或服务出售给顾客并把货款收回，这是企业销售部门或销售人员的基本职责。后者是对市场进行整体分析，决定市场资源重点投向何处，同时对销售职能提供指导和支持。通常，任何一个企业都会成立销售部门来履行销售职能，尤其是在企业发展到一定阶段后，市场职能的作用会逐步凸显，由专门机构或人员来承

---

[1] Doyle P. Marketing management and strategy[M]. London: Prentice Hall Europe, 1998: 51.
[2] 德鲁克. 管理的实践[M]. 北京：机械工业出版社，2006：32.

担这部分职能成为必要。

从经营理念或经营哲学角度看，市场营销不只是上面所讲的那些活动或职能，而是企业或组织把满足顾客需要和发展顾客关系作为企业一切活动的重心，并将此视为基本的行为方式或行为准则。当把市场营销提升到经营理念或经营哲学的高度时，则意味着企业在战略层面将强化对顾客或市场的重视，并把"以顾客为中心"从口号变为实际行动。由于在实际工作中提出"以市场营销为中心"会引起误解和遭到其他职能部门的抵制，市场营销学术界通常把哲学层面或经营理念层面的市场营销表述为"顾客导向"或更具有包容性的"市场导向"，以此与"生产导向""销售导向"等经营理念相区别。

三、对市场营销的误解

（一）常见的误解

1. 麦克风式营销

麦克风式营销指将营销理解为推广和做广告，认为谁在市场上的"声音"大，谁的营销就做得好。这是在推销观念下对营销的片面理解，遗憾的是在现实中一些企业将此视为金科玉律。改革开放之初，少量企业率先在全国性媒体如中央电视台做广告，并收到了很好的销售效果。受此影响，一些企业的领导误以为靠做广告尤其是在全国性媒体上做广告，就能使企业的产品"一炮走红"，并且长盛不衰。典型的是 20 世纪 90 年代的"秦池"，这是一家山东的白酒企业，1995 年的销售额只有 1.8 亿元。1995 年年底，公司以 6666 万元夺得中央电视台黄金时段的"标王"，受此消息提振和媒体的炒作，"秦池"一夜成名，1996 年的销售额达到了上一年的 5 倍。1997 年"秦池"一鼓作气，以 3.2 亿元的天价再度获得中央电视台广告"标王"，但运气并没有再次垂青这个拿着"全国最大麦克风"的公司，当年销售收入反而比上一年下降了 3 亿元，出现巨额亏损。很显然，在缺乏品质、产能和管理支撑的条件下，广告的"单兵突进"不仅不能带来预期的效果，反而可能给企业带来灭顶之灾。

2. 公式化营销

有些人以为做营销和做工程项目，与做物理、化学试题一样，根据一定的"秘籍""配方""公式"甚至"灵感与创意"就可以"水到渠成"地获得希冀的结果。尤其是那些遇到增长"瓶颈"，其创始人对营销、对管理抱有莫大希望的同时又感到自身在这方面能力不足的公司，最容易落入"公式化营销"的陷阱。有一位在"衣架"行业做得不错的民营企业家，其企业地处西部偏僻的县城，该企业家文化水平不是很高但乐于学习，他在某个全国性会议上遇到了一位"著名营销咨询师"，"神聊"之后，他带着钦羡之情重金聘请该咨询师及其团队进行营销策划。但用该企业家的话说，不能过分相信咨询公司的"魔力"，因为按照"策划方案"实施一段时间后，发现"药不对症"，企业损失惨重。由此可以看出，企业在发展到一定阶段时，固然需要借助外部力量来改进营销与管理决策，但切不可盲目迷信外部力量，尤其是对那些"一招鲜，吃遍天"的神奇策划，更应保持适度的怀疑。

3. 会计式营销

会计式营销是以会计人员固有的稳健、审慎甚至"保守"的心态和方式来履行营销职能和从事营销活动。众所周知，企业的会计和财务人员，其基本职能是客观、全面、准确、实时地记录企业所发生的财务活动，为企业经营和管理决策提供有价值的信息，同时预警和有效控制公司可能的财务风险。优秀的会计和财务人员，天然具有对"风险"的敏感，并能通过促进各种制度和流程建设来为降低风险构筑"防火墙"。财务数据或信息，是会计人员履行职责的基本工具。由于企业绝大部分财务数据是"过去"经营活动的反映，即使是未来的收益也需要与"实际发生的成本"相匹配，因此财务数据带有"回头看"的特性，从这个意义上讲会计类似于汽车的"后视镜"，缺少它会十分危险。

然而，如果营销人员以会计人员的思维来从事营销活动，企业会处处被动。营销的基本职能是连接、匹配和交易，这些职能均要求营销人员具有"前瞻性"思维，具有把握未来机会的能力，而不是囿于现有资源与能力而被动应战。比如，在选择服务的市场时，企业需要更多着眼于市场的前景，而不是现在的市场规模；在识别存在市场机会的条件下，需要突破现有资源限制去发展服务"未来市场"所需要的能力与技能，为此需要对未来进行投资。20世纪90年代，"爱多"VCD创始人在明知公司可用资金不过区区数百万元的情况下，通过动员下游经销商支付预付款等方式，筹集近3000万元到中央电视台做广告，使"爱多"VCD一举成名，后续订单纷至沓来，这体现的正是前瞻性的营销思维。虽然后来"爱多"VCD因种种原因折戟，但其创始人把握营销机会的意识和能力，仍是值得后来者学习的。

4. 营销部门的营销

如前所述，营销是重要的企业或组织职能，而且这种职能具有渗透到企业经营活动各个方面、各个环节的特性。要把企业营销工作做好，不能只依赖企业的营销部门。营销功能如何在企业内部进行分配和分工，不同企业的做法可能并不相同。一些企业可能会设置市场部、销售部、公共关系部等部门来承担企业的营销职能，另一些企业则可能采用项目团队的方式服务顾客。无论在何种情况下，企业的生产、研发、财务等"非营销部门"，均需要具备营销意识并部分承担对外营销的职能。比如，如果财务部门不能及时给客户开具发票，或者在开票、付款等环节出错，均会影响公司在顾客心目中的形象，甚至会影响顾客在未来是否继续选择与公司交易。同样，如果生产或制造部门不能按公司承诺及时交货，或者为了节省成本不能按承诺的品种、数量、质量交货，均会影响公司与客户未来的交易。

5. 营销本身不道德、有害

个别企业或个别营销人员采用不正当的手段从事营销活动的现象确实存在，而且在某些行业，这类不道德的营销行为甚至非常突出。但这绝不意味着营销本身不道德。产生不道德营销行为的是做出这种行为的人，营销不应承受由此产生的"污名化"。与从事其他企业职能的人员相比，营销人员或许面临更多的道德困境。因为营销人员一方面代表企业与顾客打交道，要维护企业的利益；另一方面，他又要代表客户在企业内部发声，把顾客的要求、期待带到公司并让公司去满足。营销人员的这种中介或中间人地位，决定他要同时承受来自不同利益诉求方的压力，在此过程中如何平衡，如何取舍，往往会带有"道德"的考量。不仅如此，企业对营销人员的考核通常是结果导向，部分营销人员为了完成公司规定的业绩指标，在权衡公司、个人和用户利益时，利益天平有可能更多偏向自己，由此引发道德问题。

（二）造成误解的主要原因

上面只是列举了目前社会对市场营销的一些主要的误解或带有偏颇的理解。我们认为，造成上述误解或片面理解的原因是多方面的。

一是营销的高可见性。相比企业内部的生产、研发、财务等活动，营销活动直接面向用户或消费者，可见程度高。作为消费者，我们平时主要接触到的是广告、优惠券、电话推销、人员推销等，很容易把这些活动与市场营销画等号。营销活动面广量大，作为个体的消费者更容易遇到诸多由于营销不当所造成的不愉快体验或事件，而且由于媒体和社会网络对这些事件的"极化"扩散与传播，容易导致社会公众对营销形成某种负面的刻板印象。

二是"王婆卖瓜"效应的存在。营销人员需要把企业或产品的信息传递给消费者，并试图影响消费者的购买欲望和行为，在与顾客交流过程中难免会有自卖自夸的嫌疑，这自然会引起消费者的怀疑和抵制，并导致对营销形成成见和误解。营销人员从事的是商业活动，属于商人的范围，我国历史上称之为"商贾"，社会地位一直不高，社会对商人群体或多或少存在偏负面的刻板印象，这也会连带影响人们对市场营销作为专业和职业的看法。

三是非专业性影响。首先，消费者在现实中接触的一些一线营销人员的专业素养不是很高，不能带来价值感和满意感，导致他们把这些偏负面的印象泛化到整个营销人员群体。其次，市场上的营销中介机构鱼龙混杂，水平参差不齐，其中那些专业化程度不高的营销机构同样在很大程度上影响人们对营销作为专业和作为职业的认知。看看飞机场、火车站那些在荧屏上侃侃而谈的"营销大师"和令人眼花缭乱的营销科普节目，大多娱乐性有余，专业性不足。最后，营销知识尚未形成完整体系，"碎片化"甚于"系统化"。在营销知识体系中，软性知识占比较高，而软性知识并不能完全靠"传授"和传统的方法习得，由此使人觉得营销专业性不强。

延伸阅读 1-1 营销简史

第二节　市场营销的重要性

一、市场营销的功能

关于市场营销的功能，并未形成完全一致的认识。通常，市场营销被认为有三大功能，即交易功能、物流功能、便利功能。交易功能即买卖功能，将商品、服务销售出去，将货款收回，这被认为是市场营销最基本的功能。在此基础上，营销还承担将物品从供方流向用户的功能，即物流功能，包括仓储、运输、包装、送货、安装等。便利功能则包括分等、融资等促进和方便交易的各种活动。

将营销的基本功能界定为交易或买卖功能不一定准确。交易的达成，不仅和营销活动有关，还和产品、服务的价值，用户的需求及竞争等很多因素有关。将物流、融资等活动纳入营销功能范畴，则可能引起营销功能与企业或组织其他职能部门所承担功能的混淆。

基于企业营销活动所涵盖的范围，营销在企业承担发展与顾客长期交换关系的任务，我们认为，营销的基本职能有三项，即连接职能、匹配职能和交易职能。[①]连接职能包括买卖双方在信息、资金、货物等方面的连通，没有连接就不可能匹配和产生交换。匹配职能则是供给与需求的匹配，即帮助供需双方找到合适的交易伙伴和交易对象，这也是交易和交换的前提。交易职能则是帮助企业与顾客达成交易，让价值交换在双方之间得以实现。上述三项职能并不是完全独立和分离，而是彼此可能存在交叉、重叠，但每一项职能各有侧重，共同服务于"价值提供"和发展、维系长期顾客关系的目的。

二、市场营销的价值创造

传统上，市场营销活动主要发生在流通领域和交换环节，在"货物或产品主导逻辑"下，甚至有人认为营销活动是纯粹的"费用支出"活动，本身并不创造价值。实际上，现代市场营销活动已经渗透到企业经营活动的各个方面，比如营销介入到研发或制造环节，引导企业提供更适合顾客需要的产品，同时通过"定位"提升顾客对产品或服务的"感知价值"。在此过程中，营销部门会同企业其他职能部门，共同创造和传递顾客价值。

辉瑞公司制造的"仙特明"是一种治疗鼻炎等过敏症状的非处方药，与竞品相比，该产品有一个副作用，那就是部分患者在服用之后会犯困。这显然是产品的一个弱点。幸好公司的营销人员在产品开发的早期就已经介入，他们对产品的各项性能（包括其优点和缺点）了如指掌。所以在将产品推向市场时，营销经理不建议采用低价策略，而是强调服用"仙特明"能改善"睡眠"，能防止出现服用其他同类药品所带来的"搔痒"副

① 符国群. 从匹配视角重新诠释和理解市场营销：兼论市场营销知识体系的构建[J]. 营销科学学报, 2021(1): 17-31.

作用。这样，产品本身固有的一个"弱点"反而成了"卖点"，并支持了产品高价策略，从而和竞品拉开了差距。[①]

在服务主导逻辑中，产品和服务均被视为满足顾客需要的手段，企业和顾客的交换是在更抽象的技能与知识层面上产生，营销和运营等活动互相交融，营销为顾客创造的价值更容易被人理解和接受。[②]图 1-1 描述了从哥伦比亚博古塔生产的玫瑰转移到美国消费者手中的整个价值链，其中涉及多次所有权的转移，图中的数字反映了价值增值主要发生在哪些环节，该例子也从一个侧面折射营销是如何为顾客创造价值的。

图 1-1　市场营销的价值创造：哥伦比亚的玫瑰

（资料来源：World Bank 内部培训讲义，1998.）

那么，营销为何能给用户创造价值呢？理论上的一种解释是，生产能创造形式效用，即将一种物质形态转换成顾客乐于接受的另外一种形态，营销则提供时间效用、地点效用和拥有效用。时间效用是指消费者能在所希望的时间获得产品或服务带来的效用，空间效用是指消费者可以在他或她所方便的场景或空间条件下获得、使用或消费产品与服务。拥有效用是指消费者将提供品置于自己的控制下所带来的效用。

三、市场营销的社会作用

（一）缓解供给与需求之间的矛盾

供给与需求之间存在很多矛盾与不一致。例如，时间、空间上的矛盾；估价上的不一致；所有权的分离；数量、品种、规格、花色上的不一致；等等。营销作为连接企业与顾客的中介，通过履行其相应职能，试图缓解甚至消除上述供需上的矛盾。以生产羽绒服的企业为例，羽绒服可以长年生产，但市场对羽绒服的需求可能集中在特定季节，如冬季来临之前，这将给企业的采购、平稳生产和人员配置带来诸多困扰。为此，企业营销部门可以通过在年初召开展销会、在淡季进行促销、把产品销售到更早进入冬季的

---

① Corstjens C, Carpenter M. From managing pills to managing brands[J]. Harvard Business Review, 2000, 78(2): 20-22.

② Vargo S, Lusch R. Evolving to a new dominant logic for marketing[J]. Journal of Marketing, 2004, 68(1), 1-17.

市场如北欧国家、引导生产部门开发出互补性产品等方式缓解供需在时间上的矛盾。

（二）提供大量社会就业机会

据国家统计局数据，2019 年年末我国批发与零售行业就业总人数达 1.06 亿人，我国广告业从业人数为 593.5 万人，我国保险行业营销人员为 973 万人，上述行业的绝大部分人员均是营销或销售人员。在不同行业，营销和销售人员在职工中的占比并不相同。比如，在医药行业中，营销人员占比就比钢铁行业要高。享誉全球的安防企业海康威视，其销售人员在全体职工中的占比达到 22%，如果加上售前和售后服务人员，该比例将上升到 37%。

市场营销能提供很多职位，大致可分为市场和销售两方面的职位。属于前一方面的职位，包括市场研究与分析师、市场咨询与策划人员、渠道管理人员、媒体策划与采购人员、公共关系人员、品牌或产品经理等。属于后一方面的职位则包括销售代表、销售支持人员、大客户经理、区域销售经理等。在数字化时代，则产生了很多与营销相关的新职位，如营销数据科学家或营销数据分析师、数字营销经理、社交媒体经理等。

（三）影响社会资源的配置效率

首先，应通过引导企业更好地满足顾客需求，减少社会资源的错配。其次，应通过咨询和信息提供等手段，减少市场信息不对称，帮助消费者选择到更合意的产品，同时节省消费者的交易成本。最后，积累营销专门知识，帮助企业和行业提升营销效率。

第三节　市场经营理念的演变

在工商业的发展历史上，企业对如何与顾客打交道及如何盈利，存在各种不同的经营思想或经营理念，这些思想或理念自然会反映到营销领域，并影响营销职能在企业中的地位，影响营销作用的发挥。通常，我们把生产观念、产品观念、推销观念视为传统的经营观念，将市场营销观念、社会市场营销观念，视为现代经营观念。[1]

一、生产观念

这种观念认为，消费者喜欢那些买得到和买得起的产品，企业的中心任务是提高生产和分销效率。在这种观念指导下，企业生产部门成为了最核心的部门，采购、分销等各项活动都要以生产计划为依归、与之相衔接。在供不应求的卖方市场，最容易滋长生产观念。20 世纪初的福特汽车公司，奉行的就是这种观念。当时，亨利·福特只有一个信念，就是将公司生产的 T 型车推向美国的普通家庭，为此需要把该车价格降到 600～

---

[1] 邝鸿. 现代市场营销大全[M]. 北京：经济管理出版社，1990：9-11.

700 美元。福特公司通过发明流水线生产、扩大生产规模，不断降低生产成本，最终使只有黑色这一种颜色的 T 型车累计销量超过 1500 万辆，创造了汽车史上至今仍无法打破的奇迹。与生产观念指导思想相适应，19 世纪末和 20 世纪初兴起的"科学管理"，集中于动作研究、时间研究，均是着眼于提升生产效率和降低成本。

二、产品观念

产品观念认为，消费者喜欢那些质量好、功能多、性价比高的产品，只要产品物美价廉和有特色，自然就会有销路。在这种观念指导下，企业的重心是开发更耐用、功能更多、品质更高的产品，但带来的一个可能后果是"产品开发近视症"，即沉迷于产品的不断完善和升级换代，而没有注意到顾客需求的变化和特定品类产品需求的萎缩。以生产便携式收音机的企业为例，如果企业投入巨资开发各种功能多样、携带方便的高档收音机，而越来越多的消费者是在开车时收听节目，或利用手机、电脑播放音乐或节目，则企业在传统意义上的收音机的投资可能无法收回。同样，当老鼠越来越少，开发"更好的捕鼠器"就会误导企业。

三、推销观念

推销观念认为，如果企业加大推销或推广的力度，或运用更"高级"的推销技巧，消费者就会购买企业更多的现有产品。在这种观念指导下，企业应将经营的重心放在如何通过广告、销售培训、聘请更多的推销人员来销售企业的既有产品，而不是首先反思产品是否适合消费者需要，以及营销策略的其他方面是否需要调整。20 世纪 90 年代中期，我国企业间"三角债"严重，即企业彼此之间互相拖欠货款，造成很多大型企业的运营资金出现困难，甚至连企业职工工资都发不出来。笔者当时在湖北第二汽车制造厂即现在的东风汽车公司调查发现，这个有职工近 11 万人的国有企业，由于生产的大中型卡车销售不出去，只能从银行借款 3.6 亿元来发工资。面对这种困境，企业高层做出一个重要决定，从生产车间、办公室抽调 1000 多人组成新的销售队伍，到全国各地推销"东风"牌卡车。结果可想而知，这些不曾有任何销售经验的"推销人员"，在花费一大笔差旅费用之后，大多无功而返。

四、市场营销观念

市场营销观念认为，企业应在识别目标消费者需求与欲望的基础上，以比竞争对手更有效的方式去满足消费者，从而赢得消费者的信赖和实现互利的交换关系。用通俗的话讲，就是市场需要什么，就生产或提供什么。市场营销观念有四大支柱：一是顾客导向，即以满足目标消费者的需要为企业一切工作的出发点和重心；二是长期顾客关系，即试图与目标消费者建立长期的互利互惠关系，而不是着眼于短期的交易；三是通过整合营销或整体活动协调，为目标消费者提供优于竞争对手的顾客让渡价值；四是盈利性，即从长期看企业应在为顾客提供价值的过程中获得利润，从而保证企业的可持续发展。

如表 1-2 所示，描述了市场营销观念与推销观念的区别。首先，营销观念与推销观念的出发点或取向不同。前者以目标市场消费者的需要为出发点，是由外而内的思维取向，即以目标顾客的需要和欲望为出发点来思考和组织企业的经营活动；后者以企业自身，即企业自身的资源、特长和过去的成功经验为出发点，来组织企业营销活动，具有由内而外的思维取向。其次，企业经营重心不同。营销观念下企业将经营重心放在顾客的需要上，随需而变；推销观念下，企业的重心是现有产品，聚焦于如何更好销售现有产品或如何改进现有产品使其更好销售。再次，采用的经营或营销方式不同。营销观念下企业通过运用"整合营销"方式，即综合运用产品、服务、定价、分销、促销等各种手段，从整体视角解决消费者面临的问题；推销观念下企业主要运用推销和促销手段，通过加大促销力度来达成销售目标。最后，目的不同。推销观念下企业更多关心销售目标的达成，关注自身是否获利；市场营销观念下企业不仅关注自身目标的实现，同样关注顾客是否满意，顾客是否实现了其期待的目标，双赢或多赢成为这一指导思想下的企业目的。

表 1-2 推销观念与市场营销观念比较

观念类型	比较因素			
	出发点	经营重心	手段	目的
推销观念	企业	已有产品	推销与促销	侧重企业获利
市场营销观念	目标市场	顾客需要	整合营销	同时达成顾客和企业目标

（资料来源：阿姆斯特朗，科特勒. 市场营销学[M]. 赵占波，译. 北京：机械工业出版社，2013.）

五、社会市场营销观念

这种观念认为，企业不仅要关注顾客的短期欲望和显示性需要，同时要关注消费者的长期利益与福祉，关注营销对消费者所生活的社会产生的影响，要在企业利益、顾客需要和社会福祉三者之间取得平衡（图 1-2）。一方面，消费者的需要与欲望可能与其长期福祉存在冲突，一味满足消费者当前的需要可能并不符合其长期利益。比如，高脂肪、高蛋白食品可能会愉悦消费者，满足其口感需要，但消费者长期食用这些食品则会带来诸如肥胖、心脑血管疾病等影响。另一方面，社会市场营销观念的提出，也是基于一部分人对市场营销观念下的企业行为提出质疑，认为市场营销观念作为一种经营哲学，本身存在内在矛盾和冲突。[①]

图 1-2 社会营销观念：多方利益的平衡

---

① 谢健. 市场营销观念质疑[J]. 商业经济与管理，1997(5)：29-32.

市场营销观念提出以顾客或市场为中心，但企业利益与顾客利益并不总是一致，在两者不一致的情况下，如果企业仍然坚持以顾客利益为先，那企业的利益如何保障？企业毕竟不是慈善机构，即使短期内可以不计自身利益服务顾客，但如果长期不能实现盈利则其生存将面临威胁。即使在企业和顾客利益一致的情况下，如何兼顾顾客的短期和长期利益，本身也是一个很难取舍的问题。

从实践层面看，也有学者对市场营销观念提出了各种批评。最核心的批评是，如果所有企业都以这种观念作为经营指导思想：会导致大量的"无实质差异"的"创新"，抑制真正具有突破意义的创新；会加速淘汰那些仍具有重要使用价值的产品，以"新瓶装旧酒"的方式让消费者接受价格更高的所谓"新产品"。毫无疑问，这会损害消费者的长期利益。不仅如此，由于消费的"外溢效应"，满足一部分人的"真实需要"，也可能会给其他消费者或整个社会带来不利影响。比如：豪华包装，可能满足了某些消费人群的"炫耀性"需求，但会造成社会资源的浪费；品牌形象宣传会刺激某些类别产品如方便面、碳酸饮料的需求，但这可能对受众的健康带来不利影响，最终增加社会医疗成本。

第四节　影响营销未来发展的主要力量

一、中国社会转型

我国目前正处在从传统社会向现代社会的转型过程中。社会转型涉及很多方面，从对营销的影响看，最核心的是两个。一是经济体制的转型，即从计划经济向市场经济转型，从而确立市场在资源配置中的基础性地位；二是从以农业为主的社会向工业和信息化社会转型，由此推动城镇化的大规模发展。两种转型叠加和人类历史上前所未有的城镇化速度与规模，构成我国社会转型的最大特点。

社会转型是一个漫长而又急速变化的过程，其影响持久而深远。从供给端看，社会转型所推动的市场化发展，将为企业带来新的机会：企业可以进入原来不能进入或难以进入的经营领域；可以更多地通过市场获取资源；企业的经营绩效可以在一种更为公平的环境下进行评价和比较。从需求端看，社会转型伴随的工业化、城镇化，会影响个体和家庭的行为方式、消费观念，会影响人们的选择范围，也会影响人们关于何者重要的评价与判断。社会转型使人们从传统的熟人社会进入更加强调独立、更加强调契约和维护个体权利的"陌生人"社会。在此过程中，个体本身需要确立"城里人""白领阶层""文化人"等新的身份，以便确认自己在社会网络中的地位，确立自己在他人心目中的形象。身份确立和认同的过程，既是一个学习的过程，同时也伴随着与社会身份相适应、被社会身份规定的消费行为。从这个意义上来看，营销人员只有更好地理解社会转型、社会身份、消费需求之间的相互关系，才能更深刻地理解消费者，从而识别由此带来的营销机会与威胁，并能更有效地对供给与需求进行匹配。

二、互联网与数字化技术

自互联网于 20 世纪 90 年代进入商业应用以来，它已经构建起将世界上大部分人相互连接起来的巨大信息交流平台，通过不断发展的数字化技术，人们可以在成本很低的条件下随时随地与自己认识甚至不认识的人进行分享、交流。截至 2018 年年底，世界上网民总数 43.9 亿人，占世界总人口的 57.2%，其中中国网民总数 8.23 亿人。全球网民平均每天用在互联网上的时间是 6 小时 42 分钟，也就是说人们 1/4 的时间在上网。

互联网可以被视为一种新的商业或营销环境，也可以被视为新的媒体、新的营销渠道、新的网络连接方式与技术。在不同视角下，我们可以发现互联网对人类生活的不同影响。从营销的视角来看，互联网和在此基础上衍生的信息技术，最核心的是改变了人、物和场景的连接方式，它使营销人员能以更有效率的方式匹配供给与需求，促进交易的达成。

在未来，随着物联网、大数据、云计算和人工智能的发展，营销人员将会有更多高效、实时的工具来识别消费者的需要，并及时做出反应。也会发展更多有用的工具来帮助企业评估营销机会，评价营销效果与效率。

三、全球化

当前全球化在一些国家或一些人群中受到抵制、质疑，但从长远看全球化的趋势是不可逆转的。根本原因是全球信息、资金、产业链的高度融合，这种融合经过长期发展能促进劳动分工的深化和总体社会财富的增长。

全球化将从多个方面给我国企业创造营销和增长机会。一是将我国的优势资源与其他国家和地区的资源结合，能帮助企业形成新的核心竞争力。二是参与国际市场竞争，必然要求适应新的环境、新的规则，从而积累新的营销知识与技能。三是伴随市场营销范围的扩大，可以产生规模效应，分享国际分工协作所创造的成果。当然，企业参与全球营销，也会存在诸多风险，如政治与政策风险，文化适应风险，汇率变动风险，等等。

通常，企业参与全球营销有一个学习和逐步适应的过程，在此过程中对他国市场的理解逐步加深，这被称为全球经验学习曲线。最初，部分企业可能有少量产品出口，如通过国内展销会或通过互联网找到国外代理商或经销商，将本来面向国内市场销售的产品出口到国际市场，这一阶段称为对外间接营销。伴随国外市场规模扩大，企业为适应国外消费者需要，开始在产品设计、包装、服务提供等方面做出调整和改进，同时在国外设立办事处或办事机构直接或间接销售产品，此时企业进入了对外直接营销阶段。当企业不仅在国外设立分销网络，而且在国外设厂生产产品，并在组织机构设置上将国内部门与国际部门相互独立时，企业就进入了国际市场营销阶段。当企业营业收入的很大部分甚至大部分来自国际市场，企业开始在全球范围内配置资源，不是在国别范围内开展营销活动，而是将国内市场发展置于全球战略之下时，企业就进入了全球营销阶段①。

---

① 马歇尔，约翰斯顿. 营销管理精要[M]. 符国群，唐晓祎，贾婷彦，译. 北京：北京大学出版社，2014：24-27.

四、服务经济

在发达经济体中，服务经济增加值占 GDP 的比重在 80% 左右。伴随经济的成长，我国经济中服务业占比也在不断上升，到 2021 年末我国服务业已占 GDP 的 54%。在一些大城市如北京，服务业在经济中的比重已超过 80%，达到了发达国家的水平。

为什么服务业占比如此之高且呈不断上升的态势？根本原因是，消费者对房子、车子、面包等物质产品的需求总是有限度的，而对服务的需求则永无止境。以旅游为例，个体不仅有游览国内名胜的需求，也有到国外旅游甚至未来到太空旅游的需求。

由于市场营销的很多理论、工具是基于有形产品的交换发展起来的，当它们被运用到服务领域时，不一定完全适用，这也是为什么有学者提出服务主导逻辑，把有形产品视为服务提供手段的根本原因。服务营销确实会带来有形产品营销所不曾遇到的诸多问题，本书后面将辟专门章节予以讨论。

五、营销伦理与社会责任

很多营销活动具有外溢效应，如果营销人员正确地履行职能，则会带来企业、用户和社会多赢的结果，但如果营销人员滥用用户信任或采用不道德手段从事营销活动，则会给相关利益方造成伤害，这种伤害有时在短期内并不能被发现。比如，一些消费者在网络购物时依赖网上社区的用户评论，或依赖第三方的推荐与评价，如果后者提供的是不真实的数据，则不仅会损害消费者的利益，而且会扭曲网络评价生态、损害正常的竞争秩序。同样，一些企业运用用户网上行为数据进行精准营销，会给用户和企业带来价值和利益，但如果用户数据被不恰当地运用，比如被出售给第三方，或被泄露给一些从事诈骗行为的组织和个人，则会对消费者造成严重伤害。在顾客隐私保护和用户数据合理利用之间如何权衡，不仅是一个法律问题，很大程度上也是一个伦理或道德问题。

由于营销的高可见性和营销人员的"中介人"地位，加上一些企业过多强调营销活动对顾客的短期影响，导致各种不道德营销活动频发，无论是企业内部还是企业外部要求对不道德营销行为予以干预的呼声日益高涨。与此同时，伴随"绿色""生态"和"可持续"发展理念和实践的兴起，如何在营销领域践行这些理念也被提上日程，可持续营销也开始得到理论和实务界的重视，本书将在第三章对此专门讨论。

第五节　主流范式与本书结构

市场营销作为一门学科，是在农产品营销、广告学、零售学、推销学等实用性课程的基础上逐步发展起来的，其学科地位的正式确立被认为是在 20 世纪 50 年代[①]。主要标

---

① 李飞. 中国营销学史[M]. 北京：经济科学出版社，2013：32-35.

志是学术界对营销研究的重点，对如何组织和传授营销知识发生重要转向。在研究方面，从关注分销、广告等分散的营销活动到关注企业营销管理过程的转向；在营销知识组织和传授方面，从关注营销机构、营销职能、营销与商品类型的关系等更为"宏观"的方面到关注营销经理如何进行营销管理和营销决策的转向。

自 20 世纪 50 年代始，营销学教材开始从管理和决策视角组织相关知识，并逐步发展起"营销管理与分析范式"。菲利普·科特勒于 1967 年首次出版，后不断修订和再版的《营销管理》一书就是运用该范式的产物。图 1-3 展现了这一范式的基本构成。该范式的逻辑起点是，对市场和环境的分析即 5C's 分析，包括对行业（context）、顾客（customer）、竞争者（competitor）、公司（company）、合作伙伴（collabrator）的分析，目的是识别市场机会和为营销战略决策提供支持。接下来，是制定营销战略和策略。营销战略的核心部分是 STP，即市场细分（segmentaion）、选择目标市场（targarting）、市场定位（positioning）。市场营销策略则包括产品（product）策略、分销（place）策略、促销（promotion）策略、定价（pricing）策略，也就是所谓的 4P's 营销组合。最后是运用营销策略满足顾客需要，以发展、维持与顾客的长期交换关系，同时实现企业在增长和利润等方面的目标。

图 1-3　营销管理与分析范式

（资料来源：李飞. 中国营销学史[M]. 北京：经济科学出版社，2013.）

"营销管理与分析范式"之所以大行其道，一方面，是因为该范式旨在系统回答营销经理所关注的重大决策问题，如"我们应当关注哪些核心业务""我们应当关注哪些顾客群""我们应如何配置营销资源来满足市场需求""我们应主要运用哪些工具来满足顾客需求""我们应如何评估营销绩效"等，从而与营销经理或营销部门的职责相契合。另一方面，该范式与管理决策过程

延伸阅读 1-2　营销的逻辑

所遵循的一般模式，即分析（识别市场机会）—计划（制定营销战略）—执行与控制（实施营销组合策略并评估其效果）相一致，也符合"谋定而后动"的认知模式，因而较容易被人接受。

　　然而，该分析范式也面临一些挑战。首先，描述和归纳重于演绎，这固然符合营销学属于应用性学科的特点，但同时也可能削弱学科内在的逻辑性和严密性。其次，该范式建立在"企业能够把握顾客需求""在满足顾客需求基础上能够与顾客发展互利的长期关系"两大假设的基础上，上述假设不一定具有普世性，因此从这个意义上讲，该范式的理论或逻辑基础并没有我们想象的那么坚实。最后，在如何发展互利的长期顾客关系方面，目前理论界提出了顾客价值这一核心概念，认为只有提供优于竞争对手的顾客价值，企业才会赢得市场。甚至有学者提出以顾客价值为基础，以感知和设计（创造）价值—传递和获取价值—保持顾客价值为主线重新构建市场营销学的逻辑体系。笔者认为，顾客价值固然重要，但以此取代"顾客或市场需求"在营销学中的核心地位，或许其理论和实际意义并没有预想的那么大，而且可能带来新的困惑。顾客价值的提供是企业各种活动综合作用的结果，如果把创造与提供顾客价值视为营销的首要职责或任务，那么在理论上并不能厘清营销职能与企业其他职能的联系与区别，在实践中不利于对营销活动绩效的测量和考核。实际上，把整个企业要完成的价值创造和提供赋予到营销部门或营销人员身上，会使营销职能不堪重负，最终反而可能使营销职能被边缘化。

　　虽然目前的主流营销范式面临诸多挑战，但在没有更好的替代范式出现前，本书试图融合"顾客价值创造范式"与"营销管理过程范式"，来安排全书章节结构（图 1-4 和表 1-3）。

图 1-4　本书结构安排

　　具体而言，本书第一篇命名"价值理念篇"，涵盖第一章、第二章、第三章，该部分着重论述营销在组织中的作用，市场导向如何从理论走向实践，市场营销理念的演变和最新发展。第二篇为"营销过程篇"，包括第四章和第五章，分别描述营销战略规划，市场营销计划、组织与实施。第三篇是"价值发现篇"，涵盖第六章、第七章、第八章和第九章，涉及营销环境、市场与行业、顾客与竞争者分析等内容。第四篇是"价值设计篇"，涵盖第十章和第十一章，主要涉及市场细分、选择目标市场和市场定位。第五篇是"价值创造与传递篇"，包括第十二章到第十八章，涉及产品与服务、分销渠道、定价、传播信息及整合、销售队伍管理、数字化营销等内容，该部分绝大多数章节是传统的 4P's 所覆盖的内容。第六篇是"价值收获篇"，涵盖第十九章和第二十章，反映市场营销的业绩与社会影响，包括客户终身价值与客户关系、品牌声誉的建立与维护。

表 1-3　本书组织架构

第一篇　价值理念篇 第一章　现代组织中的市场营销 第二章　成为市场导向的公司 第三章　营销道德与可持续营销	第四篇　价值设计篇 第十章　选择进入市场 第十一章　市场定位
第二篇　营销过程篇 第四章　市场营销战略规划 第五章　市场营销计划、组织与实施	第五篇　价值创造与传递篇 第十二章　管理产品与服务 第十三章　动态管理新产品 第十四章　建立和完善分销网络 第十五章　制定和调整价格 第十六章　整合传播信息 第十七章　管理销售队伍 第十八章　数字化营销
第三篇　价值发现篇 第六章　市场营销环境分析 第七章　洞察行业与市场 第八章　理解顾客行为 第九章　竞争者分析	第六篇　价值收获篇 第十九章　建立和维持客户关系 第二十章　建立品牌声誉

即测即练

自
学
自
测

扫
描
此
码

第二章

成为市场导向的公司

◇ **通过本章学习，学员能够：**

1. 了解市场导向的含义及市场导向公司的特点；
2. 掌握市场导向公司的理论依据；
3. 了解企业成为市场导向公司的制约因素；
4. 掌握企业向市场导向公司转型的过程要点。

第一节　市场导向公司及其特点

一、市场导向的含义

将市场营销观念从理念层面，落实到实践层面，可谓知易行难。学术界用市场导向来刻画、反映企业是否践行顾客至上的市场营销观念，是否和在多大程度上把以顾客为中心从口号变为行动。营销文献中，存在很多与市场导向相近的词汇，如贴近顾客、顾客导向、市场驱动等。在很多营销经理看来，这些词汇并没有实质差异，可以交互使用。但从更严格的意义上来说，市场导向或许更具有综合性和涵盖性，能更全面、准确地反映企业践行以顾客为中心的营销理念，故被大多数教材采用。

迄今，学术界主要是从行为和文化两个角度审视和界定市场导向。从组织行为视角看，市场导向是企业系统地获取关于市场的信息，跨部门传播这些信息并根据这些信息对顾客需要和竞争行为做出反应[①]。从组织或企业文化视角看，市场导向是将以顾客为中心的理念渗透到整个组织中，在行为、制度、流程等各个方面体现这种理念，从而推动企业成为以顾客为中心的组织；在操作层面，市场导向被认为包括顾客导向、竞争导向、跨部门合作与协调和长期视野 4 个核心要素（图 2-1）。虽然上述两种视角并不冲

---

① Kohli A K, Jaworski B J. Market orientation: the construct, research propositions, and managerial implications[J]. Journal of Marketing, 1990, 54(4): 1-18.

突，但近年来主流观点更偏向文化视角，也就是从比行为视角更宏大的视角来理解和考察市场导向。

图 2-1　市场导向构成要素

（资料来源：Graham Hooley, John Saunders, Nigel F. Piercy. Marketing management and comptitive positioning[M].3rd ed, Prentice Hall International (UK), 2004.）

　　顾客导向大致包括 4 方面内容：一是深入、动态理解顾客需要；二是针对目标顾客提供差异化的产品与服务；三是将顾客满意作为重要目标；四是盈利性，即企业要通过为顾客创造价值来实现盈利目标，将盈利视为满足顾客需要的结果。竞争导向是指企业应聚焦竞争对手，把为市场提供比竞争对手更优异的顾客价值作为其主要目标，并以此组织企业经营活动。像标杆管理、逆向工程、模仿创新等均是竞争导向下的产物。跨部门协调，是由公司内更有权威的高层管理者协调各职能部门或组建专门团队，来解决顾客的问题或完成由客户委托的某个特定项目。长期视野或长期视角，即不是着眼于与顾客的一次性交易，而是长期对顾客投资、发展与顾客的长期交换关系。

　　由于在实际生活中，很多企业对以顾客或市场为中心是"口惠而实不至"，没有真正成为市场导向的公司，而一些自诩践行"市场导向"的企业，只不过是被动地对顾客的显性需要做出反应，推出的新产品大多是之前产品的"改头换面"或对既有产品的"小修小改"，由此引发诸多质疑。质疑之一是，践行市场导向可能会妨碍企业创新，尤其是阻碍突破性新产品的面世。质疑之二是，聚焦顾客和竞争者的市场导向，可能会忽视其他重要的市场参与者的利益和他们对企业的重大影响。比如，在发展中国家，由于"软""硬"基础设施均不完善，在这样的经营环境下，发展与地方政府、与社区居民的关系，形成与居民、政府相处的专门技能，会变得非常重要。如果企业在战略层面对"关系战略"、对"制度和非制度环境制约"没有足够关注，那么即使在满足顾客需要和应对竞争者方面做得很优异，最终也不一定获得成功。

出于对上述质疑的回应，一些学者对市场导向做了进一步分类，即将市场导向分为市场驱动和驱动市场两种类型。市场驱动是指企业侧重发展适应现有环境的独特资源与能力，在现有市场结构下根据顾客需要和竞争对手的战略对外部变化作出反应。驱动市场则是指企业不满足于适应现有市场和环境，通过开发突破性产品或引进突破性技术和创新商业模式，来创造新的市场和新的顾客需求，从而驱动产业与市场结构的变革。简言之，市场驱动型企业更重视对环境的适应，而驱动市场型企业更重视对环境的影响。虽然在不同发展阶段，企业会重点偏向其中的一种类型，但应当意识到，上述两种类型的市场导向，并不是彼此替代，也有一些企业在两者之间做到了较好的平衡。比如，我国的华为不仅重视创新和研发，同时又将技术和产品创新纳入"顾客需要"和帮助顾客解决问题的轨道，兼顾创新和市场，两者相得益彰。

二、市场导向公司的特点

通常认为，市场导向公司会取得更好的经营和财务绩效，会获得更持续和健康的发展，在市场也会更加受到同行和社会各界的尊重。像华为、小米、可口可乐等公司就是这类企业的代表。上述种种实际上是对市场导向结果的反映，不是对市场导向公司特点的描述。如果能把握市场导向公司的一般特点，就会有助于我们发展衡量市场导向的指标，从而更好地判断一家公司能在多大程度上成为市场导向的公司，也有助于帮助企业进行自我诊断从而更好地实现向市场导向的转型。根据夏皮罗（Shapiro）的观点，市场导向的公司具有以下三个特点。[①]

（1）关于驱动顾客购买的信息渗透到公司的每一职能部门。只有系统了解企业所在的市场，了解哪些人参与购买决策，了解他们如何决策，企业才可能成为市场导向的公司。在某些行业中，批发商、零售商对用户的选择具有举足轻重的影响。在另外一些行业中，"非购买"性力量，如建筑设计师、咨询工程师、医生等，对购买决定影响重大。还有一些市场是单个个体做出产品购买决定，但由另外的人消费这些产品，像很多家庭用品就属于这种情况。在产业市场中，通常是由公司的采购中心负责购买，由制造或生产部门使用这些产品。因此，理解市场需从知悉购买决策的参与者、他们扮演的角色以及他们如何做出购买决定开始。

首先，企业需要通过多种途径获取关于顾客和市场的信息。这些途径包括但不限于如下方面：公司自己或委托外部机构做的市场调查；从外部购买的市场数据或消费者报告；通过消费者热线获得的顾客对本公司产品与服务的反馈；企业内部交易系统或顾客关系管理系统记录的用户购买行为数据；从电商平台等机构获得的关于顾客行为及背景数据；企业参与展览或展销会获得的客户和竞争者信息；等等。

其次，顾客和市场信息不能只停留在市场研究、销售等与营销相关的部门，而应当

---

① Shapiro B. What the Hells is "Market Oriented"?[J]. Harvard Business Review, 1988: 119-125.

扩散到公司的每一个职能部门。比如，让这些信息到达研究人员和产品开发人员手中，到达制造人员和一线服务人员手中。当技术人员获得了消费者如何使用产品的一手信息后，他们可以更好地改进产品、改进生产过程。相反如果市场研究人员或营销人员将信息加工之后再传递给生产或技术人员，后者将感受不到市场信息的鲜活性，从而可能失去很多开发、利用这些信息的机会。

再次，定期召开跨职能部门会议，来讨论顾客需要、分析顾客的反馈意见，分享服务顾客的最佳实践。各职能部门的领导每年应腾出一定时间来思考影响购买的关键力量以及他们的动态。另外，公司高层需定期拜访重要的客户，了解他们如何使用公司的产品和服务，了解零售商如何销售公司的产品。延伸阅读 2-1 重点讨论了高层管理者深入接触顾客的重要性。

最后，对顾客或市场分类，确保市场资源优先配置到最重要的客户或市场。在确定关键客户和市场时，不同职能部门之间的协作十分重要。销售人员知道要优先拜访哪些客户，大多数情况下安排生产工序的人也知道哪些客户获得了特别对待，收听服务电话的人员知道哪些客户需要特别注意和优先得到服务。如果在公司或业务单位的计划会议上，对客户不分优先等级，那么在销售、生产安排和服务提供过程中就不可能体现对客户的服务差异。

延伸阅读 2-1　贴近顾客

（2）战略与战术决策必须有各职能部门和业务单位的人共同参与。职能部门和业务单位不可避免会有矛盾，因为职能部门和业务单位有不同的目标，不同的文化，不同的运作方式。以顾客或市场为导向的公司拥有各种机制，把这些冲突和问题放到阳光下，放到桌面上，进行开诚布公的讨论，在讨论的基础上进行权衡和协调。如此，关于市场和顾客的声音才能融入公司的战略与策略中。

为了做出明智的决策，职能和业务部门必须认识到彼此之间的差异。成为市场导向的公司，很大程度上体现在各部门相互作用和协调一致的方式上。营销部门可能要求研发部门在某一特定时间前开发出某种特定产品，如果研发部门认为这一要求不合理，但并不直截了当地指出，或者研发部门自作主张改变产品规格或设计，结果肯定是目标无法达成或者预算超出计划安排，最后导致两部门之间相互指责与抱怨。相反，如果两个部门坐下来协商，就有可能在技术限制和营销要求之间作出富有创造性的取舍，最终达成共同认可的目标。

当然，另外一种做法是将矛盾上交，由最高决策层做出决定。最高管理层或许对不同的观点并没有成见，很容易做出客观的判断，但问题是他们对提交上来的特定决策问题不一定具有专门的知识。一种开放的决策过程是可以兼顾上面这两种决策方式的优势，既获得高层管理者的公正与客观，同时又融入职能专家的技能与知识。

（3）职能与业务部门协调决策，在执行决策的过程中通力合作。在战略和战术决策层面上的公开交流与讨论，有助于凝聚共识，更有效地达成目标。当执行单位直接参与决策和规划时，其对计划和项目的热情会成倍增长。

公司内部对市场或营销存在各种偏见是很正常的。想象一下，如果财务经理也像营销部门的经理那样思考问题，他很可能被认为不称职。另外，如果各职能部门各行其是，尽管每一部门都具有卓越的能力和对公司的忠诚，但是计划或决策的执行还是会成为瓶颈。

序列性的沟通方式，即一个部门将其想法和要求按部就班地传递到另一部门，而没有彼此之间的互动，是不可能形成"顾客导向"所要求的"承诺"。成功的新产品不可能来自如下程式：营销部门定出规格要求，研发部门按此要求设计，最后生产部门按研发部门的设计制造出最终产品。而多部门的联动，即功能与业务部门人员共同分享创意和想法，讨论各种可行的问题解决方法与途径，则有助于发挥各自的优势，形成合力。强有力的互动会使各部门沟通管道更畅通，行动更协调。

糟糕的协调会导致资源配置的错位，会导致市场机会的丧失。通常，销售人员和技术服务人员更了解消费者需要的演进过程，如果制造和研发部门能意识到这一点，能够和他们共同探讨产品的开发问题，公司是可以避免产品设计上的严重失误的。问题是，当公司缺乏消费者导向所要求的协商与协调机制时，资源配置错位就不可避免。

延伸阅读 2-2 与你的顾客生活一天

第二节 为什么要成为市场导向的公司

一、成为市场导向公司的理论依据

正如德鲁克所言，企业只有两种基本职能，那就是营销和创新。营销的根本目的是找到有价值的顾客并比竞争对手更好地服务于顾客。用华为创始人任正非的话讲，顾客就是企业的衣食父母，天底下唯一给我们钱的就是客户。正是基于这样的认识，华为提出了"以顾客为中心，以创业者为本，坚持长期艰苦奋斗"的经营理念。华为在早期也曾有过对技术的崇拜和痴迷，但逐步发现并不是技术越先进就越能带来企业的成功。所以，现在公司提倡的是保持技术领先，但只是领先对手半步，明确将技术导向战略转为需求导向战略。[1]华为为什么要这么做？基本逻辑是：公司存在的目的是服务于顾客，只有帮助顾客实现其目标，公司所提供的服务才有价值，也才会得到顾客的认可并获得利润；反过来企业有利润才能更好发展自己服务于顾客的能力，从而使之处于不断为顾客创造价值的良性循环。迄今，至少有 3 种理论为市场导向的公司提供支撑，这些理论从不同角度解释了市场导向的必要性。

---

① 任正非. 华为的远景、使命和价值观[R]. 广州：在广东省委中心组"广东学习论坛"报告会上作的专题报告，2004.

（一）价值交换理论

根据这种理论，企业和顾客作为市场主体，双方通过交换实现各自的目标，企业为顾客提供产品、服务等"价值物"，顾客为此支付货币。交换的结果是，交易双方各自获得自己所需所欲之"物"，顾客需要得到满足，企业为此获得利润。显然，持续地交易或交换，取决于企业能否提供超越竞争对手的"顾客价值"。"顾客价值"至少有两种用法，一种用法是指顾客感知价值，即顾客从产品或服务的拥有与使用中感知到的总效用或总利益，它是产品品质、服务、设计、品牌形象等因素的函数。也有学者认为，顾客感知价值包括功能价值、服务价值、社交价值、形象价值和体验价值 5 个方面。[①] "顾客价值"的另一种用法是指顾客让渡价值，它是指顾客感知价值与顾客所支付的总成本的对比。顾客为购买产品或服务所支付的成本包括购买成本、交易成本、拥有成本 3 部分。购买成本是指为购买产品、服务所支付的货币，通常用购买价格反映。交易成本是指在交易过程中发生的成本，如为达成交易所付出的时间成本、磋商成本、交通费用、搜寻费用等。拥有成本则是指购买产品后所发生的成本，包括安装与维护成本、保险、人员培训费用，也包括转换供应商所带来的心理成本等。当感知利益或感知价值超过顾客支付的总成本时，消费者获得的让渡价值就高，反之则低。顾客的支付意愿主要由感知价值决定，但顾客是否愿意与特定企业进行交易，决定性的因素是顾客让渡价值。顾客之所以与 A 企业而不是与 B 企业交易，主要是因为从 A 企业可以获得比 B 企业更高的让渡价值。

从价值交换视角理解市场导向，意味着企业应重点围绕提高顾客感知价值、降低顾客成本来组织其投资与经营活动，前者可以提升顾客支付意愿，后者可以提升企业竞争力。仍以华为为例，其战略重心一直是通过提供品质好和服务好，同时成本又低于竞品的网络设备，从而为提升用户的业务绩效做出贡献。实现这种承诺的保证则是持续的技术创新、以客户为中心的企业文化、遍布全球且贴近用户的服务网络。很多用户使用华为的网络设备，不一定是由于其设备本身比竞品优异，更重要的原因是用户认为华为是一个值得信赖的长期合作伙伴，可以比其他供应商更有效地解决用户未来可能面临的各种问题。

（二）顾客资产理论

顾客资产是指某位顾客或用户在生命期内给企业带来的价值。顾客资产理论认为，顾客本身是值得开发的资源，企业为发展与顾客的长期交换关系，应对其进行投资，并根据顾客生命期价值或顾客终身价值的大小决定投资的强度和节奏。该理论要求企业关注单个客户的需求满足，以及与之发展长期关系，并估算由此给企业创造的价值。由于该理论注重发展满意和忠诚的顾客，注重发展长期顾客关系，并同时考虑顾客获取和保持成本，能引导企业聚焦顾客的需要，因此与顾客导向的要求一脉相承。

[①] 庄贵军. 营销管理：营销机会的识别、界定与利用[M]. 3 版. 北京：中国人民大学出版社，2021：4-9.

顾客资产价值包括 4 个部分，即直接价值、沟通价值、信息价值和关系价值。直接价值是指某个用户在其生命周期内给企业带来的收益与企业服务该顾客付出的成本之间的差值。以社区洗衣店为例，假设某个家庭每两周来该洗衣店洗一次衣服，每次洗衣总价在 80～100 元之间，若社区家庭平均居住时间为 8 年，则该家庭在居住期间给洗衣店带来的直接收益约为 18 000 元，如果洗衣店的毛利率为 40%，在不考虑货币的时间价值的情况下，则该家庭用户的直接价值为 7 200 元。沟通价值或口碑价值反映的是顾客满意或不满意，顾客通过口碑传播对其他消费者产生影响从而给企业带来的价值，该价值可以是正值，也可以是负值。沟通价值受用户满意程度、用户的影响力、体验性质如体验的可见程度等因素的影响。信息价值是指顾客个人背景信息、购买行为信息和对公司产品、服务使用反馈等信息给企业带来的价值。例如，京东、淘宝等企业可以运用顾客购物行为数据，进行精准营销，或帮助企业更好地进行市场细分。关系价值是指由于老顾客与企业有较长时间的交往，彼此相对熟悉，由此带来交易成本的降低并给企业创造价值。关系价值一般包括营销效率和竞争防御两方面价值。前者是指老顾客比新顾客对企业营销活动反应更积极，由此给企业带来的价值。后者是指老顾客尤其是忠诚的顾客对竞争对手的营销活动反应较少，从而在一定程度上缓解竞争的冲击。

（三）服务—利润链理论

该理论由哈佛大学赫斯克特教授等人在 20 世纪 90 年代提出。[①]该理论的核心思想是：企业的盈利依赖于满意和忠诚的顾客。顾客之所以满意和忠诚，是由于企业提供了优于竞争对手的顾客价值，顾客价值的提供则有赖于有能力和敬业的员工，后者又依赖公司的激励和培养。因此，在满意的员工—顾客价值—用户满意和忠诚—企业绩效—员工激励和投资之间存在一个良性循环（图 2-2）。该理论可以看作是前述价值交换理论进一步的扩展。

服务—利润链理论产生于服务行业，但服务主导逻辑下的营销将产品看作服务提供的一种手段，因此该理论同样适用于非服务性行业。相比于价值交换理论，服务—利润链

图 2-2　服务—利润链

---

① Heskett J L, Jones T O, Loveman G W, et al. Putting the service-profit chain to work[J]. Harvard Business Review, 1994, 72(2): 164–174.

理论在如下方面做了扩充。首先，明确了客户忠诚与企业绩效的正相关关系，强调企业不仅要关注顾客的数量和短期交易，更要关注客户的质量和长期价值。其次，强调了员工尤其是一线员工在提供顾客价值和创造满意顾客方面的重要性。最后，提出了内部服务质量的概念，强调员工满意是顾客满意的直接影响因素，从而要求企业在员工挑选、培训、能力提升、激励、内部系统支持、工作环境等方面予以更多的关注，提供更多的资源。

二、市场导向与公司业绩

有一些学者从实证层面对市场导向与企业绩效的关系做了探讨。[1]基本结论是市场导向对公司经营和财务绩效、对顾客满意度、对营销效率均产生正面影响，但市场驱动与驱动市场两种市场导向类型对产品和技术创新会带来不同影响。甚至有研究认为，市场驱动型导向由于过度关注顾客，容易导致开发与创新上的近视症，会降低企业的创新能力。[2]市场导向对企业或营销绩效的影响，主要是通过企业学习和形成学习型组织这种机制产生作用，而市场需求变动程度、技术变化的剧烈性、竞争激烈程度会调节市场导向对营销绩效的影响。比如，在需求变化迅速、顾客需求更难以把握的行业如电影、游戏、时尚行业，强调快速迭代、快速推出新产品，以此引领市场，更有助于企业形成竞争优势和取得更好的经营效果；相反，在需求变化相对缓慢的市场，强调开发市场需要的产品，强调随需而变更容易从竞争中脱颖而出。

三、成为市场导向公司的制约因素

首先是高层管理者的经历和背景。很多公司的高层要么是财务背景，要么是技术背景，市场营销的训练和经历较少。具有财务或会计背景的高层管理者，更看重公司的短期获利和长期风险控制，因而更倾向销售导向。具有技术背景的高管，将技术、生产、产品本身的先进性置于优先地位，更倾向采用产品或技术导向。源于此，高层对顾客需要和市场变化关注不够，使企业自上而下难以形成市场导向的文化。

其次是对市场营销的误解。很多企业没有将市场营销观念视为一种经营思想或经营哲学，没有看到这种经营思想贯彻要求企业全体员工的参与。相反，不少企业片面地认为，营销就是设立营销部门，由营销部门的人去做广告、做推广，去采用新颖的方法推销。当销售业绩不理想时，多认为是营销部门工作不力，而没有系统思考造成当前状况的关键原因及各种可能的应对办法。在此背景下，企业更容易形成销售导向而不是市场导向的文化与氛围。

再次是缺乏长期承诺。一方面，很多上市公司对短期业绩特别关注，无法一以贯之

---

① 刘石兰. 市场导向的类型及其影响研究[J]. 外国经济与管理，2007, 29(9): 31-38.
② Bennett R C, Cooper R. The misuse of marketing: an american tragedy[J] .Business Horizons, 1981, 24(6): 51-61.

地聚焦于对顾客和市场的长期投资。我国一些优秀的企业如华为、老干妈等拒绝上市，部分原因就是这些企业的创始人不希望企业过多受资本市场短期视角的影响，能聚精会神发展企业核心竞争力。另一方面，一些企业低估了成为市场导向公司所需要的时间和资源投入。很多高层管理者期望在较短的时间内，如1~2年就能将企业转型为市场导向的公司，并带来立竿见影的效果。实际上，在企业注入新的文化元素，让企业在外部公众中的形象得到改变或提升，均需要长时间的内部变革和相当多的资源投入。

最后是对变革的抵制。过去的成功所产生的惰性和路径依赖导致人们不愿意改变，甚至抵制改变。另外，转型成市场导向的公司意味着企业内部的某些部门或人员面临利益调整，比如生产部门为满足及时交货和多品种生产双重需求，需要引进柔性生产线，这会导致部分员工需要重新培训甚至调岗、下岗；需要研发、运营和财务人员加入营销部门主导的团队，去现场解决用户遇到的问题。这无疑会突破企业内部原有的工作流程与权力结构。还有，营销部门也可能在高举"市场导向"的旗帜下扩充部门权力，由此引起其他职能部门的不满和抵制。

第三节　如何成为市场导向的公司

对成功转型为市场导向公司的案例研究表明，由于起点、行业等方面的差异，各个企业在转型过程中所采取的核心活动各有侧重，但也呈现出某些共性的方面和具有普遍启示意义的准则。[①]其中具有一定共识的结论是：向市场导向转型是一种自上而下的过程，需要公司全体员工的参与，其中高层管理者的推动尤为关键；转型过程的同时也是组织持续变革的过程；聚焦解决顾客关切的问题并稳步取得经营成效；将市场导向的营销管理过程融入公司战略与公司文化中。

一、高层推动

雪佛龙（Chevron）是一家提供天然气的企业，该企业通过管道将天然气运送到地区分销商，分销商再把天然气卖给化工公司，后者用天然气制造过滤化学品，这种化学品最终卖给位于科罗拉多的金矿，金矿用该化学品从金砂中提取黄金。通过与化工厂的一系列座谈，Chevron的管理层对供应链和它的最终用户——金矿有了很多新的了解。例如，他们发现，通过普通管道运输到化工厂的天然气会渗进很多杂质，这些杂质会使化学品的生产更加昂贵，同时也影响产量。他们还发现，金矿的人对于这种有毒的化学品心存恐惧，尤其是在运输过程中更是如此。获得这些信息后，Chevron公司提出了好几种更好解决客户问题的行动方案。一种方案是在普通输气管旁边建立自己的"纯净输气管"。另一种方案是Chevron和化工厂合作，在化工厂安装一个气体纯净装置。还有一种更激

---

① Gebhardt G F, Carpenter G, Sherry J. Creating a market orientation: a longitudinal, multifirm, grounded analysis of cultural transformation[J]. Journal of Marketing, 2006, 70(4): 37-55.

进的方案是，把气体运到金矿，直接在金矿生产过滤化学品。很显然，没有企业最高领导的介入，这些想法很难产生，或即使提出也只能是纸上谈兵。

公司高层尤其是公司最高领导的作用主要体现在 3 个方面。一是通过界定、厘清公司使命和公司价值观，为公司转型和变革凝聚共识、指引方向。二是引进外部力量和排除内部阻力，比如引进管理咨询公司，从领先企业引进变革团队，把拒绝或抵制变革的人员调离岗位等。三是协调公司内部机构，形成行动合力。

二、聚焦顾客

转型或变革的根本目的是确保企业提供顾客价值，确保公司运行在更好满足顾客需要的轨道上。之所以要聚焦顾客需要，而不是产品，根本原因是顾客购买产品的目的是为了解决某个问题或实现某种个人或组织目标。正如露华浓的创始人所说："在工厂我们制造化妆品，但在商店我们出售希望。"同样，劳力士自认为是从事"地位"业务，而不是手表业务；百得公司不是出售电钻，而是为用户提供直径为 1/4 英寸的孔。从顾客需要和欲望的角度审视公司业务，就更有可能避免产品开发和营销上的"近视"，从而防止由于颠覆性产品出现而不知所措，甚至彻底出局的局面。

随着企业规模扩大和层级增多，原来比较了解顾客和能够对用户需要做出较好反应的公司，会变得"耳聋眼拙"、反应迟钝。更可叹的是，此时企业的高层或出于自负，或出于对过去"成功经验"的自恋，不仅很少深入接触消费者，而且对来自一线的市场信息逐步缺乏敏锐的洞察力。结果是企业与顾客日益疏远，其产品、服务表现逐渐平庸。因此，建立面向顾客、对顾客需要做出快速反应的流程、制度和系统，而不是依赖企业高层的"事必躬亲"，成为很多企业面临的重大课题。

三、持续变革

持续变革的目的是建立以客户或市场为中心的制度、流程和管理体系，减少管理层级，降低对特定人员的依赖，使企业能以高效率的方式对顾客需求做出快速反应。变革意味着资源、权力的重新配置，必然会遇到阻力。此时，不仅高层管理者的介入不可或缺，而且需要遵循一定的指导原则和流程。仍以华为为例，早在 20 世纪 90 年代，华为就着手引进世界一流企业的管理体系，坚持"先僵化，后优化，再固化"的原则，坚持"小改进，大奖励；大建议，只鼓励"的原则，持续地推行管理变革。经过多年的引进、吸收与改进，如今华为的管理体系不仅与国际接轨，而且逐步形成自身特色。

变革通常是在企业高层的推动下才得以推行，在此过程中无疑需要相关职能部门和一线员工的配合。因此，对变革的目的，要达成的目标以及要求的行为与规范，均需变革的发起者以通俗易懂的语言，甚至采用某种"形式化"的仪式让"普通员工"理解和接受。华为在管理变革中为什么不奖励来自基层的"大建议"？根本原因是"小改进"

对组织的冲击较小，效果也容易在短时间内体现，而"大建议"则不一定接地气，甚至造成"事与愿违"的效果。

四、系统推进

成为市场导向的公司，实际上就是形成以顾客为中心的文化，这意味着企业要实施一系列的变革，那么强有力的领导力是不可或缺的。从一些企业成功转型的实践看，除了企业高层的强力介入，还需要从思想、行动、制度等多个方面系统推进。

首先，企业高层需要在公司上下就公司使命、公司转型的必要性、达成的目标等进行公开宣示和宣讲，让每一个员工理解并认同。公司使命是对公司存在价值或存在理由的宣示，如阿里巴巴的使命是"让天下没有难做的生意"，华为的使命是"实现客户的梦想"，这些看似抽象的使命，如果成为公司上下共同的行动指引，则会产生催人奋进、令人惊异的强大力量。公司高层不仅要界定、厘清公司使命，同时需要把公司的目标、公司的奖惩制度与创造满意的顾客联系起来，并在各种场合用通俗易懂的语言向员工诠释公司使命。

其次，注重从客户需求导向系统构建产品开发、顾客服务、人力资源、财务信息等方面的管理体系。为此，华为在早期就引进了 IBM 咨询团队，借助外力构建起与国际一流企业对标的现代管理体系，从而为后期的快速成长奠定良好基础。比如，华为不仅在董事会层面设立具有决策咨询性质的"战略与客户委员会"，为企业提供战略指引，而且在经营执行层面设立战略与营销体系，专注于客户需求的理解、分析，并基于客户需求确定产品投资计划和开发计划，以确保客户需求来驱动公司战略的实施。

最后，构建跨部门顾客服务团队，确保来自不同职能部门的人员形成合力共同服务于解决顾客问题、满足顾客需求。在干部的选用上，华为不仅考虑品行、能力，更看重责任、结果。同样，在激励政策上，也是以服务顾客的结果"论功行赏"。

如何判断一个组织已经成为市场导向的公司？一种常用的方法是自我诊断，即从顾客与公司做生意是否容易，公司是否信守承诺，公司的产品、服务品质是否达到顾客的要求，公司是否及时响应顾客等方面进行评价，下表呈现了这种方法的具体诊断题项。

市场导向的自我诊断

（1）与我们做生意是否很容易？	（3）产品、服务满足了设定的标准吗？
➢ 容易接触？ ➢ 信息提供快捷？ ➢ 订货很方便？ ➢ 承诺合理？	➢ 通用标准？ ➢ 特定标准？ ➢ 我们了解这些标准吗？
（2）我们在以下方面是否信守承诺？	（4）我们对顾客的响应性如何？
➢ 产品品质 ➢ 交货期 ➢ 安装 ➢ 培训 ➢ 服务	➢ 耐心倾听了顾客的意见吗？ ➢ 我们跟踪了吗？ ➢ 问了"为什么不"吗？ ➢ 是否把顾客当作独特的用户？

续表

（5）我们是作为一个团队一起工作吗？ ➢ 共享荣辱？ ➢ 共享信息？ ➢ 共作决策？ ➢ 使共同工作的各方满意？	

（资料来源：Shapiro B. What the hell is market oriented?[J]. Havard Business Review, 1998(11/12), 119-125.）

五、保持与固化

在经历剧烈的文化转型后，新的以顾客为中心的文化和与之相适应的组织行为并没有"正式化"，如果不经过诸如外显符号、仪式、价值观洗礼等方式的强化，那么转型或变革所带来的行为方式有可能逐步消退。常用的巩固转型成果的制度化方式包括调整组织结构、确立新的激励政策、对员工进行使命感或价值观等方面的培训、下放或分散权力等。

转型如果带来良好的公司业绩，无疑会强化企业上下对市场导向的理解和认同，同时也会巩固既有转型成果。然而，随着时间的推移，企业各方面对转型为什么取得成功会有不同的解读。比如，会简单地归结为当时领导的远见卓识，或归结为外部咨询机构的专业指导，而不是将其视为多种因素综合作用的结果。这种简化的归因，也会使后来的管理者将市场导向视为"不过如此"，忽视转型过程的不易和艰辛，最终走向市场导向的反面。为此，在转型巩固阶段，企业需要特别注重如下方面：一是招募认同企业文化的员工；二是将企业的核心资源和工作重心与不断变化的顾客和市场"连接"；三是通过仪式化的事件激发全体员工服务顾客的初心。此外，公司元老在某些重大决策上的参与，以及对某些时髦管理术语或管理方式的警觉，均有助于企业传承和巩固顾客导向的价值理念，防止企业滑入非市场导向的泥沼。

第四节 向市场导向转型——拉法基的实践

2001年当弗朗索瓦·雅克（Franois M. Jacques）成为拉法基公司（Lafarge Group）的市场总监时，他的销售部门的同事告诉他，公司只有两种类型的顾客，一种是喜欢打高尔夫球的，另一种是喜欢钓鱼的。拉法基当时是全球最大的水泥企业，但在全球也只有6%的市场份额。水泥是一种高度同质化的产品，买主是一些大型企业，为了降低采购成本，用户会组建权力集中的采购中心。在这一市场中，不引爆价格战，同时维持现有市场份额，成为拉法基销售部门的战略重点。在此环境下，销售地位显赫，市场机构则被视为可有可无。可以想见，在这样的企业引入营销观念和营销功能，并非易事。据雅克回忆，公司花了大约5年时间，才使这家以生产和销售为导向的公司初步成为市场导向的公司。[①]下面我们结合该公司水泥事业部的实践，重点介绍和讨论成为市场导向公司

---

① Jacques F. Even commodities have customers[J]. Harvard Business Review, 2007(5), 110-119.

的一般原则。

一、高层的介入与支持

将一家以销售或生产为导向的公司转型为市场导向的公司，首先需要取得企业高层的理解和支持。拉法基早年曾经有过转型的尝试，公司于 1999 年为公司水泥事业部指派了一名市场总监，试图将营销观念引入该事业部，但结果并不如意。主要障碍来自水泥事业部的高层，他们混淆了销售部与市场部的职能，将市场总监定位成"协调者"的角色。公司没有为其配备独立的团队和预算，这种有名无实的总监，自然难以产生影响。

2001 年出任拉法基水泥事业部营销总监的雅克，之前长期受聘于麦肯锡咨询公司。他在拉法基上任后的首项工作就是组建"市场督导委员会"，该委员会由雅克和 9 名大区经理组成，从一开始就有很高的权威性。水泥事业部在全球有 45 个业务单位（水泥厂），为了取得这些业务单位的配合，雅克将每月一次的委员会会议纪要以简报的形式发给各业务单位，让后者实时了解委员会的任务、目标和未来在营销方面的政策举措。另外，雅克还不时与事业部财务总监或信息总监联名向各业务单位老总传送 1～2 页纸的备忘录，说明营销与其正在开展的业务之间的关系，以进一步引起业务单位高层对正在进行的"市场导向项目"的关注和重视。

二、将营销 ABC 引入试点单位并取得成效

在取得高层的同意后，雅克挑选了 4 个业务单位作为试点，将营销职能引入这些单位。这 4 家单位分别来自美国、英国、罗马尼亚和菲律宾，它们所服务的市场各具特色，而且其在"市场督导委员会"的顶头上司，对于被挑选单位引入营销理念和营销职能也鼎力支持。如何尽快取得成效，这是项目组十分关心的，因为这涉及能否消除部分高层对项目的怀疑，也关系到能否得到试点单位持续的支持与配合。

营销中一种非常基础的工具是市场细分，每一个企业都可以运用它来提升公司绩效，遗憾的是绝大多数企业并没有真正运用这一工具。为了在试点单位尽快取得成效，雅克所领导的项目组，在外部咨询公司的帮助下，对 4 个试点单位的用户从行为驱动力（如价格驱动、关系驱动、绩效驱动）和业务复杂性（例如：有的用户为确保桥梁安全，会有专门实验室对水泥品质进行检验；而从事一般住宅业务的企业对水泥的品质要求则没有如此高）进行了细分。在此基础上，项目组分析了同一细分市场的用户，结果发现，在同样购买数量、同样销售区域购买同样型号的水泥，支付的价格差别很大。这说明，公司在定价、客户价格折扣方面标准不一，由此不仅造成公司利润损失，而且对同一细分市场的客户也不公平。确认定价方面存在的问题后，参与试点的单位决定采用"价值定价法"，即基于用户感知的价值而不是基于公司的成本进行定价。同时，针对同一细分市场的用户制定"门槛价格"，由此降低了市场上产品价格变动幅度，提升了产品总体价格水平。在此过程中，项目组也识别出哪些地域、哪些细分市场、哪些销售渠道最有潜

力和机会。由于早期取得了可识别、可测量的成效，陆续有越来越多的业务单位主动要求加入"营销试点项目"中。

三、测量行动效果

为了让高层很直观地了解项目成效，项目组最初主要是用散点图、瀑布图来描绘不同细分市场产品价格变动幅度，以及价格变动幅度与产品毛利之间的关系。随后，项目组开始跟踪实施"门槛价格"政策和减少价格变动后，产品毛利率的变化。项目实施的第 3 年则开始引入更精细的方法，测量营销行动对财务指标的影响。由于针对不同细分市场实施差异化价格策略，由此可以跟踪新的营销政策实施前后产品毛利率的变化，也可以横向比较不同细分市场的政策效果。不仅如此，项目组于 2005 年开始着手用户满意度调查，并跟踪各业务单位新产品所创造的收益，同时引进了 OTIFIC 测量。后者是"准时"（on time）、"足量"（in full）和"发票无误"（invoiced correctly）英文缩写。伴随着对市场理解的深化，公司不再把水泥市场理解为无差异的市场，而是在此基础上开发出"无尘水泥""防水包装"等，这些新产品具有更高的附加值，因此项目组决定跟踪和统计不同业务单位、不同细分市场新产品所创造的收益，以此促进下属单位更积极营销新产品。为了引导企业在非价格层面竞争，最近公司开始着手编制"溢价指数"，即测量公司产品售价是否和在多大程度上比竞争产品售价更高。"溢价指数"能衡量不同细分市场拉法基产品的价格竞争力，在售价低于对手的市场中，则可以引导企业识别"差距"存在的原因，从而帮助企业寻找弥补"差距"的思路和办法。

四、传播与分享

在项目推行 1 年后，项目组在巴黎召开了第一次分享会议，4 个试点单位和另外 4 个业务单位的经理被邀请参加。会议重点宣传试点单位开展的主要营销活动（市场细分和基于价值的定价），支持性营销活动（如营销规划过程和销售管理工具），以及这些活动的进展及效果。随后，组建了 6 个区域性论坛或网络平台，区域论坛由该区域内各业务单位的市场经理和销售经理主导。为期 2.5 天的论坛，由区域内一个业务单位负责组织，重点是到一家用户企业现场调查，了解其主要关切点，随后带着这些关切点，由论坛参与者讨论，共同制定应对办法，并由论坛组织单位负责实施。在下一年的论坛上，再由承办单位报告实施效果。这种问题导向的讨论与分享，不仅是一种有效的学习方式，而且也深受被调查用户的欢迎。为了推动业务单位之间营销经验的分享和交流，事业部于 2004 年还推出了"配对"学习活动。例如，让先进的业务单位辅导、帮助相对落后的业务单位，让后者在顾客满意度调查、新产品推出、市场细分、顾客关系管理软件运用等方面能有改进和提升。

在早期，项目组发现各业务单位的营销计划五花八门。有的单位计划内容只有一两页纸，有的单位计划内容则冗长无比。针对这种情况，项目组制定了一个初步模板，经过对该模板的广泛讨论，项目组听取意见，最终修订后在事业部下属的业务单位实施。

伴随营销知识的增长和营销实践的推进，事业部还推出了营销部门的网站。由于公司生产部门具有长期的知识管理经验和积淀，公司最初的 4 个最佳营销实践案例，均放在生产部门的网站上。为了确立营销部门的地位，项目组在高层的支持下最终决定建立体现营销特色的专门网站，该网站目前已经成为宣传、分享公司营销政策与实践的重要平台。由于网站内很多内容具有保密性，因此只有企业高层及被邀请参与相关研讨会的公司内部成员有权访问。

五、制度与组织保证

随着项目试点的成功和"最佳营销实践"在公司内部的传播，越来越多的业务单位主动要求事业部层面给予营销方面的辅导和支持。初期，项目组主要是帮助业务单位聘请外部营销咨询机构，由后者提供相关服务，但这不是长久的应对之策，因此在事业部建立专门的市场或营销机构便被提上日程，但这遭到了各大区域经理的反对，因为他们希望在区域层面而不是事业部层面建立市场机构。事业部高层由于担心过高的管理成本，也不倾向在区域层面建立这一机构。作为折中办法，拉法基事业部采用具有临时性和过渡性的"任务或项目小组"来承担营销职能。一直到 2005 年，当营销理念逐步深入人心时，事业部层面才成立了有 7 人编制的市场部。

在业务单位层面，最初提出的将市场部与销售部分离的提议，也遇到了阻力。有的业务单位认为自己单位规模不大，不用分设市场部和销售部；有的单位虽然同意分设，但坚持在战略层面上两个部门要联合起来。部分是为了减轻阻力，部分是照顾业务单位领导的面子，最终也是采用了折中办法，即给予 2～3 年的缓冲期，缓冲期过后则需要将两个部门分立。随着对营销认识的深入，到了项目实施的后期，将市场部从销售机构中独立出来几乎成为共识。在几乎所有业务单位均设立了市场部之后，事业部层面的市场机构的一项重要职责是帮助下属单位招聘到合适的营销人员，因为只有越来越多优秀的营销人员加盟，并在公司作出业绩，未来公司高层管理者的知识生态才会改变。在这一方面，拉法基也取得了令人欣喜的成就，据人力资源部门的统计，到 2005 年，公司高层后备队伍中，有约 20%的人来自营销部门。

六、将营销融入公司战略

建立市场部等营销机构，让营销部门开始在公司发挥其功能作用，不一定意味着公司已经真正完成了向"市场导向"的转型。只有将营销功能融入公司的战略，在战略层面发挥影响力，公司向市场导向转型才可能成功。拉法基在转型过程中，尽力将营销战略规划、营销预算、营销人员职业发展等纳入高层视野，并将这些事项融入公司战略制定和业绩评估中。

首先，在业务单位战略规划中拥有发言权。从一开始，项目组就要求介入试点业务单位的年度战略制定中。主要就市场预测，以及消费者行为如何影响业务单位销售与财务绩效发表意见。会议之后，采用备忘录方式提醒业务单位领导，业务战略在哪些方面涉及营销，哪些方面依赖营销。得益于内部营销，到 2005 年"营销事项"已经成为各业务单位排在"安全"之后的优先事项。标准化的营销规划流程和模板在此过程中功不可没。借助该模板，市场部门将营销活动与财务绩效联系起来，这意味着要达成预期的财务目标，业务单位需要采用提议的营销行动，同时也需要从事业部层面获得相应的资源。如此，支持营销目标的达成，事实上就成了业务单位领导层的责任。

其次，让营销预算进入业务单位战略规划中。不少高层管理者认为，营销支出是一种费用，需要尽量压缩。为扭转这种观念，市场部会测算市场营销活动及其支出所产生的业务收益，并反复告诫大区领导，如果他们削减营销预算，肯定会影响销售收入。在大区经理审议下属业务单位的战略规划和年度计划之前，市场部会以简洁的方式告知需要重点关注的涉及营销的内容。例如，市场销售或市场份额目标的实现，需要哪些营销活动支持，需要采用何种定价与促销策略，如果计划或规划中缺少这些内容，大区经理在审议中就会提出并要求业务单位做出解释，这样营销预算的安排就很自然地进入业务单位的规划中。

再次，让大区经理成为营销使者。拉法基水泥事业部有 9 个大区经理，每个经理管理着若干个业务单位。在每个大区经理访问业务单位前，市场部均会提供被访问单位的营销计划。现在，大区经理不仅会和业务单位领导讨论该计划，而且会在讨论前实地拜访当地的一家客户，在真实了解客户情况的基础上再与业务单位的高层座谈和给予指导。

最后，将营销经理人员的职业规划纳入公司人力资源规划中。这涉及两个方面：一是与公司人力资源部确定营销人员的能力要求和如何运用现有工具对他们在不同职业阶段进行评价和激励；二是与公司人力资源和培训部门商讨，制订具体培训计划，以提升营销经理人员业务能力。

即测即练

自学自测

扫描此码

第三章

营销道德与可持续营销

通过本章学习，学员能够：

1. 理解市场营销道德建设的重要性；
2. 熟悉有关营销道德的理论；
3. 阐释社会责任营销的含义、形式和依据；
4. 了解可持续营销产生的背景；
5. 理解可持续营销与可持续消费行为的关系。

第一节　市场营销道德

一、市场营销道德的含义

伦理（ethics）和道德（morality）是一对既有联系又有区别的概念。前者是指外在社会对个体的行为规范与要求，包括社会秩序、制度与法律等，它强调或侧重的是"他律"。后者是指为社会大多数人所遵循的行为准则与规范，它强调的是"自律"，反映个体在践行道德行为过程中所呈现的稳定、一致和持久的心理状态。

市场营销道德涉及"善""恶"的判断，是企业或营销人员在从事市场营销活动过程中所遵循的行为准则与规范。由于这些准则与规范多是以"默认知识"的形式存在，促成其遵循或实施的压力主要来自舆论，因此现实中经常会出现一些营销人员违反营销道德的现象。在人们的印象里，似乎营销人员尤其是销售人员更多地与"夸大宣传""高压推销""忽悠"等相联系。这种对营销人员的"刻板印象"，既有深层的文化根源，也与部分营销人员没有遵从社会所期待的行为规范有密切联系，由此也彰显了市场营销道德建设的重要性和必要性。

营销道德的复杂性在于，当营销人员在评判某个行为是否合乎道德时，并不是简单的对错判断，也不像法律条文那样泾渭分明，而是在极端道德与极端不道德之间存在很多中间地带。营销人员要做的是，在这些中间地带选择某个点，而这种选择既受个人"良知"或个人道德水准的影响，又受外部利益、组织文化和社会舆论等多方面因素制约。[①]

二、为什么要重视营销道德建设

营销道德建设既可以看成是企业文化建设的组成部分，同时也是后面讨论的可持续营销不可或缺的内容。从长远看，不道德的营销活动将危及企业的利益相关者，最终影响企业的发展。

（一）重视营销道德建设是企业自身发展的内在需要

首先，从历史上看，那些长期受到消费者追捧的品牌和百年老店无不是通过价值观的引领，通过持续的文化与道德建设，来赢得市场和社会的赞誉。以同仁堂为例，这个有300多年历史的中华"老字号"，一直秉承"炮制虽繁必不敢省人工，品味虽贵必不敢减物力"的核心理念，恪守"同修仁德、济世养生"的信条，才有该品牌的长盛不衰。反过来，那些"重利轻义"，为了获利而不择手段的企业，虽然也可能短期内侥幸成功，但终究会被消费者和市场唾弃，这样的例子也是数不胜数。

其次，道德的感召力不仅可以赢得外部声誉和形象，而且可以极大地提升内部凝聚力。企业最重要的资源是人才，如何吸引优秀的人才加盟？如何留住优秀的员工？如何激发员工的潜力？良好的待遇和人才成长环境固然重要，但道德的力量尤其是企业创始人和企业高层的人格魅力更为重要。"道不同不相为谋"，对于高素质的人才，"三观"一致既是择业的重要考虑因素，也是激励的重要来源。

最后，企业营销人员会面临许多不同于企业内部其他人员的道德困惑，客观上需要疏导、引导和督导。诚如在本书第一章所指出的，营销人员处于"中介人"地位，加上直接考核的压力和各种市场的诱惑，他们会比企业的生产、财务、技术等部门的员工面临更多的"道德选择"。因此企业需要通过培训、讨论、交流及制定内部伦理守则等各种措施来提升营销人员的道德"敏感性"，提高应对道德风险的能力。唯有如此，营销人员才会有更加健康的心理，有更多对职业的自信和自豪，从而降低人员流动率和提高营销效率。

（二）提升企业营销道德水准是社会的普遍期待和要求

企业作为社会的一员，其道德水准是社会道德水准的折射和缩影。企业从社会获取资源，从事价值创造活动，因其活动本身会对社会产生影响，所以社会对其行为会产生期待。这种期待既包括经济方面，也包括价值或道德方面。以广告为例，即使广告内容和表现形式合规合法，也能在目标消费者中引起良好的反应，但如果广告在引领社会价值观方面引发争议，或者有可能对某些弱势群体如儿童产生潜在的负面影响，这样的广

---

① 科特勒，等. 市场营销原理：亚洲版[M]. 4版. 赵占波，等译. 北京：机械工业出版社，2020.

告就需要从道德层面被重新审视。比如，由于儿童在认知能力上不及成年人，所以针对儿童的广告就应清楚地将广告与儿童节目区别开来，而不能将两者相互融合。①

（三）加强企业营销道德建设有助于减少政府不必要的干预

当一个行业中的不道德营销事件频发且缺乏强有力的行业自律来予以遏制时，政府的干预就不可避免。在很多情况下，政府的干预无疑是必要的，但同时也应意识到，政府的干预也有代价。除了监管成本，政府干预的一个后果是有可能抑制行业活力。如果企业或行业能够通过自律方式或通过强化道德建设，来解决社会关切的各种有可能给消费者和社会带来潜在伤害的问题，那么政府干预的力度甚至方向均可能改变，从而有助于社会福祉的提升。

三、有关营销道德的理论

营销道德评价的标准并不一样，到底应该如何界定营销道德评价标准？学者们从不同的视角给予了回答，基本的理论是功利论和道义论，之后在这两大理论的基础上又发展出了显要义务理论、相称性理论和社会公正理论。②

（一）功利论

功利论于 19 世纪初诞生于英国，代表人物是杰里米·边沁（Jeremy Bentham）和约翰·穆勒（John S. Mill）。虽然该理论后来发展出了多个流派，但核心本质是主张行为的结果，即以行为所带来的功利大小来判定行为是否正确或正当。如果善的结果超过了恶的结果，则该行为就是正当的。具体而言，功利是指事物内在的价值或者内在的善，如幸福、快乐、健康等。当人们把某一行为所带来的所有快乐和痛苦加总起来进行衡量后，如果快乐超过了痛苦，那么这个行为就被界定为"善"，反之则是"恶"的行为。

但是，到底以"谁"的快乐来进行判定呢？利己功利主义认为，个体的义务是对其本人来说，尽可能地使"善"超过"恶"，也就是从个体或者"小集体"的快乐来进行判定。普遍功利主义认为，行为道德与否取决于行为是否能够给大多数人带来幸福和快乐，甚至有时可能要为了大多数人的幸福和快乐而舍得牺牲个体或"小集体"的利益。

功利论为营销道德评价提供了一种基本思路，它指出了人们在进行道德评价时会以行为结果为依据，对行为的利弊得失进行判断，最终选择一个优化的、能够使"善"最大化的行为。现实中，功利论受到很多批评。首先，以结果来评判行为是否道德，不仅可能牺牲弱势群体的利益和带来不公平，而且会在营销领域鼓励以不正当手段达成目的的行为，这显然是很多人难以接受的。③其次，人类对生命、健康、公平、正义等的追求

---

① 符国群，高丽. 美国的儿童营销活动及其规制[J]. 中国广告，2001(6): 65-68.

② 甘碧群，符国群. 西方学者对市场营销道德界限的判定[J]. 外国经济与管理，1996(2): 33-36.

③ 甘碧群，符国群. 一种结合道义论与目的论的营销道德理论[J]. 外国经济与管理，1996(7):18-21.

在很多情况下无法用一个统一的"标尺"进行量化，当它们彼此冲突的时候更不能做简单加总。最后，人们难以准确预料某一行为可能产生的结果，这也使得"善""恶"的计算不那么可靠。

（二）道义论

与功利论相对应的是道义论。道义论认为，一种行为是否合乎道德，不是由行为的结果所决定的，而是由行为本身内在的正当性所决定的。相比功利论的结果导向，道义论是从直觉和经验中归纳出人们应当共同遵守的道德责任或义务，并以此来判断行为是否道德。例如，两家企业同时给环保公益组织捐款，但是如果第一家企业是发自内心想为环保做出贡献，而第二家企业主要是为了挽救自己的企业形象：那么用功利论的标准，两家企业的行为都是"善"的和合乎道德的；但是如果用道义论的标准来评价，第一家企业的行为才是道德的。

道义论主要不是根据行为结果来鼓励营销人员，而是根据行为本身的内在正当性来鼓励营销人员进行决策和开展营销活动，这有助于营销人员在行动前审视自己或企业行为是否存在违背公认社会伦理准则的情况，这是值得称道的。但道义论的问题是，要发展一系列不存在例外情况的义务准则几乎是不可能的。当营销诸如烟、酒等可能使人上瘾或对身体健康存在潜在伤害的产品时，一些营销人员在满足顾客需要和履行道德义务之间可能会陷入尴尬或困境。

（三）显要义务理论

该理论是道义论的变形，由英国人戴维·罗斯（David Ross）于 1930 年提出。所谓"显要义务"（prima facie duty），是在特定的时间和环境下人们觉得合适的行为，这些行为的道德性是显而易见的，是人们不需要推敲就能立即做出判断的行为。罗斯提出了人们应当遵循的 6 条显要义务，分别是诚实、感恩、公正、行善、自我完善、不作恶。

罗斯的显要义务理论细化了道德准则，规范了营销人员在营销活动中应该承担的主要义务，它鼓励营销人员在营销活动中思考和决定应当承担哪些道德责任，如果没有更重要和优先的责任，营销人员就必须如实履行这些凭直觉就可意识到的责任和义务。同时，罗斯的理论强调的是营销活动中显而易见的义务，而相对淡化了对行为结果的预测，这样就避免了只问结果而不顾义务的情况。当然，罗斯并没有说明，当这些义务之间产生冲突的时候，应该如何排序和取舍，即应该优先履行何种显要义务。因此，调节各种道德原则冲突的是"正当或正确"的概念，是在特定场合下对某一具体行为的"正确直觉"。

（四）相称理论

相称理论由加勒特（Garrett）于 1966 年提出，他认为判断一项行为或一项决策是否道德，应从目的、手段和后果 3 个方面加以综合考虑。目的是指行为背后的动机与意图；手段是指目的得以实现的过程，以及在此过程中所运用的方式与方法；后果是指行为引起的结果，它包括两个方面，一是行为人期望达到的结果，二是行为人能够预见却并不期望的结果。

加勒特将行为或决策所带来的危害分成了两类：第一类是"大恶"，即导致了他人或其他组织的某些重要能力的丧失，如奶粉中含有对婴儿身体危害的成分、手机电池爆炸导致人身安全受到威胁、恶意拖欠货款导致小供应商破产等行为；第二类是"小恶"，即导致了他人或其他组织经济层面的利益受损，但是并未涉及重要能力的损失，如产品价格过高、宣传夸大等。同时，加勒特指出，某项行为或决策的开展需要有"相称理由"，即行为人所期望的善的效果超过潜在的不为行为人所希冀的恶的效果。

加勒特认为，在综合运用目的、手段、结果对行为的道德合理性进行评价时，应该遵循以下原则：①假定所用的手段和意欲达到的目的均无可挑剔，但如果预见行为将引起副作用，则行为人应当有相称理由来放任这类副作用的发生，否则行为是不道德的；②无论是作为手段还是作为目的，旨在对他人造成"大恶"是不道德的；③允许或放任一种"大恶"发生，或给他人造成重大伤害，且提不出相称理由是不道德的；④希望、允许或放任一种"小恶"或小害发生，且提不出与之相称的理由也是不道德的。

相称理论为市场营销人员判断行为的道德合理性提供了一个全方位的思维框架：首先，从目的、手段、后果 3 个方面综合考察行为是否合乎道德；其次，相称理论的提出为营销人员判断其行为是否合乎道德提供了灵活但又具有普遍适应性的原则；最后，该理论所提出的"大恶"与"小恶"的概念，提醒企业应当审视和分析各种不道德行为的严重程度，将道德建设的重点放在那些经常、普遍引发严重不道德后果的活动领域。当然，相称理论也存在值得商榷的地方，因为实际营销活动中比较难以区分和确认"小恶"和"大恶"，一些本来预见到的"小恶"可能由于外在环境或其他因素的作用变成了"大恶"。

（五）社会公正理论

社会公正理论由哈佛大学伦理哲学家罗尔斯（Rawls）于 1971 年提出，该理论从一种叫"起始位置"的状态出发，构建一个理想的社会公正系统，这一系统所遵循的伦理准则是力图使弱者利益得到增进，或者至少不会因为强者的剥夺而使弱者变得越来越弱。

"起始位置"犹如游戏之前的状态，参加者并不知道自己要扮演的角色，也不知道输赢的概率。同样在社会中，人们不知道自己未来的财富状况、社会地位、受教育程度等。以这样一种状态出发，有助于演绎出公正的社会理想。在起始位置下，人们如何规范社会成员的权利与义务呢？罗尔斯认为，理性的人们将会运用"最小最大法"做出权利与义务的安排，即选择这样一个社会，以便将发生在各成员身上的极端损害减少到最小。

同时，罗尔斯还提出了两条基本的公正原则：自由原则和差异原则。自由原则是指在不影响他人行使同样权利的前提下，让社会每一位成员尽可能多地享受自由。差异原则是指社会、经济的不平等应如此安排：一方面这种安排应普遍适合社会每一位成员；另一方面应使社会底层获得最大的利益。

延伸阅读 3-1 西方学者对市场营销道德界限的判定

社会公正理论对营销道德评价具有 3 点启示意义：首先，自由原则强调每一位社会成员都有权决定自己的命运，有权享受与其他社会成员一样的平等待遇。这意味着每一位消费者有权自由选择产品，有权获得关于产品或服务方面的完备信息，有权获得安全、可靠的产品等。企业在营销过程中应充分尊重和维护消费者的这些权利。其次，差异性原则要求企业不能以损害别人的利益换取自身利益，尤其是不能以强欺弱，不能对弱小的合作伙伴进行剥夺。最后，社会公正理论从道德公正角度肯定了企业应树立市场营销观念，肯定了将处于弱势地位的消费者权利纳入企业营销计划与决策中的重要性与迫切性。

延伸阅读 3-2 一种结合道义论与目的论的营销道德理论

四、对不道德营销行为的限制

企业营销道德建设需要企业付诸努力，同时也需要政府的监管和公众的监督。来自政府和公众的力量能够对企业的不道德营销行为产生一定的限制作用，其中包括：消费者保护运动、环境保护运动、营销法律和政府规则。

（一）消费者保护运动

消费者保护运动或消费者保护主义是指由消费者、政府和有关社会组织发起的一系列活动，它旨在提高消费者的权利意识和消费者相对于卖方的地位。消费者保护涉及的领域主要包括：1）产品品质与安全，消费者有权受到保护，避免产品存在质量问题或产品危及人身健康和安全。2）信息与标示，其中包括广告是否具有欺骗性、误导性或夸大成分，产品商标所提供的信息（如产品成分、生产日期、营养成分等）是否足够，是否披露有关产品安全方面的警示与负面信息。3）儿童营销，包括在针对儿童营销的过程中需要考虑儿童对广告信息的理解能力；广告信息内容对儿童可能产生的影响，如是否违背主流价值观、是否会引起家庭冲突、是否会导致健康与安全问题的产生等；以及针对儿童的有争议性的营销活动。例如，在儿童俱乐部、教室等场所进行营销活动或者网上的儿童营销活动。4）消费者隐私的保护，即企业如何保护和使用消费者的个人信息。5）其他容易被消费者疏忽的行为，如吸烟、酒后驾车、不系安全带、儿童乘车不坐安全座椅等。[①]

---

① 符国群. 消费者行为学[M]. 4 版. 北京：高等教育出版社，2021.

消费者应该积极行使自己拥有的权利，这样不仅能够减少自己的损失，也能对企业起到监督的作用，促使企业向可持续营销的方向发展。面对消费者保护运动，企业需要给予积极的应对。企业采取的回应行为包括：主动通过访谈、问卷调研等方式了解消费者的实际感受、举行消费者座谈会、及时处理投诉和对消费者予以补救，建立消费者事务部，提供消费者教育和讲座等。

（二）环境保护运动

环境保护运动或环境保护主义是一场由公民、企业和政府机构为保护和改善人们当前和未来生存环境而组织的运动。环境保护主义者关心的主要领域包括：自然资源的耗竭、生物多样性、酸雨、臭氧层的破坏、有毒废弃物、工业与生活垃圾、水和空气污染。

环境保护主义者并非反对营销和消费，而是希望在营销和消费过程中避免和减少对环境的破坏，期望引起消费者和企业对环境问题的关注。例如，2016 年，近百位动物保护协会的成员在以皮草制品为主的芬迪（Fendi）品牌中国香港零售店门口示威，谴责皮草商家对动物的不人道行为。这种环境保护运动在一定程度上引起了企业对环境问题的重视，目前，很多奢侈品牌都在主动承担环境保护的责任。例如，2022 年普拉达（Prada）品牌借助虎年的契机，向中国绿化基金会的"与虎豹同行"项目捐款，旨在提高公众对中国保护野生动物和生物多样性的认识。

（三）营销相关法律与政府规制

为了限制企业的不道德行为，政府也会出台一系列法律法规。我国涉及消费者权益保护的法规包括《中华人民共和国消费者权益保护法》《中华人民共和国产品质量法》《中华人民共和国广告法》《中华人民共和国价格法》和《中华人民共和国食品安全法》；涉及劳工保护的法规有《中华人民共和国劳动法》《中华人民共和国劳动合同法》等；关于环境保护的法规包括《中华人民共和国环境保护法》《中华人民共和国水污染防治法》等；用以规范竞争行为的法规包括《中华人民共和国反不正当竞争法》《中华人民共和国反垄断法》《中华人民共和国商标法》《中华人民共和国专利法》等。

2020 年，习近平总书记在第七十五届联合国大会上承诺，中国将采取更加有力的政策和措施应对气候变化，二氧化碳排放量力争于 2030 年前达到峰值，努力争取在 2060 年前实现碳中和，即"双碳目标"。在此目标驱动下，2020 年中华人民共和国国家发展和改革委员会、中华人民共和国司法部联合印发了《关于加快建立绿色生产和消费法规政策体系的意见》，对企业的生产和经营活动提出了更高的标准和要求。这对企业来说既是挑战，也是机会，能够促使企业加速实现可持续营销的变革。

延伸阅读 3-3　儿童营销活动及其规制

（四）行业自律

行业自律是为了规范行业行为，协调同行利益关系，维护行业间的公平竞争和正当利益，促进行业健康发展，行业内成员自愿组成行业公会或行业协会来进行自我教育、自我约束和自我管理。行业自律建立在行业协会的基础上，它通过自律公约或行业规则约束行业成员。自律公约作为业内成员行使权利和履行义务的基本规则，是行业自律得以实施的重要保证。

行业协会一方面督促行业成员遵纪守法，履行法律义务；另一方面监督业内成员遵守行业规则或自律公约。大多数行业协会都会在其自律公约中规定成员应当遵守的基本道德义务，甚至专门就产品开发、宣传推广、定价和竞争等方面提供道德指引。

相比于法律规制或消费者组织发起的社会规制，行业自律具有如下特点。首先，自律公约是在业内成员反复协商的基础上达成，能更大程度反映业内大多数成员的共同利益，对行业的潜在抑制效应较小。其次，自我约束与业内成员相互监督相结合，可以大大降低自律公约的执行成本。最后，在自律基础上进行的道德约束，通常会制定比法律规制更高和更广泛的约束标准，而且多是通过树典型、立标兵等方式来达成约束目的，这更有利于塑造良好的行业形象和赢得社会尊重。

第二节　企业社会责任营销

一、企业社会责任的含义

关于企业是否和在多大程度上承担社会责任，一度存在较大争论。一种观点认为，企业唯一的责任是尽可能为股东创造价值。另一种观点认为：现代企业通常是所有权与经营权分离，在股东难以对经营层进行有效监督的情况下，后者难以成为社会责任的有效承担者；但企业承担社会责任的后果，会妨碍企业创造利润这一根本目的，最终会损害包括股东在内的所有利益相关者的利益。[①]现在，完全否认企业应承担社会责任的观点不再是主流，越来越多的人意识到，企业除了创造利润和对股东负责外，也需要承担对消费者、对员工、对社区、对环境等方面的责任。

所谓企业社会责任（corporate social responsibility，CSR），是指企业有义务按照社会期望的目标和价值观来制定政策、做出决策。[②]企业社会责任大致可分为经济责任、法律责任、道德或伦理责任和慈善责任（表 3-1）。在上述诸责任中，有的属于强制性责任，如法律责任；有的属于自愿责任，如慈善责任；有的则介于强制与自愿责任之间，如经济与道德责任。[③]

---

① 李国平，韦晓茜. 企业社会责任内涵、度量与经济后果：基于国外企业社会责任理论的研究综述[J]. 会计研究，2014(8)：33-40.

② Bowen H R. Social Responsibilities of Businessman[M].New York: Harper and Brothers,1953.

③ Carroll A B. The pyramid of corporate social responsibility: toward the moral management of organizational stakeholders[J]. Business Horizon, 1991, 34(4): 39-48.

表 3-1　企业社会责任的具体内容

企业经济责任	企业法律责任	企业伦理责任	企业公益责任
• 保持良好的经营业绩	• 守法经营	• 维护员工权益	• 参与社会、社区公益活动
• 保持企业持续的竞争优势	• 不从事贿赂腐败等行为	• 为消费者提供优质产品（服务）	• 为社会提供就业机会
• 依法纳税	• 建立健全企业治理结构	• 营造健康和谐的企业文化	• 救助社会弱势群体
• 保障股东权益	• 为员工提供安全健康的工作环境	• 为员工进一步成长和发展提供机会	• 捐助慈善事业
	• 不干扰企业所在社区居民的正常生活		
	• 在用工、招聘中提供平等机会		
	• 对企业可能造成的污染进行治理和补偿		
	• 在同行业竞争中遵守公平竞争原则		

（资料来源：彭建仿. 论企业营销的内涵与外延：社会责任[J]. 华东经济管理，2009，23(2): 98-102. ）

虽然仍有一些争议，但在现有研究总体上支持企业社会责任与企业绩效、企业声望存在正相关关系的结论。[①]企业社会责任主要通过如下途径影响企业绩效：第一，帮助企业降低资源获取成本；第二，帮助提高企业在消费者中的认知度和忠诚度，并吸引社会责任感比较强的新客户；第三，有助于吸引优秀员工；第四，帮助企业显著降低各种非系统性风险。

二、企业社会责任的依据

有很多理论来解释企业为什么要承担除获取利润之外的诸多社会责任，下面择要介绍。

（一）利益相关者理论

利益相关者是指那些能够影响企业目标实现或者能够被企业在实现目标的过程中影响的任何个人和群体。它不仅包括股东、员工、顾客、供应商、经销商等对企业生存与发展有决定性影响的个人或组织，也包括受企业经营活动影响的个人或群体，如社区居民、公益组织和社会公众等。利益相关者理论是对"股权至上"的企业理论的否定或修正，该理论强调企业应平衡各利益相关者的权利，尤其是要为那些给企业提供了"专用资产"和承担了风险的核心利益相关者平衡其参与决策和获取剩余索取权等权利。正因

---

① Orlitzky M, Schmidt F, Rynes S.Corporate social and financial performance: a meta- analysis[J]. Organization Studies, 2003, 24(3): 403-441.

为核心利益相关者为企业提供了诸如人力资本等关键资源，或者由于"负外部性"承担了企业的外溢成本，因此他们有权要求企业对其承担相应责任。[①]

（二）社会契约理论

从社会契约论的视角看，企业可以被看作是一系列契约的集合，企业不仅与利益相关者存在经济契约，也与他们存在社会契约。企业作为社会系统不可分割的一部分，企业在生产经营活动中的每一个环节都与社会建立起隐性或显性的社会契约关系。比如，企业参与政府主导的慈善事业，同时作为回报，企业也会获得某些政府资源或者赢得社会声誉。应当指出，企业履行社会责任和"承担社会职能"是完全不同的概念。承担社会责任是指企业按社会的期待开展经营活动，在力所能及的范围内帮助社会解决某些与企业业务相关的社会问题，因为这些问题可能部分是由于企业活动所造成的。然而，这绝不意味着企业置主业不顾，去承担本应由政府或其他社会机构承担的职责。

（三）企业公民理论

该理论认为，企业如同自然人一样，是社会的一员，享受法律所赋予的权利，也承担相应的义务。企业作为社会公民，受托管理社会资源，需要为形成更加美好的社会合理使用这些资源。一个和谐的社会不仅要有经济的繁荣，同时需要社会的稳定、道德的和谐，企业应为此做出贡献。企业一方面要遵纪守法、努力创造利润；另一方面应积极参与社区活动和社会公益事业，弘扬公共道德，做一个合格的社会公民。[②]

三、企业社会责任营销及形式

社会责任营销是指企业在营销过程中以创造顾客价值和提升社会福祉为宗旨，平衡各利益相关者的权利关系，以对社会负责任的方式开展营销活动。这里的利益相关者或利害关系人不仅包括企业股东、员工、消费者和合作伙伴，也包括受企业营销活动影响的其他组织和个人，如社区居民、环境保护组织等。由于企业的营销活动会产生外溢效应。例如，对环境、对社区居民产生正面或负面的影响，因此企业除了要遵纪守法和对核心利害关系人承担经济、道义等方面的责任外，还需对受其影响的社会组织或群体承担责任，甚至要为解决某些特定的社会问题做出贡献。

社会责任营销试图在履行传统营销职能的基础上，运用企业营销知识、技能和资源去参与某些特定社会问题的解决，在取得经济效益的同时获得良好的社会效益。目前，社会责任营销的主要形式有社会营销、善因营销和绿色营销，下面分别做简要介绍。

（一）社会营销

社会营销是指将营销理念、方法和技术用于协助解决各种社会问题，如保护环境、

---

① 王唤明，江若尘. 利益相关者理论综述研究[J]. 经济问题探索，2007(4):11-14.

② 王晓珍，汤丽萍，贾娇娇，等. 企业社会责任理论研究综述[J]. 江苏商论，2009(10): 116-118.

减少肥胖、节制烟酒、拒绝过度消费等。社会营销是建立在社会营销观念的基础上，后者是指企业的营销不仅要满足消费者即时的和短期的需要，也要有助于提升消费者的长期福祉。消费者的长期福祉与其生活的社会和环境密切相关，由此给企业营销介入社会和环境问题提供了依据。

践行社会营销观念的企业：一方面会投入一部分资源推动特定社会目标的达成，如推出公益广告和鼓励人们绿色出行；另一方面在从事主营业务的营销活动时，会注意维护消费者的长期利益。例如，电力公司在推广其绿色电力产品时不是鼓励用户多用电，而是鼓励其少用电，甚至对用电少的家庭或社区给予各种奖励。此外，企业也会与政府或外部非营利机构合作，共同致力于解决某些社会问题，如助学、扶贫等。

（二）善因营销

善因营销又称公益营销，可以被看作是社会营销的一种形式，它是指企业单独或与其他组织合作，围绕某项公益事业搭建让消费者广泛参与的平台，在促进特定公益事业发展的同时，促进品牌或公司影响力的扩大。典型的善因营销是企业每销售一件产品，承诺按销售收入的一定比例给公众认可的慈善机构或公益组织捐款。[1]善因营销与单纯地给慈善机构捐款有所不同，它既含有利己的经济动机，又含有利他的社会动机，更重要的是它鼓励和吸引消费者参与，能够提升消费者的介入度和体验感。善因营销将企业对公益事业的支持、消费者对公益事业的参与，以及产品或品牌的营销活动结合起来，被认为是一种多方共赢的营销方式。

善因营销形式多样。有学者将其分为销量决定型、公益事业冠名型、义卖捐赠型、抽奖捐赠型、主题活动型、设立基金或奖项型6种类型。[2]每一种类型的善因营销的运作方式和侧重点均有所不同。例如，一些企业冠名某支篮球队或足球队，以支持我国体育事业的发展，为此企业不仅需要投入巨资，同时还要在教练和球员遴选、球队激励等方面深度介入，在提升球队战绩和声誉的同时，扩大公司和品牌的影响。

善因营销项目要取得成功，需要注意以下方面。首先，选择合适的公益项目。例如，某公益项目有较高的社会关注度，且该项目与公司业务有某种内在联系或者公司的目标消费者是该项目的坚定支持者等。其次，选择公信力强且与公司价值观一致的公益组织进行合作。再次，选择合适的产品。通常是选择有增长潜力或增长速度比较快的产品，这样不仅用户数量多，而且能为公益事业筹措更多款项。最后，进行适当的推广宣传，广泛吸引消费者参与。为此，企业不仅需要投入宣传费用让社会公众知晓该项目的存在，而且要简化消费者的参与程序，方便其参与和分享。[3]

---

① Vardarajan P R, Menon A. Cause-related marketing: A coalignment of marketing strategy and corporate philanthropy[J]. Journal of Marketing, 1988, 52(3): 58-74.

② 高定基，范海峰. 事业关联营销谈[J]. 医药世界，2004(1): 60-62.

③ 胡瑜慧. 善因营销：企业承担社会责任的新方式[J]. 生产力研究，2009(20):145-147.

（三）绿色营销

绿色营销是指企业在营销过程中重视保护自然环境和生态，防治污染，充分回收并利用可再生资源以造福后代和实现可持续增长。[①]也有学者认为，绿色营销是在绿色消费的驱动下，企业从保护环境、防治污染、充分利用资源的角度出发，开展营销活动，以满足消费者的绿色需求。[②]

绿色营销的兴起大致有 4 个方面的原因：一是工业革命之后人类对大自然的无限索取，导致自然资源枯竭和生态失衡日益严重；二是工业活动造成的污染和对环境的破坏不仅可能危及人类未来，而且在当下也对人们的生活造成威胁；三是在面临环境污染、生态失衡的背景下，日益增多的消费者开始形成绿色消费的理念，要求企业提供绿色产品、采取对环境和生态负责任的方式从事营销活动；四是一些国家和政府组织通过立法、构筑绿色壁垒等方式，限制"环境伤害"类产品的贸易和流通。

绿色营销包括倡导绿色理念和绿色消费、制定绿色标准、开发绿色产品与包装、使用绿色标志、开发和利用绿色渠道、实施绿色物流，以及推动整个社会实行减量化（reduce）、重复使用（reuse）、循环利用（recycle）、资源与环境保护（reserve）等一系列活动。很多企业开展了绿色营销实践，如菜鸟物流不仅开发绿色物流园区和循环利用的包装，同时通过运用数字智能技术进行"合单"和路线与"空间"优化，实现全链路碳减排。此外，还通过"纸箱换鸡蛋"、分享"绿色足迹"等活动，吸引消费者参与低碳减排等绿色活动，不仅获得了社会声誉，而且也取得了良好的经济效益，实现了企业、消费者和社会多赢的目标。

第三节　可持续营销

可持续营销与可持续消费行为密切相关，它们都可以被看作是可持续发展的有机部分。本节重点阐释可持续营销的含义、产生背景，可持续营销与可持续消费行为的关系，以及企业如何促进可持续消费行为的发展。

一、可持续营销及背景

可持续营销（sustainable marketing）是指在满足消费者和企业当前和未来需要的同时，企业营销活动不危及自然和生态环境，也不危及子孙后代的需求。可持续营销可以看作是前面介绍的绿色营销的发展，也可以看作是"环境营销"的一种新的高级形态。[③]由于生态营销、环境营销、绿色营销、可持续营销存在很多重叠的地方，一些文献对它

---

① 郭国庆. 营销理论发展史[M]. 北京：中国人民大学出版社，2009.
② 张世新，魏琦. 试论企业绿色营销[J]. 兰州大学学报（社会科学版），2000，28(5):57-59.
③ 盛光华，张洪平. 西方环境营销理论评介[J]. 经济学动态，2003(8): 71-74.

们不加区分，甚至交替使用。如果从这些概念的产生背景和演进来看，它们彼此之间既有联系又有区别。

早在 20 世纪 70 年代左右，学术界相继提出了生态营销和环境营销的概念。前者主要是针对人口增长和自然资源的日渐枯竭而提出，旨在遏制人类对大自然的过度索取而导致生态失衡，从而危及人类的生存和发展。在生态营销基础上发展起来的环境营销，则进一步提出要重视商业活动，尤其是营销活动对环境产生的潜在影响，遏制危害自然环境的行为，促进环境友善行为，同时通过技术和修复手段来改善环境、恢复生态。绿色营销的提出和被引起重视，则是在 20 世纪 90 年代以后，它是环境营销的升级版，要求企业通过创造性活动满足绿色需求，推动绿色消费，为商业、社会和环境的协调发展做出贡献。可持续营销则是在前述概念的基础上将"未来"和子孙后代的福祉纳入营销视野，从而要求企业在更高层次、以更长远视角考虑营销活动对环境和社会的影响。

与旨在减少环境伤害、保护和改善环境与生态的绿色营销相比，可持续营销在如下方面有新的扩展：第一，可持续营销力图在用户需要、企业成长和环境与生态保护上达到和谐、协调，在这一点上它与绿色营销具有共通性；然而在考虑三者的关系时，可持续营销把子孙后代的福祉纳入考虑范围，无形中会增加环境和生态的优先性。第二，也正因为把子孙后代的利益纳入营销视野，自然会把代际公平、营销的跨区域"溢出效应"等概念或范畴引入营销实践。第三，绿色营销所倡导的绿色消费，固然是环境友善的，但如果带来的后果是人们更多的对物质产品的消费，即使这些产品是绿色的，那么从可持续发展的角度也是有问题的。所以从这一角度来看，可持续营销在倡导"品质生活"的同时，也会鼓励人们对消费进行反思，进行"良知消费"。①

在现实中，越来越多的企业开始践行可持续营销理念。例如，麦当劳、星巴克等企业近几年逐渐用可回收的吸管代替塑料吸管或者减少吸管的提供，用可回收的外带纸袋代替塑料袋包装等，就是通过可持续营销来减少对环境的污染和对资源的浪费。2017 年，京东物流推出了青流计划，也是致力于实现物流产业的可持续发展，京东在物资运输过程中使用新能源汽车、使用环保材料的循环快递箱、对生鲜产品用蓝色保温箱代替传统泡沫保温箱等，在各个环节减少对资源的浪费和对环境的破坏。

应当指出，可持续营销是一种适应时代要求的营销理念，也是值得每个企业去追求、去践行的营销方式，但它本身也面临很多挑战。首先，可持续营销要求平衡企业、消费者和社会的利益，这三者并不总是一致的。其次，可持续营销还要求对长期利益与短期利益进行取舍，这一点也不容易做到。比如，消费者某些需求的满足可能会带来短期的感官愉悦和当下的愉快体验，但就长期看有可能对其身心健康带来危害，此时营销者会面临一系列两难选择。最后，虽然践行可持续营销有助于某些环境或社会问题的解决，但营销或许并不是这些问题产生的原因，它也不能为解决这些问题提供全部答案。因此，

---

① Sheth N S, Srinivas S. Mindful consumption: a customer -centric approach to sustainability[J]. Journal of the Academy of Marketing Science, 2011, 39(1): 21-39.

如何合理评价可持续营销的作用和效果仍有待研究和探讨。

二、可持续消费行为

可持续消费行为是指消费者选择那些能够减少对环境危害且减少对自然资源利用的产品或服务。[①]可持续消费行为属于环保行为的一种，通常环保行为可以分成 4 类：激进的环保行为、公共领域的非激进环保行为、个人领域的环保行为和其他环保行为。[②]其中，激进的环保行为主要是指环境保护主义行动。例如，个人主动加入环保组织的活动或示威游行等。公共领域的非激进环保行为主要是指对公共政策、环保法规等的支持。例如，愿意为环保支付更高的税收。个人领域的环保行为主要是指可持续消费行为。其他环保行为包括个体的其他能够对环境带来影响的行为，如企业员工在工作中的环保行为等。

2021 年印发的《中共中央国务院关于完整准确全面贯彻新发展理念做好碳达峰碳中和工作的意见》（以下简称《意见》），指出要"扩大绿色低碳产品供给和消费，倡导绿色低碳生活方式，把绿色低碳发展纳入国民教育体系"。《意见》确定了 8 个重点领域的消费绿色转型，其中包括：绿色食品消费、绿色衣着消费、绿色居住消费、绿色交通消费、绿色用品消费、文化和旅游领域绿色消费、绿色电力消费和公共机构的绿色消费。未来，中国政府和企业将重点关注这 8 个领域的可持续消费行为。

根据消费者产品购买过程，可以将可持续消费行为分为 4 个阶段：消费决策阶段的可持续消费行为、产品或服务选择阶段的可持续消费行为、产品使用阶段的可持续消费行为以及旧产品处理阶段的可持续消费行为。

（一）消费决策阶段

在消费决策阶段，消费者要考虑"是否需要购买"的问题。这个阶段的可持续消费行为主要是建立理性消费的理念，按照实际需要合理选择。例如，适量点餐，减少冲动消费，减少或简化自己的消费，减少旧物的更换频率。共享经济时代，消费者如果能够逐渐建立"并非要拥有"的消费理念，就能有效地减少产品购买。例如，消费者可以通过共享单车来解决出行问题、通过租借衣服平台来解决衣着消费的问题。

（二）产品选择阶段

在产品选择阶段，消费者需要解决"选择什么"的问题。这个阶段的可持续消费行为是选择那些对环境能够带来积极影响的产品或服务。主要包含 3 种类型的产品：第一，采用了绿色环保原材料的产品，如使用了可降解包装的饮料瓶；第二，在生产过程中减少了对环境破坏的产品，如绿色有机食品、高效印染技术生产的服装等；第三，产品有

[①] White K, Habib R, Hardisty D J. How to SHIFT consumer behaviors to be more sustainable: A literature review and guiding framework[J]. Journal of Marketing, 2019, 83 (3):22-49.

[②] Stern P C. New environmental theories: toward a coherent theory of environmentally significant behavior[J]. Journal of Social Issues, 2000, 56(3): 407-424.

助于资源的节约或环境的保护，如节能家电、节水马桶、新能源汽车等。

（三）产品使用阶段

在产品使用阶段，主要涉及"如何使用"的问题。这个阶段的可持续消费行为是在使用产品的过程中减少对资源的浪费或对环境的破坏。例如，节约用水用电的行为、杜绝食物浪费的光盘行动、在夏天尽量不将空调的温度调到过低、减少燃油汽车的使用频率等。

（四）旧物处理阶段

在旧物处理阶段，消费者需要合理地处理家用垃圾和旧物。这个阶段的可持续消费行为包括垃圾分类和旧物回收。目前，中国政府在全面推进垃圾分类，很多城市都开始提供分类垃圾桶，消费者需要分类处理家用垃圾。同时，政府也在逐渐规范旧物捐赠渠道，鼓励居民通过慈善组织向有需要的困难群众捐赠合适的旧衣物。京东、华为等企业的旧物回收平台也提供了旧物回收、以旧换新的渠道，为可持续消费行为的开展提供了支持。

三、可持续消费行为的干预策略

（一）干预策略分类

政府、非营利组织和企业都可以通过干预策略来引导消费者开展可持续消费行为。干预策略是通过影响个体的感知、偏好和能力来影响人们自觉行为的改变。规避—转变—提升模型将可持续消费行为的干预分成 3 类：规避型干预策略、转变型干预策略和提升型干预策略。规避型干预策略旨在减少当下的一些不合理的、对环境会造成影响的理念或者行为，如减少人们的出行时间（优化出行）、减少饮食中肉类的比重（减少不健康的理念）等；转变型干预策略更加关注原有行为的直接转变，即为原有的、不合理的非绿色低碳行为寻找到替代品，如由自行驾车转变为公共交通，由使用塑料袋转为使用帆布袋等；提升型干预策略更加关注新技术的引用，聚焦于技术革新条件下引导个体选择环境友好型或资源节约型产品，如节能产品、新能源汽车、有机食品、由低碳环保面料制作的服装等。

从行为过程视角来看，干预策略可以分为：结构性干预策略、先行性干预策略和结果性干预策略。其中，结构性干预策略是从政策的视角来对行为进行规范和引导，具体包括政府补贴、税收和其他法规政策；先行性干预策略是在行为开始之前进行的引导，主要包括信息干预、展示、培训、免费产品试用和目标设定等；结果性干预策略是针对行为结果所开展的干预，如结果反馈、竞赛和奖励等。以下将详细介绍 3 种常用的干预策略：信息干预、奖励干预、目标与反馈。

（二）常用干预策略

1. 信息干预

信息干预策略通常按照信息内容、信息传递形式或者信息框架来进行类别划分。在信息内容方面，信息干预策略被分成：①与行为过程相关的信息，即如何开展可持续消费行为；②传递可持续消费行为所带来的价值，这类信息又可以细分成对环境带来的益处，如环境知识、环保理念，以及对个人所带来的益处，如节约成本、提高生活便利性、提高个人形象等；③传递他人的行为或社会的规范，即描述性规范信息和命令性规范信息。

在信息传递形式方面，环保标签、广告、宣传手册、培训、社交媒体上的传播都是常用的形式。在信息框架方面，即信息的表述方式方面，信息通常被分为积极信息框架（收益信息框架）和消极信息框架（损失信息框架）。前者强调采取某一特定行动后会带来的积极后果；后者则告知消费者，如果不采取某种行动会导致的消极后果。

我国政府在引导居民垃圾分类的过程中采用了多种信息干预的方式，在宣传中强调垃圾分类对环境和消费者的益处，同时安排志愿者进行垃圾分类的培训，教会居民如何进行垃圾分类。企业在鼓励可持续消费过程中，也经常灵活使用信息干预策略。例如，滴滴推出的拼车、顺风车业务，通过共享出行来减少每个人的出行碳排放。但在最初的时候，消费者并不习惯拼车出行，因此滴滴在上下班高峰时会传递"拼车能更快被接单"的信息，还会推出"全民拼车日"等活动来传递拼车的益处，改变消费者的出行观念和出行方式。

2. 奖励干预

奖励干预作为一种外在的激励，能够鼓励消费者开展可持续消费行为。奖励有多种划分方式，从行为结果的视角来分，奖励被分成正向奖励和负向奖励。正向奖励是对消费者做出的可持续消费行为给予奖励，而负向奖励则是惩罚消费者的非可持续消费行为；从受众划分，奖励可以分成个体奖励和群体奖励；从奖励内容层面来看，奖励包含了物质奖励（经济奖励）和精神奖励（非经济奖励）。其中，物质奖励或经济奖励是指消费者通过达到某些标准而获得的、能够提升个体财富的奖励，换言之，物质奖励能够让消费者获得直接的经济利益。正向的物质奖励包括现金、彩票、优惠券、奖品等；负向的物质奖励，如税收、罚款等。精神奖励是指消费者通过达到某些标准而获得的精神层面的认可和奖赏。正向的精神奖励主要是社会认可，其中包括感谢信、奖杯、证书、徽章等；负向的精神奖励，如指责和批评。

政府、非营利组织和企业均在尝试用奖励的方式来引导消费者开展可持续消费行为。目前，我国政府的主要奖励措施是碳积分项目，即消费者通过开展可持续消费行为来获得积分，以换取礼物等。2014 年，武汉作为"碳积分体系"的试点最先开始推出碳宝包系统，随后深圳、成都、广州、南京、北京等城市也都陆续推出碳积分奖励体系。奖励也是企业经常使用的策略。2020 年，迪卡侬、东隆集团与中国纺织工业联合会合作发起

"旧衣零抛弃"品牌专项行动计划，鼓励消费者将旧衣送到店内回收，并可兑换一定的优惠券。不同奖励方式和内容的长远效果还需要进一步考察，但是奖励均能够在短期提高可持续消费行为的吸引力。

3. 目标与反馈

目标干预策略能够引起人们对某种产品、品牌或行为的认知变化，进而改变人们的态度或行为。可持续消费行为的开展主要以三个目标为导向：第一，享乐目标，即人们为了获得快乐而开展可持续消费行为；第二，获益目标，即人们为了获得收益或节约支出而选择可持续消费行为；第三，规范目标，即人们以获得他人认可为目标来展开可持续消费行为。

目标干预策略中经常使用的方式是"承诺"。承诺是一种口头或者书面的约定，消费者承诺将改变某种行为。承诺能够有效地引导消费者开展可持续消费行为。例如，酒店客人在入住时填写承诺书，承诺减少毛巾的更换频率，这样能够有效地提升客人的毛巾重复使用行为。北京市在推进垃圾分类初期，在各个社区邀请居民签署"垃圾分类承诺书"，承诺自己会践行垃圾分类，这对于后续垃圾分类行为的开展起到良好的引导作用。

反馈干预和目标设定共同使用会带来很好的效果。反馈信息通常可以分成三类：第一类是对整体项目的完成情况或贡献价值的反馈；第二类是个体的完成情况或贡献价值的反馈；第三类是其他人的完成情况或贡献价值的反馈。反馈能够让个体了解自己或组织对目标的完成程度、感受到自己努力的价值，这样能够促使消费者再次开展可持续消费行为。例如，华为公司每年都会发布过去一年的可持续发展报告，反馈完成了哪些可持续发展目标，这有助于提高消费者对企业可持续营销实践的信任。

本章案例

宜家家居社区责任之行

即测即练

自学自测　　扫描此码

第二篇

营销过程篇

第四章

市场营销战略规划

通过本章学习，学员能够：

1. 了解公司战略规划的含义及公司战略规划系统的演变；
2. 描述公司战略规划过程；
3. 解释公司战略、业务战略与营销战略的关系；
4. 熟悉市场营销战略核心内容；
5. 了解如何制定市场营销战略。

第一节　公司战略规划

一、公司战略规划的目的与意义

公司或企业战略规划（corporate strategic planning）是根据公司的内外部环境、市场机会和资源，选择一个合适的业务组合与整体战略，以维持公司长期生存与发展的过程。战略规划的核心是保持组织的目标、能力与不断变化的市场环境之间相匹配。

环境的变化可分为两种主要类型：连续型变化和不连续型变化。连续型变化是指那些渐进式、可以预测的环境事件或趋势。例如，我国人口结构的改变、老年人口的日渐增多，以及人们对健康和环境污染的关注。这一类环境事件或环境变化不仅正在发生，而且也可以识别，企业有足够的时间来调整其战略与策略，去应对由此带来的机会与挑战。不连续型变化则是指环境中那些突然出现、无法事前预测而且对组织的生存与发展带来重要影响的环境事件，如 2020 年席卷全球的新型冠状病毒感染疫情、2022 年年初爆发的俄乌战争均属于该种类型。

企业早期的战略规划主要是用来应对连续型环境变化的，企业通过事先的环境评估，预测环境变动趋势及由此给企业带来的机会与威胁，在此基础上通过制定深思熟虑的战略或计划去利用机会或减轻环境事件给企业带来的冲击。在连续型环境变化的情况下，诸如后面要介绍的长期滚动计划、SWOT 分析、BCG 增长—份额矩阵等战略分析工具应运而生。

在不连续型环境变化或急剧的环境变化情况下，基于预测而对未来进行计划变得日益困难。在此背景下，有人对战略制定和战略规划的价值与意义提出质疑；甚至有人认为，环境变化如此之快和难以把握，等到企业制订出完整的战略性计划时，计划所依据的那些条件均已发生了变化，仍然固守原有的计划是不明智的和有害的。[①]

诚然，不连续或急剧的环境变化给企业战略规划提出了挑战，但这绝不是否定战略规划的理由。从某种意义上来看，在环境急剧变化背景下，企业战略规划的重要性更加凸显。[②]首先，战略规划并不要求对未来做精确预测，更不是事无巨细地规定企业未来如何行动，它旨在为组织的长期生存和发展制定"路线图"。该"路线图"为企业发展指明方向，帮助企业在急剧变化的环境下，稳定军心、凝聚共识。其次，战略规划迫使企业高层不断根据影响企业发展的主要力量，以及这些力量如何影响企业发展进行系统性思考，从而保持企业对环境的敏感性，避免随波逐流和出现方向性错误。最后，就长期来看，外部环境的变化不管如何剧烈和不可预测，通常都是通过影响供给与需求等行业结构因素来影响企业的，而行业结构因素的变化一般会相对"和缓"，从这个意义上来看，清晰的战略能够帮助企业坚守"如何为用户创造价值"的初心，从而在行业转型或行业面临巨大外部负面冲击的背景下能够厘清头绪，找到可能的应对办法。比如，面对新冠病毒感染疫情和国家"双减政策"（有效减轻义务教育阶段学生过重的作业负担和校外培训负担）的双重冲击，我国教育培训行业骤然"遇冷"。在此背景下，作为行业龙头的"新东方"并没有坐以待毙：一方面，通过捐赠桌椅、主动联系家长清退学费、按时支付员工基本工资等举措维持负责任的企业形象；另一方面，通过转战在线市场，"试水"海外中文培训，开展直播带货等方式进行"自救"。虽然其最终效果如何仍需拭目以待，但"新东方"高层清晰的战略构想至少向员工和社会传递了公司正在"往何处去"的清晰信息，为公司未来的成长提供了新的可能性。

正是意识到环境的复杂性、多变性和难以预测性，现在企业在战略规划或战略管理过程中，日益强调在适应环境的同时对环境施加影响。例如，建立"开放性文化""柔性与敏捷型组织"，发展快速识别、捕捉和利用市场机会的资产与能力，以及运用现代的数字技术来快速实验、快速迭代，以此实现快捷匹配甚至引领市场。

战略规划可以在公司层面、业务层面及产品或市场层面展开，由此形成公司战略、业务战略、产品或市场战略（图 4-1）。如果将战略规划聚焦到企业的营销功能上，则称为市场营销战略规划。市场营销战略与市场营销计划是市场营销战略规划的结果，本章第二节将介绍市场营销战略与营销策略，第三节讨论如何制定市场营销战略，第四章则专门讨论市场营销计划的制订与实施。

---

① Stepanek M. How fast is net fast? [J]. Business Week, 1999, 11(1): 52-54.

② Porter M E, Rivkin J. Industry transformation[J]. Harvard Business School, 2000, 7(10): 8-701.

图 4-1　战略规划的层次性

二、公司战略规划系统的演变

公司战略规划系统并非一成不变，表 4-1 描述了公司规划或计划系统的演变。通常，在企业发展的早期，企业会做年度的财务计划，此时管理层关注的重点是财务预算和控制。伴随企业的成长，企业需要进行跨期投资决策，即不仅需要在短期内在不同的职能之间配置资源，同时要在较长时期如 2～3 年甚至更长时间内安排投资预算，此时长期计划应运而生。长期计划或长期规划重在预测市场增长，因为未来的投资安排均是建立在对市场增长的准确预测的基础上。在 20 世纪 70 年代，一些跨国公司发现，市场环境变化日益加快，假定未来是现在的延续，这会与现实情况严重背离，在此背景下像通用电气等企业开始进行战略性规划。战略规划旨在对外部环境变化做出快速反应，其基本假定是，现状不会延续，但未来的重大变化仍可以预测，企业只有进行战略性思考和动态调整计划，才能更好适应外部环境的重大变化。20 世纪 80 年代后发展起来的战略性市场管理，则假定很多外部变化具有突发性和不可预测性，在此背景下企业需要在变化中去创造和把握机会，而不是被动地适应环境。

表 4-1　公司战略规划系统的演变

特征	年度财务预算	长期计划	战略规划	战略性市场管理
管理重心	费用预算与控制	市场增长预测	对环境做出反应	捕捉和利用市场机会之窗
基本假设	长期稳定	过去趋势将延伸	新的趋势但可以预测	急剧变化且难以预测
目标	满足预算要求	预测未来	战略思考	通过改变创造机会
规划期	1 年	5 年期规划，每年修订	每年修订	实时调整
盛行年代	20 世纪 50 年代	20 世纪 60 年代	20 世纪 70 年代	20 世纪 80 年代以后

（资料来源：Doyle P. Marketing management and strategy[M]. Upper Saddle River: Prentice Hall Europe, 1998: 101.）

战略规划或战略性市场管理并不是替代之前的年度计划或企业长期计划，而是与后两者共存。在新的规划方法下，年度预算和长期计划将融入战略规划或战略管理中。通常的做法是，在上一财年的下半年根据公司计划或营销计划的实施情况对公司战略或战略性计划做出调整，以此为特定业务或特定市场的运营计划和预算奠定基础。战略性市场管理与之前的规划方法最大的不同，体现在两个方面：一是聚焦于环境变化带来的市场机会，且通过主动改变来识别和利用这些机会；二是强调降低企业对环境变化做出反应的时间延滞。

在波士顿咨询公司和麦肯锡等公司的倡导下，20世纪60年代之后一些大型企业如壳牌石油、通用电气等设立了战略规划机构，聘请专业性规划人员从事战略和营销规划，将战略的实施留给业务部门。由于规划人员不一定具备基于经验的市场直觉，其制定的战略要么脱离实际，要么受到业务部门的质疑和冷落，实施结果并不理想。有鉴于此，20世纪90年代以后，日益增多的企业开始让更多的业务部门参与甚至主导规划的制定。例如，在爱默生公司，参与规划和制订计划的人，同时也是计划的实施者。另外，很多成功公司的经验表明，让公司其他职能部门如研发、制造、物流等部门参与公司营销规划，对于营销战略的有效实施意义重大。

虽然很少有实证研究调查何种营销规划系统比较有效，但通常认为，"全面性"是好的规划系统的重要构件。[1]规划的"全面性"包括使用企业内不同部门、不同层次的经验，而不只是产品经理的知识；也包括同时从外部和内部获取信息；还包括留下充足的时间来搜集、分析营销战略制订所必需的数据，以及采用一系列激励措施鼓励各部门经理人员参与营销规划。也有研究发现，战略规划并不必然对公司绩效产生直接影响，但进行正式规划的公司其赢利水平的变动幅度相对较小。[2]将市场营销规划与营销业绩联系起来或许存在困难，但多数经理人员认为，营销规划确实会给企业带来很多可见的利益。例如，企业能在辩论和论证的基础上形成更多关于营销战略的共识，能在营销战略形成过程中引入更多的专业性人才和避免完全依赖经验做决策，能更充分地考虑外部营销环境给企业带来的冲击和影响。

延伸阅读 4-1　德鲁克论战略规划

三、公司战略规划过程

公司战略规划是一个动态的过程，图 4-2 呈现了公司层面战略规划的主要环节或内容，本章第三节将讨论市场营销战略的制定。

（一）定义公司使命

简单地讲，公司使命是公司或组织存在的理由，即公司为什么要存在。北京大学光华管理学院的使命是"创造管理知识、培养商界领袖、推动社会进步"，这一使命不仅界定了光华管理学院的大致业务范围，同时也明确了它与北京大学其他院系的区别。企业

---

① Stasch S, Lanktree P. Can your marketing planning procedures be improved?[J]. Journal of Marketing, 1980, 44(3): 79-90.

② Capon N, Farley J, Hulbert J. Corporate Strategic Planning[M]. New York: Columbia University Press, 1988.

图 4-2 公司战略规划过程

宜从顾客或市场角度而不是从产品或公司角度界定公司使命。比如：京东的使命不是成为中国最大的电商平台，而是"技术为本，致力于更高效和可持续的世界"；阿里巴巴的使命不是成为最有影响力的互联网公司，而是"让天下没有难做的生意"。

清楚地界定公司使命，并在企业内外传播，具有如下重要作用。首先，激励员工；其次，为企业各业务单位和部门提供共同的目的感，使分散工作的企业员工有一种类似家的感觉；再次，为企业业务与技术开发提供方向；最后，公司使命为企业如何对待员工、顾客、供应商、分销商等利益相关者提供政策指引。

英国学者彼得·多勒（Peter Doyle）等认为，有效的公司使命应当包括或厘清下面各部分内容：①战略意图或远景，即在可预见的未来企业要成为什么样的组织；②市场界定，即满足哪些顾客在哪些方面的需求；③企业的核心价值观；④企业的独特资源与能力；⑤竞争性定位，即企业的个性或意图达成的市场或行业地位。[①]

（二）设定公司目标

公司目标是公司在一定时期内希望取得的经营或增长成效。相比于公司使命，后者更加具体、明确且有数量和时间的规定。很多公司把利润或利润增长作为主要目标，这其实是有问题的。盈利或获取利润固然重要，但它应被视为企业有效经营的结果，是企业努力为顾客创造价值的回报。如果一家企业把获取利润作为最重要的目标，不仅不能激励员工，而且从长远看有可能会削弱企业的竞争力。

既然企业经营的成效或成功来自于企业为顾客创造更多的价值，企业目标也应围绕如何激励员工共同努力以满足顾客需要来设定目标。企业任何部门或机构的目标，只有有助于促进企业发展并能更好地服务于顾客，才是重要的。在实践中，企业通常不是追求单一的目标，而是追求多个目标并力图保持这些目标间的某种平衡。企业一般围绕市场和创新来设定目标，因为这两个领域被认为是决定经营成败的关键。

1. 市场目标

市场目标包括市场份额目标、顾客满意度目标、品牌声誉目标等，它们反映企业产

---

① Hooley G J, Cox A J, Adams A. Our five year mission: to boldly go where no man has bean before[J]. Journal of Marketing Management, 1992, 8(1): 35-48.

品或服务在市场的地位或影响力。

2. 创新目标

创新是为顾客创造价值和取得超越竞争对手经营业绩的不竭来源，很多企业会制定明确的创新目标。例如，一些企业规定每年或未来三年新产品的销售要达到总销售额的某个比例；也有企业规定一定时期内新产品研发的投入比例，或者未来一段时间获得发明专利、开发新产品的数量等。

3. 资源目标

企业在重要或核心资源的获取上设定具体指标。例如：一定时期优秀人才的引进数量；员工中获得大学本科以上学历的人数；未来一段时间在技术改造、重大项目上的投入或建成数量，或者关键经销商的发展数量等。

4. 生产率或运行效率目标

资源的使用和运行效率是反映企业经营业绩的重要方面，一些企业会在该领域设置一系列希望达成的目标，如固定资产利用率指标、能耗指标、营销费用指标等。

5. 社会目标

企业作为社会公民不仅要遵纪守法和承担为社会创造财富的经济责任，同时也要承担其他方面的社会责任。例如，利用自身的技能和资源开展公益活动，提高残障人士在公司就业的数量和比例，响应政府号召开展捐资助教、乡村扶贫等活动。

6. 利润目标

在设定前述目标之后，企业需综合考虑在未来一段时间内可以接受的最低利润水平。前述非利润指标的达成均涉及资源投入和风险，为吸引利益相关者投入必要资源和承担由此衍生的风险，一定水平的利润是不可缺少的。因此，从这个意义上讲，利润可以看作达成其他目标的限制条件。

由于企业存在股东、管理层、员工、顾客、合作伙伴等多种类型的利益相关者，他们各自对企业的关注点和期待各不相同，因此在设定企业目标时，需要同时考虑到他们的关切。然而，要平衡各利益相关者的目标期望并不容易。现实中，企业在设定目标时：一方面要关注重要利益相关者的关切；另一方面当两个或多个目标彼此冲突时，尽量避免某一目标落入图 4-3 所示的"容忍域"之外。

（三）界定战略业务单位

当企业发展到一定的规模时，出于对管理效率和提升业绩的考虑，企业需要将业务分拆成彼此相对独立的业务单位。所谓战略业务单位（strategic business unit，SBU）是指公司的一个业务单元，该单元的业务有特定的目标消费者和竞争者，有不同于公司其他业务的目标和经营团队，且能够独立地开展经营活动和承担经营风险。一些企业以所

图 4-3　公司目标设定：不平衡域与容忍域

经营的产品来界定其所从事的业务，如从事长途汽车运输业务、从事铁路货运业务，但如此界定业务被认为可能会患"营销近视症"（marketing myopia）。据此，有学者建议应根据企业满足顾客的特定需要来界定业务，而不是根据所提供的产品来界定业务，因为随着技术的进步和需求的变化，特定的产品会变得过时或被市场淘汰。[①]

　　根据顾客的需要界定业务固然能够避免企业"只见树木，不见森林"，防止业务界定范围过窄带来的弊端，但这可能带来另一个不容忽视的问题，那就是业务界定的过于宽泛会使企业无法聚焦特定的技能、技术或特定的消费人群。有鉴于此，企业在确定战略业务单位的业务时，宜从服务的顾客群体、满足的特定需要、满足需要所采用的技术三个方面来界定业务。[②]图 4-4 呈现了根据上述思路界定业务的实例。业务 A 面向多个顾客群提供采用单一技术（钢铁材料）的螺栓；业务 B 面向单一顾客群提供采用钢铁材料的各种产品；业务 C 则针对建筑行业采用多种技术（各种材料）提供单一的螺栓产品。

图 4-4　业务界定

　　显然，对业务的不同界定，意味着企业将在特定的领域发展知识和技能，从而在这些领域形成强势地位；同时也意味着企业放弃在那些没有选择的领域进行竞争，放弃在

---

① Levitt T. Marketing myopia[J]. Harvard Business Review, 1960, 38(4): 24-47.
② Doyle P. Marketing Management and Strategy[M].2nd ed.London: Prentice Hall Europe, 1998, 106-109.

这些领域形成资源和能力优势。以前面介绍的向多个行业或客户群体提供钢制螺栓为例（业务 A），如果企业以此限定其业务范围，这固然能给企业带来某些成本优势，但同时会增加渠道和销售的复杂性，以及在技术、制造方面的"分散"风险。因此，企业需要不断审视目前的"业务定义"的优点与缺点，并考虑是否需要将目前的业务界定进行扩充，以更好达成企业的增长目标。

通常，"理想"的战略业务单位需要满足如下 3 项标准：①服务于外部而不是内部顾客。如果一个业务单位主要服务于公司的内部顾客，则该单位是一个成本中心，不能作为一个业务单位。②拥有特定的顾客和竞争者。如果一个业务单位与公司内部另外一个业务单位拥有完全相同的顾客和竞争者，则需要考虑将两个单位合并。③战略业务单位对决定业务成功的关键因素，如销售力量、生产经营活动有完全的控制力。

（四）规划业务组合

当企业有多个战略业务单位时，就需要根据这些业务单位各自的发展状况和未来发展趋势，确定重点发展领域和合理配置资源。在任何开展多业务的企业中，其中一些业务会比另外一些业务更具有市场前景和增长机会，规划业务组合的目的是将企业有限的资源分配到最有利于实现企业战略目标的业务中，避免资源错配而扼杀有前景的业务。

确定一项业务在公司整体战略中的地位及是否要重点配置资源，主要取决于两个因素：一是业务的市场吸引力，二是该业务的市场地位或相对竞争优势。通常，更具有市场前景且目前处于优势地位的业务，企业会为其设定更具雄心的目标并优先配置资源。

半个世纪前，德鲁克在引进企业业务组合思想时，将企业的业务分成 6 种类型。一是"明日之星"，该类业务目前并不赢利，但预期未来会成为重要的利润来源；二是成熟业务或"脊梁业务"（breadwinner），即目前产生大量利润和现金的业务；三是"中间业务"，即处于"明日之星"和"脊梁业务"中间的业务，如果采取重大的"突围"行动，该类业务有能力产生良好业务结果；四是"黄昏业务"，即过去很辉煌但由于环境变化现在在走下坡路的业务；五是"硬撑业务"，即虽然不至于给企业造成灾难但从来未曾取得预期成效的业务；六是失败业务，即早应该从业务组合中剔除的业务。德鲁克认为，很多企业花过多的精力和资源拯救后三类业务，从长期看损害了那些具有成长潜力的业务。

伴随公司业务组合分析的盛行，发展起了多种分析技术，其中应用比较广泛的是波士顿咨询公司的 BCG 份额—增长矩阵和通用电气公司（GE）组合分析模型。下面分别予以介绍。

1. BCG 增长—份额矩阵

BCG 增长—份额矩阵即 BCG 矩阵，由波士顿咨询公司于 20 世纪 70 年代提出，目前已成为企业业务组合分析中运用最广泛的技术。BCG 矩阵根据市场增长率和相对市场份额将企业各业务分为四种类型，即明星业务、金牛业务、问题业务和瘦狗业务，并在如图 4-5 所示的矩阵上将这些业务描绘在相应的象限中，让企业管理层一目了然地了解各业务目前所处的位置和大体情况，从而为企业资源配置提供决策依据。

图 4-5 BCG 增长—份额矩阵

图中的纵轴表示市场增长率，代表市场吸引力；横轴则是业务的相对市场份额，代表业务的相对市场地位。市场增长率以 10% 作为分界线，超过 10% 的增长率被视为高增长，否则被视为中低增长，增长率越高市场吸引力越大。横轴中的数字代表本业务的市场份额与最大竞争对手市场份额的比值。例如，2× 代表本业务市场份额是最大竞争对手的两倍，0.5× 代表本业务市场份额是最大竞争对手的 0.5 倍。图中圆圈的大小，代表业务的绝对规模，圆圈越大表示销售规模或销售额越大。

图 4-5 中左上部分的业务属于明星业务，这类业务虽然在目前不盈利甚至处于亏损状态，但由于市场前景好，而且企业在行业中处于领先地位，是支撑企业未来成长的主要业务，因此现在需要加大投资力度。如果企业没有任何业务处于这个象限，则意味着企业未来前景堪忧；如果这类业务过多，则会对企业形成巨大的资金压力。图 4-5 左下部分的业务属于金牛业务，该类业务盈利状况好，目前需要的投资少，能给企业带来大量现金流。该类业务实际上就是德鲁克所说的"脊梁业务"，它能给企业其他业务的发展提供资金，如何保持这类业务的市场地位和延长其生命周期，是企业需优先考虑的问题。图 4-5 右上部分的业务被称为问题业务，该类业务所处的市场非常具有吸引力，但企业在该市场的影响力较小。由于该类业务的发展需要投入大量资源，很多企业会处于"追资加码还是撤退"的决策境地。这类业务能否转化成明星业务，取决于三个方面。一是企业是否有足够资源支持该业务；二是能否创造差异和从竞争对手处争取顾客；三是竞争对手对企业争夺顾客的行为是否会做出激烈回应。如果不能改善业务处境，问题业务就有可能滑入瘦狗业务中。处于图 4-5 右下部分的业务叫瘦狗业务，该类业务既缺乏市场吸引力，企业也不具有竞争优势，而且会消耗企业很多资源和精力，通常的应对策略是撤退，但如果该类业务能够与企业其他有前景的业务形成互补，或者其市场撤退行为会严重削弱明星业务或金牛业务的市场地位，则仍可以采用维持策略。

BCG 矩阵简单直观，为企业规划业务组合和进行资源配置提供了有用的分析工具。比如，该矩阵告诉营销管理者，企业需要保持各种类型业务的平衡，业务过于集中在某种类型，会给企业的成长造成不利影响。不仅如此，伴随时间的变化和环境的变迁，企业各种业务的位置也会发生变化。理想状况是，如何促使问题业务向明星业务转化，如何使明星业务尽快成为金牛业务，如何避免金牛业务过早成为瘦狗业务。

但BCG矩阵也存在局限性。首先，用市场增长率代表行业或市场吸引力，既不充分更不全面。如果进入壁垒很高或者用户力量过于强大，即使市场增长很快，对一些企业而言，该市场也不一定具有吸引力。其次，用市场份额作为竞争地位的替代也不一定合适，规模大与业务强或赢利能力强并不能画等号。再次，BCG矩阵分析与市场如何界定密切相关。试想，如果将市场界定在高端白酒，则茅台的市场份额会较高，但如果把所有类型的白酒看作一个市场，那么茅台的市场份额可能会大幅度下降。市场的界定具有一定的主观性，而不同的定义会改变某个业务在BCG矩阵中的位置。最后，BCG矩阵假定各业务单位是相互独立的，这与现实情况不一定相符。

2. 通用电气（GE）组合分析模型

为了克服BCG增长—份额矩阵的局限，很多替代的技术或模型被发明出来。其中，运用比较广泛的是GE组合分析模型。该模型将业务吸引力分为高、中、低三个层次，将业务实力（业务在市场的竞争地位）分为强、中、弱三档；由此形成3×3矩阵（图4-6）。矩阵中处于左上角3个区域的业务，被称为发展战略带，该战略带由吸引力和实力均处于较高水平的业务构成；针对该战略带的业务，企业宜采用增加投入、谋求更大市场影响力的战略。矩阵中处于右下角3个区域的业务，被称为撤退战略带；针对该战略带的业务，企业适宜采用收缩、撤退战略。由右上角贯穿到左下角对角线上的3个区域，构成所谓的稳定战略带，针对该区域的业务企业宜采用维持或选择性地进行专门化经营的战略。[①]

图4-6　GE业务组合分析

市场或业务的吸引力可以从总体市场规模、市场增长率、竞争强度、价格水平、盈利性、技术复杂性、政府管制等方面进行评估；业务实力或业务竞争地位，则可以从业务的市场份额、增长率、顾客忠诚度、毛利水平、技术实力、分销网络、生产与营销效

---

① 王永贵. 市场营销[M]. 北京：中国人民大学出版社，2019：63-65.

率等方面进行衡量。

虽然 GE 组合分析模型较 BCG 矩阵有改进，将市场吸引力不再局限于市场增长，将业务竞争力不再局限于相对市场份额，但两个模型背后的逻辑是一致的：通过分析决定业务成功最关键的因素及表现，帮助企业优化业务组合和更合理配置资源。相对而言，BCG 矩阵更简洁、变量的测量更客观，但代价是可能遗漏某些决定业务成功的十分重要的因素。相反，GE 组合分析模型纳入了更多的影响业务未来发展的因素，从理论上讲其适用性更强，但它也引入了更多主观的判断，这可能在一定程度上影响其运用效果。需要记住的是，无论是 BCG 矩阵还是 GE 组合分析，均是一种分析工具或分析技术，它们并不能代替管理者的判断和决策。

（五）公司增长战略

如何实现发展或增长，是公司战略的核心。就公司层面而言，通常有三种基本的增长战略，即密集式增长战略、一体化增长战略、多角化增长战略。[1]如图 4-7 所示的安索诺夫矩阵，提供了企业识别成长机会的初步分析框架。

	现有产品	新产品
现有市场	**市场渗透** • 增加市场份额 • 增加产品使用	**产品开发** • 产品改进 • 产品线延伸 • 针对相同市场开发新产品
新市场	**市场开发** • 地理区域扩张 • 进入新的细分市场	**多元化** • 一体化 • 多角化

图 4-7　安索诺夫矩阵：识别增长机会

1. 密集式增长战略

密集式增长战略包括：①市场渗透，是指企业努力在现有市场中增加现有产品的销售，常用的方式包括吸引竞争者的顾客、鼓励现有顾客购买更多产品、吸引那些尚未使用该类产品的用户使用等。②市场开发，是指为现有产品找到新的市场，如进军海外市场或进入新的细分市场、新的销售渠道。③产品开发。为现有顾客或现有市场开发新的产品，包括增加新的产品功能、款式和产品的升级，也包括在本业务领域开发全新的产品。

2. 一体化增长战略

一体化增长包括三种方式：①后向一体化。将原来由部件或原材料供应商提供的产品或服务整合到企业业务中，既保证原材料供应的稳定和可控，同时又扩大企业的业务规模。②前向一体化。将原来由经销商或第三方承担的销售业务，改由企业自己承担。③水平一体化。通过并购同类竞争业务来获得增长。

---

① 吴健安. 市场营销学[M]. 北京：高等教育出版社，2000：54-55.

3. 多角化增长战略

如果企业在原有市场和原有业务范围内无法实现企业的增长目标，则可以考虑针对新的市场开发新的产品。①同心多角化。面对新市场或新顾客，以企业原有技术、特长或经验为基础开发新的业务，以此实现增长。例如，比亚迪以其电池技术为基础，进入电动汽车市场，就属于此种情况。②综合多角化。即进入与现有业务、现有技术不太相关的业务领域。例如，比亚迪进入太阳能发电领域，无论是所使用的技术还是面对的市场均是全新的，且该业务与比亚迪其他业务关联不大。

第二节　营销战略与营销组合

一、战略的含义与层级性

战略是一个军事术语，两军对垒时，负责作战的主将或参谋部需要根据敌我双方的军力进行部署，如是采取进攻战略还是防御战略，是正面进攻还是侧面进攻。工业革命之后，崛起一批员工规模达数万人甚至数十万人的巨型企业，如何管理这些企业，成为当时的企业创始人和企业领导所面临的前所未有的挑战。他们中的一些优秀之士，自然将目光投向历史上曾经存在过的军事集团或军事组织，试图从中汲取智慧，以求获取制胜之道。在此背景下，很多军事术语和军事思想被引进到企业管理中，包括战略、战术、战略业务单位、战略制定与实施相分离等。当然，商场和战场毕竟有所不同，当我们今天用军事上的"战略"话语隐喻或比拟企业战略管理时，既要看到两者之间的联系，也要意识到它们之间存在很多不同。

关于什么是战略，可以说是众说纷纭。有人认为，战略是做正确的事，战术是正确地做事。[①]迈克尔·波特（Michael E. Porter）认为，战略就是通过采用一系列不同的活动，创造独特的具有价值的定位。[②]英国学者 Doyle 认为，战略是企业管理层在其选定的市场中如何配置资源和取得可持续的竞争优势所做出的一系列决策。我们认为，战略是一种整体计划或构想，表明公司或组织如何实现其使命与目标。

战略有很多层次，如图 4-8 所示从公司、业务、功能三个层面展示了战略的层次性。公司战略包括四个核心元素，即公司使命、公司目标、发展战略及资源配置。公司战略的基本内容，在前面"公司战略规划过程"部分已经做了介绍，在此不再赘述。

业务战略则包括业务目标、竞争战略和资源如何在不同产品、不同市场之间配置。以海尔热水器业务为例：在我国市场，该业务需要设立市场目标，包括市场份额目标、市场增长目标、顾客满意度目标等；同样，该业务也需要设立财务目标，包括该业务的利润目标、市场费用目标、投资回报率目标等。竞争战略则指海尔的热水器如何与美的、

① Hooley G J, Saunders J. Competitive positioning: the key to market success[M]. Prentice Hall, 1993: 24.
② Porter M E. What is strategy?[J]. Harvard Business Review, 1996, 76(4): 61-78.

图 4-8　公司战略、业务战略与功能战略

万和等品牌竞争，如何说服消费者购买本企业而不是竞争企业的热水器。按照迈克尔·波特的说法，竞争战略可分为总成本领先、差异化及"聚焦或专一化"战略。业务层面的资源配置涉及资源如何在不同产品、不同细分市场甚至不同企业职能之间进行分配。仍以海尔热水器为例，海尔公司可能生产电热水器、煤气热水器、太阳能热水器等多种类型的产品，这些产品既销往城市也销往农村，企业需要根据总体业务目标将资源在不同产品、不同细分市场进行配置。不仅如此，如果海尔强调通过创新或通过产品差异化来赢得竞争，那么海尔势必会把更多的资源分配到新型热水器的设计与研发中。

营销战略与运营战略、人力资源战略、研发战略等属于企业职能战略，它们共同服务或支撑公司战略和公司的业务战略。关于市场营销战略，随后将做详细的介绍。

二、市场营销战略的核心内容

市场营销战略（marketing strategy）是在业务、产品或市场层面明确企业创造顾客价值、获得可盈利的顾客关系的营销逻辑，它不仅要决定为哪些特定顾客服务，而且要决定如何为这些顾客服务。图 4-9 呈现了市场营销战略与市场营销策略的基本内容。市场营销战略通常是指图 4-9 上面的部分，即在 4C's 分析的基础上，对市场进行细分，选择目标市场，针对每个目标市场进行产品或品牌定位，以实现业务或市场层面的营销目标。但也有一些学者将营销策略包含在整体营销战略中，其背后的逻辑是，整体营销战略的设计，离不开同时考虑其实施问题，战略的实施则依赖于制订具体的营销策略和营销计划。

所谓 4C's 分析或情境分析，是对市场营销环境或市场背景（context）、公司及其合作伙伴（company & collaborators）、竞争对手及其合作伙伴（competitors & collaborators）、顾客（customer）进行深入分析，识别市场机会、威胁，评估企业自身优势、劣势，在此基础上为企业在营销目标设定、目标市场选择、市场定位等方面的决策提供依据。关

图 4-9　市场营销战略与市场营销策略

于 4C's 分析，除了在本章第三节做概略性介绍外，本书第五～八章还将择其重要内容做更全面、深入的讨论。

营销战略通常包括四方面的核心内容（图 4-10）：①营销目标，即产品或品牌在一定时期内希望在市场与财务方面达成的结果或成果。②目标市场或目标消费者，即企业在特定业务领域所要服务的主要消费人群。③市场定位与价值主张。价值主张是产品或品牌给目标消费者带来的主要利益；定位关注的是价值主张中最重要的利益，其目的是给顾客提供令人信服的选择理由。④实施项目与计划。这一部分主要涉及市场营销组合及实施，以及企业内部"其他职能项目"。

图 4-10　市场营销战略的核心内容

市场营销组合是指企业营销经理或营销部门能够控制的各种营销工具，包括产品、定价、分销与促销，关于营销组合将在稍后做更详细的介绍。"其他职能项目"则是指企业内部其他部门主导或参与制定的与业务相关的支持性项目，包括由人力资源部门主导的营销人员培训项目、由研发或技术部门主导的新产品开发项目，以及跨部门合作和督导的"外包""联盟"项目等。

市场营销战略的关键部分是所谓的 STP，即市场细分（segmentation）、目标市场选择（targeting）、市场定位（positioning）。图 4-11 呈现了 STP 过程。STP 过程背后的核心思想是，企业资源有限，因此需要将资源集中使用，服务于既符合公司战略目标同时又适合企业发挥其优势的顾客群体，并通过独特的价值主张来吸引这一群体和赢得竞争优势。关于 STP 过程，本书第九章和第十章将做详细的讨论。

图 4-11　市场营销战略：STP 过程

三、市场营销组合

市场营销组合（marketing mix）或称 4P's，是指公司为使目标顾客产生预期反应而整合使用的一系列可控的、策略性的营销工具，包括产品（product）、价格（price）、分销（place）、促销（promotion），如图 4-12 所示。产品或称提供品（offerings），是指能够给目标消费者带来利益的任何东西，包括有形产品，也包括无形的服务与体验。价格则指消费者或用户为获得供应品或产品所支付的货币，或以货币形式体现的"对价"。分销指消费者获得产品或供应品的渠道或地点，包括实体渠道，如便利店、百货店、超市、加油站、药店，也包括网上商城、目录邮寄等非实体渠道。促销是指利用各种媒体工

图 4-12　市场营销组合

具向消费者传递有关产品、服务等方面的信息，说服或吸引消费者购买。常用的促销手段有人员推销、销售促进、广告、公共关系与公共宣传、事件与赞助、网络与数据库营销等。

在服务领域，传统的4P's营销组合被扩充到7P's，即在产品、价格、分销、促销的基础上增加了另外3个"P"，分别是人员（people）、过程（process）、有形展示（physical evidences）或实体环境（physical environment），如图4-13所示。

图 4-13   服务营销组合：7P's

自20世纪50年代美国学者杰罗姆·麦卡锡（Jerome McCarthy）提出4P's营销组合概念之后，又有学者分别提出了4C's和4A's的概念。4C's是指顾客（customer solution）、成本（cost）、方便（convenience）和沟通（communication）。[1]4P's营销组合反映的是卖方的视角，营销学者杰格迪什·谢斯（Jagdish Sheth）和拉金德什·西索迪亚（Rajendra Sisodia）提出了从买方或消费者视角的4A's模型，分别是产品"有魅力"（attractiveness）、价格"可负担"（affordability）、渠道"可接近"（accessibility）、促销"有名气"（awareness），如表4-2所示。应当指出，营销组合的概念不管如何演变，其所反映的仍是营销经理如何运用其可控的工具去为用户创造价值，4C's、4A's等概念并不是对4P's营销组合概念的替代，只是为更深刻地理解4P's提供了新的观察视角。

表 4-2   营销组合：从 4P's 到 4C's、4A's

4P's	4C's	4A's
产品（product）	顾客解决方案（customer solution）	产品"有魅力"（attractiveness）
定价（price）	成本（cost）	价格"可负担"（affordability）
分销（place）	方便（convenience）	渠道"可接近"（accessibility）
促销（promotion）	沟通（communication）	促销"有名气"（awareness）

① Lauterborn, Robert. New marketing Litany: 4P's pass, 4C's take over[J]. Advertising, 1990, 10(1).

第三节 如何制定营销战略

营销战略在业务、产品或品牌层面为企业勾勒其整体发展思路，营销计划则以书面形式将营销战略落实到具体的营销项目与营销行动上。营销战略与营销计划的制订，通常是通过营销战略规划来实现。图 4-14 呈现了市场营销战略规划过程，本节主要讨论如何在 4C's 分析的基础上，做出主要的营销战略选择和如何制定营销组合方案，营销计划的制订及实施则在第五章专门介绍。

图 4-14　营销战略规划：如何制定营销战略与营销计划

一、4C's 分析

营销战略通常是由营销经理或营销部门主导制定，但最终需要经企业高层审定和批准，一些重大的营销决策甚至需直接由企业高层做出。有鉴于此，营销经理首先需要明确自己或其所在部门在营销战略规划中的角色，同时需要了解公司战略和业务战略，了解营销战略在公司战略体系中的位置。除此之外，营销经理还要明确基本分析单位。例如，企业是针对特定业务、特定产品还是针对特定品牌来制定营销战略与营销计划的。

对外部环境和市场进行分析，是制定市场营销战略的起点。就市场营销经理而言，所有那些不能为营销部门所控制的因素，均可视为环境因素。在这些环境因素中，特别重要的包括四个方面，即情境或情景（context）、公司（company）、顾客（customer）和竞争者（competitor），简称 4C's。

（一）4C's 构成要素

1. 情境分析

情境分析通常涉及三方面：一是业务或产品所在市场的一般情况与趋势；二是行业结构及动态；三是宏观环境因素，包括人口、经济、技术、政治与法律、自然资源环境等。对上述因素进行分析的目的，主要是发现和识别市场营销机会与威胁，以及帮助企业评估这些机会与威胁，以便能够采取合适的应对策略。关于情境因素，本书第六章、第七章还将做更深入的讨论。

2. 公司分析

公司分析侧重两个方面：一是公司目前的业务状况；二是公司的战略性资产与核心能力。业务状况涉及业务组合、核心业务、业务经营状况、面临的主要问题与挑战等。战略性资产则包括业务基础设施、合作者网络、人力资本、品牌、顾客关系、稀缺资源等。如"茅台"品牌就是茅台集团的战略性资产，华为的战略性资产则包括大量的专利技术及近 10 万人的庞大研发队伍。核心能力或核心竞争力是指公司所具有的将资源转化为顾客价值的独特技能，这些技能使得企业能比竞争对手更有效地满足顾客需要。公司的核心能力可以体现在业务管理、运营管理、技术开发、顾客关系管理等很多方面。

3. 顾客分析

顾客分析的目的，一是识别目标顾客，二是帮助企业制定获得这些顾客的可行性策略。顾客分析通常侧重于顾客需要、购买过程、使用系统三个方面。关于顾客分析，本书第八章将做专门讨论。

4. 竞争者分析

竞争者分析包括识别竞争者、描述竞争者、评估竞争者的优势与劣势、预测竞争者的反应模式。分析竞争者是为了评估公司在市场上的相对位置，从而更深入地理解自身的优势与劣势，最终超越竞争对手。关于竞争者分析，将在本书第九章讨论。

（二）相关分销工具

1. SWOT 分析

SWOT 分析是一种将公司内部分析与外部环境分析相结合的分析工具，它通过评估企业在某一业务领域的优势（strength）、劣势（weakness），以及外部环境带来的机会（opportunity）与威胁（threaten），指导企业制定相应的战略与策略，如图 4-15 所示。

内部能力 外部环境	优势 (strength)	劣势 (weakness)
机会 (opportunity)	利用优势、 抓住机会	利用机会、 回避弱点
威胁 (threaten)	利用优势、 降低威胁	收缩、合并

图 4-15　SWOT 分析

环境机会是对企业业务发展有利的因素或趋势，环境威胁则是对业务发展不利的因素与趋势。比如：国家"双碳目标"的提出及市场对新能源汽车需求的增长，对所有新能源汽车制造企业都是一种机会；新能源汽车补贴政策的退出、头部企业在电池技术的突破，对那些实力相对较弱的新能源车企将带来很大威胁。

　　企业在业务领域的优势与劣势则是相对于竞争对手而言的：拥有独特的资源和超过竞争对手的能力构成公司的优势；相反，竞争对手如果拥有独特资源和本企业不具备的核心能力，则本企业将处于弱势。当然，公司的优势与劣势是动态变化的，今天的优势在未来不一定能够持续，今天的弱势在未来也可以通过持续的投资而改变，甚至将弱势转化为优势。

　　2. 价值链分析

　　价值链是一种帮助企业识别"价值或效用"来源与成本来源的工具，它不仅可以用于分析公司内部各部门如何分工协作和如何为用户创造价值，而且也可以用于比较公司与竞争对手在价值创造的各环节是否具有相对优势。

　　某个业务的价值链由两类顾客价值创造活动构成，即基本活动与支持性活动（图 4-16）。基本活动包括：内向物流、生产与运营、外向物流、营销与销售、售后服务。支持性活动包括：企业基础设施、人力资源管理、研究与开发、采购。上述各项活动都可能成为企业竞争优势的来源。为此，企业可以与竞争对手在每项活动上进行比较，从而识别出是否可以在价值链的各环节提升附加值或降低成本。

图 4-16　公司价值链

　　价值链分析不仅被用于分析公司内部各部门的分工协作，以及被用于与竞争对手进行比较，而且也被日益增多地用于分析公司的供应链管理。通过考察上游的供应商和下游的经销商在顾客价值创造各环节上所开展的活动，能够帮助企业识别提升响应速度、改进服务品质、降低成本的各种机会。

二、战略选择

（一）营销目标

　　营销目标通常是在业务、产品或品牌层面上设定，它是公司目标或业务目标之下的子目标。比如，比亚迪有新能源汽车、电子类产品及代工、新能源电池、云轨、太阳能发电与储能等多项业务，比亚迪需要针对每项业务甚至每项业务下的产品制定营销目标。以比亚迪新能源家用汽车为例，该业务分为纯电动汽车、油电混动汽车两种类型的产品，因此比亚迪需要针对这两类产品，以及这些产品在不同市场如中国市场、境外市场设定营销目标。

营销目标一般涉及市场目标和财务目标两个方面，前者包括市场份额、销售额、销售增长率等目标，后者则是指利润、投资回报、费用控制等方面的目标。为了达成总体的市场目标和财务目标，企业还会设置一些中间性目标，如顾客满意度或顾客忠诚度目标，分销商数量目标，顾客知晓度或好感度目标等。

营销目标的设定需要遵循如下标准：①现实可行。经过营销与业务团队的努力，设定的营销目标可以达成，否则会挫伤团队成员的积极性。②与企业的业务目标一致。如果企业的业务目标是提高效率和增加短期利润，而营销目标的重点在鼓励推广新产品或吸引新用户，则后者对前者就不能形成支持。③清楚且可测量。如果目标模棱两可或者没有制定明确的数量化标准，则营销目标难以起到激励和引导作用，也无法在计划期对目标是否达成进行衡量和考核。比如，企业对新产品设定的目标是在三年内进入市场并取得成功，如果没有界定成功的标准，也没有给出在销售额、市场占有率、毛利率等方面的数量指标，则该营销目标就不符合清晰性和可测量性标准。④时间性。即应明确目标实现或达成的时间。例如，规定在三年内将市场份额从目前的 15% 提升到 25%。

（二）顾客选择

营销战略中一项重要的战略抉择就是选择目标顾客。为此，企业需要进行市场细分，即根据需求或偏好将顾客分成同质程度较高的子市场，然后对每个子市场或细分市场顾客的需要和特征进行分析：了解不同细分市场顾客的期待，他们的典型画像，他们何时何地购买，以及如何使用产品等。在此基础上根据各细分市场的吸引力及公司的战略目标、资源特点，选择便于公司赢得竞争优势的目标顾客群。

顾客选择之所以重要：一是将资源集中于某些特定顾客，有助于发挥公司优势和提高营销效率；二是就长期看，企业集中服务于某些类型的顾客，便于积累知识和技能，从而为顾客创造更大价值；三是有利于树立独特的公司或品牌形象。关于目标顾客选择，本书第十章将做专门讨论。

（三）市场定位

市场定位需决定给目标顾客提供何种独特的价值，以便让其选择本企业而不是竞争企业的产品或品牌。因此，它与企业的价值主张密切相关。如前所述，价值主张是企业给目标消费者提供的全部利益或主要利益，定位则是确定何种或哪几种利益最能打动消费者。不仅如此，企业还需以令人信服的理由或证据呈现产品或品牌所提供的超越竞争者的利益或价值。关于市场定位将在本书第十一章进行介绍和讨论。

（四）顾客价值创造战略

市场营销战略的一个重要方面是通过市场定位和实施营销组合策略，确立产品或品牌可持续的竞争优势。可持续的竞争优势有很多来源，如卓越的产品或服务、超高的性价比、独特的形象等。

如果一个企业希望在业务领域成为行业领导者，通常有三种价值创造战略可供选择，分别是卓越运营、贴近顾客、产品领先。卓越运营是指给目标顾客提供高性价比的产品与服务。贴近顾客是指企业能够将丰富的消费者知识与生产和营运上的弹性有机结合，对消费者需要包括个性化要求做出快速反应。产品领先是指为消费者提供技术领先的产品或服务，提高消费者使用产品的满意度，并使竞争产品变得过时。

一旦选定上述某种价值创造战略，企业就需要围绕此一战略来设立业务流程、构建相应的管理系统与组织文化（图 4-17）。通常，成为行业领导者需要专注于一个价值创造领域并在此领域超越竞争者，同时在另外两个领域与竞争者不相上下。现实中也有极少数特别优秀的企业能在两个领域超越竞争对手，成为所谓的"双面大师"[1]。

公司属性	价值创造战略		
	卓越运营	产品领先	贴近顾客
核心业务过程	不断改进、提高分销系统效率，减少不必要的服务	培育新的想法，把它们变成产品，富有技巧性地把它们推向市场	为顾客提供解决方案，帮助顾客发展其业务
组织结构	高度集权，有限授权	成立专门小组，组织松散，随时准备改变	推动授权，使公司更加接近顾客
管理系统	保持标准化的运营程序	激励创新，奖励成功的新产品	测量提供服务和维持顾客忠诚的成本
公司文化	行为可预测，相信"一种模式适应所有情境"	实验，打破传统的思维方式	富有弹性，理性、开放

图 4-17　通向市场领导者的 3 种价值创造战略

（资料来源：Treacy M, Wiersema F. The discipline of market leaders:choose your customers, narrow your focus, dominate your market[M]. Addison-Wesley: Reading MA, 1995.）

三、确定营销组合策略

营销组合涉及实施营销战略和达成营销目标的一系列营销决策，包括产品决策、定价决策、促销与分销决策。这些内容将在本书第十二章到第十七章陆续介绍。这里重点强调 3 点：首先，营销组合策略应围绕产品或品牌的定位和价值主张来制定。比如，"真功夫"的价值定位是"蒸的营养专家"，以此与麦当劳、肯德基等洋快餐相区别，

延伸阅读 4-2　通向市场领先者的 3 条途径

---

① Treacy M. Wiersema F. Customer intimacy and other value disciplines[J]. Harvard Business Review, 1993, 71(1): 84-93.

因此"真功夫"的所有传播活动均一致性地传递"营养"这一核心价值，同时剔除原来食谱中存在的油炸食品等被认为不太营养的食物。其次，营销组合策略应被视为一个整体，服务于营销目标的达成。在 20 世纪 90 年代，我国一些企业片面地将营销理解为广告或传播等单一活动，只在传播上投入巨资，虽然短期内也有不错的效果，但由于在产品开发和渠道建设等方面资源投入不足，结果其产品与品牌的影响力只是"昙花一现"。最后，营销组合各要素间需要相互配合和支持，而不能各行其是。由于企业内负责产品、渠道、促销等活动的人员与机构不一定是在一个统一的指挥中心下工作，其彼此之间在沟通、认知甚至是利益方面存在"温差"，由此导致行为上的"不同调"，从而会影响营销组合效应的发挥。因此，在设计营销组合策略时，需要通过团队建设、激励政策等制度安排形成"行动合力"。

延伸阅读 4-3　界定营销问题

即测即练

自学自测　　　扫描此码

第五章

市场营销计划、组织与实施

通过本章学习，学员能够：

1. 描述市场营销计划的类型和主要内容；
2. 了解市场营销组织的演变；
3. 熟悉市场营销组织的基本形式；
4. 了解市场营销计划实施过程；
5. 熟悉市场营销控制系统及主要控制方法。

第一节　市场营销计划

一、市场营销计划的含义与作用

市场营销计划（marketing plan）是在计划期内为企业营销活动和营销项目提供行为指南的书面文件。作为正式的企业文件，营销计划是企业深思熟虑和系统思考的产物，它既不是营销经理一时兴起的点子，也不是某些领导大脑里稍纵即逝的想法。营销计划一经形成和得到企业高层批准，它不仅对营销部门具有指导性和约束力，而且其中一些内容对企业其他职能机构如财务、制造等部门也具有约束力。

营销计划具有多方面的作用。首先，它是营销部门与企业高层和企业内部其他部门沟通的媒介，是在企业内部传播市场营销理念的重要工具。营销计划中的一些重要内容，如营销预算、产品推出计划、人员培训等，不仅需要得到高层的批准，也需要其他职能部门的认可和支持。只有这样，营销计划中所体现的为顾客创造价值的构想，才可能变为现实。其次，它明确了为了实现营销目标，企业内部各部门需要承担的责任。再次，它是企业开展营销活动的行动指南，是营销控制和营销绩效考核的基础工具。最后，它使企业的营销活动保持某种连续性。尤其是当企业处于变革期，或当企业高层、营销主管处于较频繁的变动时，营销计划作为集体智慧的结晶，在某种程度上能避免企业由于人事变动而对营销活动造成剧烈的冲击。

一项为期 6 年的研究表明，新创企业如果有书面的业务计划，其成功的可能性会增加 16%。[①]还有一些企业为了瘦身，削减规划与计划方面的人员与投入，但结果表明这并非是明智之举。该项研究同时认为，成文的计划能促使创始人聚焦目标达成，做出更好的决策来分配和协调资源。虽然这项研究不是针对营销计划成效的调查，但其结论对企业制订营销计划同样富有启示。

二、市场营销计划的类型

从计划层次看，营销计划可以分为公司营销计划、业务营销计划、产品或市场（品牌）营销计划。以联想为例，它现在有 PC、移动和数据服务三大业务。在公司层面，联想的营销计划可能是围绕联想这一公司品牌来规划，包括在全球范围塑造和提升公司形象、开展相关公益活动、跟踪和应对舆情冲击等。在业务层面，则需要针对每个主要业务，分别制订营销计划。例如，针对 PC 业务，需要确定营销预算，制定分地区的营销战略并组织实施。在产品层面，如针对联想笔记本电脑，需要针对不同类型的顾客或不同国家的顾客制订相应的营销计划。企业也可以针对某个新产品或新项目的推出，制订营销计划。

从时间维度看，营销计划又可分短期营销计划和长期营销计划。前者如季度或年度营销计划，后者则一般是指时间在 1 年以上，通常是 3～5 年的营销计划。实际上，在不同的行业，营销计划在时间长度上可能存在较大的差别。通常，产品更新换代比较快的行业如时尚行业，企业会制订季度或年度营销计划，而在耐用品或大型工业品行业，企业可能更需要制订计划期相对较长的营销计划。也有一些企业，会制订滚动营销计划，如以 3 年为周期制订营销计划，但对最近 1 年的营销目标与营销活动安排比较详细，对之后的营销项目或活动安排则只做粗线条勾勒。

三、市场营销计划的主要内容

表 5-1 显示了市场营销计划包含的基本内容，下面将对这些内容稍做介绍。

（一）摘要

营销计划需要获得高层的批准，也需要获得企业相关部门的理解和认同，为此需要用简明扼要的语言，将计划的关键内容呈现出来。营销计划摘要最主要的目的是吸引高层的关注，使其有

表 5-1　市场营销计划基本元素

1. 摘要
2. 情境分析
A. 品类与竞争界定
B. 品类分析
C. 竞争者分析
D. 顾客分析
E. 公司与合作伙伴分析
F. 基本假定
3. 营销目标与战略
4. 支持性营销项目或活动
5. 财务分析
6. 跟踪与控制
7. 应变计划

---

① Greene F J, Hopp C. Are formal planners more likely to achieve new venture viability? a counterfactual model and analysis[J]. Strategic Entrepreneurship Journal, 2017, 11(1): 36-60.

兴趣快速浏览计划要点。对于新产品、新业务、新项目的推出，营销计划尤其关键。此时，摘要不仅应说明项目要达成的目标、实现目标的途径或策略、需要的预算，而且需要清楚地指出项目的投资回报及项目对实现公司或业务战略目标的价值或意义。

（二）情境分析

情境分析通常包括项目或业务背景介绍、品类分析、顾客分析、竞争者分析、公司和合作伙伴分析；也包括关于计划制订的一些基本假设。例如，对企业不可控制的一些环境因素、行业技术发展、政府管制、关键原材料供应等方面的假定。

（三）营销目标与战略

营销目标通常分为市场目标与财务目标。前者如市场占有率、销售增长率、品牌影响力、用户渗透率、渠道覆盖率、新产品销售占比等；后者则是指投资回报率、毛利水平、利润及增长等需要在计划期内达成的财务指标。营销目标表明"我们想要到哪里"，营销战略则指明"如何到达"。比如，为了实现成为品类领导者的目标，企业是侧重通过低成本战略还是依靠创新战略来达成。另外，对于影响营销战略实施的重要营销策略，需要给出政策性意见或指导，如规定基于价值而不是基于成本定价，并通过选择性分销而不是密集分销来实现市场覆盖等。

（四）支持性营销项目或活动

支持性营销项目或活动包括分销、促销、定价、物流保证、品牌推广等方面的行动安排。这一部分不仅需要明确每一个项目或活动的目标、人员安排、活动内容、费用、重要时间节点等，也需要明确各相关部门的责任，以及开展这些活动时如何与外部合作机构协调、衔接等。

（五）财务分析

财务分析包括项目预算、预期的投资回报，分市场、分产品的费用控制与安排等。

（六）跟踪与控制

跟踪与控制包括：营销目标达成情况的跟踪与监测，如每月和每季度的销售数据、费用数据及与计划数的对比；关于品牌知名度、品牌形象、顾客满意度、顾客投诉、市场占有率等方面的定期调查与统计；关于市场环境变化的监控，如政府法律、政策变动，市场各主要参与者产能变动等方面的数据搜集与监控。

（七）应变计划

在营销计划实施结果与计划目标存在较大差距，或者计划制订所依赖的环境假设发生显著变化的情况下，企业应如何应对，这就是应变计划。营销计划的这一部分规定在何种条件下、根据何种程序启动应变计划，应变计划中相当一部分内容可能是营销规划过程中曾经讨论并被放弃的一些"次优选择"。

需要指出，因所处行业、市场的不同，不同企业的营销计划无论是在格式、篇幅长短、内容结构等方面均会存在较大差异。就同一个企业而言，营销计划格式最好能大体统一，如对封面、图表式样、字体大小、装订等做出明确规定，避免不同层次和不同部门的营销计划在格式上五花八门。在计划长短上，有些企业的营销计划长度超过 50 页，也有一些企业的营销计划不到 10 页，但通常是在 20～30 页之间，[1]没有固定的模式。在内容结构上，企业则需尽力避免遗漏重要内容。很多企业制定了统一的计划模板，要求制订营销计划时予以遵循。这样做的好处：一是迫使企业搜集必要的市场数据；二是引导企业进行系统性思考，讨论企业在营销中面临的主要问题，挑战和创造性地提出应对策略。由此带来的风险是，有可能把计划形式置于内容之上，把计划制订过程当成类似"表格填写"那样的例行公事，从而有悖营销计划的初衷。

四、如何制订市场营销计划

（一）营销计划与营销规划

市场营销计划是市场营销规划的结果，营销规划则是营销计划的动态化。市场营销规划（marketing planning）也称市场营销策划，是指在分析市场机会、公司能力和确定营销目标的基础上，围绕公司业务、特定产品、品牌或特定市场制定营销战略和营销计划，并根据实施情况予以动态调整的过程。从更通俗的意义上讲，营销规划是营销计划的制订、实施与调整的循环过程。在很多公司中，营销规划是营销经理或产品经理最重要的一项活动。调查表明，超过 90%的营销经理从事正式的营销规划活动。他们主要依赖于销售团队、内部营销研究和管理信息系统提供的信息来制订营销计划，平均每年花在营销规划上的时间达 45 天之多。[2]

（二）市场营销计划制订方式

市场营销计划存在两种主要的制订方式：一种是自上而下的方式，另一种是自下而上的方式。前者是指营销战略和营销计划由企业中、高层主导制订，相关职能机构如市场营销或产品管理人员在信息提供等方面予以支持和协助，基层业务部门负责营销战略与营销计划的实施。后者则是由企业中负责业务运营的基层部门如市场部或企业营销中心参与到市场营销计划制订过程中，基层部门在搜集市场信息和对市场进行预测的基础上形成初步的营销战略思路或方案，经企业高层审定和批准后予以实施。在此种方式下，

---

[1] Whitler K, Morgan N, Sutton H. The marketing plan in the 1990s[C]. New York: The Conference Board, 1990, 25.

[2] Hulbert J, Lehmann D, Hoenig S. Practices and Impacts of Marketing Planning[R]. Unpublished working paper, Graduate School of Business, Columbia University, 1987.

基层业务部门在营销规划或营销计划制订中扮演关键角色。

上述两种计划制订方式各有千秋，也各有自己的局限。自上而下方式的最大优点是由于企业高层视野开阔，对企业或业务面临的主要问题和挑战有全面理解和把握，在此基础上形成的营销战略和营销计划，真正体现了企业高层的意图，同时也有助于将营销战略融入公司战略中。不足之处在于，企业高层可能对实施中遇到的问题考虑相对较少，给战略和计划实施留下隐患。自下而上方式的优点是营销规划较多地触及了真实的顾客或竞争问题，而且由于负责实施人员的深度介入，使制定出来的战略和计划更加具有可操作性和可实施性。不足之处是可能囿于规划人员的视野和局部利益，遗漏重大的市场机会。理想的做法是两者兼顾，即尽力做到两种计划制订方式的融合。

（三）市场营销计划制订过程

市场营销计划的制订始于市场数据的搜集和分析，并在此基础上形成营销战略与策略。接下来是营销战略的实施和对执行效果的跟踪与评价，下面分别予以介绍。

1. 数据搜集与分析

首先，需要搜集和更新企业或业务运行的数据。由于数据搜集的延滞性，在制订下一年度计划时，依据的可能是上一年的数据，因为当年已经发生的事实数据尚未收集上来。为此，需要做两方面的工作：一是通过采用现代信息技术和建立企业内部信息管理系统，实时把企业运行数据采集上来；二是当最新数据出来后，应及时更新到目前的营销规划中。其次，需要搜集市场情景或市场环境数据。包括行业、品类、竞争、顾客需求等方面的数据。这些数据不一定都是用数字方式表现，也可以是以访谈、观察等方式获得的文字、图片、音像数据。最后，对企业内、外部数据进行分析，识别关键的市场机会和威胁。

2. 发展营销战略与策略

形成营销战略和策略是营销规划中最关键的活动，一方面需要基于营销者掌握的事实和数据，另一方面需要考虑公司战略、资源、政策等方面的限制。这一阶段通常涉及：设定营销目标；确定达成营销目标的战略与策略；基于公司资源和能力比较各种达成营销目标的方案或项目的优劣；等等。关于营销战略与营销策略的制定，本书第三章已经介绍，在此不再赘述。

3. 财务分析与计划磋商

财务分析通常涉及两个关键部分，一是估算计划实施所需要的费用，二是进行损益分析或投资回报分析。计划磋商则涉及与财务部门和企业高层的谈判与协商，最终确定哪些部分需要调整，哪些部分需要细化，哪些分析或措施需要完善，以形成最终的营销计划。规划过程也是企业资源配置的过程，因此营销计划在企业内通常会经过多轮的讨价还价、上下讨论才能被敲定。

4. 实施进展跟踪与评价

为了使计划与环境变化相适应，在规划期内需要跟踪目标的达成情况。为此需要通过市场调查或其他方式获取相关信息，如产品销售数据、市场份额数据、顾客满意或顾客投诉数据等。另外，在计划实施一段时间后，还需要考察执行情况与计划情况的差距，并通过审计方式获得引起差距的"诊断"信息，并为下一阶段的营销规划提供决策支撑。

延伸阅读 5-1 PDCA 的战术实操要领

作为一个整体，市场营销规划是一个连续不断的循环过程。伴随外部环境的变化和企业活动的展开，外部市场信息和内部运行信息不断注入此一循环中，相应地，市场营销计划也需适时作出调整。如此，确保营销规划不是"一劳永逸"，同时也使企业运行效果的信息能整合到下一年度的计划修订中，从而真正实现企业内部资源、能力与外部环境变化的动态适应。

第二节　市场营销组织

市场营销计划的实施，需要落实到人员和机构。人员和机构需要采用一定的组织形式，经协调、监控和激励以形成群体合力，去实现营销计划所规定的目标和任务。本节重点介绍市场营销部门的演变、市场营销基本组织形式，以及市场营销总监职能的演变。

一、市场营销部门的演变

在不同类型的企业及同一企业所处的不同发展阶段中，营销职能的地位和作用并不相同，这不仅会影响营销部门的设置，而且也会影响营销部门内部各职能机构的关系。从企业经营实践看，营销职能如何在企业内部机构中划分，具体由哪个机构承担一直处在发展演变中。

（一）单纯的销售部门

在企业发展的早期，由于规模小、业务相对简单，企业通常会设置生产、销售、财务与会计等最基本的职能部门。销售部一般被置于总经理或分管副总经理领导之下，其主要职责是把生产部门生产出来的产品推向市场，通过直接推销或寻找中间商把产品卖给最终用户，然后把货款收回。与客户接洽、沟通、签订合同、按要求发货、催收货款、促销等构成销售人员的主要工作。当企业逐步发展，销售部开始要做一些与市场相关的工作，如市场调查、广告、渠道设计等。此时，由于绝大多数企业没有这方面的专门人才，所以会把这些活动外包给专门的广告公司或咨询公司。而为了找到合适的外包公司，销售部会指定专门人员负责这一方面的事务，至此非销售性营销功能开始在公司萌芽和发展。

（二）兼具其他营销职能的销售部门

当市场调查、广告、定价、新产品开发等非直接销售方面的工作不断增多，销售部内部为适应营销职能的扩张，发现有必要设置专门的机构来处理这方面的事务，一些企业在销售部下设市场调查、广告等职能机构，并由专门的经理人员来统筹、协调这方面的工作。此时，企业一方面仍然需要借助外部力量来完成非销售方面的营销职能，另一方面也开始有意识地培养、招揽营销方面的专门人才，旨在积累营销专门技能和更好地服务顾客。

（三）独立的市场营销部门

一方面，由于销售部门的重心是完成季度或年度销售指标，那些不能在较短时间内直接带来销售业绩的活动，常常被轻视或忽视，由此造成非销售的营销职能在"销售职能居支配地位"的体制下得不到应有重视。另一方面，伴随企业在市场传播、市场调查、客户关系建设等方面的投入日益加大，营销中的"市场"职能作用逐步彰显。在此背景下，一些公司把市场职能从销售部门中分离出来，成立与销售部平行的机构，这一机构在一些公司叫市场部，在另一些公司叫市场策划部或市场营销部。市场部的职能通常包括两大部分。一部分与公司战略的制定与执行相关。例如：整理、分析市场信息供高层决策之用；制定市场营销战略和进行市场营销规划；确定目标市场和进行市场定位等。另一部分职能则与营销战略和营销计划的实施相关，如定价、分销、传播、开发新产品与新包装等。

（四）现代市场营销部门

在公司发展的早期，非销售方面的营销职能或称为市场职能，如市场策划、广告等被看作销售的辅助职能，而且市场职能下的各种活动都被置于销售副总经理的领导下，销售机构与市场机构的矛盾和冲突即使存在也比较容易化解。当市场职能独立出来并成立市场部之后，市场部要会同企业战略规划、制造、财务、人力资源等部门共同协商制订营销计划，甚至参与公司战略的制定。伴随其职能的扩张，市场部通常会给自己确立雄心勃勃的目标，如将组织转型为市场导向的公司，但市场部在试图扩充权力的过程中自然会遇到其他部门包括销售部门的怀疑和抵制。

为了协调这两个部门，一些企业会设置市场营销副总经理这一职位，由其统一管理销售和市场这两个部门。从顾客购买过程角度看，市场部更多的是介入购买过程的早期阶段，试图通过各种方法影响顾客知晓、品牌知名度和品牌偏好，而销售部则更多介入顾客购买过程的较后阶段，旨在影响购买意向和购买行动，培养顾客忠诚和发展长期客户关系。诚如延伸阅读 5-1 所显示，协调市场部和销售部的冲突并不容易。一种协调或整合的方法是将市场部分为两部分：一部分人负责与企业高层对接，主要负责市场营销战略和营销计划的制订。另一部分人则融入销售团队，与销售人员共同制定广告、促销方案，为销售人员提供顾客前期分析资料。在需求界定阶段帮助制定"顾客价值建议"；在解决方案设计阶段，提供模板和针对性指导；在接近成交阶段，则提供成功案例、故事；谈判阶段，则在规划和定价等方面提供支持。当然，这也同时需要销售团队提早介入市场部所从事的"前端"工作中来。

延伸阅读 5-2　市场部和销售部的冲突及解决

（五）现代营销型企业

一些企业认为，营销不只是一种职能，也是一种经营哲学。在这种哲学指导下，一些企业不满足于在企业内部建立现代的营销部门，而是将服务顾客和为顾客创造价值的营销理念贯彻到企业的每一个环节，渗透到每个员工的思维与行动中，从而将整个企业转型为"市场导向"的组织。诚如前面所指出，华为在网络运营服务市场中，形成了所谓"铁三角"组织模式。其基本做法就是以客户为中心，组织以客户经理、技术方案专家、交付与订单执行经理为核心的跨部门团队，为客户提供系统解决方案，帮助客户实现商业成功。为支持一线核心团队满足用户需要，华为组建了客户、技术、交付等支持平台，同时各地区代表处或地区平台为这些专业平台提供支持服务，并对"核心铁三角"团队提供间接支持。此外，公司还有高层协调"核心铁三角"团队、中间专业平台和后方地区服务平台，从而使一线团队有动力、有资源、有能力服务于用户。[1]在某种意义上，组织方面的创新，奠定了华为作为"以顾客为中心"的营销型企业的基础。

二、市场营销基本组织形式

（一）职能组织

职能型组织是按职能来组织部门分工的，即企业把承担相同职能或类似任务的管理业务及其人员组合在一起，设置相应的部门和职位。职能型营销组织的典型形态是在企业设置销售和市场两个部门，前者主要负责与顾客达成交易并完成交付，后者则承担营销战略规划、建立和维护品牌形象、洞察顾客行为等任务。在销售部门或销售中心之下，通常会设置大客户部、渠道部、电商部，另外还会按产品类别设置若干子销售部门，专注于特定类别产品的销售。市场部下则会设置市场研究、新产品开发、市场传播与策划、大数据营销等部门。

职能型组织的主要优点是专业分工明确、便于培训和积累专门知识和专门技能、便于高层集权和管理。其不足则体现在无人对某个产品或品牌专门负责，出现问题各职能部门相互推诿，所以当企业有多个产品或品牌时，会出现某些产品或品牌被忽视的现象。另外，各职能部门为了扩充自己的影响和权力，可能会更多考虑部门利益而不是企业的"整体利益"，因此在这种组织形式下，企业对高层的协调能力提出了较高的要求。20

---

① 胡左浩. 华为铁三角：聚焦客户需求的一线共同作战单元[J]. 清华管理评论，2015(11)：84-91.

世纪 30 年代以前，宝洁公司就是实行的这种组织形式。[①]当时负责广告业务的经理尼尔·麦克尔罗伊（Neil McElroy）在欧洲市场调查时发现，由于为"象牙"香皂和"佳美"香皂做营销策划的是同一个团队，他们在营销和广告思路上几乎如出一辙，结果不仅未能有效从联合利华的"力士"品牌中夺得市场份额，反而造成宝洁公司的几大香皂品牌"自相残杀"。回到美国后，麦克尔罗伊写了一份专门报告：建议为每一个品牌设立一个负责人，并配备助手和资源，由其全面负责该品牌的产品改进、包装、广告等各种营销活动，并对利润负责。这样，现代品牌经理制或产品经理制就应运而生。

（二）产品（品牌）组织

产品（品牌）组织指按产品类别或品牌设立专门经理人员和团队，由其全面负责产品的营销活动，并对该品牌或该类产品的盈亏负责。如果企业的产品类别比较多，各类产品彼此差异比较大，则适合采用该种组织形式。其主要优点是：为每类产品或每个品牌配置资源，并由产品经理承担责任，能较好地解决企业集权和分权的关系，同时也避免了职能型组织下某些产品或品牌被忽视和在产品经营状况不好的情况下部门之间相互推卸责任的状况；有利于比较不同产品类别（或不同品牌）的经营绩效，刺激内部良性竞争；产品经理统筹该类产品的所有或大部分经营活动，既对内又对外，理论上有利于企业培养综合性管理人才。但在实际中，由于很多企业对产品经理的放权不够，加上一些产品经理本身能力不足，导致产品业绩达不到预期，因此产品经理任期相对较短、离职率较高。在此种组织体制下，如果产品之间的协同效用不能发挥，则有可能大幅度增加成本。以宝洁公司为例，该公司拥有众多洗发水品牌，如果为每个品牌设置一个品牌经理和相应团队，而这些品牌经理彼此之间又缺乏合作的话，很可能会出现来自宝洁洗发水部门的多个销售人员拜访同一零售商的情况，显然会大幅度增加成本。另外，该种组织形式虽然有利于企业积累产品知识和产品相关技能，但由于负责广告、促销等活动的人员分散在公司各产品部门，甚至主要是借助外部力量，所以从整个公司的角度看，不容易在特定营销机能领域形成专门知识积累。

（三）地区组织

地区组织是按照地理区域设立营销组织和机构。比如，将销售队伍按大区或省级行政区划组织，在每个地方设立销售分公司或销售代表处，由地区销售机构承担销售任务，并对销售收入和费用负责。这种组织结构具有对当地市场适应性较强、销售人员与当地客户联系紧密、成本效率高等特点，但当企业产品较复杂或产品线较多时，当地销售人员为了完成销售任务，可能会采用短期行为，或由于对某些产品的知识掌握较少，从而影响这类产品在当地的销售。另外，如果当地顾客的需求比较独特，要求企业在产品、包装等方面做较频繁的改动，此时该种组织结构可能会遇到障碍。通常，按地区来组织

①　Low G S, Fullerton R. Brands, brand management, and the brand manager system: a critical-historical evaluation[J]. Journal of Marketing Research, 1994, 31(2): 173-190.

营销队伍，更适合产品标准化程度比较高的行业，或在较长时期内不需要对产品在"本地适用"方面做大的调整的情况。

（四）客户（市场）组织

按客户类型或针对特定市场组建专门团队，如提供办公软件服务的公司可以针对企业、政府机构、金融机构、学术单位分别组建营销团队，开展业务活动。前面介绍的华为"铁三角"组织，某种意义上也属于这种类型。该种组织由客户经理牵头，组建来自技术、交付、财务等各部门的人员构成的团队，服务于某个或某种类型的客户。该种组织具有能更好适应顾客需要、提升顾客服务水平、积累不同类型用户知识等特点。缺点是服务顾客的成本可能会提高，同时如果不能获得地区平台和公司产品平台的有力支持，则该组织形式的优点就难以发挥。另外，此种组织形式长处的充分发挥，还有赖于一大批具有较强协调能力的客户经理。在公司产品线或产品类型比较多的情况下，对客户经理的协调能力会提出更高要求。

（五）矩阵组织

当企业服务的市场、销售的产品众多时，采用单纯的功能型、产品型或客户型组织可能都不合适。此时需要融合两种或两种以上组织形式的特点，组成所谓矩阵型组织。典型的矩阵型组织是产品—客户（市场）型组织。以格力为例，该公司生产空调、冰箱、小家电等众多产品，这些产品有的销售给个人或家庭，有的销售给企事业单位，其销售渠道包括大卖场、百货商店、房地产开发公司等。这样该公司在设计其组织结构时，一方面会按产品线设立管理职位，另一方面会按销售渠道或销售地区设立组织机构和职位，由此形成产品—渠道（市场）型组织结构。前面提到的华为，在其发展初期，产品线单一，企业规模比较小，采用的是直线职能型组织。随着企业规模的扩大和业务线的增多，其组织形式经历多次调整，现在则形成了产品—市场—区域型、以市场或客户为中心的矩阵式组织结构（图 5-1）。这种组织形式试图把产品经理对产品和技术的理解、客户经理对客户需求的洞察、区域经理对公司内部资源的掌控有机结合起来，从而更好地服务于市场和用户。

延伸阅读 5-3 华为"铁三角"

三、市场总监（营销总监）

20 世纪 90 年代后，西方不少企业开始设置营销总监或市场总监（chief marketing officer，CMO）的职位，该职位在一些公司叫营销副总裁，属于公司高管之列。CMO 在不同企业，其职能并不相同。通常，有三种类型的 CMO 职位。第一种类型主要负责公司营销战略方面的事务，帮助企业高层制定营销战略并监督执行；第二种类型主要承担公司市场或业务执行层面的职能，更多负责广告、促销、电子商务或数字化营销等方面

图 5-1　华为组织架构图

的工作；第三种类型则同时承担营销战略与策略的制定和实施任务，且对产品或品牌的赢利负责。近些年，营销的职能在不断扩大，已远不止负责管理广告、推广等事务。以航空公司为例，在驾驶舱之外的几乎所有活动都涉及营销，如动态定价、客户投诉处理、顾客忠诚计划、Wi-Fi 提供、社交平台互动与监控、座位空间扩大、品牌形象维护等。因此，第三种类型的营销总监职位有增加趋势。

现实中，CMO 是一个离职率很高的职位，在所有公司高管中，CMO 的平均任职时间最短。一项调查表明，CMO 的平均任职时间只有 4.1 年，远低于 CEO 的平均任职时间 8 年，也低于首席财务官的平均任职时间 5.1 年。[①]是什么原因导致这一现象呢？通常认为，职位职能界定不清、公司最高层授权不够、能力与职位要求不匹配是导致离职率高的主因。如表 5-2 所示呈现了 20 世纪 50 年代以来，CMO 职能的演变。可以看出，总的趋势是该职位承担的职能在增加，而且日益增多地承担了公司战略和增长方面的责任。

表 5-2　公司 CMO 职能演变

年代	公司营销负责人（营销经理）主要职能
20 世纪 50 年代	只在消费品公司或汽车行业才会设立高级营销经理职位，主要职能是负责电视和印刷广告
20 世纪 60 年代	"广告为王"的时代，广告重心由咄咄逼人和推销产品转向创意和让人回味
20 世纪 70 年代	引进分析技术，获得顾客洞察；细分市场；日益增多地承担产品管理、分销、促销、定价职能
20 世纪 80 年代	有线电视、VCR、信息广告等出现，广告更加复杂，对广告效率提出更高的要求；跟踪每个分销渠道的效率；营销经理开始承担损益责任，在公司层面扮演角色；非消费品行业，如金融企业开始雇用高级营销经理，但主要职责限于公司品牌创立和传播
20 世纪 90 年代	更广泛的营销功能出现在诸如健康、高新技术等行业，B2B 市场也开始重视营销职能；营销经理职能扩张，既包括战略层面也包括战术层面，前者包括定位、市场细分、业务增长等，后者则包括销售赋能、宣传材料和展销策划等；公司开始建立复杂的矩阵式组织结构，顾客关系管理受到重视，首次出现了 CMO，即营销总监职位

① Whitler K A, Morgan N. Why CMO's never last?[J]. Harvard Business Review, 2017(7/8): 48-54.

续表

年代	公司营销负责人（营销经理）主要职能
21世纪第一个十年	数字革命改变了公司和顾客的连接方式，社交平台发展迅速，消费者越来越依赖彼此提供产品信息；全渠道管理产品信息，既包括品牌的正面信息，也包括负面信息；营销经理聚焦与顾客建立有实质意义的关系，CMO职能扩大，但在不同企业CMO的含义并不相同：有些企业中的CMO指负责品牌和传播的企业高层，有些企业则把CMO列入企业战略决策者的行列
21世纪第二个十年	大数据和人工智能带来了信息的爆炸性增长。营销也从侧重传播和销售转向个性化产品开发和个性化沟通，CMO被期待能运用数据获得的洞察来应对业务挑战，来为公司的重要决策提供支撑，同时让顾客在不同的社交媒体和分销渠道获得无缝对接的体验。大多数CMO现在成为公司的高层，直接向CEO汇报工作。由于其职能仍处在变动中，CMO在不同公司的角色并不一致，甚至有人对CMO的称谓提出质疑，并提出首席顾客官、首席顾客体验官、首席增长官等替代选择

（资料来源：Fleit C. The evolution of the CMO[J]. Harvard Business Review, 2017, 95(4): 60.）

第三节　市场营销计划实施

营销计划包括营销战略和战略实施两个核心部分。营销战略聚焦于营销经理或营销部门应当做什么，战略实施则聚焦如何做。成功取决于既形成良好的营销战略，又能将该战略有效付诸实施。如图5-2所示呈现了市场营销计划实施过程。

图 5-2　市场营销计划实施过程

一、营销行动方案

营销行动方案就是根据营销计划的要求，将关键任务落实到团队或个人，并配备必要的资源，采取合适的激励方式，让执行者在计划的时间内完成其承担的任务、取得预期的营销业绩。首先，需要对营销目标和营销任务进行分解，并具体落实到人。其次，为营销人员履职提供必要的资源和后勤支持。最后，建立评价和反馈机制，将营销业绩与营销人员的提升、激励挂钩。笔者了解的一家医疗器械公司，生产呼吸机、麻醉机和手术室的吊床、吊塔等产品，每年的11月底或12月初，该公司会将下一年的销售指标下达给销售部、电商部、大客户部、海外销售公司等机构。这些部门的负责人，再分别制订分产品、分地域、分客户的销售行动计划。在下达销售指标的同时，公司也对各个机构的费用做了限定，要求销售毛利保持在某一个水平。此外，公司对各销售部门负责人规定了销售目标，同时将其年终奖金的发放与销售目标的完成直接联系。以大客户部为例，除下达年度销售任务，公司同时从销售收入、费用、逾期应收账款 3 个方面对该部门进行考核，并拿出利润的一定比例作为奖金发放给该部门。

二、设计和调整营销组织结构

首先，需要确定设立哪些营销机构。这取决于营销所要承担的任务和职能。比如，在规模比较小、业务单一，且营销机构不需承担营销战略制定任务的企业，通常只设有销售部门。当企业在市场营销战略规划、顾客洞察、广告、促销、在线营销等方面的事务不断增加之后，企业会设置市场部、电商部、公关部等其他营销部门。其次，明确每个营销机构的职权范围。比如，品牌策划和品牌管理在一些企业中可能主要由市场部负责，但公关部、销售部、售后服务部也可能参与品牌建设，并承担部分品牌管理职能。再次，处理好各个层级营销机构的关系。如果公司有多个业务，且每个业务都设立有营销机构，则会在公司、业务、产品等多个层级上存在权责划分的问题。最后，调整和优化营销组织结构。以宝洁公司为例，自 20 世纪 30 年代起宝洁公司一直实施品牌经理制，但随着同一产品领域内品牌数量的增多，内部竞争逐渐加剧，营销成本逐渐上升，所以公司自 20 世纪 80 年代则开始实行品类管理制。例如，将洗衣粉品类内的多个品牌统一由一位品类经理进行管理，并承担市场和经营责任。目前，宝洁公司的组织结构是于 2000 年左右实施的"组织 2005"项目基础上发展起来的，该重组项目耗资 19 亿美元，由 3 个支撑体系构成。一是"市场开发组织"（market development organization，MDO），主要承担销售和市场增长责任；二是"全球业务组织"（global business unit，GBU）或产品开发组织，承担从产品开发、制造到把产品推向市场的各个方面，并对产品利润负责；三是"全球业务服务事业部"（global business service，GBS），负责承担公司采购、IT 流程标准化、财务与人事系统优化等工作，其首要任务是降低成本。[1]营销机构是企业组织的一部分，从上面对宝洁公司组织结构演变的简单介绍可以看出，营销组织结构需要根据公司战略和公司组织的调整不断优化。

三、建立营销控制系统

营销控制的目的是确保营销机构和营销人员按照营销计划的要求从事相关活动，并取得预期的营销绩效。为此，企业需要通过营销审计、通过上下级面对面交流等方式，对营销战略与营销计划的实施予以检查、监督，以保证营销目标的达成。营销控制需要聚焦两个方面：一是营销绩效，即营销部门是否取得了计划的结果；二是营销职能是否

① Piskorski M, Spadini A. Procter & Gamble: organization 2005 (A)[J]. Harvard Business School Case, 2007: 9-707-519.

有效发挥作用。对于营销职能，我们可以进一步追问如下问题：营销部门是否按计划行动？公司营销战略是否获得了执行人员的理解？公司管理过程是否有改进空间？[1]之前，营销控制系统以年度或季度为单位来对营销绩效进行评估、比较，在此基础上采取的矫正行为，可称之为"事后控制"。随着信息技术的发展，现在企业可以每周、每天甚至实时对营销业绩进行监控，这种建立在连续、动态和实时监控基础上的预防措施和行动，被称为"引导性控制"。

营销控制系统的建立并非一朝一夕，而是需要较长时间、大量资源的投入。比如，企业要在公司、业务、地区和销售团队层面对销售业绩进行评价，则需要建立起销售信息系统，要求每个销售人员和销售团队及时将销售数据准确输入该系统，同时要求财务部门适时输入销售机构和销售人员所产生的费用，包括销售管理费用、营销费用、退货费用等。建立起这样一个销售信息系统，不仅要有高层的统筹协调，也需要 IT、财务、物流等部门的支持与协作。

四、协调、激励员工

营销计划主要依托营销人员去实施，但也需要企业其他部门及外部机构的协作与支持。针对营销人员，营销经理需要与公司的人力资源部门合作，在招聘、培训、晋升、薪酬与奖励等方面，制定出体现营销部门要求的人力资源政策。营销经理也需要在资源配置、组织与监控、沟通等方面提升自身能力，营造公平、公正和奖惩分明的工作氛围。此外，营销经理需要深刻理解各种激励手段的作用方式和适用范围，并根据员工或下属的不同需要，加以灵活运用。针对营销部门与其他部门的合作，"非在职"营销人员和内部营销或许是两个很重要的概念。"非在职"或"非全日制"营销人员（part-time marketer），是不隶属于营销部门，也不为营销部门控制但对顾客关系产生重要影响的公司员工。[2]例如，金融机构中为客户经理提供后台支持的人员，教育培训机构的"外聘教师"等，均属于"非全日制"营销人员。这些人员所提供的服务，直接影响顾客的感受和体验，如何说服他们按营销部门的要求和标准提供顾客服务，对很多营销经理来说是重大挑战。一些学者倡导通过"内部营销"来促进内部员工合作，提升营销战略的实施效果。内部营销就是将公司员工视为顾客，在满足其需要、提升其能力的基础上，企业才能更好地服务于外部顾客，从而实现企业目标。

五、建立组织文化

组织文化是一个组织内部员工持有的价值标准、基本信念和行为准则。组织的创立者或主要负责人在很大程度上塑造了组织的文化。例如，华为就将顾客中心、创业者为

---

① 凯普，柏唯良，郑毓煌. 市场营销学[M]. 2 版. 北京：北京大学出版社，2012.
② Gummesson E. The Part-time Marketer[R]. University of Karlstad: Research Report, 1990: 3.

本、艰苦奋斗等理念逐步注入华为的文化中，让华为人能在异国他乡恪尽职守，想尽一切办法赢得客户。文化一经形成，会对认同该文化的个体产生吸引。伴随越来越多的员工持有相似的文化价值观，人员越来越相似，组织日益具有自己的个性或独特性。文化不仅增强了组织的凝聚力，同时也使组织内的协调变得更加容易和顺畅。

企业内部的不同部门因工作性质和任务的不同，也可能形成不同的"组织亚文化"。比如：财务部门更关注风险防范，更关注内部控制，在文化上更加保守、内向和具有短期导向；营销部门更多与顾客交往，更了解顾客需求，更看重市场机会，在文化上可能会更加外向和着眼长远。部门之间可能会因为文化的差异而产生冲突，为此：一方面需要营销部门更多地把"顾客中心""投资未来"等文化理念在公司内部传播；另一方面在与其他部门交往的过程中，也需要换位思考，理解其他部门的文化特点。如此，在获取其他部门协助的过程中，才会降低沟通成本，减少各种障碍。

应当指出，当计划目标未能实现时，到底是营销战略本身存在问题，还是实施不力所致，并不容易区分，错误的诊断则会带来严重后果。有学者识别了 4 个层次的营销计划实施，[1]在每一个层次都可能出现实施不力的问题。①营销行动。涉及对营销组合中单个的营销要素，如定价、促销或分销活动的有效实施。②营销项目。涉及将多个营销组合要素整合起来，并予以实施。③营销系统。涉及促进营销获得有效实施的组织结构、预算与监控系统等。④营销政策。涉及营销经理如何解读公司的各项重要营销政策。上述各方面活动的有效实施，在很大程度上决定了营销战略和营销计划实施的有效性。作为营销计划执行者的营销经理，需要不断培养组织能力、沟通能力、资源调配能力和监控能力，如此才可能在更大程度上确保营销计划的有效实施。

第四节　市场营销控制

市场营销部门的一项重要工作是监控营销计划实施效果或营销绩效，在效果未能达到计划目标时，查找原因，提出办法并采取行动。营销绩效包括市场绩效和财务绩效两个方面。市场绩效通常用销售量、市场份额、顾客满意与忠诚等指标来测量。财务绩效则通常用投资回报率、销售费用率、销售利润率等指标来衡量。企业需要定期跟踪市场绩效的变化，以确定是否与计划目标一致。

一、营销控制系统构成要素

市场营销控制指营销管理者经常性监控营销计划执行情况，评价营销计划执行结果，在业绩达不到目标时采取相应行动的过程。如图 5-3 所示描绘了营销控制系统的构成要素与基本流程。首先，营销控制是以计划中规定的营销目标和业绩标准为基础。营销计

---

① Bonoma T V. Managing marketing: text, cases and readings[J]. The Free Press, 1984: 13.

划所规定的营销目标通常包括市场目标与财务目标两大类：市场目标如提高市场占有率，扩大顾客覆盖范围，提升顾客满意度等；财务目标则包括提高毛利水平、降低单位产品营销与销售费用等。业绩标准则是就相应的市场目标和财务目标制定具体的量化指标，如规定在一定时间内将市场占有率从15%提高到20%，将顾客满意度从90%提升到95%，或将销售费用率从12%降低到10%，等等。为实现总体的市场或财务目标，企业还会将业绩指标层层分解，具体分解到各类产品、各个市场，并落实到相应的部门和人员，这就是所谓责任落实。业绩标准一旦被确立，企业将以这些数量化的指标为依据对部门或个人进行考核，根据指标完成情况评估部门和个人业绩，并实施相应的奖惩。企业高层会同财务部门、营销部门定期对营销业绩的完成情况进行评估，在业绩达不到计划目标时，将分析原因，提出对策，采取行动。这些纠正性或支持性措施，一方面有可能对下一阶段营销目标的确定产生影响，另一方面也可能要求对业绩指标进行调整。

图 5-3　营销控制系统

（资料来源：乔布尔. 市场营销学原理与实践[M]. 胡爱稳，译. 北京：机械工业出版社，2003：538.）

有效的控制系统通常具有三个特点：具有灵活性，能够使经理人员对突发事件做出必要的反应；对组织的真实状况做出客观描述；提供及时和准确的信息，使经理人员的决策建立在理性分析的基础上。[1]

二、营销控制系统的类型

（一）个人控制

个人控制是通过面对面交流的方式来了解、检查和落实营销计划的实施情况，通常是上一级营销经理对下级营销经理或营销人员进行督促，确保计划中的营销任务得到落实和完成。个人控制也可以发生在团队层面，为了完成团队任务，团队成员之间也会进行相互提醒、监督和制约。面对面的个人控制最大的好处是，信息的获取、传递相对流畅，信息失真的可能性降低，而且逃避责任的现象减少。

---

[1] Jones G R, Bulter J. Costs, revenues, and business level strategy[J]. Academy of Management Review, 1988, 13(2): 202-213.

（二）产出控制

产出控制是指对营销部门或营销人员在销售任务、营销效率、服务水平、客户响应等方面制定绩效目标，以此为依据或标准对其进行考核和奖惩。产出控制能对组织和个人提供激励，是一种常见的营销控制方式，但不适当地使用产出控制可能带来事与愿违的后果。比如，如果公司单纯以财务指标来衡量市场营销绩效，那么销售人员对于提高市场信息、推广新产品和拓展新客户的积极性可能不高，而这也可能导致销售部与市场部的矛盾与冲突。

（三）行为控制

行为控制是指通过预算、建立规章制度和程序来指导营销部门、团队或个人的行为，使之按照计划中规定的目标和途径来行动。行为控制的方式主要有预算控制、标准化及建立规章制度与程序。预算控制是指对营销部门或营销经理所拥有资源的类型、数量和使用方式作出规定或限定。例如，规定营销费用不能超过销售收入的某个比例，某些营销活动及支出需要事先按规定程序报批。标准化则指对投入、产出、活动过程等制定出需要遵循的准则或标准，使员工的行为可预期。比如，海底捞对员工的录用标准、对员工如何服务顾客、对原材料的采购等均有具体而严格的标准，由此保证不同分店的服务能达到大体一致的水平。规章制度或程序均要求营销人员按一定的准则或流程行事，以此限定个人行为的"随意性"，确保营销人员的行为与公司目标保持一致。规章制度和程序化能导致标准化、可预期的行为，但随着时间的推移，原来适应公司营销目标的一些规章制度和流程可能过时，或不再适应新的形势。因此，企业需要定期审查既往规章制度和程序的适用性，以确保它们不会成为阻碍创新、阻碍对顾客做出快速反应的绊脚石。

三、营销控制方法

（一）战略控制

战略控制是检查市场营销战略是否与市场机会匹配。随着市场环境的变化，如果关于行业发展、竞争或消费趋势的基本假设已经与正在发生的现实严重不符，则需要重新审视营销战略和营销计划本身是否需要调整，从而确保企业及营销部门在"做正确的事"。营销战略控制需要借助营销审计。营销审计是定期对市场营销环境、市场营销战略、市场营销组织、市场营销活动及绩效等进行独立、系统、全面的审查，以识别新的市场机会、发现营销计划实施过程中存在的重大问题，为企业战略性营销决策提供指引。为保持独立性，营销审计通常是由企业内部富有经验且独立于营销部门之外的机构负责或主导。营销审计不是在企业经营出现问题时做的"事后补救"工作，而是事先列入计划，定期开展。在企业经营正常和兴旺时，同样需要进行营销审计，此时可以帮助企业发现新的市场机会，找到新的提升营销效率的方式和途径，为企业带来更好的绩效。

（二）经营控制

经营控制侧重于对日常营销活动及其效果的检查、监控，以确保营销部门在"正确地做事"。经营控制可以是以年度、季度、月度甚至以周为单位来开展，目的在于动态了解营销计划的实施情况，发现问题并及时采取措施和行动。经营控制常用的方法包括顾客满意度测量、销售额与市场占有率分析、成本和盈利性分析。

1. 顾客满意度测量

顾客满意被认为是形成顾客忠诚和建立长期顾客关系的基础，不少企业会实时开展顾客满意度调查，并以此作为衡量营销绩效、决定员工奖惩的重要指标。在服务行业，顾客满意度测量更为普遍。在一些企业，顾客满意度数据除了用来补充财务数据在衡量营销效果方面的不足之外，也被用来识别营销计划实施中遇到的瓶颈与问题。还有一些企业，对造成顾客不满和被投诉的员工，会给予非常严厉的处罚。这固然会对营销经理和营销人员形成某种压力，促使其按公司要求和标准与顾客接触和为顾客提供服务，但同时也要注意在此过程中可能形成的负面影响。如一些员工通过博取同情，或以人为操纵的方法来获得较高的满意度分数，而不是真正聚焦如何为顾客提供高水平服务；一些员工在获得差评后，想尽各种办法要求顾客更改分数，甚至采用威胁、骚扰等手段。另外，在设计顾客满意度调查的题项时，需要把营销经理或营销人员能够控制和不能控制的项目区分开来。比如，从事上门维修服务的公司，其维修人员的专业性和服务水平，显然应当与公司后台接线员和派单人员的响应性，分别加以考察。由于顾客满意涉及从报修、等待到接受服务整个过程的体验，如果笼统地只要求顾客对本次维修给予一个综合分数，不仅难以发现满意度高或低的具体原因，也可能对某些一线服务人员造成不公。因此，企业也需要对满意度测量系统本身存在的问题，以及满意度分数是否真正能够与企业的长期绩效产生联系，进行跟踪和分析。

2. 销售额与市场占有率分析

销售额分析是用实际销售额与计划或目标销售额做比较，以确定两者是否存在很大的差距，并分析背后的原因。企业应分产品、分顾客、分地区进行销售额分析，以找到影响实际销售额低于或高于计划销售额的更具体的原因，从而为弥补差距或进一步提升销售额指明方向。

市场占有率分析应着眼于企业在市场的份额，它既可以衡量企业与竞争对手的相对实力和业绩表现，也可以从历史角度考察企业营销绩效的变化。市场占有率分析，需要与企业营销目标联系起来考察。如果企业的主要目标是追求产品领先和利润增长，那么企业在中高端市场而不是在总体市场的占有率可能成为营销人员关注的焦点。

3. 成本和盈利性分析

成本分析应着眼于为实现市场或销售目标所付出的营销成本，力图将营销或销售成本控制在某个预先规定的范围之内。成本分析构成盈利性分析的基础，它同样需要分产品、分市场、分顾客或分渠道来进行。盈利性分析则提供了关于企业产品或服务在营销费用、产品最终获利状况等方面的信息，为企业诊断其经营状况提供了重要工具。如表 5-3 所示描述了某个销售打印机、复印机等产品的贸易公司产品损益表。从表中可以看出，公司的复印机销售处于亏损状态，但公司是否要退出复印机销售业务，则需要考察这样做对打印机和耗材销售的影响。如果打印机、耗材销售强烈依赖复印机的销售，则亏损的复印机业务仍然需要保持甚至强化。

表 5-3 某贸易公司产品损益表　　　　　　　　单位：万元

	打印机	复印机	耗材
销售收入	700	600	1 000
已售货物成本	250	500	500
毛利	450	100	500
市场营销成本			
销售成本	66	80	90
广告与促销	52	50	50
订单处理	32	15	40
行政管理成本	30	25	35
总成本	180	170	215
税前利润	270	−70	285

即测即练

自学自测　扫描此码

第三篇

价值发现篇

第六章

市场营销环境分析

◇ **通过本章学习，学员能够：**

1. 了解营销环境的内涵和特征；
2. 理解企业营销活动与营销环境之间的关系；
3. 掌握微观营销环境和宏观营销环境分析的方法；
4. 掌握评估环境机会和威胁的方法。

第一节　营销环境概述

一、营销环境内涵

营销环境（marketing environment）是指不能为营销人员所控制且对市场营销活动及绩效产生重要影响的外部因素和力量。任何企业都不可能脱离环境而单独存在，企业的营销活动很大程度上受到环境因素的影响和制约。因此，企业必须时刻关注和适应不断变化着的环境；有时，企业还需要尝试去影响营销环境，使之朝着有利于企业的方向发展。

营销环境包含微观环境和宏观环境。微观环境与企业紧密相连，直接影响和制约企业的营销活动和营销能力，因为与企业存在或多或少的经济联系，也有学者将其称之为直接营销环境。企业的宏观环境，则更多的是以微观环境为媒介去影响或制约企业的营销活动（有时也对企业营销活动产生直接影响），故也被称为间接营销环境。[1]

二、营销环境的特征

（一）客观性

企业总是在特定的环境中生存和发展，且营销环境往往复杂多变，独立于企业之外

---

[1] 余明阳. 市场营销战略[M]. 北京：清华大学出版社，2016：75.

的环境因素并不以营销者的意志为转移，它对企业营销活动的影响具有普遍的强制性和不可控性。营销管理者可以主动适应环境的变化和要求，制定并不断调整市场营销策略，但是却无法摆脱和控制营销环境，特别是以人口环境、法律环境、政治环境为代表的宏观环境，企业很难直接对其施加影响。

（二）差异性

营销环境的差异性主要体现在两个层面：第一，对于特定企业而言，在面对不同的国家、地区或市场时，其面临的人口、政治、经济、社会文化等外部环境因素各不相同，相应的微观环境也千差万别。以汽车销售为例，欧洲流行的紧凑型车在我国并没有受到欢迎，"加长"是欧系车迎合我国消费者的绝佳适应策略。第二，就某一特定外部环境因素而言，其对不同企业的影响也存在差异，甚至还可能产生截然相反的作用效果。

（三）动态性

市场营销环境是一个动态系统，它处于不断演进的动态发展变化之中，显示出鲜明的动态属性。以我国数字经济为例，其发展就大致经历了三个阶段：1995 年至 2003 年是"网站为王"阶段，主要强调利用关键技术（网站、台式机和搜索引擎等）进行信息汇集，并通过互联互通来为客户提供所需信息，降低搜寻成本；2004 年至 2014 年是"服务制胜"阶段，随着在线支付和物流信息技术的兴起，企业开始注重通过服务来形成差异化，通过提升服务品质来实现"留客"，增加企业赢利能力；2015 年之后是"流量竞争"阶段，随着二维码、智能手机、App 等技术的兴起，市场竞争开始变成对用户注意力的争夺。[①]营销环境的动态属性既会给企业创造机会，也会给企业带来威胁；虽然企业难以准确无误地预见未来环境的变化，但可以通过设立预警系统，追踪不断变化的环境，及时调整营销策略。

（四）系统性

营销环境是一个复杂的系统，其内部各个因素相互依存、相互影响、相互制约，并对环境内的企业产生系统性影响。具体表现在如下两个方面：第一，某一环境因素的调整会相应地引发其他因素的变化。宏观环境因素之间经常存在彼此互动，[②]例如，经济环境就会影响政策和法律环境。为应对次贷危机（经济环境），美国财政部和美联储相继出台了一系列应对措施（政治环境），其频率之高、规模之大、范围之广、力度之大是在美国近 100 年以来的历史上少见的。美国总统奥巴马在 2009 年公布所谓"经济复苏计划"时，提出重整制造业，减少金融业在经济当中的地位，从而使美国经济建立在岩石而不是沙滩上。[③]第二，调整变化后的环境因素将共同构成一个新的营销环境系统，该系统内

---

① 中国数字经济发展大致经历这三个阶段[N]. 经济参考报，2020-8-13.

② 诺埃尔·坎普，柏唯良，郑毓煌. 写给中国经理人的市场营销学[M]. 刘红艳，施晓峰，马小琴，等译. 北京：中国青年出版社，2012：52.

③ 龙永图. 中国经济转型的真正含义[J/OL]. 哈佛商业评论. [2013-04-01]. http://www.hbchina.org/2013-04-01/1026.html.

的诸多因素将对企业活动共同施加影响。例如，随着互联网、大数据、人工智能、云计算等技术的发展，2021 年 1 月中共中央印发的《法治中国建设规划（2020—2025 年）》就明确提出，要加强信息技术领域立法和强化监管，这使身处其中的企业将面临不同于以往的监管环境，这将在很大程度上改变企业使用数据、与客户互动，以及扩大影响力的方式。

第二节　微观营销环境

微观环境（microenvironment）是与企业有密切关系，能够影响企业为消费者提供服务能力的组织和个人，包括企业内部环境、供应商、营销中介、竞争对手、公众和顾客。[①]换言之，微观环境包括与企业关系密切的所有参与者，这些参与者积极或消极地影响着企业为顾客创造价值的能力及其与顾客的关系。

一、企业内部环境

企业内部环境是指所有影响公司营销活动的内部机构与力量。营销活动的开展、营销目标的达成，凭营销部门的一己之力是无法实现的，需要企业内部各部门的通力协作。在制订营销计划时，营销经理需要获得企业高层及企业内部其他机构如财务、研发、采购、运营、人力资源等的支持与配合。高层管理者确定企业使命、目标和政策，营销经理则在企业战略和计划的指导下进行决策。营销经理必须明白，营销部门是与企业内部其他部门一起，共同为顾客创造价值。为此，营销经理不仅要在企业内外传播"顾客至上"的理念，而且需通过内部营销，营造有利于创造和保持顾客的良好环境。

二、供应商

供应商在企业的整体价值传递网络中起着重要的纽带作用，其提供了企业运行所需要的资源，如原材料、辅助材料、设备、能源、劳务、资金等。作为企业供应链的上游企业，供应商对企业营销至关重要。营销经理必须密切关注资源的可获得性和成本。供货短缺或延迟、自然灾害及其他负面变动在短期内会影响企业产品的产量、质量和利润，长期还可能会影响顾客满意度。

三、营销中介

营销中介是指帮助企业促销、出售和分销产品到最终购买者手中的中间商、物流企业、营销服务机构和金融中介等。与供应商一样，营销中介也是企业整个价值传递系统

---

① 阿姆斯特朗，科特勒. 市场营销学[M]. 13 版. 赵占波，孙鲁平，赵江波，等译. 北京：机械工业出版社，2019：58-59.

的重要组成部分。为了创造满意的顾客关系，企业不仅要优化自己的服务，还需与营销中介进行有效合作，从而最大限度地优化整个系统的表现。

（一）中间商

中间商是指那些帮助企业寻找最终消费者并向他们销售产品的企业或组织，包括批发商、零售商和代理商。在经营活动中，经销商（批发商和零售商）取得商品的所有权，通过买卖差价来获利；代理商则并不取得商品的所有权，而是通过提取佣金获利，代理商包括代理人、经纪人、制造商代表等。

（二）物流企业

物流企业帮助企业存储和运送货物，其主要职能是协助厂商储存货物并把货物运送至目的地。物流企业的核心要素包括包装、运输、仓储、装卸、搬运、库存控制和订单处理 7 个方面，其基本功能是调节生产与消费之间的矛盾，弥合产销时空上的背离，提供商品的时间效用和空间效用，适时、适地和适量地把商品提供给消费者。

（三）营销服务机构

营销服务机构包括那些可以帮助企业瞄准合适的市场并推广其产品的调研企业、广告企业、媒体企业和营销咨询企业。营销服务机构能够帮助企业进行市场定位并对其产品进行推广，为企业营销活动提供便利。企业可以拥有自己的营销服务机构，也可以与外部营销机构合作开展有关业务。

（四）金融中介

金融中介包括银行、信贷企业、保险企业和其他金融机构，这类机构可以为企业交易提供金融支持，或帮助企业降低交易的相关风险。在现代化社会中，任何企业都离不开金融机构的支持。金融机构业务政策的调整会极大地影响企业营销活动：银行利率上升，企业成本会随之增加；信贷资金来源受到限制，企业经营可能会陷入困境。因此，企业应与金融机构保持良好的关系，以保证融资渠道畅通。

四、竞争对手

要想在市场上取得成功，企业必须向顾客提供比竞争对手更高的顾客价值。营销人员不仅要满足目标顾客的需求，还必须比竞争对手更卓越。因此，对竞争者的分析是营销管理中非常重要的内容。传统观点认为，如果竞争对手实力减弱或退出市场，企业的利润就会增加。考虑到竞争强度下降的潜在获益，公司可能愿意付出一些成本来迫使竞争对手退出市场或阻止潜在竞争对手的进入。然而在独家零售商的渠道设置中，上述观点可能并不成立。最新研究发现，新制造商的进入可以导致现有制造商、零售商和消费者的多赢局面。更有趣的是，更强的进入者能够让现有制造商受益更多。①美国汽车市场就很好地印证了这一点：20世纪80年代，多家日本汽车企业在美国开设工厂并着手增加其在美国市场的销量；尽管竞争更加激烈，但实际上，美国汽车制造商还是获得了更高的利润。例如，克莱斯勒和福特在1983年和1984年实现了创纪录的净收入。关于竞争者分析，将在本书第九章进行专门讨论。

五、公众

企业的营销环境中还包括各种类型的公众。公众是指任何对企业实现目标的能力有实际或潜在影响的群体和个人。与企业营销活动密切相关的公众，可以分为7种类型。

（1）金融公众，是指影响企业融资能力的金融机构，如银行、投资公司、证券公司、保险公司等。

（2）媒体公众，是指提供新闻资讯、社会评论及其他内容的电视台、报纸、杂志、博客和其他社交媒体。伴随着社交媒体、公共发布平台和在线视频共享等新媒体的崛起，媒体的去中心化日益明显，普通民众开始拥有媒体话语权。面对影响公众和个体利益的营销活动，民众会随时随地发起社交媒体攻势，从而对企业施加影响。

（3）政府公众，主要是指对企业活动有较大影响的政府机构。政府机构包括：宏观管理机构，如发展和改革委员会；产业规划与管理相关机构，如农业农村部、商务部、工业和信息化部；市场监管机构，如国家市场监督管理总局。政府机构又分中央和地方多个层级，它们不仅负有产业政策制定、市场秩序维护等职能，甚至能直接参与市场资源配置，从而对行业和企业产生影响。企业可以通过主动与政府部门沟通、参与行业协会活动、争取参政议政机会等方式，以合法合规方式获取政策资源，更好地适应不断变化的监管环境。

（4）社会团体公众，是指与企业营销活动有关的非政府部门，如保护消费者权益组织、环保组织等。一方面，由于上述社会团体的活动遍布人们生活的多个角落，企业的公共关系部门需要与该类组织保持良好沟通，强化与它们的联系。另一方面，企业应不断提高"社会公民"意识，努力避免各种可能遭受消费者团体、环保主义者及其他社会群体质疑的营销活动。

（5）当地公众，是指企业周边的居民和社区组织。企业的经营活动会对当地居民和社区产生影响：有的是正面影响，如带动当地居民就业；有的是负面影响，如产生噪声或造成交通拥堵。在可能产生负面影响的情况下，企业不仅要及时与当地公众沟通，争取理解和支持，而且也需要提供补偿。同时，企业作为地方"公民"，还需承担相应的社区责任，为社区的发展贡献自己的力量。

（6）内部公众，包括一般员工、管理人员、公司股东等。企业的良性运作离不开内

---

① Harutyunyan M, Jiang B. The bright side of having an enemy[J]. Journal of Marketing Research, 2019, 56(4): 679-690.

部公众的努力和支持。企业应保持良好的内部信息沟通机制、关心员工的成长和薪酬福利待遇、激发员工的积极性和创造性，及时化解可能的冲突和矛盾，营造"干事创业"的良好氛围。

（7）一般公众，是指除上述公众以外的社会公众。企业也需要关注一般公众对其产品和营销活动的态度，关注公司或其品牌在一般公众中的口碑和形象。

六、顾客

顾客是企业关注的中心，发展和维系顾客是企业生存的根本。企业服务的顾客可分为如下几类：①购买个人和家庭用品与服务的个体和家庭；②为了进一步加工或用于生产过程而购买产品和服务的产业用户；③为了转售而获得差价的中间商，包括批发商和零售商；④政府与公用事业用户；⑤国际市场用户。每类顾客各具特点，需要有针对性地制订营销计划。[①]

第三节　宏观营销环境

宏观环境（macroenvironment）是指影响微观环境的更大社会力量。下面重点介绍宏观环境分析的 PEST-LED 模型。PEST 是指政治（political）、经济（economic）、社会文化（social）、技术（technological），LED 则涵盖法律（legal）、自然环境（environmental）和人口（demographic）因素。

一、政治环境

政治环境是指企业市场营销活动的外部政治形势和政治力量，即企业所在国的政权、政局、政府的有关政策，以及对营销活动有直接影响的各种政治因素。政局是否稳定、政府对市场的干预程度、政府政策是否可预期，构成了营商环境的重要内容，对企业经营活动产生直接影响。[②]

政府是市场最大的买家，其以消费者身份对经济活动产生重要影响。2020 年世界前五大经济体中各个国家的政府支出占该国 GDP 的比重如下：美国为 45.4%，中国为 36.5%，日本为 45%，德国为 50.8%，英国为 49.1%。

不同政治体制下，中央政府和地方政府的财权也存在差异：联邦制国家如美国、德国等，联邦以下各级政府拥有较大的财政决策权；单一制国家如英国、法国、日本等，州（省）等地方财政接受中央财政的统一领导，根据中央授权开展收支活动。

---

① 阿姆斯特朗，科特勒. 市场营销学[M]. 13 版. 赵占波，孙鲁平，赵江波，等译. 北京：机械工业出版社，2019：61.

② 余明阳. 市场营销战略[M]. 北京：清华大学出版社，2016：86.

二、经济环境

经济环境是指那些影响消费者购买力和消费方式的外部经济条件。它一般涉及某国或者某地区的宏观经济状况和收入与支出状况等。[①]经济环境的变动既可能给企业带来机会也可能对企业产生威胁。

（一）宏观经济状况

企业的市场营销活动受到一个国家或地区整体经济发展水平的制约。经济发展阶段不同，居民的收入不同，顾客对产品的需求也不一样。经济全球化使国际和国内市场紧密相连，成为影响企业营销活动的重要因素。

1. 经济发展阶段

美国学者华尔特·惠特曼·罗斯托（Walt Whitman Rostow）提出经济成长阶段论，把一国经济发展归纳为 6 个阶段：传统社会阶段、为起飞创造前提阶段、起飞阶段、迈向成熟阶段、高额消费阶段、追求生活质量阶段。[②]针对不同的经济发展阶段，政府所采取的经济举措也有所差异。例如，在经济发展的早期，政府为经济成长提供社会基础设施和公共服务保障，政府投资会在总投资中占有较大比重；在经济发展的中期，为弥补市场失灵需要加强政府干预，政府财政支出总额占国民收入的比重持续上升，并作为非政府投资的补充；待经济达到成熟阶段，公共支出便会不断转向教育、医疗、社会福利等领域。

2. 中国经济发展特点

经济增长放缓成为新常态。2021 年，我国 GDP 达 114.4 万亿元，同比增长 8.1%；其中，第三、四季度增速低于 5%，比过去两年平均增长 5.1%。当前，我国正处在跨越"中等收入陷阱"的关键阶段，以往支撑经济高速增长的外部环境和内部条件都有很大的改变，结构性、体制性、周期性问题相互交织，再加上新冠肺炎疫情的冲击，经济已经由高速增长进入了中高速增长区间。未来一个时期，经济潜在的增速仍可能有所回落。[③]考虑到发展环境的不确定性，"十四五"规划中并未对未来五年提出经济增长的预期目标。[④]

区域发展差距极其显著。长期以来，对于地区经济发展的差距都聚焦于东、中、西地区，而今南北地区的差距也已然十分严峻，北方地区主要经济指标占全国的比重已经下降到40%以下。[⑤]具体表现为：欠发达地区与发达地区在经济总量和人均指标上均存在

---

① 王永贵. 市场营销[M]. 北京：中国人民大学出版社，2019.

② Rostow W W. Politics and the stages of growth[M]. Cambridge: Cambridge University Press, 1991, 428.

③ 毕吉耀. "十四五"时期中国经济发展的新趋势与新特征：聚焦 2021 年全国两会[EB/OL]. [2021-03-25]. http//www.71.cn/2021/0325/1122395_4.shtml.

④ "十四五"为何不设经济增长目标？发改委回应[EB/OL]. [2021-03-09]. https://m.gmw.cn/baijia/2021-03/09/34670370.html.

⑤ 杨多贵，刘开迪，周志田. 我国南北地区经济发展差距及演变分析[J]. 中国科学院院刊，2018, 33(10): 1083-1092.

差距，区域交流合作与协同发展机制尚不完善，区域生产力布局与环境保护和生态建设融合发展程度不高，区域发展与生态环境保护的矛盾日益突出。[①]

对外贸和投资依赖大。近年来我国外贸依存度虽持续下行，但相对欧美日等发达经济体仍处于偏高水平。2019 年，我国外贸依存度为 31.85%，高于美国（19.32%）、日本（28.07%）和欧盟（28.87%），部分行业的外贸依存度更高达 50% 左右。[②]另外，长期以来投资对经济的高速增长发挥了重要作用，尤其在经济面临下行压力时，投资是稳经济的重要"抓手"（2022 年第一季度，固定资产投资超 10 万亿元，同比增长 9.3%，增速为 2021 年的 2 倍）。但是，过度依赖投资的粗放型经济增长模式易造成需求不足、产能过剩、资源浪费和错配、环境污染等一系列问题。[③]

内生性需求的作用不断上升。当前，中国内生需求旺盛，并且不断出现新的需求增长点，这是推动中国经济发展的重要因素。[④]内生性动力拉动经济增长的效果已经显现。与外部性刺激力量拉动经济增速较快回升且短暂相比，内生性动力拉动经济增速缓慢回升而更持久；内生性动力拉动经济增长形成的不仅是新增长，而且是高质量增长；随着内生性动力的不断增强，会形成一个效率更好与质量更高的经济增长周期。[⑤]

政府的作用不容忽视。十九届五中全会通过的《中共中央关于制定国民经济和社会发展第十四个五年规划和二○三五年远景目标的建议》中指出："坚持和完善社会主义基本经济制度，充分发挥市场在资源配置中的决定性作用，更好发挥政府作用，推动有效市场和有为政府更好结合。"这些重要论断表明："有效市场"与"有为政府"的有机结合，既是中国经济长期快速发展成功经验的精髓，也是未来发展应当始终遵循的根本准则。[⑥]

（二）收入与支出状况

消费者的购买力取决于消费者的收入、储蓄、负债、信贷条件和产品的价格水平。企业需持续关注这些变量，评估它们的变化及影响。

1. 收入

衡量收入的指标很多，包括人均国内生产总值、个人可支配收入、个人可任意支配

① 蒋永穆. 着力解决经济发展不平衡不充分的问题[EB/OL]. [2017-10-31]. http//m.chinareform.net/index.php?a=show&c=index&catid=38&id=22525&m=content.

② 新华财经研报. "双循环"格局下，"扩内需"面临的结构性问题[EB/OL]. [2021-01-20]. https://baijiahao.baidu.com/s?id=1689375165619279434&wfr=spider&for=pc.

③ 张志前. 贯彻新发展理念　力促投资不断提质增效[N/OL]. 经济参考报. [2021-05-07]. http://www.jjckb.cn/2021-05/07/c_139929724.htm.

④ 国是论谈. 坚定看好中国经济的 N 个理由[EB/OL]. [2019-05-08]. www.qstheory.cn/zdwz/2019-05/08/c_1124464902.htm.

⑤ 文宗瑜. 内生性动力培育要提振实体经济活力[EB/OL]. [2022-02-13]. http://www.rmlt.com.cn/2022/0211/639631.shtml.

⑥ 钟茂初. "有为政府"在市场经济发展中的作用机理[J]. 人民论坛, 2021(36): 42-45.

收入等。

人均国内生产总值，即一个国家核算期内（通常是一年）实现的国内生产总值（GDP）除以这个国家的常住人口（或户籍人口）所得的结果，它是衡量各国人民生活水平的一个标准。

个人可支配收入，即个人收入减去个人纳税支出后的余额。它是可以由消费者个人或家庭自由支配的货币额。在一般情况下，个人可支配收入分为以下 3 个部分：用于个人消费支出的收入、个人储蓄（包括储蓄存款和现金）、其他可支配收入（如各种债券、股票、应收应付款、个人保值商品等）。2001—2021 年我国个人可支配收入的变化如图 6-1 所示。

图 6-1 2001—2021 年我国人均可支配收入

个人可任意支配收入，是指从个人可支配收入中减去维持生活所必需的支出和其他固定支出（如房租、水电、食物、衣着等开支）后所剩余的部分。它用于满足人们基本生活之外的开支，是影响消费需求变化最密切的因素，也是企业开展营销活动时所要考虑的主要对象。通常对高档消费品、耐用消费品、奢侈品、旅游、储蓄等具有较大影响。

家庭收入，即家庭所有成员的个人可支配收入之和。家庭收入的高低极大地影响着许多以家庭为单位的消费品的需求与购买，如以家庭为单位进行的购房决策、机动车购买决策、子女大额教育支出（出国深造的花费）等。

2. 支出

支出主要体现在消费者支出数量和消费结构上，它在很大程度上受收入的影响。通常，消费者的消费支出会随着收入的增加而增加。然而，消费支出的增长在收入达到一定的水平后，将小于收入的增长，这就是经济学上的边际消费倾向递减规律。高收入者的边际消费倾向低于低收入者的边际消费倾向。政府通过税收和转移支付手段调节收入分配格局，目的在于提高整个国家的边际消费趋向，扩大需求。市场营销人员不仅要分析和衡量目标消费者的收入和总体购买能力，而且还要分析和衡量目标市场的边际消费倾向。

收入水平还会影响人们的支出模式和消费结构。恩格尔定律指出，随着家庭和个人收入的增加，收入中用于食品方面的支出比例将逐渐减小。食物支出占消费总支出的比例称为恩格尔系数。一般而言：恩格尔系数越大，意味着生活越贫困、生活水平越低；恩格尔系数越小，表明生活越富裕、生活质量越高。具体来看，恩格尔系数达 59%以上为贫困，50%～59%为温饱，40%～50%为小康，30%～40%为富裕，低于 30%为最富裕。2021 年我国居民恩格尔系数为 29.8%，表明我国人民生活已经进入相对殷实富足阶段。

3. 消费者储蓄与信贷

储蓄源于消费者的货币收入，是一种被推迟的消费者支出，反映了潜在的购买力；其主要形式包括银行存款、债券和现金等。在收入不变时，储蓄的数量越大，用于当前开支的数额和市场购买力就越小，给企业提供的市场机会也随之减少。衡量一个国家、地区或家庭的储蓄状况，通常有三个指标：储蓄额、储蓄率和储蓄增长率。截至 2021 年6 月末，我国银行业金融机构的本外币存款余额 233.2 万亿元，同比增长 9.5%；其中，居民存款增加 7.45 万亿元。从经济资源的角度来看，人们的储蓄动机也不尽相同，消费者的储蓄动机存在一定的层次性。当消费者拥有更多资源时，他们会制定更长远的目标。研究发现，用于日常开支的储蓄动机在低收入和低资产群组中占比最高，用于紧急资金开支的储蓄动机在中等收入和中等资产组中占比最高，而用于退休金账户的储蓄动机在高收入和高资产消费者中占比最高。

延伸阅读 6-1　日本消费演变史

消费信贷是金融创新的产物，是商业银行开办的用于自然人（非法人或组织）个人消费目的（非经营目的）的贷款。消费信贷是影响购买力的又一重要因素。消费信贷允许人们购买超过自己现实购买力的产品，从而直接创造新的购买力。区别于以信用卡形式获得的银行消费信贷业务，数字消费信贷具有普惠化、数据化、生态化三大特征，它能够服务更多的"长尾客户"，同时降低信贷服务成本，提升信贷服务效率和客户体验感，预计将成为未来消费信贷的重要增长点。

三、社会文化环境

社会文化环境是指能够影响消费者认知、偏好和行为的的制度与文化因素。[1]这类因素不仅强烈影响着人们的消费观念与消费方式，而且会影响人们对企业营销活动的反应。

（一）世界观

世界观简单地讲就是人们对世界的看法，它界定了消费者与自我、他人、组织、社会、自然和宇宙之间的关系。一个社会大多数人持有的世界观，则呈现了社会的主流价值。

---

① 阿姆斯特朗，科特勒. 市场营销学[M]. 13 版. 赵占波，孙鲁平，赵江波，等译. 北京：机械工业出版社，2019：75.

（1）自我观。"自我观"又称自我概念，是指我们对自己所持的观点，表现为个体对于自己的认知和评价。通常，自我认知又可以分为实际自我认知（"我认为我是谁"）和理想自我认知（"我想成为谁"）。消费者往往在消费中会展现出自我认知的特点。一般来说，消费者会选择购买能展现理想自我的产品，或是购买产品形象与自我认知相符合的产品。

（2）他人观。人们会关心流浪群体、未成年人罪犯、突发灾害的受难者和其他社会问题；会建议增加社会支持产品和服务，如社会福利院、心理问题干预服务等。同时，人们还会寻求与志同道合的人保持长久联系，在数字化快速发展的今天，网上交流、分享推文、发朋友圈、在线语音或者视频通话等已成为了"线下社会活动的替代品"。这种新型的交流方式在很大程度上影响了企业品牌的营销策略，也影响了它们与消费者的交流方式。

（3）组织观。人们对企业、政府机关、工会、大学和其他组织的态度不尽相同。来自 28 个国家的 3.6 万名受访者数据显示：商业机构最受人们信任，然后是非政府组织；最不被信任的是媒体，其次是政府。[①]在全球疫情肆虐、经济低迷的情况下，中国公民和美国公民对政府的信任度也达到了最大差值，中国人对政府的信任度高达 91%（排名第一），比上年同比上升 8%，而美国政府获得的信任度仅为 39%，这形成了鲜明的对比。此外，中国民众对企业、媒体、医疗机构、中央银行等机构的信任度也均位列世界首位。

（4）社会观。人们对社会的态度也不尽相同：有人保卫社会（拥护者），有人使它持续运行（制造者），有人从中索取（索取者），有人寻求改变它（变革者），有人寻找更深层次的东西（探寻者），有人想要离开它（逃避者）。[②]人们对社会的态度会影响他们的消费方式及对市场的信念。例如，爱国主义或民族主义就是"拥护者"的典型特性，其对于营销活动的影响不容小觑。研究发现，出于道德规范的约束或者出于对本国经济的保护，爱国主义可以有效地削弱外来强势品牌的正向原产国效应，促使消费者更多地购买并不占优势的本国品牌。[③]

（5）自然观。一些人感觉自己受自然的控制，另一些人认为人类可以与自然和谐相处，还有一部分人则试图主导和控制自然。过去很长一段时间，人们通过科学技术来逐渐控制自然，并相信自然是取之不尽、用之不竭的。但当前，人们开始意识到自然是有限和脆弱的，会被人类行为损坏和摧毁。

（6）人们的宇宙观。"宇宙是物质的"这一观念早已被绝大多数人接受，且宗教信仰随着时间的流逝也日益淡薄，但依然有人对宗教教义、特异功能等笃信不疑。因此，企业在开展国际营销的过程中要重视宗教信仰的影响。例如，不同的宗教对烟酒、肉食、

① 2022 年度爱德曼信任度晴雨表[EB/OL]. https://www.edelman.com/trust/2022-trust-barometer.

② 科特勒，凯勒. 营销管理：精要版[M]. 6 版. 王永贵，华迎，译. 北京：清华大学出版社，2016：71.

③ Fischer P M, Zeugner-Roth K P. Disentangling country-of-origin effects: the interplay of product ethnicity, national identity, and consumer ethnocentrism[J]. Marketing Letters, 2017, 28(2): 189-204.

动物的食用有不同的禁忌。企业在进入市场前要了解并尊重当地市场的宗教信仰，也可以巧妙地利用宗教节日有针对性地开展营销活动。

（二）价值观

价值观是指人们对社会生活中各种事务的基本态度和看法。每个社会都有为大多数人所认可的核心信念，它们为人们的行为划定"活动疆域"、提供行动指导。虽然人们在行动过程中不会意识到自己应遵循何种价值观，也不会把自己的行动与某种价值观直接联系。然而，犹如空气之于人类，价值观无时无刻不在产生影响。当进入异域文化领域时，人们才会强烈感受到文化价值观的差异及随之带来的冲击。例如，索尼公司的一则收录机广告，意外引发了泰国政府的外交抗议。广告中，释迦牟尼闭目入定，但一会儿竟然凡心萌动，睁开双眼，随着音乐不停摇摆，文案则为"索尼，让佛祖动心"。在信奉佛教的泰国，该广告被认为是对佛祖的亵渎，在社会上引起轩然大波。索尼不得不停止播放该广告，并做出公开道歉。

主流文化价值观也称核心价值观，不仅被社会中的大多数人信奉，而且具有高度的持久性。这些价值观从父辈传递给后辈，并通过学校、企业、宗教机构和政府不断予以强化。大量营销实践表明：营销人员有较多的机会去改变人们的次要价值观，但很少有机会和可能去改变人们的核心价值观。例如，产生于 20 世纪 80 年代的美国"母亲反对酒后驾车协会"（mothers against drunk drivers，MADD）是一个非营利组织，它并不反对美国文化中自由饮酒的风俗，但却游说政府将司机醉驾标准中的血液酒精含量降得更低并限制商家售酒时间。[①]

（三）亚文化

亚文化是指与主文化相对应的那些非主流或局部的文化现象，属于某一区域或某个群体的成员所持有的观念、信念或生活方式。在消费领域，诸如汉服热、奶茶热、电竞等亚文化在社会风靡，并形成一个个独特的消费圈层。青少年通常是消费亚文化的重要开启者，他们在时尚、音乐、娱乐、创意和态度上代表了社会趋势。早期的猫扑、贴吧和豆瓣兴趣小组等社区，以及最近几年新晋蹿红的弹幕视频网站和暴走漫画等都是企业营销人员观察亚文化群体的"重要途径"。[②]

亚文化的兴起与发展为企业营销活动带来了新的机遇。例如，嘻哈音乐起源于纽约布鲁克林区的黑人群体，它从一开始就带着反叛、挑战传统艺术审美观及主流社会秩序的意味。经过几十年的发展，它所代表的亚文化终于获得了美国主流音乐界及社会的认可。在中国，嘻哈音乐属于舶来品，长期以来处于小众、半地下、野蛮生长的生存状态，在主流文化中曝光有限，接受度低，甚至在 2015 年文化部发布的 120 首禁歌中占据了

---

① 科特勒，凯勒. 营销管理（精要版）[M]. 6 版. 王永贵，华迎，译. 北京：清华大学出版社，2016：71.
② 黎万强. 亚文化是营销人的必修课[J]. 销售与市场（渠道版），2014(6)：13.

1/5 的份额。随着音乐综艺节目《中国有嘻哈》的横空出世，这种情形在 2017 年的夏天有了较大改变。节目累计播放量达 27 亿次，微博话题阅读量超 67 亿次，嘻哈文化突然成为一个热门营销元素，不少参加此节目的选手在比赛结束后开始成为品牌代言追逐的对象。

延伸阅读 6-2　文化差异带来的困扰

四、技术环境

技术环境是指影响企业开发和应用新技术、研制新产品、利用营销机会的各种技术因素。科学技术是推动社会变革和社会进步的根本性力量，每个时代都会产生具有时代特色和影响的新技术，技术的积累和新技术的出现使人类生产力水平不断提高。当今的技术发展呈现出发展速度加快、创新领域增多、研发投入不断增长、技术监管日益强化等趋势。[1]

营销人员尤其要关注两种类型的技术：一是具有普遍渗透性和应用场景的技术，如互联网技术、数字化技术；二是与特定行业发展相关的技术，如基因剪辑技术、手机触屏技术。前一类技术为几乎所有行业和企业提供了与顾客互动的新方式，后一类技术为特定行业的企业开辟新市场，给以新的技术手段来满足顾客的需要创造了条件。忽视前一类技术会使企业落后于时代，忽视后一类技术会使企业在竞争中处于劣势甚至被淘汰。

技术本身是一把"双刃剑"，它给一些企业带来机会，给另一些企业带来威胁。汽车淘汰了马车，电动车可能会逐步取代并淘汰传统的燃油车，在此过程中，代表未来生产力方向的新企业将崛起，固守原有技术的企业将被淘汰。众所周知，世界上第一台数码相机诞生于柯达公司，但柯达公司由于缺乏前瞻性和满足传统胶卷产品的垄断地位和垄断利润，未能及时调整公司经营战略，决策犹豫间错失了转型良机。

技术也不总是给所有人带来前景和光明，它在推动生产力进步的同时，也可能产生许多未被主流社会重视的"副作用"。比如，数字支付技术给大多数人带来了方便和效率，但对于老年群体和一些弱势群体，可能它带来的"伤害"远超想象。营销人员在推广新技术、新产品的过程中，一方面应对其潜在的"副作用"保持警觉，另一方面应探索减少"伤害"的可能途径与方法，并在此过程中识别和开发新的市场机会。

五、法律环境

法律环境是指对企业营销活动产生影响的法律、法规及相关立法与执法机构。

一方面，与营销活动相关的法令很多，政府制定这些法令，有的是为了维护市场秩序，保护公平竞争；有的是为了维护消费者利益；还有的是为了维护社会公众利益，如防止环境污染、保护生态等。由于相关法律法规很多，企业通常需要设立专门机构或聘

---

[1] 科特勒，凯勒. 营销管理[M]. 15 版，何佳讯，于洪彦，牛永章，等译. 上海：格致出版社，2016：74.

请外部法律顾问提供咨询与指导，确保企业的营销活动合法合规。

另一方面，企业也需运用相关法律来保护自己的合法权益。比如，在改革开放的早期，我国一些企业出口产品时由于定价偏低，受到发达国家的"倾销"指控，这些指控有很多不一定站得住脚，企业如果应诉赢面会比较大。但当时由于我国的企业对法律保护意识不强，或囿于对采用法律手段的不熟悉及"怕输"心理，很多企业放弃了应诉。伴随"倾销"指控的增多，以及我国部分企业应诉的成功，沿海一些有规模的企业开始单独或联合同行企业一起应诉，以捍卫自身利益。其实，一些外国企业指控我国企业的"倾销"，本身就是一种阻吓战略，若不反制，则会进一步助长其屡屡以此进行威胁的气焰。

六、自然环境

自然环境是自然资源和物理环境的集合，包括矿物、动物、自然界的其他生物及生态系统的变化等。

一方面，自然环境是人类赖以生存的基本条件，离开了水、空气，人类无法生存；同时人们利用土地、矿物等自然资源开展生产经营活动，创造社会财富。自然资源可分为可再生、不可再生和取之不尽的恒定型（如太阳能、风能）三种类型。[①]对于不同类型的自然资源，企业需要合理利用，切忌竭泽而渔。

另一方面，恶化的自然环境会反噬企业并妨碍企业的营销活动。企业应该意识到自然环境的四种趋势，即自然资源的短缺和匮乏、能源成本的增加、日趋严重的污染和政府环保监管力度的不断强化。在此背景下，企业应顺势而为，努力开展生态营销或绿色营销，为可持续发展和可持续营销贡献力量。如采用低碳环保的材料，开发轻量化的绿色包装，设计便于分类回收、循环再利用的产品，等等。

七、人口环境

人口是市场的第一要素，一个国家或地区的人口数决定了其市场规模和容量。人口的性别、年龄、民族、受教育程度等结构属性则决定市场的需求结构。除此之外，人口环境还包括家庭结构、人口迁移等要素。

（一）人口规模与增长率

人口规模是指一个国家或地区人口的总数，是衡量市场潜在容量的重要指标。据统计，2021年全球总人口约76亿人，高收入发达国家的人口只占全球人口的20%左右，中国仍是世界上人口最多的国家，约14.1亿人，其次是印度，人口已超过13.5亿人，美国、印度尼西亚和巴西分列第三至第五位。

从世界范围看，人口环境呈现如下特点：①人口增长率已经放缓，但直到21世纪末

---

① 邝鸿. 现代市场营销大全[M]. 北京：经济管理出版社，1990：156-159.

世界人口依然会处于增长阶段。据联合国预测，到 2050 年，世界人口将达 97 亿人，到 2100 年，世界人口可能增至 110 亿人，届时全球人口将不再增长。②世界人口增长的重心会从亚洲转移到非洲。③劳动力人口（25～64 岁）占比增多为经济加速发展提供"人口红利"的窗口。④基本上所有地区的生育率在过去数十年间均明显下降。⑤人口的净流入已成为人口增长的重要贡献源。人口增长在扩大市场需求的同时，也带来了资源短缺、污染加剧、环境恶化等负面问题。2021 年，中国出生 1 062 万人，死亡 1014 万人，人口净增长仅 48 万人，人口自然增长率降至 0.34‰，跌破 1%，进入"0"增长时代。人口的负增长将产生劳动力市场供给减弱、企业用人成本上升、很多行业发展的人口红利逐渐消失等不利影响。

（二）人口结构

人口结构主要包括年龄结构、性别结构、受教育程度和种族构成等要素，它在很大程度上决定需求结构，其变动既创造新的市场机会也可能对一些企业造成威胁。

（1）年龄结构。营销人员一般将人口按年龄分成六个群：学龄前儿童、学龄儿童、青少年、20～40 岁的年轻人、40～65 岁的中年人、65 岁及以上的老年人。①营销人员会对"代群"（在同一个时间段内出生并经历同样事件的个人所组成的群体）给予较多的关注，因为不同年龄的消费者具有不同的审美标准、购买心理和消费需求。我国目前 60 岁及以上人口为 2.67 亿人，占总人口的 18.9%，已经总体步入"老龄化"社会。老龄人口的快速增长，一方面会增加社会的抚养比例，另一方面也会拉动养老产业的发展，给从事养老护理、老年人旅游、养生保健等业务的企业带来增长机会。

（2）性别结构。性别结构是指不同年龄段人口男女性别比例。受"重男轻女"和传统传宗接代观念的影响，我国一些地方的婴儿性别比例严重失衡，由此带来的一个问题是，适婚人群中男性人数远超女性，造成男性婚姻挤压。男女性别比例失衡，加上总体出生人口逐年下降及女性倾向"向上婚"的择偶观，导致在农村出现大量的"光棍"，在城市则出现数量庞大的"剩女"。高额彩礼、攀比性结婚消费，以及男方家庭承担大部分结婚费用，这些现象在一定程度上都与婴儿性别比例失衡存在某种联系。②

（3）受教育程度。第七次全国人口普查数据显示，相比 2010 年，2020 年我国每 10 万人中具有大专以上文化程度的人数由 8 930 人上升到 15 467 人，人力资本水平不断提高。③受教育程度不仅和人们的职业、收入水平密切相关，而且也直接影响人们的消费品位和消费模式。

（4）民族构成。不同国家在民族构成上有所差异。日本是一个极端的例子，这个国

① 科特勒，凯勒. 营销管理[M]. 15 版. 何佳讯，于洪彦，牛永章，等译. 上海：格致出版社，2016：68.

② 符国群，李杨，费显政. 为何男方家庭支付更多的结婚费用：基于信号理论的解释[J]. 经济评论，2021，39(5)：152-166.

③ 陈功. 我国人口发展呈现新特点与新趋势：第七次全国人口普查公报解读[EB/OL]. [2021-05-13]. http//finace.people.com.cn/n1/2021/0513/C/004-32101889.html.

家几乎所有的人都是日本裔；而另一个极端的例子则是美国，它的人口来自世界各地，号称"民族大熔炉"。我国是一个多民族国家，第七次人口普查数据显示，各少数民族人口为 1.25 亿人，占总人口的 8.89%。不同民族有自己的宗教信仰、风俗习惯和文化传统，只有理解并尊重，企业才能制定出适应性更强的营销策略。

（三）家庭结构

家庭既是社会的细胞，也是消费和购买决策的基本单位。家庭结构的变化主要体现在三个方面：一是家庭规模变小。数据显示，2020 年我国平均每个家庭户的人口为 2.62 人，比 2010 年的 3.10 人减少 0.48 人。二是夫妻角色的变化。伴随女性地位的提高，她们在家庭决策中的作用增强。三是结婚年龄推迟，离异家庭增多。家庭结构变化给企业营销带来一系列的影响。比如：家庭规模变小意味着住户数量的增多，这会带动住宅、汽车、家用电器等产品需求的增长；结婚年龄推迟，意味着年轻男女有更多时间参加学习、培训和自我投资。[①]

（四）人口迁移

人口迁移的国际规律即为人口从低收入地区向高收入地区，从中小城市向大城市。全球人口迁移呈现两大特点：一是跨国层面，人口从中等、低收入国家向高收入国家迁移。二是城乡层面，人口从乡村和中小城市向一、二线大都市圈迁移。1950—2020 年，全球城市化率从 29.6% 增至 56.2%，根据联合国预测，到 2035 年全球城市化率将达 62.5%。人口迁移带来一系列后果：首先，城镇化水平提高能够推动城市消费率的增长，但城镇化速度过快则会阻碍消费率增长；[②]其次，人口流入地区发展潜力更大，但存在人地错配、"大城市病"等问题；再次，人口流出地区老龄化加重，经济社会发展压力明显；最后，人口向大都市圈大城市群集中，房地产市场将更加分化。[③]

第四节　对营销环境变化的适应与反应

如果按照营销环境对企业营销活动的影响来划分，可分为机会环境和威胁环境。前者是指各类对企业市场营销活动有利的环境因素的总和，后者是指各类对企业营销活动不利的环境因素的总和。[④]在了解了自身所处的微观环境和宏观环境之后，企业需要对环境中的"机会"和"威胁"进行有效的识别和分析，以便提高自身对环境的适应性。

---

① 符国群. 消费者行为学[M]. 4 版. 北京：高等教育出版社，2021：358-361.

② 雷潇雨，龚六堂. 城镇化对于居民消费率的影响：理论模型与实证分析[J]. 经济研究，2014，49(6): 44-57.

③ 任泽平. 人口迁移的国际规律与中国人口大迁移的新趋势[EB/OL]. [2021-07-14]. http://www.163.com/dy/articles/GES/UJFN0519D4UH.html，2021-07-14.

④ 余明阳. 市场营销战略[M]. 北京：清华大学出版社，2016：75.

一、环境机会与环境威胁

环境因素给企业带来营销机会的同时，也会给企业带来威胁。因此，营销环境对企业营销活动的影响基本上可以划分为两类：环境机会和环境威胁。

环境机会是指对某个企业有利的环境因素或形势。从本质上看，任何环境机会最终都可以归结为市场上尚未满足或未完全满足的某种需求。环境机会是相对于特定企业而言的，对某个企业有利的环境因素，对另外的企业并不一定有利。另外，不是所有的环境机会都值得企业去捕捉和利用，因为有些机会未必能和企业当前的目标和能力形成很好的匹配。总体来说，市场机会有如下三个主要来源：①提供市场短缺的东西；②以新的或者更有效的方式供应现有的产品或服务；③提供全新的产品或服务。①

环境威胁是指环境中不利的发展趋势给企业发展带来的挑战。如果不采取果断的营销行动，这种不利趋势将可能导致企业销量和利润萎缩、削弱企业的竞争地位。一般来说，环境威胁大体来自两个方面：一方面是环境因素直接威胁企业所在行业的发展，如经济衰退、行业管制、产业调整等；另一方面是市场中竞争环境发生变化，如新的竞争对手出现、替代产品的增加、企业的产品无法适应消费者需求的变化等。

环境机会和威胁的识别具有其"动态性"。具体表现为：环境机会对所有企业并非一成不变；同样的环境因素对某些企业来说可能是有利的机会，而对另外一些企业而言就有可能是严重的威胁。

二、环境机会和环境威胁分析

企业在衡量环境的机会吸引力和威胁程度时，需要通过具体的分析工具来进行评估。"机会分析矩阵图"和"威胁分析矩阵图"常被用来分析、评价营销环境。

（一）环境机会分析

环境机会分析主要考虑两个维度：一是机会对企业的潜在吸引力（纵轴），即盈利性；二是机会成功的可能性（横轴），即企业优势，其分析矩阵如图 6-2 所示。

图 6-2　环境机会分析矩阵

---

① 滕乐法，李峰，吴媛媛，等. 市场营销学[M]. 北京：清华大学出版社，2020：55.

在机会分析矩阵中，处于第一象限的机会，潜在的吸引力大，但是成功的可能性较小，企业应分析低成功率的原因，并探索提高成功率的可能性。处于第二象限的机会，潜在的吸引力和成功的可能性都大，有极大可能会为企业带来巨额利润，企业应努力把握和利用机会。处于第三象限的机会，潜在的吸引力较小，但成功的可能性较大，企业应密切关注市场的变化趋势，及时采取有效行动。而处于第四象限的机会，不仅潜在的吸引力小，成功的可能性也小，企业可以适度关注。

（二）环境威胁分析

对环境威胁的分析同样着眼于两个维度：一是分析威胁的潜在严重性（纵轴），即影响程度；二是分析威胁出现的可能性（横轴），即出现概率。其分析矩阵如图 6-3 所示。

图 6-3　环境威胁分析矩阵

在威胁分析矩阵中，对于第一象限的威胁，威胁出现的概率虽低，但是潜在的严重程度较高，企业必须密切监控其出现和发展。对于第二象限的威胁，出现的概率高且严重程度高，企业必须处于高度警惕状态，制定相应的措施，尽量避免损失或者尽量使损失降低到最小。对于第三象限的威胁，虽然其严重程度低，但是发生的概率较高，企业也不应该掉以轻心，要给予充分的重视，制定好应变方案。对于第四象限的威胁，由于其出现的概率和严重程度都比较低，企业一般不必过于担心，但应观察其变化，警惕其向其他象限转移的趋势。

三、企业营销对策

在现实中，外部环境中的机会和威胁并存，风险和利益相互交织。如果将环境的机会和威胁进行综合分析，可能出现如图 6-4 所示的四种不同结果。针对这些不同类型的结果或业务，应采取不同的对策。

（1）理想业务，机会大且威胁程度低。企业应迅速行动，利用机会推出新业务或扩展现有业务。

（2）冒险业务，机会大但威胁程度也高。面对此类业务，营销人员既不宜盲目冒进，

图 6-4　环境分析综合评价

也不宜迟疑不决、坐失良机；一方面应配置资源去开发和利用机会，另一方面则宜采取措施减弱风险的冲击。

（3）成熟业务，机会小且威胁处于较低水平。在面对这一类成熟业务时，可按常规经营，用以维持企业的正常运转，并为开展理想业务和冒险业务积蓄力量、准备必要的条件。

（4）困难业务，机会小且威胁程度高。该类业务风险远大于机会，企业要么努力改变环境、走出困境或减轻威胁，要么立即止损、退出经营，以摆脱困境。

即测即练

自学自测　　扫描此码

第七章

洞察行业与市场

通过本章学习，学员能够：

1. 理解市场与行业的联系与区别；
2. 熟悉行业分析的主要内容；
3. 掌握行业分析的基本工具；
4. 了解市场演进过程；
5. 理解影响市场需求的主要因素；
6. 了解市场规模估计的基本思路。

企业制定营销战略，离不开对行业和市场的洞察。本章将着重介绍市场与行业的内涵、行业分析的主要内容、行业变革的驱动因素、市场的演变、市场需求的影响力量、市场规模估计与预测等内容。

第一节　市场与行业

一、市场的含义

在日常生活中，人们将市场视为产品或服务的交易场所，如集贸市场、农产品批发市场、证券交易所等。在经济学意义上，市场是指商品交换关系的总和。[①]在管理学领域，市场被看作是与行业相对应的概念，它是指具有某种特定需要的消费者组成的集合。行业则指满足相同顾客需要的企业的集合，换句话说，市场是由具有相同需要、购买相同类似产品的消费者组成，行业是由那些提供的产品、服务具有高度替代性的企业所组成。现代市场营销系统，实际上处于卖方和买方的中间位置，它通过履行连接、匹配和交易职能为利益相关者创造价值（图 7-1）。[②]

---

① 吴健安. 市场营销学[M]. 北京：高等教育出版社，2000：1-2.
② 符国群. 从供需匹配视角重新诠释和理解市场营销：兼论市场营销知识体系的构建[J]. 营销科学学报，2021，1(1)：17-30.

图 7-1 市场交易系统

对企业而言，市场既是其获取资源的场所，又是其产品、服务销售的场所，更是其与顾客互动和发展互利交换关系的平台。市场是社会分工和商品经济发展的产物，市场的规模随分工的深化而扩大。就特定产品而言，其规模的大小取决于 3 个方面，即潜在消费者的数量、消费者的购买意愿与支付能力。

市场可以从很多角度分类。从市场营销的角度来看，一种常用的分类是根据购买主体或营销对象进行分类，将市场分为生产者市场、消费者市场、中间商或转售者市场、政府市场。另一种分类则是依据营销的地理范围，将市场分为地方性市场、全国性市场、全球性市场。此外也可以根据交易对象对市场分类，如将其分为要素市场、产品市场、服务市场等。在实际工作中，营销者通常是在特定业务领域内根据消费者的需要或偏好对市场进行分类，此时涉及的是所谓的市场细分。

二、行业、品类与市场界定

从企业战略决策的角度看，企业首先要选择的是行业。根据产业经济学的基本原理，行业结构决定企业行为，企业行为决定其经营绩效，因此选择进入什么样的行业、经营何种业务，是公司层面的重大战略决策。一个特定行业的存在，必然对应某些特定的用户需求，当满足用户需求的方式发生改变时，行业随之也会发生改变。这种改变可能是渐进性的，也可能是颠覆性的。例如，汽车的出现，对马车行业造成颠覆性影响；SUV的出现，则只是对汽车行业的渐进式变革。

营销学者极力主张从用户需要的角度，而不是从产品或技术手段的视角界定企业业务，以避免所谓的"营销近视症"。[1] "营销近视症"是指由于企业过于迷恋既有产品，没有看到产品只是满足顾客需要的一种方式，从而在产品或业务开发上"只见树木，不见森林"，最终导致产品或业务与顾客的需求脱节。

另外，诚如本书第三章所指出的：如果仅从市场或仅从消费者需求角度界定企业业务，有可能导致过于宽泛的后果。比如，如果按照提出"营销近视症"概念的西奥多·李维特（Theodore Levitt）的观点，将从事火车运输业务的企业界定为满足顾客的"出行需要"或"运输需要"，则企业有可能将业务扩展到诸如海运、空运等领域。结果是，企业有可能不能在特定领域积累技能与经验，难以形成可持续的竞争优势。因此，界定企业

---

① Levitt T. Marketing myopia[J]. Harvard Business Review, 1960, 38(4): 59-80.

业务，既要考虑潜在顾客需要又要考虑满足这类需要的特定技术手段，即同时从市场和企业两个视角考虑问题。

品类或许是能将上述两种视角兼容且能够帮助企业合理界定业务范围的逻辑起点。所谓品类，是满足同类消费需求的一组相似产品，如家用燃油车可分为轿车、SUV、越野车、旅行车、MPV、皮卡等品类。同样，牛奶可以分为鲜奶、常温奶、酸奶、奶粉、奶酪等品类，每一品类下又有很多具体的产品。本质上，品类是指将杂乱无章的产品或者服务按照最符合逻辑的方法进行归类，从而有助于消费者挑选，也有助于企业存储、运输和销售。

行业、品类与市场界定的关系可以用图7-2予以说明。奶制品行业存在很多竞争者，如伊利、蒙牛、三元等，这些企业在界定其业务范围时，不是笼统地说生产奶制品，而是需要界定生产哪些类型或品类的奶制品。在不同的发展阶段，企业生产的品类可能存在差异，而且随着技术的发展和企业的成长，企业有可能开发或引进新的品类，使其业务范围发生改变。同时企业还需要界定其服务的消费人群，以满足特定人群的某些具体需要，此即所谓的市场界定。如某奶制品企业只生产优质奶粉，但瞄准婴幼儿、中老年人、送礼人群等多个市场。因此，企业对市场的界定需要在明确行业和品类的前提下，再考虑潜在消费人群的特定需要才能作出。另外，品类的界定也需要同时考虑行业特点与特定消费人群的需要。比如，常温奶这一品类的出现，是牛奶高温消毒技术与人们希望牛奶的保质期更长这一需求相结合的产物。

图7-2　行业、品类与市场界定

三、市场网络与市场体系

市场网络可以被看作是反映企业与用户、与竞争者、与合作者关系的一个概念，它将市场参与者、参与者拥有的资源、参与者开展的市场活动视为一个相互联系的网络系统，企业在此网络背景下获取资源、从事交易和开展相关活动。将市场视为"网络"是将市场视为"交换关系"的拓展，有助于从更广的范围、更多维的视角考察企业与其他市场主体的关系。在网络视角下，市场可以被看作是多个"子网络"的叠加。例如，企业所在的某个产品市场可以被看作是其参与其中的经销商网络、供应商网络、客户关系网络和竞争者拥有的相应网络相互叠加的产物。另外，在网络视角下，市场又被视为嵌入更大的经济与社会网络中，对市场的分析不仅需要考察市场本身的演变，而且需要把它放在更大的背景下去理解。

市场体系则是较市场网络更"宏观"的概念，它将各种类型的市场及其相互关系视为一个有机整体，旨在一个国家或一个区域范围内构建有助于各类市场蓬勃健康发展的制度与环境。[①]如图 7-3 所示呈现了现代市场体系中"基础"市场及其相互关系。在市场体系视角下，各主体市场存在相互制约、相互促进的关系。比如，如果资源市场或要素市场不发达，企业需要的生产资料不能通过市场自由获取，则势必会影响生产者市场和消费者市场。同样，如果政府采购市场不透明，或者对各市场主体不能一视同仁，则会扭曲市场的供求机制，人为抬高某些要素或商品的价格。

图 7-3　现代市场体系下"基础"市场及关系

（资料来源：吴健安. 市场营销学[M]. 北京：高等教育出版社，2000：3.）

在市场体系视角下，对市场的关注侧重于如下方面：一是市场主体，包括各种类型的企业、中介机构、用户，以及这些主体平等参与市场交易的地位是否得到保障。二是市场客体或市场交易对象，包括商品、服务及生产要素如土地、资金、技术、数据、知识产权等，这些交易对象是否产权明晰，是否可以在市场流通。三是市场基础设施，包括交易场地、适用特定交易对象的仓储设备、冷链与运输系统、信息交换系统等。四是市场环境与监管，包括市场准入制度、市场交易的相关规则与法律、消费者权益保护、市场标准与分类制度等。

第二节　行业分析

行业和产业既有联系又有区别。前者是由生产具有替代性产品的企业所构成，后者则是一个更宏观的概念，通常是由若干具有密切联系的行业所组成。例如，计算机产业是由计算机元器件行业、计算机硬件行业、计算机软件行业构成。伴随顾客需求的变化及技术的进步，行业的边界会发生变化，甚至一个行业会被新兴行业取代。

---

① 马建堂. 建设高标准市场体系与构建新发展格局[J]. 管理世界，2021(5)：1-10.

正因为行业的边界有时并不是很清晰，所以进行行业分析时，有必要对行业进行界定。比如，快餐行业分为西式快餐和中式快餐，像麦当劳、肯德基、真功夫、永和大王等均属于快餐企业，但快餐业是否应包括茶餐厅、提供食品的咖啡厅及大型购物商场内的某些小吃店等，人们的认知可能并不一致。不同的界定，会带来行业的范围、规模甚至机会的变化。行业界定与业务界定的不同之处是，后者是在企业已经选定了具体行业的基础上，确定企业所要从事的业务。如企业选择进入软件行业，但并不是生产和提供所有类型的软件，而是聚焦于某些特定类型的软件，如办公杀毒软件或财务软件。

行业分析有两个基本目的：一是确定行业是否有吸引力，是否值得进入；二是在已经进入的情况下，把握行业变化趋势，识别市场机会或市场威胁，以便采取应对策略。行业分析大体涉及行业基本状况、行业一般特征、行业结构、行业变革及影响因素四个部分（图7-4）。行业基本状况涉及行业发展历史、行业规模与增长、产业链情况、进入与退出壁垒、行业盈利性等方面。行业一般特征则反映行业的需求特点、竞争格局及特点、行业所处发展阶段、市场营销特点等。行业结构则重点描述行业内各种竞争性力量。行业变革及影响因素涉及行业变革的类型，影响行业变革的环境力量。应当指出，各部分所包含的内容并非固定不变，针对不同的行业可以有增减和侧重。比如，针对高新技术行业，技术变化及发展趋势、风险投资等方面的内容就应重点分析或单独分析。

图 7-4　行业分析的主要内容

一、行业基本状况

行业基本状况包括行业发展历史、行业规模与增长、产业链情况、商业模式、进入与退出壁垒、政府管制、行业的盈利性及变动趋势等，下面择要介绍。

（一）产业链情况

产业链分析主要是厘清企业所在行业的上下游关系，以及产业链的不同环节在价值创造过程中的地位和作用。图 7-5 呈现了化妆品行业的主要参与者及相互关系。对于化妆品品牌企业而言，原料供应商和原始设备制造商（original equipment manufacturer, OEM）属于上游企业，化妆品经销企业则属于下游企业。

为了理解产业链不同环节中企业的地位和作用，企业可以针对特定产品或品牌对价值链进行分解，以进一步描绘不同环节的价值增值情况。图 7-6 描述了某企业生产的一款电子产品的主要价值创造环节及各环节在产品价值中的占比。其中，原材料和零部件创造的价值约占终端销售单价的 33%，代工生产环节创造的价值占销售单价的 5%，

图 7-5 化妆品行业产业链

图 7-6 某电子产品价值链分解

销售环节占 10%，品牌商获取了价值链中约 52%的收益，而品牌商的主要职责就是开发、设计产品，同时负责品牌的推广。

（二）商业模式

所谓商业模式，是指企业通过什么样的方式持久地为用户创造价值并给股东带来盈利的商业逻辑。不同行业，其主流的商业模式会存在差异。批发行业的企业主要通过大量采购、为零售商提供仓储、物流、融资等服务，从而为用户创造价值并由此获利；零售商则主要通过独特的地理位置及低买高卖方式获利；连锁快餐企业则主要通过科学选址、提供标准化食物与服务环境，以及扩张店铺数量获利；在汽车销售行业，早期的盈利模式主要是通过销售更多的汽车，以及确保每台汽车的销售毛利来获利，但现在日益增多的汽车销售企业则通过提供融资和汽车维修服务来获利。

在同一个行业内，可能存在多种商业模式，同时也可能不断有新的商业模式出现。同样在零售行业，沃尔玛通过在郊区开店并以"低价"经营的方式为用户创造价值并盈

延伸阅读 7-1 人货场与商业模式

利;"7-Eleven"则通过在城市的居民区密集开店和提供适用特定社区居民的食品与日常用品为顾客创造价值。一个行业内是否存在相对成熟的商业模式，或者其商业模式是否仍在探索或摸索中，是企业决定是否进入该行业的一个重要考虑因素。当一个行业的商业模式仍处于探索中时，意味着该行业存在更大的经营风险，然而一旦该商业模式获得成功，就意味着能获得更丰厚的回报。

（三）进入与退出壁垒

进入壁垒可以理解为打算进入某一产业的企业而非已有企业所必须承担的额外成本，它反映了行业内既有企业优势的大小，也反映了新进入企业所遇障碍的大小。形成进入壁垒的原因很多，如行政垄断、自然垄断、规模经济、顾客或品牌忠诚、网络效应壁垒等。以半导体制造为例，一条 5 纳米芯片的生产线，其投资额高达 120 亿美元。如此巨额的投入，对新进入的厂商构成巨大的进入壁垒。

退出壁垒也叫退出障碍，是指企业退出某个行业时所遇到的困难和需要付出的代价。当市场前景不佳和企业长期经营不善意欲退出该行业时，由于各种原因，投入的资源不能变现而无法顺利退出，或者需要付出巨大代价才能退出。常见的退出代价包括：前期固定资产投入，如餐馆的装修费用和长期租约带来的违约金；员工遣散或安置费用，在有些国家这项费用特别高，而且在不同行业也可能存在差异；存货处置及顾客后期服务，即使企业不再经营某项业务，仍然需要履行其之前对顾客在产品维修等方面的承诺；经营信誉、品牌与网络资产的损失等。

对一个行业来说，理想的状态是进入壁垒高、退出壁垒低，此时新进入者少，行业平均利润率较高，同时一些经营不善的企业因退出成本低而不会成为"僵尸企业"，从而有利于形成健康的行业竞争生态。最不利的情况是，进入门槛低退出门槛高，此时行业竞争激烈，容易形成产能过剩，同时由于退出成本高导致在行业不景气时容易出现整体亏损。如图 7-7 所示呈现了在进入壁垒和退出壁垒高低不等的不同情况下，行业吸引力情况。

图 7-7 进入壁垒与退出壁垒关系矩阵

（四）政府管制

政府对行业的管制大致可以分为四种类型：一是设立准入制度。例如，对金融机构、电信运营商、电网运营企业、医疗设备企业等均有资质要求，只有取得许可证方可运营。二是对经营方面的要求和限制。比如，对产品规定了最低品质要求，实施指导性定价，在广告宣传中规定某些禁用条款，对经营场所的营业时间、场地设施及卫生与安全条件做出规定等。三是通过环境排放立法、用电、用水、用工等方面的标准和限制，来抑制行业的"负外部性"。四是通过行业政策鼓励或抑制行业的发展，如限期淘汰某些落后产能、实施捕鱼禁令、对高新技术企业实施税收优惠等。

政府管制的主要目的：一是避免过度或不正当竞争，建立和维护正常的市场经营秩序；二是维护弱势人群和消费者权益；三是保护自然与生态，鼓励可持续发展。政府管制的程度在不同行业存在较大差别，甚至在同一行业的不同发展阶段也会存在差异。以我国互联网行业为例，在其发展早期，我国采取比较包容的监管政策。一方面与监管机构对新事物的认识需要一个过程有关，另一方面与我国总体上鼓励创新的制度环境有关。随着互联网行业的逐步成熟，以及人们对该行业可能出现的负面效应认识加深，政府对该行业的监管也在逐步趋紧。对特定行业的企业，重要的是需要随时关注该行业监管政策的变化，以及这些变化对本企业、竞争企业、潜在进入者和合作伙伴产生的影响。

（五）行业的盈利性及变动趋势

行业盈利性的数据主要来自三个方面：一是专业机构撰写的行业报告；二是行业头部企业尤其是上市公司的季度或年度财务报告；三是分析典型产品的价值链，获得各环节的成本与销售价格数据，倒推行业内典型企业的盈利情况。

行业的平均获利性受很多因素影响，包括市场规模及增长、产品独特性、产品成本结构、行业所处周期、竞争强度等。通常在行业发展的早期，由于市场和消费者教育成本比较高，而且企业以扩张市场为主要目标，此时投入比较大，利润较低甚至处于亏损状态；在行业的成长期和成熟期，利润会显著提高；到了衰退期，很多企业可能会出现利润下降的情况。另外，行业越封闭，产品越独特，企业之间越是以"差异化"而不是以价格进行竞争，则行业的平均获利性会越高。

二、行业一般特征

（一）行业需求特点

分析行业需求特点：一方面重在把握终端消费者或终端用户在需求意识、需求数量、需求强度、需求频率、需求时机等方面的异质性；另一方面则旨在把握总体需求是否可预测或容易预测。

在需求意识或认识方面，彭泗清教授提出了需求管理的八方格模型，基本思想是：根据需求是否被消费者意识到、是否被企业意识到、是否现实三个方面，将需求分成若干个区域，企业可以针对每一个区域的需求实施相应的管理。比如，针对消费者意识到但企业没有意识到的现实需求，企业一方面可以去探寻满足需求的方式，另一方面也可以通过价值共创更好地满足需求。[①]

需求的数量与消费者人数有关，同时也与需求强度、每次购买量及购买频率相关。像牛奶、面包、饮料及很多日常用品，不仅属于刚需类产品，而且购买频次高；而旅游度假、看电影、上高档餐馆等，则属于非刚需类产品，购买频率也相对较低。就同质性而言，刚需类产品的选择标准更加趋同，而非刚需类产品更加彰显个体或家庭的个性化需要，选择标准具有不确定性和更大的异质性。

选择或购买时机，决定需求的波动性。有一些产品与服务的需求是常年性的，有些则是季节性的，甚至某些产品如时尚产品是"传染性"的，其需求曲线的初始点具有不确定性，而且需求曲线非常陡峭。这些在某个较短时间段内存在的"需求"稍纵即逝，在数字化时代，它们有可能被企业"捕获"并得到满足。

需求可预测性主要是指企业对行业的总需求和特定营销投入下市场对本企业产品的需求能否大致做出预测。对于刚性需求程度高的产品，需求可预测程度相对较高，而对非刚性需求类产品，需求可预测性会降低。[②]也可以从顾客选择和比较视角来考察需求的可预测性，通常垂直差异进行比较的产品可预测性高，基于水平差异进行比较的产品可预测性相对较低。垂直差异主要是指产品在功能属性上的差异，如汽车后备箱的大小、发动机功率大小、油耗水平等；水平差异指那些更具有个体主观性的产品评价属性，如汽车的外形、颜色、尾灯的造型等。

（二）行业竞争特点

按行业集中度或行业竞争结构，行业可以分为四种类型，即完全竞争、完全垄断、垄断竞争、寡头垄断。

完全竞争是指行业内不存在任何垄断因素，这样的行业需要具备如下特征：众多的小规模买方与卖方；产品是高度同质的，即不存在差异性；企业可以自由进入或退出该行业；买卖双方具有关于供需的完全信息。现实中，这样的行业或市场显然是不存在的，接近这一结构的行业是某些农产品市场。

与完全竞争相对应的是完全垄断，它是指一个厂商独家控制一种产品的生产与销售。目前我国一些城市的自来水公司、电力公司和煤气公司接近完全垄断。完全垄断的原因主要有：某家企业完全控制了某种生产要素；企业享有专利权；政府特许；规模效应导致其他企业没有竞争力。对完全垄断的行业，政府的管制会相应强化。

垄断竞争则是指行业内存在多家厂商，生产有差异性的产品。

---

① 彭泗清. 客户需求管理的八方格模型. 互联网营销与关系营销学术交流暨重点项目中期检查会论文集[C]. 大连：国家自然科学基金委员会管理科学部，2008：108-111.

② 符国群. 从供需匹配视角重新诠释和理解市场营销：兼论市场营销知识体系的构建[J]. 营销科学学报，2021，1（1）：17-30.

寡头垄断则是指某种产品的生产与销售由少量几家大企业控制，像我国的电信行业就属于这种情况。

现实中，垄断竞争与寡头垄断是比较普遍的行业竞争模式。

（三）行业结构特点

关于行业结构特点，我们可以通过本节后面要介绍的波特五力模型加以把握。企业通过分析行业中存在的现实竞争者、潜在竞争者、供应商、消费者、替代品，大致可以明确影响企业盈利性的主要外部力量。比如，碳酸饮料行业中的可口可乐，其主要竞争者是百事可乐，通过分析它所面对的 5 种竞争力量，可以得出消费者需求的变化及替代品的出现，是构成它现在和今后一段时间内的主要威胁的结论，因此其战略关注的重点，也是资源配置的重点应当放在这两个方面。

（四）行业技术特点

一些行业属于技术密集型，还有一些行业则属于劳动密集型或资金密集型。以半导体制造业为例，该行业既是资金密集型也是技术密集型，进入该行业不仅需要巨大的资金投入，而且需要拥有大量的高端人才。有些行业技术进步相对缓慢，处于这些行业的企业可能更多地把资源投入到建立分销网络、提升生产效率及通过与顾客互动扩大品牌影响力等方面。

技术密集型行业通常具有如下特点：单位劳动力占用资金比劳动密集型或资金密集型行业高；研发投入在总投入中的比重大；员工中高学历人才占比高；产品附加值高。另外，技术密集型行业的产出不仅体现在不断涌现的新产品上，也反映在专利等知识产权的拥有数量上。

（五）行业营销特点

不同行业营销投入水平存在很大差异，像钢铁、水泥、煤炭等行业市场的营销投入在销售收入中的占比比较低，而像饮料、白酒、牛奶等行业的营销投入比较高。像蒙牛、伊利等奶制品企业，其销售与营销费用占到销售总收入的 20%～25%之间，市场投入巨大。为使营销投入发挥其效应，营销经理需要对所在行业的营销特点有深刻理解和把握。

对行业营销特点的把握，既是行业洞察的应有之义，同时也依赖于对行业整体情况、需求特点、行业结构等方面的全面把握。通常，只有在某个行业长时期"浸润"，同时对该行业营销实践不断探索和反省的业内人士，才会对行业营销特点有深刻和独到的理解。任何业界之外的人士，如果要提炼特定行业的营销特点，唯有广泛接触业内的有识之士，舍此别无他途。在与业界接触过程中，我们对此深有体会。比如，在洗发水等快消品行业，营销要取得成功，一是要有全局观，二是要用数据说话，三是要不断贴近顾客。在快消品行业适用的营销原则，在高档酒店行业则不一定适用，后一行业要求聚焦客户体验，酒店布置要有前瞻性，同时关注酒店服务的"可变部分"。[①]

三、行业结构

迈克尔·波特（Michael Porter）提出的五力模型是行业结构分析的一种主要分析工具。[②]该模型认为，行业中存在着决定行业吸引力的五种力量（图 7-8），分别是供应商的议价能力、购买者的议价能力、潜在竞争者的进入能力、替代品的替代能力与行业内现有竞争者的竞争能力。

图 7-8　波特五力模型分析

（一）供应商的议价能力

供应商是向行业提供投入品如物料、服务等其他生产要素的组织。供应商的议价能力是指供应商抬高投入品价格或通过降低投入和服务的品质来增加行业成本的能力。强大的供应商通过抬高行业内公司的成本挤压行业利润，是行业的威胁性竞争力量。反之，如果供应商力量较弱，行业内的公司将有机会压低投入品的价格，获得更优惠的供应条件。

一般来说，满足如下条件的供应商具有比较强大的讨价还价能力：供应商销售的产品替代品很少；供应商向多个行业供应产品而不是依赖特定的行业；供应品很独特，行业内企业不容易转换供应商；供应商很容易进入下游产业。

（二）购买者的议价能力

购买者从行业内企业购买产品用于自己使用、转售或再加工。如果企业面对的是大量分散的个体、家庭或小量购买者，其面临的议价压力比较小，企业获利空间增大。反之，如果企业面对的是少量大客户，他们的购买占公司销售量的比例很大，则企业面临相对不利的议价地位。

① 童晓白. 一个市场营销人的跨界之旅，摘自 2019 年 9 月 23 日在北京大学光华管理学院演讲稿。

② 迈克尔·波特. 竞争优势[M]. 陈小悦，译. 北京：华夏出版社，1997.

通常，满足下述条件的购买者具有较强的议价能力：购买量大或购买者集中度高；采购品在购买者成本中占的比重大；供应的产品属于通用品或产品标准化程度高；转换供应商的成本低；购买者掌握关于供应商和供应品的充分信息；购买者具有前向一体化或后向一体化的可能性。

（三）潜在竞争者的进入能力

潜在竞争者是当前不在行业内但是有能力进入本行业的公司。潜在竞争者在给行业带来新生产能力、新资源的同时，希望在已被现有企业瓜分完毕的市场中赢得一席之地，这就有可能会与现有企业发生原材料与市场份额的竞争，最终导致行业中现有企业盈利水平降低，严重的话还有可能危及企业现有的生存。竞争者进入威胁的严重程度取决于两方面的因素：进入新领域的障碍大小与预期现有企业对于新进入者的反应与抵制。

进入障碍主要包括规模经济、产品差异、资本需要、转换成本、销售渠道开拓、政府行为与政策、不受规模支配的成本劣势、自然资源、地理环境等方面，这其中有些障碍是很难借助复制或仿造的方式来突破的。预期现有企业对进入者的反应，主要是指业内主要厂商采取报复行动的可能性大小，这取决于有关厂商的财力情况、报复记录、产能利用率、行业增长速度等。总之，新企业进入一个行业的可能性大小，取决于进入者主观估计进入所能带来的潜在利益、所需花费的代价与所要承担的风险及其权衡。

新进入者可能来自其他行业，如原来做手机或互联网的企业跨界进入新能源汽车行业。新进入者也可能源自于上游的原材料或零部件供应企业，或来自于下游的经销企业。例如，比亚迪最初是做锂电池起家，后来进入汽车制造行业。还有一类新进入者是现有企业的员工离开原来的企业，组建新的企业，这些离职员工或由于其新的想法不能在原有企业平台实现，或由于对原有企业不满并离职而成为原有企业的直接竞争者。

（四）替代品的替代能力

替代品指采用完全不同的技术或形式但能够满足类似需要的产品或服务，它们通常来自行业之外或被本行业的企业从外部引入。如移动手机是固定电话的替代品，新能源汽车是传统燃油车的替代品，矿泉水和果汁饮料是碳酸饮料的替代品。现有行业的头部厂商常常忽视替代品的威胁，原因之一是替代品往往来自其他行业、不为行业内现有企业所了解。另一个重要原因是，头部企业由于过去的成功或者由于转型的困难，无法像新创企业那样将资源重点聚焦到替代品的开发上。

（五）行业内现有竞争者的竞争能力

在行业发展的初期，业内企业主要是在"增量"而不是"存量"上开展竞争，竞争的激烈程度相对较弱。当行业日益成熟，产品的市场渗透率很高，此时业内企业的竞争进入"存量争夺"阶段，行业内会形成多个"战略竞争群体"或"战略群体"，同一群体内的企业采用大体相同的技术、商业模式和经营方式，其竞争激烈程度远超"战略群体"之间的竞争。例如，家用汽车行业，奔驰、宝马、奥迪形成一个"高端市场战略群体"，而本田、丰田、福特等形成另外的战略竞争群体。显然，就竞争的激烈程度而言，奔驰与宝马之间的竞争高于奔驰与本田之间的竞争。

行业内现有企业的竞争强度与许多因素有关。一般来说，在下述情况下，行业内现有企业之间的竞争会加剧：行业进入障碍较低，势均力敌的竞争对手较多；市场趋于成熟，产品需求增长缓慢；竞争者企图采用降价等手段促销；竞争者提供几乎相同的产品或服务，顾客转换成本很低；行业外部实力强大的公司在接收了行业中实力薄弱企业后，发起进攻性行动，结果使得刚被接收的企业成为市场的主要竞争者；退出障碍较高，即退出竞争要比继续参与竞争代价更高。

四、行业变革及影响因素

（一）行业变革类型

企业通常是在一个既有的行业内开展业务，为获得健康的和可持续的发展，企业需要高度关注行业的各种变化，这些变化有些是缓慢和渐进的，有些是急剧和革命性的。有学者根据行业核心资产和行业核心活动是否受到威胁，将行业变革分为四种类型，即颠覆性变革、过渡性变革、创造性变革和渐进性变革（表 7-1）。[①]

表 7-1　行业变革类型

核心资产	核心活动	
	受到威胁	没有受到威胁
受到威胁	颠覆性变革 例如：有线电话行业、门店旅游代理、邮政函件业务	创造性变革 例如：电影行业、投资银行
没有受到威胁	过渡性变革 例如：汽车经销、拍卖行	渐进性变革 例如：在线拍卖、航空业、长途货运业

这里的行业核心活动（core activities），是指那些为吸引并留住供应商和买家的经常性活动，核心资产（core asset）则是为更有效率地实施核心活动所需要的资源，包括门店、员工、品牌与技术等。例如，在传统的门店旅游代理业中，代理公司为吸引顾客，会提供诸如旅游线路规划，机票与门票代购，预订酒店等服务。伴随网上代理公司的兴起，日益增多的消费者不再到门店去与旅游代理公司直接咨询和获取服务，而是通过诸如携程、途牛等在线旅游平台获取相关服务，很多年轻消费者甚至越过代理公司，直接安排旅游行程和预订酒店与交通工具。因此，传统旅游代理公司所提供的服务，对很多消费者不再那么重要，其门店等资产也不具有原来的价值。

---

① McGahan A M. How industries change[J]. Harvard Business Review, 2004, 82(10): 86-94.

1. 颠覆性变革

当一个行业的核心活动和核心资产面临过时的威胁时，就会发生颠覆性行业变革（radical change）。通常，由于新的技术、突破性产品的出现，或由于消费者的口味与偏好发生改变，行业的现有资产失去相关性，企业与买家和供应商的关系也受到威胁。此时，行业内的公司大多会陷入危机。电脑之于打字机，互联网和电子邮件之于传统的信件传送，均给行业带来了颠覆性变革。

值得庆幸的是，行业的颠覆性变革并不常见，而且这种类型的变革往往不是毫无征兆和突然发生的，变革过程往往持续数年甚至数十年。因此，企业有足够的时间来监控和做出反应。一种应对方式是重新构建新的核心资产和开展新的业务活动。例如，中国邮政利用其原有的网点、运输车辆，在保有其传统业务的同时，进入快递领域与新兴的快递公司开展竞争。当然，在一个发生颠覆性变革的行业中，要实现完全的转型，可谓"知易行难"，失败的例子也比比皆是。

2. 过渡性变革

过渡性变革（intermediating change）比颠覆性的变革更为常见，它通常发生在顾客和供应商有了新的选择上，现有形式的产品、服务或业务活动被新的形式替代，而企业原有核心资产依然具有价值。典型的是汽车经销企业，这些企业通过开设 4S 店吸引顾客到店，并向其提供展示、试驾、咨询、信贷、保险、配件与维修等"一条龙"服务，汽车制造企业对经销商产生很大的依赖。互联网的出现，使得消费者能在线获取各种汽车品牌的评价信息，同时汽车制造企业也可以以更有效的方式直接与终端用户互动和建立关系，这样经销商的某些活动就变得没有那么重要。但与此同时，经销商所拥有的大部分资产，如优秀的销售人员、汽车维修技师与设施、实地陈列与展示依然是创造价值的重要资源。

面对过渡性变革对行业带来的挑战，企业需要采用创新性方式予以应对。以音乐行业为例，传统上唱片公司或音乐制造企业承担了从歌手挑选、培养、包装到作词作曲、音乐制作、发行推广等几乎所有的活动，投资成本巨大。但现在，一些音乐公司开始通过在酒吧提供音乐与舞美服务，一方面降低成本，另一方面"试水"市场，捕捉听众的口味与偏好，激发音乐创作者的灵感与激情。虽然音乐创作的方式、人才挖掘与培养的模式发生了改变，但培育新一代音乐人才、创造受大众欢迎的音乐作品的能力依然是音乐公司的核心资源。

3. 创造性变革

当行业原有的核心资产变得过时或不再相关，但核心活动保持稳定和不受影响时，创造性的行业变革（creative change）就发生了。处于此一变革过程的行业，企业与客户和供应商的关系通常是稳定的，但其拥有的资产处于不断变化的状态中。典型的是电影制作行业，大型电影制作公司通常与演员、代理商、影院老板和有线电视公司保持持续的关系。前者会不断地推出各种各样新的影片，后者不仅构成影片公司的资产而且处于不稳定状态，因为每一部新影片的推出事先并不能确定其是否一定成功。

处于此一变革进程的企业，通常不是行业的新进入者，因为新进入者不具备业内企业所拥有的那些网络关系。这些网络关系从某种意义上构成企业适应创造性行业变革的先决条件，忽视这一点，往往会导致严重后果。仍以电影业为例，即使创造出优秀的影片，如果没有与院线和放映平台建立良好的关系，就可能丧失"档期"，导致"叫好不叫座"的后果。对于业内的领先企业，应对创造性变革的一种方式是通过"平行开发"多个新产品来分散风险。例如，腾讯的游戏制作部门，同时独立组建多个团队来开发类似的游戏软件。如此，虽然开发成本会增加，但新产品成功的可能性也大大提升了。另外一种策略，是将某些开发项目或开发任务外包，让企业聚焦于核心项目与流程，增加对市场反应的敏捷性。

4. 渐进性变革

当行业的核心活动和核心资产都没有受到威胁时，行业的变革是渐进式的（progressive change）。与创造性变革类似，处于渐进性变革行业的买家、供应商与行业内现有企业都有保持现状的动机。不同之处在于，在渐进性变革行业中，企业核心资产不会受到淘汰的威胁，因此处于这一轨迹的行业比处于创造性变革中的行业更稳定。现在的长途货运业、航空业、在线拍卖均处于这一演进过程中。

渐进性变革行业虽然也可能经历业务运作方式等方面的急剧调整，但都是在原有业务模式下的改进，既不会对企业原有核心活动造成严重冲击，也不会导致原有核心资产价值的丧失。以航空行业为例，像西南航空等效率更高的航空公司，通过实施成本领先战略，确实对航空业造成了巨大冲击，使原有行业巨头面临极大的压力。然而，不管是高效率还是低成本航空公司，并没有改变用飞机运送旅客或货物这一基本业务模式，也没有造成飞机、机场设施等航空企业核心资产的贬值。在渐进性变革行业中，最终生存下来的企业会形成相对稳定的竞争格局，这些企业是通过将各种业务活动有机组合和形成有效率的系统来赢得竞争，而不是凭借某种单一的手段制胜。

（二）行业变革的驱动因素

驱动行业变革的因素很多，大致可划分为产业因素、市场因素、技术因素和制度因素（表7-2）。产业因素是指市场的成长潜力、资源条件、产业基础等，具体包括行业增长率的长期变化、行业规模扩张或收缩、不确定性的降低或升高、投入要素和货币成本的变化。市场因素主要是指会影响市场供给和需求的因素，包括买方细分群体的变化、买方的学习过程、专有知识的传播、关联行业的结构变化、业内企业的进入和退出。技术因素是指科学技术创新和技术基础的影响力，包括产品创新、工艺创新和营销创新。制度因素则包括一般性政策与法律，也包括针对特定行业颁布的有关监管规则、禁令、行为指南等。

表 7-2 行业变革的驱动因素

影响因素	概述	具体内容
产业因素	成长潜力、资源条件、产业基础等	增长率的长期变化 行业规模扩张或收缩 不确定性的降低或升高 投入要素和货币成本的变化
市场因素	供给和需求	买方细分群体的变化 买方的学习过程 专有知识的传播 关联行业的结构变化 业内企业的进入和退出
技术因素	科学技术创新、技术基础的影响力	产品创新 工艺创新 营销创新
制度因素	政府政策和法规	政府政策变化

（三）行业转型

行业变革主要考察行业内企业的核心活动和核心资源是否会随外部环境的变化而过时，或变得与企业的盈利不相关。识别企业所在行业处于何种变革类型，有助于企业更深刻地洞察行业背景，准确地评估其拥有的资产是处于升值还是贬值之中，理解其目前所开展的关键业务活动在未来是否仍能为顾客和利益相关者创造价值。行业转型则是指在现在的行业有可能被新的行业取代的背景下，业内企业如何逐步过渡到新的行业。

促动行业转型的力量主要来自三个方面。一是新的突破性技术。例如：互联网和通信技术的发展，使传统的纸质媒体面临数字化转型的压力；电动汽车的发展使燃油车有逐步被淘汰的风险。二是消费者偏好、趣味的变化，使得原来受到欢迎的需求满足方式变动过时，如在 20 世纪 80 年代和 90 年代，我国城市家庭购买生鲜产品主要是在社区菜店和农贸市场，现在则更多在超市或通过网上购买。三是政府管制，导致行业萎缩和衰落。比如，政府颁布的禁止洋垃圾进口政策，直接导致原来从事进口废弃物加工的企业被迫转型。

行业转型面临的一个主要挑战是行业未来的"不确定性"。以新能源汽车替代燃油车为例，在 15 年前甚至 10 年前，很少有人能预料到新能源汽车会发展到今天的规模和水平。即使预料到了新能源汽车代表汽车发展的方向，但对于采用何种技术开发电动车，如是采用氢能技术还是电池技术，如果在采用电池技术的条件下是采用磷酸铁锂还是三元锂电技术，实际上在早期并不明朗。

如何应对行业发展方向上的不确定性？一种方式是采用试验或"试错"策略，即同时开发多种技术或在小范围内试用某种技术或推出某种新产品或新的经营模式。例如，比亚迪最初是做电池起家的，在进入汽车领域时，它既生产传统的燃油车，也生产纯电动汽车，还生产油电混动汽车，2022 年年初正式宣布停产燃油车。还有一些企业通过引进风险投资、模仿业内领先企业，或组建合资与联合项目等，来对冲"不确定性"和降低可能的潜在风险。其他应对不确定性的方式包括投资于旨在增加反应弹性的资源和能力、通过情景分析（scenario analysis）预测各种"未来可能性"并拟订"可能情景"发生时的应对之策。[①]

应当指出，在行业转型过程中，伴随进入门槛的降低，日益增多的企业会进入新兴的行业中，这些企业有相当一部分最终会在行业"震荡"中消失，最后剩下的"优胜者"会逐步形成相对稳定的行业竞争结构。对于在原来行业居于领先地位的企业，其为了转型成功，除了采用前面提到的各种策略来应对转型带来的不确定性外，在组织结构上也需要做出调整。一些企业通过授权和减少组织层级来更快捷地对外部环境变化做出反应，还有一些企业通过把组织分成若干个小的"组织模块"（modular organization），让每一个模块能自我决策、自行试验，以此应对外部不确定性事件同时避免"组织模块"的相互影响。在这种"模块化组织"里，清晰的企业战略尤为重要，因为后者可以发挥指明方向、凝聚共识的作用。

第三节　市场的演进

市场演进与第十二章将介绍的产品生命周期有某些相似之处，但两者是不同的概念。产品生命周期是指某个产品从导入市场到退出市场的整个过程，市场演进则是从整体上考察一个市场如何从最初的出现到不断成长，最终达到成熟和停滞。通常，市场演进会经历兴起、成长、成熟、衰退几个阶段。

一、新兴市场

新兴市场的出现，通常是源于某种创新产品，该产品或者逐步替代原来的产品，或者开创出一个全新的市场。无论何种情况下，新产品的最先采用者都属于少数，他们被称为"创新采用者"。创新采用者在人群中占比比较低，但他们对新产品满怀激情，乐于拥抱那些甚至不甚成熟的新产品。新市场的崛起，其产品需要获得主流消费人群的认可，否则难逃"夭折"的命运。

在新兴市场中，因为商业模式尚处于探索阶段，产品能否被主流消费者接受，技术路径是否合乎未来发展趋势，生产成本能否快速降低，均处于不确定状态，因此潜在的新进入者多处于观望状态。该市场能否进入快速成长期，取决于多种因素。例如：新产品是否提供了能被消费者感知的独特利益；市场的培育是否超越少数先进入者的能力；是否能吸引风险投资或新进入者的进入；是否存在替代技术、政府管制等市场威胁。由

① Porter, Michael E, Jan W. Rivkin. Industry transformation[J]. Boston: Harvard Business School Background Note, 2000: 701-008.

于不确定性的存在，加之缺乏行业发展所需的分销网络等基础设施，新兴市场存在很多限制消费者采用新产品的障碍。

在新兴市场中：一方面，行业先行者需要强化产品的独特利益，排除早期用户的各种新产品采用障碍；另一方面，行业先行者应对竞争采用宽容甚至鼓励的态度，让更多的同行参与到市场培育与消费者教育中来，通过吸引更多的投资、营造更良好的行业基础设施和上下游产业链，把行业"蛋糕"做大。

二、成长性市场

成长性市场的显著特征是产品的独特利益被越来越多的消费者认可，产品开始由"创新采用者"进入主流消费人群，行业吸引的投资越来越多。虽然绝大多数业内企业因前期投入巨大而没有产生盈利，但盈利前景日益明朗，少数领先企业甚至开始产生利润。以我国的新能源汽车行业为例，在早期很多车企主要靠政府补贴维持运营，但伴随着电池技术的进步和充电设施的逐步完善，购买新能源汽车的消费者日益增多，像比亚迪等车企不仅开始盈利，而且其前景被持续看好。

到了成长阶段的后期，伴随越来越多的新进入者的加入，行业产能扩大、市场竞争加剧。结果是，市场日益分化，新的细分市场不断涌现。一些领先企业通过扩充产品线、推出新产品，力求扩大市场份额，同时为发挥规模效益和消化既有产能，开始向海外市场扩展。行业中的一些实力较弱的企业，则通过降价应对竞争，但利润出现下滑。

三、成熟性市场

成熟性市场的特征是，产品的渗透率接近"天花板"，绝大多数销售来自重复购买和忠诚用户。此时，市场增长率趋缓甚至出现停滞，行业集中度日益提高，开始出现少数几家头部企业支配整个行业的格局。目前，我国的家用空调市场就处于成熟阶段，格力、美的和海尔3家企业在空调市场的占有率接近70%。

在成熟市场中，竞争异常激烈。由于产能过剩，业内企业进入彼此争夺市场份额的"零和博弈"阶段。经销商力量的崛起，进一步挤压业内企业的利润。同时，由于规模效应和经验曲线效应已经充分释放，各头部企业几乎不再有降低成本的空间。收购、兼并或业内企业的重组，在成熟市场非常普遍。然而，替代技术或替代产品的出现，往往成为摧毁成熟市场的"致命杀手"。因此，处于这种市场的企业，不仅要面对行业内部的竞争，更要警惕来自行业之外的替代品的冲击。

四、衰退性市场

衰退性市场的显著特征是，行业总体销售额持续下降，现有产能远超需求，不少企业因连年亏损被迫退出市场。造成市场衰退的原因主要有：消费者偏好发生改变，如因健康意识的提升及收入水平的提高，人们对方便面的需求大幅减少。替代品的出现，如新能源汽车正在替代传统的燃油车。人口结构的变化，如我国人口出生率的下降，导致婴幼儿数量减少，某些婴幼儿产品销售逐年下降。

对企业而言，衰退市场不一定意味着没有机会。某些产品可以通过发现新的用途，重新焕发市场生机。还有一些产品虽然整体销售呈下降趋势，但在某些细分市场仍可能出现较快的增长。此外，对于居于领导地位或具有市场优势的企业来说，当众多竞争者减少市场投入或纷纷从市场撤退时，或许意味着新的增长机会到来。实际上，在那些被主流分析家视为衰退的市场中，仍有很多企业不仅能生存而且获得了丰厚的回报。

在衰退市场中，企业通常有四种战略选择：①强化策略，通过并购或增加投入巩固或确保市场领导地位，这是一种风险较高的选择，前提是管理者确信能够收回近期投资。②聚焦策略，即将资源集中到具有成长机会、消费者对价格相对不敏感的局部市场或特定细分市场，此一选择的风险是主要竞争者也可能采取同样的策略。③收割策略，即通过降低成本、提高价格、缩减产品线、收缩渠道等策略获得更大的现金流。这一策略通常适合运用于行业的头部企业，对于实力较弱的企业，采用此一策略可能会加速销售额的下滑，难以获得预期效果。④撤退策略，即将业务出售。这一策略适用于衰退市场的早期阶段，因为当市场全面收缩，潜在的业务接盘者少而且收购价格会大幅度下降。具体选择何种策略，取决于企业的市场竞争地位及市场演进过程。当企业处于优势地位，预期市场销售下滑平稳且不会引发大规模的价格战时，则强化和聚焦策略比较有吸引力。反之，如果公司市场优势不明显，也没有出现有利可图的"利基"市场，而且行业内的产品正在成为"大路货"，则迅速地收割或撤退会成为更好的选择。

第四节　市场需求分析

一、市场需求及特点

需求可以从个体层面也可以从群体层面考察，个体层面的需求将在"理解顾客行为"一章做介绍。群体层面的需求即市场需求，是指在特定时间、特定市场环境、特定营销投入下，特定购买人群购买的产品总量。市场需求可以用产品销售数量测量，如笔记本电脑的销售总台数；也可以用货币计量，如北京市一年内出售的笔记本电脑总销售额。如市场需求受到一系列行业内外部因素的影响，在未来一段时间，我国城乡居民对家用电动车的市场需求，既受居民收入、油价、政府政策等环境因素的影响，也受行业资金投入、新品推出速度、充电设施建设等微观因素的影响。

衡量市场需求，首先需要厘清"市场"的含义。潜在市场是指对特定产品有购买兴趣的消费人群，如北京有约 820 万户住户，理论上他们是自动洗碗机的潜在用户。然而，由于部分家庭已经拥有洗碗机，部分家庭目前的厨房条件不适合装洗碗机，还有部分家庭收入水平较低没有欲望或没有支付能力购置洗碗机，洗碗机的现实市场远低于潜在市场。现实市场是指在某一时期内有条件和意愿购买某种产品的用户或家庭总数。目标市场则是特定企业通过自身努力，力争获取的用户数量。

市场需求分析通常是针对某个品类，也可以针对品类下的某个产品或某个子市场来进行的。比如：当企业决定是否进入油电混动车市场时，需要估计该品类的总的市场需求；如果聚焦特定车型如 SUV，则需估计某个人群如中国城市家庭对油电混动 SUV 家用汽车的市场需求。

市场需求具有如下特点：①异质性，即不同的潜在消费人群，其需求存在较大的差异性。②变动性，即随时间的推移，同一消费人群对特定产品的需求会发生变化。③相互影响性，即对某些产品或服务的需求受群体内成员的相互影响比较大，如果单纯地从个体层面考察并汇总难以得到群体层面的需求量。④演进性，即市场需求不一定是一种事先的"存在"，而可能是在多种内外部力量的作用下被"催生"出来的。尤其是那些满足非基本需要的产品与服务，如文创产品、时尚产品、符号性产品更是如此。这些产品的需求，很难在"事前"进行预测，而是在其"萌生"的过程中被"捕捉"和"激发"。

二、市场需求影响因素

市场需求被认为由潜在消费者数量、消费者购买力和购买欲望三个基本要素构成。[①]考察市场需求的影响因素，无疑需要分析针对特定的产品品类，有哪些主要力量影响上述三个要素。

（一）影响潜在消费者数量的因素

以汽车购买为例，以住户或家庭为分析单位比较适宜，因为汽车购买决策通常是在家庭层面做出。根据全国第 7 次人口普查数据，截至 2020 年，我国居民户总数约 4.94 亿户，家用汽车约 2.8 亿台，市场渗透率为 57%。考虑部分家庭拥有多辆汽车，实际的渗透率可能低于 50%。如果渗透率能达到 90%，则意味着未来仍有一个巨大的群体会加入新车购买者行列，另外既有车主也有以新汰旧的需要。如果未来家庭人口变小，或者更多家庭购买多台车辆，则潜在购车家庭会获得增长；反之，如果家庭规模保持现有水平，而且新增人口逐年减少，则潜在购车家庭有可能减少。总之，对于一个特定市场而言，影响潜在消费者人数的一个关键变量是新增人口数或新增家庭数。具体落实到某个地区或某个城市，人口自然增长率、每年吸引外来人口的数量，以及人口的结构，是影响某种产品潜在用户数量的主要因素。

除了人口因素，另一个影响潜在消费者数量的因素是地理区域或地理范围的扩大。显然，当将营销范围扩展到境外市场时，潜在消费者数量会相应增加。此外，潜在消费者数量也与消费者收入有关，在人均收入很低的情况下，汽车等大件商品不会被纳入消费者的选择范围，但当一个地区的人均收入达到某个水平时，则汽车等产品会稳步进入普通家庭。

---

① 庄贵军. 营销管理：营销机会的识别、界定与利用[M]. 3 版. 北京：中国人民大学出版社，2021：79.

（二）影响消费者购买力的因素

决定消费者购买力或支付能力的关键因素是个体或家庭收入。就一个市场或特定人群而言，不仅需要考察人均收入，而且要考察收入的分布。衡量收入的指标很多，其中对市场需求影响较大的是个人可支配收入和个人可任意支配收入。个人可支配收入是个人收入扣除税款和非税赋性负担（如强制性保险）后的余额，它是支出与储蓄的来源。个人可任意支配收入是指从个人可支配收入中扣除用于维持个人与家庭生存所必需的支出（如房租、水电、食物、燃料、保险等）后的那一部分收入。由于人们只有在保证日常的生活开支之后，才会考虑购买高档耐用品、奢侈品和外出度假、旅游，因此，提供这类产品与服务的企业，尤其需要关心、研究消费者的可任意支配收入。

收入的分布对特定类别产品的需求会产生较大的影响。在一个收入分配比较平均或收入差距比较小的国家或地区，整体消费意愿会比较高，原因是较低收入阶层边际消费倾向更高。在收入差距较小且人均收入较高的社会，人们对物质财富的攀比会相对较弱；相反，在收入差距比较大的社会，人们的社会分层更可能依赖财富与消费，攀比消费、炫耀性消费更加盛行，这会影响到豪宅、名车、名表、豪华度假等奢侈品的市场需求。

信贷政策也会影响某些产品的市场需求。信贷的可获性、信贷额度、利率水平会直接影响住宅、汽车、留学等产品或服务的需求。不仅如此，更加优惠的贷款条件，会减轻部分家庭在分期付款方面的负担，从而增加个人或家庭在其他消费项目上的支出。间接影响"其他消费项目"的市场需求。

（三）影响消费者购买欲望的因素

消费者对某种或某类产品的购买欲望或购买意愿，主要受如下因素的影响：①产品的刚需程度。对于生活必需品，不管收入水平如何，消费者都会表现出很高的购买意愿。②产品的让渡价值。消费者感知的让渡价值越高，消费者购买意愿会越强。让渡价值不仅包括消费者感知利益，而且也包括付出的代价，购买过程中获得的体验等，只有感知的获得超过感知的付出，让渡价值才大。③替代品的让渡价值。如果替代品的让渡价值高于本品类产品的让渡价值，则消费者更倾向选择替代产品。④产品使用环境。某些产品的采用依赖配套的基础设施或网络的形成。例如：新能源汽车的普及有赖于公用充电桩的建设；5G手机的使用依于5G网络的形成。⑤消费者偏好。当消费者偏好发生改变时，市场对某类产品的需求会相应变化。比如，当人们认为国产品牌更值得推崇和自豪时，消费者对外国品牌或进口产品的需求就会下降。⑥社会性影响。比如，目前我国部分农村在婚庆消费上攀比成风，导致这些地方对婚庆宴、婚庆服务等方面的需求强劲。⑦政府法律与政策的影响。比如，政府的出口补贴政策会影响国外市场对出口产品的需求；政府

延伸阅读 7-2　市场需求究竟是被发现还是被创造出来的？

颁布更加严格的保护环境的法律会抬高某些产品的成本，短期内会降低市场对这些产品的需求。

三、市场需求预测

（一）潜在需求量与预测需求量

市场需求预测是指给定市场营销投资水平，估计未来某段时间内（通常是一年）市场对某类产品或某个品牌产品的需求量。在存在竞争的情况下，企业需要预测首要需求（一级需求）与次级需求（二级需求）。前者是在给定所有竞争企业营销投入水平的条件下，估计市场对某个品类产品的总需求量；后者是指给定特定企业的市场投入水平后，估计市场对该企业的产品或其品牌的需求量。

当估计市场需求时，一个基本的假定是：营销投入或市场投入会增加市场需求量。对这一假定通常还需做如下限定：①当没有营销投入时，市场需求会达到某个最小的销售量，但不会是零；②在某些情况下，当市场潜力被充分挖掘，再进一步增加营销投入时，市场销售量不会再增加，此时的饱和销售量即市场潜力或潜在销售量；③市场潜在销售量也不是一个固定不变的量，它的大小取决于市场环境因素的影响。

潜在消费量与没有营销投入时的最低市场需求量的差值越大，意味着市场需求量对营销投入的敏感度越高；反之如果差值越小，则需求对营销投入的敏感度越小。图 7-9 反映了品类营销投入与市场对产品需求量之间的关系。

图 7-9　市场需求与营销投入的关系

当对市场总需求或一级需求做出预测后，可以针对特定企业估计次级需求，即在特定时间段、特定市场环境和特定市场营销投资计划下，估计市场对本企业产品的需求量。此时的需求量既依赖于本企业的营销投入量及效率，同时也依赖于竞争企业的市场投入及效率。当用货币衡量市场需求时，产品需求 = 产品需求数量 × 产品平均单价。

在获得了市场对某品类产品的总需求和市场对特定企业的产品需求后，可以计算该企业的市场占有率：某企业或某品牌的市场占有率 = 市场对特定企业产品或特定品牌的需求量/市场总需求量。

（二）市场渗透率与市场增长空间

在估算市场对特定产品类别或品类的需求之后，可以计算市场渗透率和产品渗透率来观测一级或二级市场的增长空间。市场渗透率是指潜在消费者中已购买该类产品的消费者比例：品类市场渗透率＝已购买该类产品的消费者数量／潜在市场的购买者数量。一个较低的品类市场渗透率说明在一级市场中，销售仍有很大的增长空间，因为很多潜在消费者目前还没有购买此类产品；反之，较高的品类市场渗透率说明大部分的市场增长已经实现，该品类增长空间有限。

产品（品牌）渗透率是指特定目标市场中购买了该产品或该品牌消费者的比例：产品（品牌）市场渗透率＝已购买该产品或该品牌的消费者人数／目标市场的消费者数量。同样，较低的渗透率说明企业在目标市场中有较多的开拓机会，反之增长机会相对较小。

（三）估计市场规模

估计市场规模或市场需求总量，通常可以从三个方面考虑：一是目标市场潜在购买者数量；二是每个购买者在特定时间段的产品购买数量；三是单位产品平均销售价格。用公式表示：市场需求总量＝目标市场购买者总人数×每年每个购买者平均购买量×单位产品平均零售价格。

下面以美国女性剃刀刀片市场为例，来展示如何估计该市场的年度市场需求量，以及该市场的总体规模。[①]

第一步，估计美国女性剃刀市场潜在消费者人数。美国总人口约 3.05 亿人，女性占人口总数的 51%，约为 1.56 亿人。0～14 岁的女性通常不使用剃刀，这部分人口总数约 3 100 万人，因此，美国女性人口中使用剃刀的潜在消费者约为 1.25 亿人。当然，如果掌握了使用其他脱毛方法的女性人数，则可以将潜在消费者或目标消费者数量的估计范围进一步缩小。

第二步，估计潜在消费者每年购买剃刀的平均数量。可以将上述 1.25 亿名潜在消费者分为经常使用者、普通使用者和很少使用者三个人群。调查发现：15%的消费者属于经常使用者，她们每天使用剃刀；70%的消费者属于普通使用者，她们每个星期使用一次；另外 15%的消费者属于很少使用者，大约半个月使用 1 次。以往数据表明，上述三类使用者每年购买的刀片数量分别为 12 个、7 个和 3 个。将上述三类消费者人数乘以各自每年平均使用的刀片数，得到汇总的刀片总数约为 8.94 亿个。

第三步，根据各用户群体使用的刀片类型及价格，估算出用货币计算的市场需求或市场规模。若前述三类用户使用的刀片平均价格分别为 8.99 美元、5.99 美元和 7.99 美元，则三个细分市场的市场规模分别为 20.23 亿美元、36.69 亿美元、4.49 亿美元，加总的年度市场需求约为 61 亿美元（图 7-10）。

---

① Steenburgh T J, Avery J. Marketing analysis toolkits: market size and market share analysis[J]. Harvard Business School, Background Note 510-081, 2010.

经常使用者	普通使用者	很少使用者	汇总
1875万人	8750万人	1875万人	1.25亿人
年刀片需要量2.25亿个	年需要量6.125亿个	年需要量0.563亿个	8.938亿个
每片8.99美元	每片5.99美元	每片7.99美元	—
20.23亿美元	36.69亿美元	4.49亿美元	61.41亿美元

图 7-10 市场规模估计

第四步，估计的进一步精确化。经过前面三步分析，粗略地估计了美国女性市场使用剃刀的潜在消费者人数和年度总体市场规模。为了使估计更加准确，还需要根据对如下问题的回答，对获得的估计数字进行调整：①是否有一部分女性使用其丈夫的剃刀？②女性消费者是否存储了很多刀片，由此导致她们今年的需求量减少？③干净光滑的身体肌肤是否仍然在女性中流行？④是否有部分小于14岁的孩子也在使用剃刀？⑤未来成年女性的人数是增加还是减少？⑥新购买者的刀片使用模式是否与原有消费者的使用模式存在不同？

企业通常是在某些假定条件下，根据历史数据或过去的消费者数据对未来市场需求做出估计和预测，预测的准确性很大程度上依赖于关于市场和竞争的假设在多大程度上成立，以及数据是否可靠。前面关于美国女性剃刀市场的例子，呈现了女性剃刀这一品类的市场需求估计，若某个企业如宝洁公司要预测市场对"吉列"刀片的市场需求，则应结合宝洁公司及主要竞争对手的市场投入、营销效率等因素加以考察，而不能只是简单地利用过去的数据进行推测。

本章案例

休闲零食行业新势力

即测即练

自学自测 扫描此码

第八章

理解顾客行为

通过本章学习，学员能够：

1. 理解顾客需求及相关理论；

2. 熟悉顾客购买决策过程；

3. 描述影响顾客购买的主要因素；

4. 了解组织购买决策过程；

5. 了解如何研究顾客。

第一节　顾客为什么购买

一、识别顾客

现实生活中，顾客和消费者这两个概念被交替使用，通常不做区分。但严格来讲，两者仍有区别。顾客是因购买某项或某些特定产品直接与卖方交往的组织或个人；消费者则通常是一个泛指的概念，即在不与特定产品相联系的背景下"消费"和"使用"产品与服务。每一个个体都可被视为消费者，但不一定是某个企业的"顾客"。

企业关心的是谁做出购买决定，谁影响购买决定的做出。因此，在分析顾客的时候，往往会把决策过程中的各主要参与者都纳入顾客的分析范畴。一种常用的做法，是根据参与者在购买和使用产品过程中扮演角色的不同，将其分为倡议者、影响者、决策者、购买者、使用者或消费者（表8-1）。

在家庭或组织购买中，关键是要识别不同参与者的角色，他们各自关注的产品属性或利益。表 8-2 列出了父母带孩子在外用餐时，家庭成员各自所承担的角色和他们所关注的利益点。表 8-3 则列出了购买电梯过程中，各参与者的角色，他们各自关心的产品属性与利益。应当指出，在产品购买的不同阶段或环节，各参与者的角色及其关注的内容可能会发生变化。比如，在家庭在外用餐的决策过程中，对于是否在外用餐和在哪家餐厅用餐，孩子可能是倡议者，父亲是影响者，母亲是决策者。此时，父母关心的是就餐地点是否方便、食品是否营养，价格是否适中，孩子是否开心等；而孩子关心的则是食品味道如何，餐厅是否让人愉悦等。到了就餐地点，选择什么菜品和饮料，孩子可能成了主要的决策者，父母则成了影响者，此时家庭成员各自关注的侧重点显然不同于前一个阶段。在分析家庭和组织购买行为时：一是要避免遗漏重要的决策参与者；二是要考虑各参与者在不同决策阶段的角色和产生的相对影响；三是在可能的条件下考虑各参与者的关注重点，以及他们如何彼此影响。

表 8-1　不同类型的购买行为角色

角色类型	角色描述
倡议者	首先提出或动议购买某一产品或服务的人
影响者	其建议和看法对最终购买决策具有一定影响的人
决策者	在是否买、何时买、如何买、哪里买等方面做出部分或全部决定的人
购买者	实际购买产品或服务的人
使用者或消费者	实际消费、使用产品或服务的人

（资料来源：科特勒. 营销管理：分析、计划与控制[M]. 9版. 梅汝和，译. 上海：上海人民出版社，1999，176.）

表 8-2　在外就餐决策中家庭成员的角色及各自关注的利益

具体决策	家庭成员	角色	相对影响	关注内容
餐厅类型决策	父亲	影响者	较小	方便、环境、口味
	母亲	决策者	大	营养、口味、价格
	孩子	倡议者	较大	口味、餐厅特色
食物选择决策	父亲	影响者	较小	口味、孩子开心程度
	母亲	影响者	较小	营养、价格、孩子感受
	孩子	决策者	大	口味

表 8-3　电梯购买过程中各参与方角色及关注的利益

身份	角色	相对影响	关注内容
建筑物开发商	倡议者、把关者	大	项目成本、品质、后期养护成本
建筑承包商	购买者、决策者	大	购买及安装成本、交货期
建筑设计师	倡议者、影响者	小到中	美观、总体协调性
结构工程师	影响者	小到中	空间节省性、结构承受性

顾客有直接顾客与间接顾客之分。英特尔将其芯片直接卖给联想、惠普等，而不是把芯片卖给最终的电脑用户，前者构成英特尔的直接用户或直接顾客，后者构成英特尔的间接用户或间接顾客。传统上，很多企业将主要精力放在直接顾客身上，而忽视了对最终顾客或间接顾客的关注，这会造成营销机会的丧失，甚至导致企业产品、服务与最终顾客需求的脱节。

企业不仅要关注现在的顾客，也要关注潜在的顾客。对于现在的顾客而言，随着时间的推移和环境的变化，他们的需要也会随之变化。企业通常是采用连续创新的产品来满足现有顾客的需求。比如，可口可乐通过开发健怡可乐和无糖可乐来应对人们对肥胖、健康等方面的担忧；手机企业通过开发大屏幕的手机来应对现有顾客利用手机玩游戏、看影视作品等方面的需求。对于潜在顾客，则需要企业调整营销战略与策略来加以应对。比如，可口可乐和百事可乐在进入我国市场相当长的时期内，都致力于城市市场开拓，直到 2000 年之后才开始关注我国的农村市场，后者构成了规模巨大的潜在顾客群。显然，在城市里面很有效的营销思路与策略，在运用到农村市场时需要调整，甚至需要做根本性的改变。

二、顾客需要什么

营销旨在满足顾客需要。所谓需要，是顾客感觉缺少些什么从而想获得它们的状态，它是由生理或心理的不平衡所引起。正因为存在生理或心理的不平衡，人就有动力恢复平衡，从而产生了需要。比如，饿了有吃的需要，渴了有喝的需要，困了有睡的需要。从人类发展史的起源看，需要可以分为生理性需要和社会性需要；从需要的对象看，可以分为物质需要与精神需要。著名心理学家马斯洛（Abraham H. Maslow）将需要分为生理需要、安全需要、归爱与归属的需要、自尊的需要、自我实现的需要。

（一）需要与动机

需要促使人行动，但它本身并没有指向性。饿了是吃米饭、馒头还是面条，会因人而异。基于此，罗伯特·塞钦斯·伍德沃斯（Robert Sessions Woodworth）于 1918 年率先在心理学中引入了动机这一概念。所谓动机，是引起个体活动，维持已引起活动，并促使活动朝向某一目标进行的内在作用。[①]通俗地讲，动机是引起行为的直接原因。大多数情况下，需要以潜伏的形式存在，只有在某种外因刺激下，或者需要的强度超过某一水平时，需要才会被"唤起"，从而引发购买某种特定产品或服务的动机。

动机可以由内在需要引起，也可以由需要之外的"诱因"引起。比如，你刚刚吃了早餐，饭饱食足，并没有饥饿感，但如果看到某种之前特别喜欢的美食，也会抑制不住想购买和品尝。动机可以从多角度分类，从激发动机的诱因来分类，动机可以分为内在动机与外在动机。内在动机是指驱动个体行动的动力来自所追求目标本身的乐趣和意义，而不是源于外来的奖赏和激励。外在动机则是指驱动个体行动的动力来自所追求目标之外的其他因素，如金钱、奖赏、惩罚等。从动机冲突的角度分类，可将其分为双趋动机、双避动机和趋避动机。双趋动机是指顾客在两个具有相同或类似吸引力的产品或目标之间做出选择所产生的动机冲突。双避动机则是指在两个均希望避免的目标之间做出选择

---

① 张春兴. 现代心理学[M]. 上海：上海人民出版社，1994：489.

所产生的动机冲突。趋避动机是指顾客在趋近某个产品或目标时，又想避开而造成的动机冲突。

动机并不能被直接观察，由此产生各种考察顾客动机的思路。一是采用后面介绍的投射法，揭示购买行为背后的隐性动机；二是根据已经产生的购买行为进行推断；三是用可以显性测量的概念如目标、支付意愿等作为动机或动机强度的替代测度。Magnatune 是美国的一家在线音乐平台，歌手可以通过该平台以议价方式直接将数字音乐和 CD 卖给最终用户，用户可以为他们购买的音乐自行确定价格，价格在 5～18 美元之间，默认价格为 8 美元。销售数据显示，很少有顾客按最低的 5 美元支付，每张专辑的价格通常是在 8 美元以上。由此可以推断，顾客有为他们喜欢的歌手而不是唱片公司付费的动机。该平台的数据还显示，相对于数字音乐专辑，用户为获得物理介质的 CD 专辑，平均支付的价格比数字音乐专辑高 2 美元，由此说明，用户存在对高品质音乐和存储介质付费的动机。

（二）动机理论

有很多理论来解释顾客的需要与动机。下面主要介绍弗洛伊德的精神分析论、马斯洛的需要层次理论、弗雷德里克·赫茨伯格（Frederick Herzberg）的双因素理论，以及爱德华·德西（Edward L. Deci）与理查德·瑞恩（Richard Ryan）的自我决定理论。

1. 精神分析论

精神分析论的创始人是奥地利心理学家弗洛伊德，其大部分理论不一定正确，但就其影响而言，迄今恐怕难有其他任何心理学家能出其右。弗洛伊德认为，人的精神由意识、前意识和潜意识三部分构成。所谓意识是与我们的直接感知相关的心理部分，即我们能清楚地感知或感受到的要素或成分。潜意识是指个人的原始冲动和各种本能，以及由本能所产生的各种欲望，它们为传统习俗所不容，被压制到意识阈限之下，是人所无法知觉的心理部分。前意识是介于意识与潜意识之间，能从潜意识中召回的心理部分，是人们能够回忆起来的经验，它是意识和潜意识之间的中介环节与过渡领域。如果把人的精神比喻为漂浮在海洋上的一座冰山，那么意识只是露出水面之冰山一角，前意识是随海水的起伏时隐时现的部分，潜意识则是深藏在水下的冰山主体，是影响人的精神生活的基础性部分。

弗洛伊德认为，理解个体行为背后的深层动机，只分析意识和前意识层次是不充分也是不恰当的，而应当深入潜意识的层次。潜意识虽不能被直接感知，但它总是在不停地、积极地活动着，并以各种衍生形式表现自己，梦、过失性行为、俏皮话、精神病都是通往潜意识的曲径。弗洛伊德特别重视对梦的解析，他认为梦是"愿望的达成"，是被压抑的欲望的某种被变了形的满足。通过释梦，不仅可以发现潜意识中的各种需要与欲望，而且极有可能揭示或重现人类祖先的经验和精神活动，因为现代人的潜意识中极有可能沉淀着人类祖先的经验遗产。[1]

弗洛伊德将人格结构分成本我、自我和超我三个系统。他认为，只有这三大系统相互协调，个体才处于和谐状态，否则会出现精神失常。本我处于人格结构的最底层，它是人格结构中最原始、最隐秘的部分，构成人的生命力的内在核心。它反映人的最原始的欲望与冲动，是人的生物性的一面。本我不受任何理性、逻辑和道德准则的约束，它唯一的机能是避免痛苦，寻求快乐。超我反映人的社会性一面，是人格结构中专管道德的部门，是在社会化过程中形成的"良心""自我理想"，它遵循"至善原则"，劝人惩恶扬善，主动压抑原始的冲动和欲望。自我则是介于本我和超我之间的调节系统：它一方面要立足于本我，反映本我的要求，体现本我的意图；另一方面，它又不能赤裸裸地反映这些意图和要求，而应正视现实条件，顾及超我的指令。自我的主要功能是自我保存和趋利避害，它不断告诫本我，要求本我为了个体的长远利益而忍受暂时的紧张和痛苦。上述三个系统中任何一个子系统过于发达，都会造成人格结构的失衡，从而导致精神和行为失常。

由于弗洛伊德的理论是建立在零散的临床观察的基础上，没有经过系统、严格的实验和经验验证，不少学者对其科学性持怀疑态度。虽然如此，但精神分析论仍是激发人们去思考和探索的理论之源。弗洛伊德理论的一个直接结果，就是投射法在顾客行为分析中的运用和风行。既然人的行为主要是由潜意识所支配，自然不能依靠单纯的询问和调查来了解顾客的购物动机，由此发展起如语意联想法、故事完成法、第三人称技术等间接了解消费者动机与态度的研究方法。在 20 世纪早期，一些学者运用上述投射技术研究消费者的深层购物心理。厄内斯特·狄希特（Ernest Dichter）认为，人们把自己投射到各种商品中，购买某些商品或服务实际上是顾客人格的延伸。比如，貂皮大衣是社会地位的象征，红茶是女性、懦弱、少女模样的象征，树木是生命的象征等。这些研究成果，在当时引起了企业和学术界的广泛关注。[2]

2. 马斯洛需要层次论

美国人本主义心理学家马斯洛于 1943 年提出了著名的需要层次理论。基本思想是，人具有生理、安全、爱与归属、自尊、自我实现五种类型需要（图 8-1），且它们具有一定的高低顺序。一般而言，图 8-1 中较高层次的需要，只有在更低层次的需要得到满足或部分得到满足后才会成为优势需要。人作为有欲望的动物，其行为受需要驱使，但需要什么取决于已经有了什么，只有未被满足的需要才影响人的行为。换句话说，已经满足的需要不再是优势需要，亦不再是行为的决定性力量。

由于生理、安全、爱与归属、自尊这四类需要多是在匮乏情况下产生，并且是构成最高层次需要即自我实现需要的基础。因此，这四种需要被称为基本需要或匮乏需要；

① 黄龙宝，王晓林. 人性升华：重读弗洛伊德[M]. 成都：四川人民出版社，1996：18-25.

② 马房场子. 消费者心理学[M]. 孝士瀛，译. 北京：工商出版社，1984：33-34.

而自我实现的需要被称为衍生需要或生存需要。在马斯洛看来，高层次需要是在进化史上发展较迟的产物，它更多地为人类所特有。尽管越是低层次需要，其出现越早，但越是高层次需要，其满足越具有长远的意义和价值。

图 8-1 马斯洛需要层次论

马斯洛需要层次理论对理解顾客行为动机，对企业制定有针对性的营销策略，具有重要启示。[①]首先，该理论提醒我们，顾客购买某种产品可能是出于多种需要与动机，产品、服务与需要之间并不存在一一对应关系。在现代社会中，如果顾客购买面包仅仅是为了充饥，那将大错特错。其次，只有低层次需要获得较充分满足后，高层次需要才会得到更好的满足。企业在开发、设计产品时，既应重视产品为顾客提供的核心利益，也要重视产品为顾客提供的附加价值，因为前者可能更多地与顾客的某些基本需要的满足相联系，后者更多与高层次需要的满足相联系，在产品的基本功能不具备的条件下盲目开发产品的附加利益，注定是要失败的。再次，越是涉及低层次的需要，人们对需要的满足物和满足方式越明确，越是涉及高层次需要，人们对需要如何被满足越不确定。饿了要吃食物，渴了要喝水或饮料，对此，顾客十分清楚和明确。但对于获得别人的尊重，如何获得友谊，如何使生活更加美好等这些高层次需要如何被满足，顾客可能并不完全清楚。这也意味着，越是能满足高层次需要的产品，企业越有机会和可能创造差异。最后，越是高层次需要，越难以得到完全满足，原因在于，顾客在满足需要的愉快体验中又会产生更高的需要。

3. 双因素理论

该理论是由美国心理学家赫茨伯格于 1959 年提出来的。20 世纪 50 年代末期，赫茨伯格和他的同事们对匹兹堡附近的一些工商业机构中数百名专业人士做了一次调查。该调查主要是想了解影响人们对工作满意和不满意的因素。结果发现，导致人们对工作满

[①] 符国群. 消费者行为学[M]. 4 版. 北京：高等教育出版社，2021：138-140.

意的因素主要有五个：成就、认可、工作本身的吸引力、责任和发展；导致人们对工作不满的主要因素有：企业政策与行政管理、监督、工资、人际关系及工作条件等。

赫茨伯格将导致对工作不满的因素称为保健因素，将引起工作满意感的一类因素称为激励因素。诸如规章制度、工资水平、福利待遇、工作条件等保健因素，虽然对人的行为不起激励作用，但这些因素如果得不到保证，就会导致不满，从而降低工作效率。激励因素，诸如提升、提职、工作上的成就感、个人潜力的发挥等，则能唤起人们的进取心，对人的行为起激励作用。要使人的工作效率提高，仅仅提供保健因素是不够的，还需要提供激励因素。

将双因素理论运用于顾客动机分析，亦具有多重价值与意义。商品的基本功能，或为顾客提供的基本利益与价值，实际上可视为保健因素。这类基本的利益和价值如果不具备，就会使顾客不满。比如，保温杯不保温，电视机画面质量差，都会导致顾客不满。然而，商品即使具备了某些基本利益和功能，也不一定能确保顾客对其产生满意感。要使顾客对企业产品、服务称赞有加，还需在基本利益或基本价值之外，提供附加价值。比如，使产品或品牌具有独特的形象，产品的外观、包装具有与众不同的特点等。因为后一类因素才属激励因素，对满足顾客较高层次的需要具有直接意义。

商品的哪些特征、利益具有保健因素的成分，哪些具有激励因素成分，不是固定不变的。比如，在电视机刚发明面市的阶段，能够放出图像并伴有声音就足以促使一些消费者进行购买，如果企业的产品还提供了一些其他的功能与服务，那么消费者可能会非常满意。而现阶段，清晰的图像、优质的音响效果几乎成为必要条件。由于更多的功能，更漂亮的外观，品牌的声誉，以及企业不断创新的形象能更多地体现消费者较高层次的需要，因而这些因素带有较多的激励成分。另外，品牌所具有的保健因素与激励因素还会因目标市场的不同、目标消费者生活方式和价值取向的不同而存在差别。[①]

4. 自我决定理论

自我决定论由德西和瑞恩提出，该理论认为，人不是被动地适应环境，而是天生具有心理成长和发展的倾向，个体会主动应对外部的挑战，并把外部经验与自我融合。[②]根据自我决定程度的高低，人的行为动机可以看作一个无动机、外部动机到内部动机的连续体。无动机是完全无目的、无意向、无自我控制的状态；内部动机则是一种高度自主控制的动机状态；外部动机是个体受外部环境控制而产生，最初属于自主程度很低的动机，然而当个体部分或全部内化外部控制规则时，它可以在一定程度上转化为自主程度较高的动机。[③]

人类内在的普遍心理需要包括三个方面，即自主需要、能力需要和归属需要。自主

① 符国群. 消费者行为学[M]. 北京：高等教育出版社，2010：139-140.

② Deci E, Ryan R. The what and why of goal pursits: human needs and self determination behavior[J]. Psychological inquiry, 2000, 11(4): 227-268.

③ 刘丽虹，张积家. 动机的自我决定理论及其运用[J]. 华南师范大学学报（社会科学版），2010(4)：53-59.

需要是指个体希望自己的行动是出于自己的意志，而不是受外界所控制。例如，个体在消费活动中体验到的自主性：个人可以根据自己的偏好、时间等因素自由安排旅游行程，旅游体验可能会更好，或者即使经历了某些不好的旅游体验也会予以"淡化"。能力需要是指个体希望自己能掌控环境，在从事的活动中能体验到胜任感。归属需要是指个体需要来自周围环境或其他人的关爱、理解和支持，并体验到一种归属感。

由上述三种基本需要所驱动的行为动机，均属于内部动机，因此是自主程度非常高的动机。这些动机驱使的行为，以及社会环境中有助于满足前述基本心理需要的事物，均可能给个体带来更好的体验。从这个意义上来说，那些有助于用户提升自我决定感的购物环境，以及帮助用户获得自主性的反馈信息均是顾客价值的重要来源，均值得企业予以高度重视。

三、识别顾客动机

如果问一位顾客为什么买宝马汽车，他很可能会说"宝马车开起来很舒适""我很多朋友开宝马汽车"，或者"宝马汽车外观很靓、马力强劲"。然而，也许还有他不愿承认或没有意识到的原因："宝马能显示我的身份""显示我富有""使我出入高级场所更加自信"。

顾客意识到并公开承认的购买动机被称为显性动机，顾客没有意识到或不愿承认的动机被称为隐性动机。一般而言，与一个社会主流价值观相一致的动机较与其相冲突的动机更易为人所意识和承认。图 8-2 说明了这两种动机是如何影响顾客购买行为的。

图 8-2 顾客购买"凯迪拉克"轿车的显性动机与隐性动机

（资料来源：Hawkins D L, Best R J, Coney K A. Consumer behavior[M]. The McGraw-Hill Company, 1998: 374.）

对于显性动机，一般可用直接询问法获得，而确定顾客购买某一产品的隐性动机则要复杂得多。营销者通常用动机研究技术或投射技术（project technique）获得有关隐性动机方面的信息，表 8-4 列出了几种主要的动机研究技术。动机研究技术在 20 世纪 50 年代和 60 年代初很流行，在 20 世纪 70 年代和 80 年代则较少被采用，但自 90 年代以来，它又重新受到重视。

表 8-4　动机研究技术

	技术	内容
Ⅰ. 联想技术	词语联想	给消费者看一张文字，然后要求他把反应过程中最初涌现在头脑中的那个词记录下来
	连续词语联想	给出一张文字表，每念出表上的一个词，就要求消费者将所联想到的词语记录下来，如此直到表上的每个词念完
	分析与运用	消费者做出的反应被用来分析，看是否存在负面联想。对反应的延迟时间进行测量，以此估计某个词的情感性。这些技巧能挖掘出比动机研究更丰富的语意学含义，并被运用于品牌命名和广告文案测试中
Ⅱ. 完形填空	语句完成	消费者完成一个诸如"买凯迪拉克的人_____"的语句
	故事完成	消费者完成一个未叙述完的故事
	分析和运用	分析回答的内容以确定所表达的主题。另外，还可分析对不同主题和关键概念的反应
Ⅲ. 构造技术	卡通技巧	让消费者看一幅卡通画，然后要求填上人物对白或描绘某一卡通人物的想法
	第三人称技术	让消费者说出为什么"一个正常的女人""大多数医生"或"大多数人"购买或使用某种产品。购物单方法（描述一个会购买这些东西的人具有哪些特点）、"丢失的钱包"方法（描述丢失这个钱包的人叮能会有什么特点）都属丁第二人称技术
	看图说话	给消费者一张画着购买或使用某种产品的人物的图片，让他以此编一个故事
	分析和运用	与完形填空时相同

四、需要、利益与价值

延伸阅读 8-1　市场研究

顾客购买电钻不是获得钻头、机身、把柄等具体属性，而是获得电钻带来的利益和价值，即能方便地在墙上打洞，能获得作为一家之主的能力感和受到家人的称赞（图 8-3）。利益是产品或服务带来的好处，它分为经济利益、功能利益、心理或社会利益。价值或称顾客感知价值是顾客对其所得到的各种利益的主观评价。

图 8-3　属性、利益、价值阶梯

（资料来源：凯普，柏唯良，郑毓煌. 市场营销学[M]. 2 版. 北京：北京大学出版社，2012：55.）

顾客的很多需要是隐性的，他或她自己不一定能够清楚地意识到和表达出来，但对于产品或服务所能带来的利益，以及这些利益带来的价值，顾客通常能够做出评价。从这个意义上讲，产品或服务提供的利益与价值，是满足顾客需要的手段或方式。企业通过彰显产品的价值，通过说明哪些具体利益能带来价值提升，使顾客确信自己的需要在多大程度上能获得满足。有些属性所带来的利益和价值在产品被购买时，顾客就能大致判断，有些属性则不能。根据在购买时顾客能否对产品属性的功效或利益水平做出判断，产品或服务属性可分为搜寻属性、经验属性和声誉属性。搜寻属性是指顾客在购买产品时，凭眼看手摸等感官活动，就能对其品质和带来的直接利益与功效做出大致判断，如产品的价格，蔬菜的新鲜程度等就属于产品的搜寻属性。经验属性是指产品在被购买时，顾客对其品质、利益等无法判断，但在产品被使用一段时间后即可以做出判断。声誉属性则是指该属性在产品被购买时，顾客无法对其利益和功效做出判断，在使用之后也无法判断，像某些医疗手术方法、咨询与教育机构提供的服务，均带有声誉属性特征。

企业通常是从产品属性或特征上介绍其产品，而消费者关注的则是利益和价值。诚如前面所指出的，对于经验或声誉属性，顾客在购买时很难准确判断其利益和价值，因此需要企业采用一定的方式建立属性与利益和价值的联系，以此增强顾客的购买信心。"手段—目标链"就是这样一种工具或方法，它将产品的具体属性与该属性产生的后果，与顾客追求的利益与价值连接起来，即建立属性（attribute）、利益（benifit）和价值（value）三者之间的联系。[①]具体做法如下：让消费者列举出某种产品或品牌属性所能提供的利益，再追问该利益"为何对你很重要"，顾客可能会进一步列出更抽象的利益，此时再继续追问"该抽象利益为何重要"，如此继续直到消费者再也列不出更多的好处或结果为止。例如，应答者可能会把"减少感冒"作为每天服用维生素的好处之一，当问到"少患感冒的好处"时，他也许会列出"工作效率更高"和"精力更好"；再追问"为什么工作效率更高很重要"，他也许会回答"能挣更多钱，能更好养家糊口，能给家庭带来幸福"等。这样，营销者就在服用维生素、身体更好、挣更多钱和家庭或个人幸福之间建立起层层递进的联系。对于同样一个问题，另一个顾客可能会做出不一样的回答。比如，他列出服用维生素使人气色更好、更加自信、人际关系更好，心情更加愉快等。虽然在使用维生素会导致家庭或个人幸福这点上，两位顾客最终会不谋而合，但他们在达成最终目标所遵循的路径则有明显差别。很显然，这类信息对市场细分、产品定位和确定广告主题等均有重要价值。

第二节 顾客如何购买

顾客如何购买产品需要从个人、家庭和组织不同角度分别论述。下面侧重从个人或家庭购买产品或服务的角度加以阐述，组织购买则用专门一节加以论述。顾客并非采用

---

① Reynolds T J, Gutman J. Laddering theory, methods, analysis and interpretation[J]. Journal of Advertising Research, 1988 (2/3): 55-72.

统一的模式来购买产品，他们对不同类型的产品甚至在同一产品的不同购买情形下，会采用不同的购买决策。

一、购买决策过程及类型

想想你第一次购买笔记本电脑的情景。你可能在意识到需要购买这件商品后，会去网上搜索，会向周围的朋友或熟人询问，甚至到实体店铺走访。然后你可能会锁定某几个产品或品牌进行比较，并最终做出选择。在购买回来后，你也可能马上使用，并与他人分享使用体验。基于上述事实，消费者行为领域的学者将购买决策过程分为五个阶段，即问题认识，信息搜集，备选品评价，购买选择，购后行为（图8-4）。

图 8-4　消费者购买决策过程

对于介入程度高的购买，顾客可能会经历上述每一个步骤，但对于介入程度低的购买顾客可能会跳过或简化某些环节。所谓介入程度，是指顾客对购买或购买对象的关心程度和重视程度。根据购买介入程度及被选品牌（产品）的差异程度，购买决策可以分为四种基本类型（图8-5），即复杂型购买、求变型购买、和谐型购买、习惯型购买。[1]复杂型购买是一种较为复杂的购买决策，它一般是在消费者介入程度较高，品牌间差异程度比较大，消费者对品类不熟悉的情况下所做的购买决策。该类决策的显著特点是，消费者在购买过程中要进行大量的信息搜集，并对各种备选产品作广泛而深入的评价、比较，在购买之后仍会十分在意决定的明智程度。求变型购买是在顾客介入程度较低、品牌之间差异比较大的情况下所做的购买决策。此时，顾客通常对品类有了一定程度的了解，或者对这类产品如何选择建立起了一些基本的评价标准，但并不执着于长期固守某个特定品牌，像餐馆的选择、某些时尚产品的购买，均属于这种类型。和谐型购买则是在品牌之间差异不大，消费者介入程度很高的情况下做的购买决策。比如，在为自己选择何种品牌的红酒或何种品牌的巧克力时，顾客的购买介入程度可能并不高，但当把这些产品作为礼品送给朋友时，介入程度会大幅度提升。此时，顾客会花比较多的时间和精力来决定买何种口味、品牌的产品，而且对产品的规格、包装、价格、生产日期等信息格外关注。习惯型购买则是在消费者认为品牌之间差异不大，也不愿意花太多时间、精力所做的购买决策。表8-5比较了不同类型决策下顾客购买行为差异。

① Howard J. Introduction: The nature of Consumer Behavior.// Carpenter G., R. Glazer and K. Nakamoto. Readings on Market-driving Strategy. Addison Wesley Longman, 1997: 3-18.

	介入程度高	介入程度低
品牌间差异大	复杂型购买	求变型购买
品牌间差异小	和谐型购买	习惯型购买

图 8-5　顾客购买决策基本类型

表 8-5　不同决策类型下顾客购买行为差异

决策类型	信息搜集范围与数量	决策速度	重复选择同一品牌的可能性	心理过程
复杂型购买	广泛	慢	小	形成概念
求变型购买	一般	较快	小	获得概念
和谐型购买	较广泛	中等	中	获得概念
习惯型购买	很少	快	大	运用概念

二、不同购买决策阶段行为描述

（一）问题认识

存在两种类型的问题认识，一种是主动型问题认识，另一种是被动型问题认识。前者是指不需他人提醒，就能意识到的消费问题。例如，电脑坏了要找人修理或换一个新的电脑就属于这种类型。后者是指只有经他人提前提醒，才会意识到的购买问题。比如，下大雪之前，很多家庭并没有意识到要提前买一把铲雪的铁铲。促使顾客产生问题认识的因素很多，但最主要的是理想状态与现实状态的差距及其大小。比如，你刚买了一部小米的手机，但几天之后发现小米出了一款更新颖、功能更强的手机，你虽然更中意这款新手机，但并不会马上采取购买行动。

（二）信息搜集

在意识到要购买某种产品解决特定消费问题后，顾客会着手搜集信息。信息搜集分内部信息搜集和外部信息搜集两种类型。内部信息搜集是指顾客将过去储存在记忆中的有关产品、服务信息提取出来，以服务于解决当前问题的过程。在内部信息搜集不足以找到合适的解决办法的情况下，顾客会进行外部信息搜集。外部信息搜集是指顾客从外部来源，如同事、朋友、商业传媒、互联网等信息渠道，获得与某一特定购买决策相关的数据与信息。顾客在多大程度上进行外部信息搜集，既会考虑外部信息搜集的利益与成本，也受购买决策的风险大小，顾客自身的特征，时间等情境因素的影响。

（三）备选产品评价

顾客通常会形成一个考虑集或被选集，哪些产品或品牌会进入该考虑集，则受品牌知名度、顾客知识和过去购买体验等众多因素的影响。对进入考虑集的产品，顾客会采用一定的指标或标准进行评价。通常，顾客会根据产品属性及这些属性带来的利益对被选集里的产品做出评价。在产品的物理或化学属性等内在线索不足以评价产品的情况下，顾客会采用诸如品牌、包装、价格等外部线索对被选品做出评价。

（四）购买选择

在对被选品做出评价的基础上，顾客会根据一定的选择规则从被选品中选择最合适的产品或品牌。以购买汽车为例，顾客如果在购买凯美瑞与购买本田之间做选择，他或她会在配置、油耗、内饰、外形、价格等多方面进行比较，然后对每个品牌做出综合评价，形成"哪个品牌更物有所值"的判断，并据此做出选择。如果顾客主要是根据产品的属性做判断，并在各属性之间做出权衡，如油耗更低则愿意支付更高价格，后备箱小点可以用汽车外观更漂亮来弥补，则顾客是采用补偿式规则做出选择。如果顾客为某一两项属性规定最低标准或要求，即使其他属性方面表现最好，如果没有满足特定属性上的最低要求，也不会购买该产品，此时顾客采用的是非补偿性选择规则。识别顾客是采用补偿式还是非补偿式选择规则之所以重要，是因为在非补偿式规则下，即使企业在某些属性或利益层面做得最好，也不一定能获得顾客的认可。

在购买选择阶段除了要考虑顾客是如何做出产品选择外，还要考虑顾客通过何种渠道购买产品。除了进实体店购买外，现在日益增多的消费者偏向在线购买产品。对于特定产品，到底哪些类型的顾客倾向在网上购买，哪些类型的顾客倾向在实体店，以及在哪种类型的实体店购买，也是企业需要高度关注的。即使顾客在家里已经打定主意购买某个特定的产品或品牌，但在进入商店后，顾客仍可能改变主意。导致顾客改变选择决定的原因可能包括一些情境因素，如店内气氛、产品规格、竞争品牌的促销活动等，也可能涉及支付条件、送货、安装等与顾客价值直接相关的因素。

（五）购后行为

1. 购后冲突

购后冲突是指顾客在购买后有某种不安或不踏实的感觉，怀疑自己的购买决定是否合适，是否明智。造成购后冲突的直接原因，是选择某一产品或品牌是以放弃另外的选择作为代价，即机会成本的存在。在下列情境下，认知失调的可能性会增加：第一，购买对顾客极为重要；第二，购买决定不可改变，即一旦做出购买选择，顾客反悔或改变的可能性会很小；第三，供选择的备选品在各方面十分接近，难以取舍。企业可以通过提供售后保证、无条件退货、提供正面信息等方式降低顾客购买后的冲突感。

2. 产品使用与闲置

一些产品的使用，需要提供使用说明和指导，尤其是那些涉及健康和安全的产品，如果消费者不适当地使用，不但可能降低使用体验，还可能造成严重后果。消费者对产品还可能做创新性使用，即将产品应用到与设计用途不同的情景下。有些情况下，产品的创新性使用会带来产品销售量的增加，从而对企业产生正面影响。比如，酵母除了被用于烹饪外，还被用于冰箱的清洗和除臭，由此导致酵母销售量的增加。在另一些情况下，顾客在产品设计范围之外使用产品，可能给顾客带来伤害。比如，在美国，曾有顾客将微波炉当板凳使用，并引发诉讼，因为说明书中没有明示微波炉的承重信息。了解产品如何被使用，可能会为企业改进产品设计提供思路与信息。宝洁公司的研发人员长期认定消费者在厨房洗碗时，是先将洗洁精倒入盛满水的水池中，再用海绵或洗碗布清洗碗碟，然后再用清水漂洗。后来调查发现，绝大部分顾客并不是如此洗碗，他们是先将洗洁精直接挤在要洗涮的碗或碟上，再进行清洗和冲刷。[①]这一调查发现，对公司产品改进颇有启发，因为这意味着清洁剂的浓度可以大幅降低，从而带来成本的节约。

产品的闲置也是一种值得引起企业高度关注的购后行为。实际上，很多产品被顾客购买后并没有使用或只做了有限的使用，这就是所谓产品闲置。产品闲置对企业、对消费者均是一种损失，后者丧失了金钱，前者失去了对顾客进一步施加购买影响的机会。造成产品闲置最主要的原因是产品购买决策和使用决策在时间上的分离，这种分离造成顾客在购买时设想的使用情境没有出现。另一个可能的原因是，企业没有为产品的使用和消费创造令人满意的条件和环境。比如，很多顾客拥有多个银行的信用卡，但其中大部分的卡并没有被使用。

3. 顾客的满意与不满

顾客满意是顾客将购买前的预期与购买后的使用表现进行比较而得到的一种主观感受。在满意的情况下，顾客更倾向进行正面宣传并形成未来的重复购买。在不满的情况下，则可能采用诸如负面口碑，转换品牌，向企业抱怨和要求补偿，寻求第三方干预等各种措施。影响顾客满意的因素包括顾客预期、竞争产品状况、产品与服务品质、顾客对交易是否公平的感知、消费者归因等。顾客对大多数产品的评估，侧重于两个方面，即工具性能和象征性能。[②]工具性能回答"产品是否做到了它应该做的"，即产品功能是否达到了顾客预期。象征性能更多涉及产品形象方面，回答"产品是否让我感觉更好"。产品在工具性能方面表现不如预期会导致顾客不满，在象征性能方面达到或超过顾客预期会导致顾客满意。

为提高顾客满意度，企业需从管理顾客预期和提高顾客感知绩效两方面入手。比如，要防止夸大宣传，防止不能兑现的承诺；提升产品的内在品质，提供超越竞争产品的价值等。另外，在顾客表达不满的情况下，要及时采取补救措施，使顾客反映的问题尽快得到合理解决。

4. 产品和包装的处置

随着公众对环境问题的关注，日益增多的消费者在购买产品时就开始考虑其处置问题，甚至把这视为产品的一个属性。对于一些产品如家具、汽车而言，如果顾客不能很

---

① Meanwhile P&G is losing one of the best customers[N]. The Wall Street Journal, 1985-05(31).
② 马歇尔，约翰斯顿. 营销管理精要[M]. 符国群，唐晓炜，贾婷彦，译. 北京：北京大学出版社，2014：147.

好地处置，会直接导致新的购买决定的推迟。另外，一些产品如汽车、书籍的处置还会导致形成巨大的二手货市场，该市场可能降低顾客对新产品的需求。顾客可能采用诸如出租、出借、扔掉、赠送、出售等各种手段处置其不再使用或使用价值变小的产品（图 8-6）。

图 8-6　顾客处置产品的主要方式

三、数字化环境下的购买决策过程

数字化环境对消费者行为的塑造和影响体现在多个方面：一是个体与外部世界的连接方式发生了根本性改变；二是碎片时间的利用；三是生活的"社群化"和虚拟化；四是"在线"既是一种生存状态，又是一种沟通媒介，还是一种获取"资讯"、产品和服务的渠道。①

数字化环境及消费者对这种环境的应对，使购买决策过程也发生了相应的改变。早在 2004 年，日本电通公司就注意到了这种改变，并从广告如何影响消费者的视角提出了 AISAS 模型。传统的衡量广告效果的层级效果模型，即 AIDA 模型，是从引起顾客注意（attention），激起兴趣（interest）和欲望（desire），促发行动（action）四个方面来评价广告产生的影响。在数字化环境下，由于消费者能"实时"运用互联网进行广泛"连接"，使得信息搜集和体验分享能以更快捷、更生动、更容易和更低廉的方式实现，由此导致消费者的主动型信息搜集和分享行为成倍增长。基于此，AISAS 模型在注意（attention）、兴趣（interest）和行动（action）之外，增加了信息搜集（search）和分享（share）这两个重要环节。

前面介绍的消费者决策过程模型是在"工业经济"背景下提出来的，其关注的是在消费者面临众多"同质性"很高的备选产品或品牌时如何选择的问题。基本逻辑是，在消费者意识到需求问题后，会形成一个"考虑域"，决策过程就是将考虑域里较多的品牌逐步减少，最终选择或锁定某个特定品牌，这被称为消费者决策的漏斗模型。在数字化经济背景下，由于消费者花很多时间在网上"冲浪"，能很方便地获得与产品、品牌相关的信息，而且消费者对相关主题的点击、关注能很快被企业捕捉到，企业甚至可以即时对消费者"此时此地"的需求作出反应，由此使消费者决策过程缩短，而且不必遵循前面所描述的那种"线性决策过程"。基于此，有学者提出了决策过程的"双环模型"，并

---

① 卢泰宏. 消费者行为学 50 年：演化与颠覆[J]. 外国经济与管理，2017，39(6)：23-37.

呼吁以此替代传统的"漏斗模型"（图 8-7）。[①]

图 8-7　数字互联环境下的消费者决策：从漏斗模型到双环模型

（资料来源：周欣悦. 消费者行为学[M]. 2 版. 北京：机械工业出版社，2021：219.）

　　双环模型的基本思想是，消费者可能经由考虑—评估—购买—体验与支持到再购买进入决策"小循环"，也有可能在购买之后由于体验不好或者由于外部信息的获得而重新启动购买从而再次进入决策"大循环"。与漏斗模型相比，决策的双环模型特别强调以下几点：第一，消费者的决策过程或决策之旅不一定是一个线性过程，更可能是一个循环过程，这意味着决策过程各环节是相互影响的。第二，消费者在考虑阶段所形成的"考虑域"在评估阶段不必然变小，消费者随时有可能把原来不在初始考虑域的品牌纳入考虑范围。第三，将"评估"和"体验"置于更加重要的地位。在漏斗模型的指导下，企业通常会更加重视"考虑"与"购买"环节。例如，企业会通过广告或品牌塑造，让企业品牌进入消费者考虑域，然后通过促销等手段让消费者产生购买行动。双环模型意味着，即使企业的品牌没有进入初始"考虑域"，如果能在"评估"阶段及时了解消费者的关切点，并采取适当策略也有可能让消费者把品牌纳入评估范围。第四，区分"被动忠诚"的消费者和"主动忠诚"的消费者，识别出两者在购买决策各阶段的差异。[②]

　　双环模型提出后，有学者提出了改进模型，甚至试图将传统的漏斗模型与强调主动信息搜集和体验分享的"双环模型"相整合，以此解释网络购物与传统购物并行背景下的消费者决策过程[③]。对企业而言，重要的是理解数字化背景下消费者如何运用互联网和数字化技术来解决他们所遇到的问题，以及他们如何用这些技术影响"他者"，又如何受"他者"的影响。比如，根据双环模型的思路，很多企业可能需要调整其营销预算安排，将部分资源甚至很大一部分资源用于改善消费者的"搜寻体验"，或通过建立粉丝群等方式鼓励消费者进行"体验分享"。

---

　　① Court D, Elzinga D, Mulder S, et al. The consumer decision journey[J]. Mckinsey Quarterly，2009，3(3)：1-11.

　　② Edelman D C. Branding in the digital age：your spending your money in all the wrong places[J]. Harvard Business Review, 2010, 88 (12)：64-69.

　　③ 李双双，等. 消费者网上购物决策模型分享[J]. 心理科学进展，2006，14(2)：294.

第三节　影响购买行为的主要因素

影响个体或家庭购买行为的主要因素大致可以分为四类：一是个体与心理因素；二是社会与文化因素；三是情境因素；四是市场营销刺激因素。由于市场营销刺激因素（具体讲就是市场营销战略与策略）多是在分析那些不能为企业所控制的因素的基础上形成的，而且本书的大部分章节所讨论的就是这些因素。因此，本节重点讨论影响顾客购买的其他三类因素（图8-8）。

图 8-8　影响顾客购买的主要因素

一、个体与心理因素

（一）经济因素

经济因素主要是指收入、资产与信贷能力。像旅游、奢侈品等产品的购买主要受个人可任意支配收入的影响。所谓个人可任意支配收入是指个人可支配收入中扣除了维持个人与家庭生存所必需的支出（如房租、水电、食物、燃料、保险）后的那一部分收入。在一定时期内，顾客可以通过分期付款、借贷等方式来扩充消费能力。比如，如果个人或家庭有房产等财产，则短期可以通过信用方式从金融机构贷款，用于当前消费。此外，我国不少消费者尤其是年轻消费者在购买住房、汽车等大件商品时，还有可能获得来自父母和亲朋好友的资助，由此超越个人收入的限制。

经济因素主要从三方面影响购买行为。一是作为一种约束条件影响购买决定。比如，只有收入水平高的家庭，才能够购买豪宅、豪华汽车和频繁去国外旅游。收入水平较低的家庭可能消费不起上述产品，而只能购买相对低端的产品与服务。二是影响顾客对产品价格的敏感性。虽然收入较高的顾客中也有对价格非常敏感的，但总体而言，较低收入顾客的价格敏感程度更高。三是影响对知名品牌的支付意愿。通常，更高收入水平的顾客更愿意对有声誉的品牌支付溢价。一种可能的原因是，较高收入水平的顾客更看重产品或品牌所带来的象征性价值，而收入较低的顾客则更看重产品的功能性价值。

　　在分析经济因素对顾客购买行为的影响时，还需要考察非经济因素，如社会阶层、性别、产品类型等如何与经济因素结合起来对购买行为产生影响，即考察经济因素和非经济因素对购买行为产生的交互影响。比如，在很多国家，购买大屏幕和高档彩电的家庭主要是工人阶级家庭，而不是富有阶层，因为后者看彩电的时间相对较少。另外，一些极为成功的高收入阶层，在追求产品或品牌的形象与象征性方面，反而没有某些中产阶层的顾客那么强烈。因此，不能简单地将收入水平与购买高档产品和高形象性产品画等号。

（二）时间与知识

　　收入、财富无疑是顾客的重要资源，前面在讨论经济因素的影响时，对此已有涉及。其实，除了经济因素外，时间与顾客知识对顾客的购买行为也有重要影响。一个人的时间可分为工作时间、非自由处置时间（如吃饭、睡觉、家务等占用的时间）、休闲时间。有很多消费、购买活动与顾客的休闲时间息息相关，如旅游、养宠物、钓鱼、看电影等，均需要占用时间。时间类似于收入，会对很多顾客构成一种资源约束。对于时间越匮乏的消费者，如何节约其时间，或者在产品与服务定价过程中如何考虑时间因素的影响，均是企业需要认真对待的事。

　　顾客知识是指与履行顾客功能相关的那些信息，它并不必然与顾客所受的教育成正比。顾客知识涉及产品知识、购买知识和使用知识。对顾客行为影响最大的不一定是顾客的客观知识，而可能是顾客的主观知识。后者是顾客自己认为掌握了多少有关产品和购买的知识，实际上是顾客对自身具备哪些知识及对产品是否熟悉的主观感受。在缺乏知识的情况下，顾客更可能主动搜集外部信息，而如果自认为具备购买知识，则更可能停止外部信息搜集。另外，如果顾客的使用知识缺乏，产品的功用可能得不到有效发挥，或者会降低产品使用时的满意感。

延伸阅读 8-2　从居民时间利用视角看消费变迁与趋势

（三）年龄与个体生命历程

　　年龄有实际年龄和心理年龄之分，企业通常是根据实际年龄对消费者进行分析。典型的是把消费者分为"70后""80后"或"Z世代"（1995年至2010年前出生）等。如此划分的背后逻辑是，同一世代的消费者经历了大体相同的重大社会生活事件，这些事件会塑造他们的行为，使之在某些行为上趋于一致。以我国的"Z世代"为例，该世代消费者约2.6亿人，具有如下消费特征：一是偏爱社交性消费；二是更愿意为自己的兴趣买单，更喜欢具有强烈情感代入感的产品；三是注重对颜值的追求，更愿意花钱塑造自己的颜值。[①]

　　与年龄相关的一个概念是个体生命历程，是指个体在不同人生阶段所经历的重大生

---

① 北京诺拓信息咨询有限公司. 中国新一代消费群体（Z世代）调研报告[N]. 2021年3月23日.

活事件，如结婚、生育、家人离世、离婚等。这些事件一方面会直接带来可预测的购买与消费，另一方面会使个体或家庭决策行为产生重大变化。比如，结婚会带来与婚庆相关的各种消费，如婚宴、结婚戒指、婚纱照、蜜月旅行等。与此同时，新婚夫妻需要彼此调适，确立新的决策模式。例如，在家庭购买决策上是实行联合决策还是由夫妻中的一方主导。

（四）知觉与学习

知觉是人脑对营销刺激物的各种属性和各个部分的整体反应。知觉以感觉为基础。人在知觉时，接受感觉信息的输入，在已有经验的基础上，形成关于当前刺激是什么的假设和期待，和关于刺激物的总体印象。企业提供的产品、服务的特点和利益只有在被顾客知觉的基础上，才能打动和影响顾客。因为顾客会选择性注意企业提供的各种营销刺激，因此了解顾客是如何知觉其产品的，对企业而言十分重要。首先，企业需要关注顾客对其产品、服务质量的知觉。顾客既可能根据产品的内在线索如质感、材质、纹理等形成关于产品品质的总体印象和判断，也可能根据产品的外在线索，如价格、包装、购物场所等形成对产品品质的感知。何种条件下顾客主要根据内部线索，何种条件下顾客主要根据外部线索形成产品质量的认知，这需要企业通过调查和观察予以识别。其次，了解顾客的知觉风险。任何购买均可能涉及各种可能的风险，但只有被知觉到的风险才影响顾客的行动。产生知觉风险的原因很多，包括以前没有购买或使用体验，或者有过不满意的经历，或者购买本身比较复杂等。顾客通常会运用主动搜集信息、寻求商家保证、形成品牌忠诚和从事从众购买等方式降低知觉风险。

学习是指人在生活过程中，因经验而产生的行为或行为潜能的比较持久的变化。与消费者行为分析联系比较密切的两种理论是：经典性条件反射理论和操作性条件反射理论。经典性条件反射理论由俄国生理学家巴甫洛夫创立。该理论的基本思想是，一个中性刺激（如小米）与一种无条件刺激（某个明星）反复配对出现，顾客慢慢会像对明星那样对小米手机形成好感。该理论为明星广告为什么有效果提供了理论支持。操作性条件反射理论由美国行为主义心理学家伯尔赫斯·斯金纳（Burrhus Skinner）创立。该理论认为，消费者的某项行为之后如果伴随诸如满意、赠品等强化，那么他或她下次再从事该行为的可能性会提高。操作性条件反射理论为产品试用、顾客忠诚计划等营销活动提供了理论支持。

（五）态度

态度是指消费者对某一事物或观念所持有的正面或反面的认识上的评价、情感上的感受和行为上的倾向。态度的核心是消费者对态度客体的好恶倾向。态度不是天生就有的，它是一种习得性行为。加工可能性理论认为，人们在处理信息过程中，有可能投入较多或较少的认知资源，这样顾客对"营销信息"本身的加工就有深浅之分，由此形成两种态度路径，即中心路径与边缘路径。所谓中心路径，是指顾客对广告中的产品信息本身进行较深入、系统加工，由此形成的态度具有相对的稳定性和对行为的可预测性。边缘路径则指根据劝说信息之外的线索，如广告中的背景音乐、代言人的吸引力等形成对产品或品牌的态度。经此途径形成的态度，通常更容易改变，对行为的预测程度相对较低。态度一经形成，可能直接影响购买意向，并最终影响购买行为。

费希本合理行动理论认为，态度本身并不能直接预测行为，而是透过意向影响行为。不仅如此，很多情况下，购买意向还要受主观规范与感知控制的影响。典型情况是，你购买某个品牌的汽车，不完全是由你是否喜欢该产品本身所决定，还要考虑该车是否符合你的身份，是否能说服家人接受你的决定等，见图8-9。

图 8-9　计划行为理论模型

（资料来源：Ajzen I.　From intentions to actions: A TPB[J]//Kuhl J, Beckmann J. Action Control: From Cognition to Behavior. Berlin: Springer, 1985: 11-39.）

（六）自我概念与生活方式

自我概念是个体对自己所拥有的特征的信念，以及对这些特征的自我评价。[1]每个人都会逐步形成关于自身的信念和看法，如是丑是美、是胖是瘦、是能力一般还是能力出众等。自我概念回答的是"我是谁？"和"我是什么样的人？"等问题，它是个体自身体验和外部环境综合作用的结果。存在多种类型的自我概念，如"实际的我""理想的我""期望的我"等。一般认为，消费者将选择那些与自我概念相一致的产品与服务，避免选择与自我概念相抵触的产品和服务。正是在这个意义上，研究消费者的自我概念对企业特别重要。

生活方式就是消费者如何生活，它通过一个人的活动、兴趣和意见反映出来。生活方式的形成在很大程度上由一个人的内在个性特征所决定。现在，营销者把对生活方式的测量与对个体在价值观、态度、人口统计特性等方面的测量结合起来，从而在此基础上对市场进行细分。[2]

---

① Sirgy M J. Self –concept in consumer behavior[J]. Journal of Consumer Research. 1982(12): 287-300.
② 符国群. 消费者行为学[M]. 4 版. 北京：高等教育出版社，2021：260-268.

二、社会与文化因素

（一）社会阶层

有的顾客处于社会的顶层，有的顾客则处于社会的中层或底层。所谓社会阶层，就是具有相同或类似地位的社会成员组成的相对持久的群体。同一阶层的社会成员，由于经济或社会地位相似，其生活方式、行为方式会显示某些类似性，并会在消费和购买行为中体现出来。比如，近几年，在我国富裕和精英阶层，高尔夫球运动比较流行，而这种行为在社会中下层则比较少见。有研究发现，越是上层的消费者，使用的语言越抽象；越是下层的消费者，使用的语言越具体。较高阶层的顾客较少光顾主要是针对较低社会阶层顾客的商店，但较低社会阶层的顾客则较多地光顾主要是针对较高阶层顾客的商店。[①]研究顾客所处社会阶层的主要目的，是识别处于某一特定阶层的顾客，有哪些是与此一阶层相联系的独特行为，有哪些是基本上不会采取的行为，有哪些是与其他社会阶层的顾客共有的行为（图 8-10）。

图 8-10　并非同一社会阶层内的所有行为都是独特的

（二）参照群体

参照群体是顾客在形成其购买决策时，用以进行参考、比较的个人或群体。很多情况下，我们在购买某种产品或选择某个品牌时，会参考与我们类似或为我们所羡慕的个人或群体的行为，考虑他们在类似情境下，会做出何种选择。参照群体通过规范、信息和价值表现三种方式影响顾客行为。参照群体对顾客购买行为的影响程度取决于很多因素。一是产品使用时的可见性。产品或品牌的使用可见性越高，参照群体的影响力越大。二是产品的必需程度。越是非必需品，参照群体影响越大。三是产品与群体的相关性。某种活动或行为与群体功能的实现关系越密切，个体在该活动中与群体保持一致的压力越大。四是产品所处生命周期。在产品生命周期的早期，个体是否购买某种产品受群体影响大，但在选择哪个品牌上受群体影响相对较小。在产品的衰退期，群体影响在产品

① Rich S U, Jain S. Social class and life cycle as predictors of shopping behavior[J]. Journal of Marketing Research, 1968, 15(1): 41-49.

和品牌选择上都比较小。另外，个体对群体的忠诚程度、个体在购买中的自信程度，均会影响群体作用的发挥。

一类很重要的参照群体是意见领袖。意见领袖是指在某个或多个产品领域频繁为其他顾客提供信息或咨询意见，从而对后者的决策产生重要影响的人。在口碑营销中，意见领袖发挥关键性作用。由于意见领袖生活在顾客中，甚至是经常见面的朋友、熟人，所以意见领袖提供的信息和建议，容易为顾客所信赖。意见领袖具有自信、喜欢社交、有创新性、乐于分享等特征，但在现实生活中要准确识别出来也并非易事。互联网的兴起，以及网上踪迹追寻成本的下降，为识别意见领袖提供了新的和更具前景的可能。企业主动运用意见领袖来营销的方式通常有：让意见领袖免费试样产品；在广告中使用意见领袖；鼓励意见领袖利用微信、微博等建立自己的社交群，并在群内传递产品或品牌使用体验。

（三）家庭

家庭是以婚姻、血缘或收养关系为纽带而形成具有共同生活活动的社会基本单位。由于个体与家庭成员互动密切，所以在购买中个体自然受家庭成员的影响比较大。家庭也是一个基本决策单位，在购买产品或服务过程中，家庭成员在购买决策的不同阶段会扮演不同的角色。在分析家庭对购买和消费的影响时，通常会关注以下方面：一是家庭决策模式。即购买家庭用品时是夫妻共同决策，还是其中一方主导。二是家庭成员各自扮演的角色，尤其是小孩在家庭决策中的作用和影响。三是家庭决策中冲突的解决方式。四是家庭生命周期不同阶段的消费特点及家庭成员的行为方式。五是家庭如何在不同品类和不同家庭成员之间配置资源，背后受哪些因素的驱动。

延伸阅读 8-3 现代中国家庭中的亲子关系

（四）文化与亚文化

文化不容易被定义。在营销和消费者行为分析领域，我们关注的是特定社会中的成员所共同持有的信念、价值观和风俗习惯对顾客行为的影响。文化的影响是潜移默化的，它从多方面影响人的行为，其中三个方面与顾客行为尤其相关。一是语言。语言是文化的重要载体，也是社会最主要的沟通工具。很多情况下，语言所传递的含义，远比其字面含义丰富。当脱口秀演员用上海普通话让上海人捧腹大笑时，北方听众可能没有半点儿笑意，这里反映的是语言背后的语境及其含义。当真功夫最初用"168"作为店铺名称时，不是所有的非广东消费者都能将其与"一路发"的含义联系起来。在我国企业走向海外的过程中，语言翻译所产生的问题尤其需要引起重视。比如，我国在改革开放早期将国内一些知名品牌如"凤凰"（peacock）相机、"帆船"（Junk）文具出口到海外市场时，就因为翻译失误而造成产品不被境外消费者接受的惨痛教训。二是文化价值观。文化价值观是同一文化下的大多数社会成员普遍接受的规范与信念。文化价值观一旦被个体内化和接受，就成为其个人价值系统的一部分，并影响、制约其行为。比如，不少学者注意到，我国部分消费者购买汽车要大气，为迎合这种心态，德国的一些汽车公司，将汽车加长后出售到我国。在我国的营销传播中，"太太牌""亲子牌""孝敬牌"此起彼伏，也从一个侧面反映了我国的确是一个人情社会的现实。三是非语言沟通的文化因素，包括时间观、空间观、象征、契约、礼仪与礼节等。比如，在不同文化下，同一颜色可能代表不同的寓意。在日本，灰色与廉价商品联系在一起，而在美国，灰色则代表昂贵、高质量和值得信赖。

文化为一个社会或一个群体所共享，从世界范围或某个地理范围看，会形成很多次级文化或亚文化。在我国既有区域亚文化，也有宗教亚文化和民族亚文化。这些亚文化各自从某些方面影响其所属社会成员的行为。例如，我国不同地域消费者在饮食习惯、甚至性格特征方面都会存在某些差异；不同民族的消费者则在风俗习惯、价值观念等方面存在差异。一项关于宗教背景与休闲活动的研究发现，信奉新教和天主教的消费者比信奉犹太教的消费者，更倾向"孤身"或"个体性"活动，而后者更喜欢"集体类"活动。[1]

三、情境因素

情境因素不同于社会文化等外部环境因素，它对顾客购买决策的影响更为直接，在很多决策节点上，情境因素的影响至为关键。由于情境因素在很大程度上不能由企业直接控制，从这个意义上讲，它对顾客购买行为的影响又与外部环境因素有类似之处。

情境因素是指消费或购买活动发生时顾客所面临的短暂的环境因素，如购物时的气候、购物场所的拥挤程度、消费者的心情等。有学者认为，情境由五个因素或五个方面构成，分别是物质方面、社会方面、时间、购买任务、购买前的先行状态。[2]物质方面主要是指顾客面临的有形物质环境，如商店地理位置、气味、音响、灯光、天气、商品周围的物质等。社会方面通常涉及购物或消费活动中他人的存在与互动，如是单独购物还是与朋友一同购物。时间是指购物或消费发生时消费者可支配时间的充裕程度，也可以指活动或事件发生的时机。购买任务通常是指顾客具体的购物理由或目的。先行状态则是指顾客带入消费或购买时的暂时性情绪（如心情）或状态（如疲劳）。

情境可分为购买情境、沟通情境和使用情境。这几种类型的情境可以是彼此分离，也可以是相互重叠。比如在餐馆用餐时，购买情境和使用情境甚至沟通情境可以在同一空间下发生。但在很多情境下，无论是时间还是物质或社会方面，使用情境与购买情境或沟通情境是不同的。顾客密度是一种典型的情境因素，但它如何影响消费者购买行为，则依具体的情况而定。拥挤度较高如果发生在银行，顾客很可能会感到不快，但如果发生在餐馆则很可能是一种正面的暗示。因此，拥挤对行为的影响并不一定都是负面的。

---

① 符国群. 消费者行为学[M]. 2 版. 北京：高等教育出版社，2010：273.
② Belk R W. Situation variables and consumer behavior[J]. Journal of Consumer Research, 1975, 2(3): 157-164.

第四节　组织购买者行为分析

组织购买者或组织客户，包括产业市场客户、中间商客户、政府客户、非营利组织客户。这些不同类型的客户，实际上在需求和行为决策等方面存在很多差异。下面重点围绕产业客户的决策过程及影响因素做介绍。

一、组织购买者行为特点

（一）衍生性需求

组织购买者尤其是产业市场购买者，其购买原料、部件、软件系统等产品，是为了制造面向终端消费者或转售市场的产品，因此，其需求是衍生性的，即其需求的品种、数量、规格等受制于终端市场。终端消费者的需求波动传导到上游的供应商，会产生较长的时间延滞，原因是处于中间位置的制造商，会通过囤货、消化库存等应对终端市场的需求波动。结果是，终端市场需求的微小变动，传导到上游供应商处，将出现某种"放大"或"扭曲"效应。对于面向产业市场销售产品的企业，仅仅了解直接用户的需求是不够的，而是需要同时了解终端市场需求变化。由于不直接与终端用户接触，上游供应商要准确把握终端消费需求实际上并不容易。

另外，如果不能把握或影响终端市场的需求，不能更大程度地为终端消费产品提供增值，上游供货企业的销售会处于巨大的不确定状态。英特尔（Intel）作为一个生产电脑部件的企业，之所以花巨资面向购买电脑的个人和家庭营销其品牌，根本目的就是以此刺激终端用户选购装有英特尔芯片的产品，从而拉动对芯片的需求，同时稳定芯片的价格。

（二）决策过程复杂

首先，与家庭或个人购买不同，组织购买参与者更多，影响购买决定的机构和人员也更多。诚如前面所指出的，以购买高层建筑用的电梯为例，参与者包括业主、建筑承包商、施工单位、设计院等众多机构，每一个机构里的某些人员均可对电梯采购产生一定影响，因此识别出哪些关键人物在哪些环节产生何种影响，对销售电梯的企业至关重要。其次，决策过程比较正式、历时较长。一些组织购买不仅要立项，而且要采用公开招标的方式，对那些非通用和未经市场验证的产品，有时还需要进行测试，由此增加决策的复杂性。最后，一些大型设备、关键零部件或工程项目的购买，既涉及前期的长期磋商、谈判，也涉及后期的维护、保养，而且产品或服务一旦达不到要求，会给买方造成巨大的损失，因此组织市场购买既需要买卖双方建立互信，有时还需引进诸如保险公司、咨询公司、担保公司等第三方机构。

（三）专业性购买

很多组织用户设立了专门的采购团队，雇用具有专业特长的人员负责采购。专业采购团队不仅要有懂产品和技术的专家，还要有懂经济和价值核算的专家。很多情况下，采购团队还需要联合来自研发、制造、市场、财务等多个部门的人员，甚至引进企业外部的专家组成团队，与供应商、终端用户一起确定技术参数、商定解决方案，共同为最终用户创造价值。以华为为例，华为不仅在早期对供应商进行严格的审核和筛选，而且之后还会通过提供技术支持、通过与供应商合作开发等方式来确保供应品的质量。

二、组织购买类型与导向

（一）组织购买类型

通常，组织购买可分为三种基本类型，即直接重购、修正重购和全新购买。

1. 直接重购

直接重购是指不改变现有供应商，且按照与过去大体类似的交易条件订货。此时涉及的是一些常规性购买，购买不确定性低，买方遵循既定的规格要求及标准订购产品，甚至可以采用数字化或智能系统自动订货。很多易耗品如文具、纸张及一些标准化的原料和通用件，均可采用直接重购方式订货。这种类型下的购买，由于不需要产生新的连接，也不涉及大量的磋商，可以大大降低交易成本。

2. 修正重购

修正重购是指买方对所购产品的规格、价格或其他交易条件做出调整后再向现有供货商或新的供货商订货。此时，采购方面临某些新的需求或问题，要求在产品性能、型号和交易条件等方面做出某些调整和改变，因此买卖双方需要就此进行协商。由于买方对自己的需求及产品规格等方面有明确的认知，此类购买既不像全新购买那样复杂，也不像直接重购下的程序化购买那样简单。

3. 全新购买

全新购买是指采购方第一次购买某种新的产品或服务。此时，企业面临的是新的备选品，没有先前经验可资借鉴，面临较大的风险，不仅要考察供货商的信誉和资质，而且还需与供货商就各种交易条件逐项协商，因此决策过程远比前面两种购买类型复杂。

（二）组织购买导向

购买导向或购买取向是指企业在采购产品或服务时所持有的一整套理念与规则，用以指导采购经理与供货方达成具体的交易条件。根据交易的关注重点与范围，购买导向可以分为直接交易导向、采购导向、供应管理导向。[①]三者的主要不同是它们聚焦的重点及涉及供应链系统的范围存在不同。直接交易导向聚焦于某笔或某项购买在价格、数量、交货期等方面的交易条件，持有一种"分蛋糕"的心态，力求在采购中将己方的风险最小化、利益最大化，因此采购价格往往成为用户关注的焦点。此时，采购企业会采取诸如货比三家、供货成本分析、全球范围寻找供应商等方式来削弱特定供应企业的议价能力。采购导向则试图通过与供应方的合作，探讨共同把"蛋糕"做大的方式，来提升采购企业的价值创造能力。此时，采购经理将视野从交易本身扩展到更广的范围，寻求通过提升产品质量、降低总成本、整合资源等方式来发展与供应商的长期合作关系。供应管理导向则进一步把视野扩展到整个价值链，不仅考虑与供应商的合作，而且聚焦于如何与供应商一起共同为最终用户创造价值，形成多赢局面。在不同的购买导向下，客户在购买过程中的行为模式截然不同，因此与之打交道的方式也应有所区别。

三、组织购买决策过程

有学者将组织用户的购买分为八个阶段，分别是问题认识，需求描述，产品规格确定，寻找供应商，征求供货方案，选择供应商，签订合约，供货绩效评价。[②]虽然大多数产业市场用户采购时可能会遵循上述步骤，但也会出现一些例外情况，比如在直接重购情境下，需求描述和寻找供应商等环节就会被直接跳过。

（一）问题认识

当企业意识到需要购买某种产品或服务时，购买过程开始启动。有内外两类因素刺激企业采取购买行动：一是内部刺激因素如原料或零部件已经接近或低于最低库存水平，或者企业需要推出新的产品、建设新的项目，或者现有供应商不能满足企业在品质、成本、交货期等方面的要求；二是外部刺激因素，如在展览会上发现了性价比更高的替代品，或者采用新技术的供应商主动上门寻求合作，等等。

问题认识给潜在供应商提供了可能的合作机会，给原有供应商开启了新的销售可能。因此，作为供应方的企业，需要在下游的采购方建立某些信息渠道，及时了解采购方的需求动态，并做出合适的反应。

（二）需求描述

买方并不总是知道自己真实的需求，表 8-6 所示的四方格模型描述了微软和其用户在对需求了解存在差异的情况下，如何帮助用户澄清其真实需求，从而为用户提供契合其需要的产品或服务。把客户的需求用供需双方均能理解的语言描述出来，有时并不像

---

① 安得森，南洛斯. 企业市场管理：理解价值、创造价值、传递价值[M]. 徐岩，等译. 北京：北京大学出版社，2003：82-100.

② 滕乐法，等. 市场营销学[M]. 北京：清华大学出版社，2020：116-119.

想象的那样简单。尤其是在供需双方对用户需求都不很明确的情况下，需要双方组成合作性开发团队，用"摸着石头过河"的方式让用户需求在合作过程中显现出来。

表 8-6　企业对自己和客户需求的了解：微软的例子

微软对客户需求的了解程度	微软客户对自己需求的了解程度	
	了解	不了解
了解	服务使用模式 业务型成本 业务规划 用户满意度调查	现场培训 在线服务 微软杂志
不了解	可用性测试 支持性测试 β 测试	加入开发工程

（资料来源：安得森，南洛斯. 企业市场管理：理解价值、创造价值、传递价值[M]. 徐岩，等译. 北京：北京大学出版社，2003：110-111.）

（三）明确产品规格

产品或服务规格用文字、图片、公式等形式明确了产品满足用户最低要求的技术与功能参数，它是用户对外招标或指引潜在供应商参与供货的基本文件，也是后期与供应商谈判、签订合同的基础性材料。将用户需求转化为产品规格，既需要技术专家的参与，也需要成本和价值核算专家的参与。前者负责技术方面的把关，后者则提供成本控制方面的约束。

（四）寻找潜在供应商

传统的寻找潜在供应商的方式是参加展览会，在媒体上发布招标公告，加入特定的采购联盟，或者主动接洽过去的供应商等。互联网扩展了寻找潜在供应商的方式与范围。比如，可以通过在分类采购网站、垂直门户网站搜索潜在供应商，或者通过建立供应商微信群、自建企业电子商务平台等方式找到可能的供应商。当然，在寻找潜在供应商的过程中，买方组织需要事先确定供应商的筛选标准，如资质标准、工商营业证照等，避免太多的供应商进入初选名单。

（五）征求供应方案

供应方案是供应商提交的供货建议书，是一种书面材料，内容涉及产品规格、技术与服务方案、价格、交货期等内容。供应方案应针对买方的主要关注点来撰写，在公开招标的情况下，还需要考虑不同类型的评审专家的主要关注点，考虑潜在竞争对手的可能加分项，尤其是要防止出现各种不符合投标形式审查的遗漏项。对于一些重大的供应项目，供应方案的制定不仅要有企业内部跨部门的专家参与，更要听取客户方的意见，甚至寻求外部的招标专家、评审专家、法律专家的咨询与帮助。

（六）选择供应商

在此阶段，一些经验丰富的采购单位，会制定详细的供应商选择标准，并对备选的供应商进行评价。通常，选择供应商的考虑因素有：产品质量与服务、价格竞争力、交货期、维修与技术支持能力、供应商声誉、合作历史与关系等。为了获得更好的交易条件，一些买方企业可能会同时与多家供应商谈判，以便从中选择更合适的供应商。此外，为防止过于依赖特定供应商，不少企业会同时选择几家供应商供货，或者将某个品类产品的采购重点依赖一家主供应商，但同时也扶持一家或几家相对较小的备用供应商。诚如前面所说，在不同的购买导向下，买方选择供应商的标准会有很大不同。比如，在供应管理导向下的企业，选择供应方时应着眼于该企业能否和在多大程度上能给整个价值链或价值网络带来增值，短期的利益考量将会被置于相对次要位置。

（七）签订合约

一旦确定了供应商并就关键交易条件达成了一致，供采双方就需要进一步敲定供货细节，签订书面合同，规范双方在供货过程中的权利与义务。合同除了就采购数量、规格、质量、价格、批量、交货期、货款支付等做出规定外，还需要就退货、后期维护等做出安排。通常，在需要长期分批供货的情况下，供采双方会签订"一揽子协议"，而不是分期或按逐笔交易签订合同。

（八）绩效评价

从外部采购的原料、部件或其他投入品不仅影响制成品的质量，而且很多情况下占产品总成本的比重较高，因此购买方需要定期对供应商及其提供的供应品进行评估，以确定是否继续由现有供应商供货，是否需要重新协商相关供货条款。评估可以采用定性方式，也可以采用定量方式。前者如由企业内部相关部门从各自角度对供应商分等级或对其进行满意度评价；后者则需根据相对客观的数据，如退货率、交货准时率、综合成本等方面进行评价。

四、影响组织购买的主要因素

影响组织购买行为的因素主要有四类，分别是环境因素、组织因素、人际因素和个人因素。

（一）环境因素

环境因素是指不能为企业或采购中心所控制的因素，包括经济、政策、法律、行业竞争等。比如，2020年暴发的全球性新冠肺炎疫情，导致全球供应链受到严重影响，一些上游的供货被延迟甚至中断，一些汽车制造企业由于无法获得车用芯片，不得不限产或停产。又比如，出于打压我国企业的目的，美国以所谓"国家安全"为借口，限制某些设备或技术对我国的出口，由此使华为、京东方等企业在高端芯片制造、获取方面不得不暂时停止扩张步伐。

（二）组织因素

组织因素包括企业的购买导向、采购中心定位、采购流程、管理层关注等。如前所述，如果企业的购买导向不是着眼于买卖双方"分蛋糕"，而是着眼整个价值链的优化和"把蛋糕做大"，则采购方会采取更多合作而不是"对抗"的方式来处理与供应商的关系。如果将采购中心定位为成本中心，那么提升采购效率、降低采购成本就会作为优先考虑方向，与供应方合作创造新的终端用户价值就不太可能被考虑。同样，如果管理层关注重点是"组织瘦身"和"外包"，则成本因素会作为采购的重点；相反，如果管理层重点关注的是品牌声誉，则工业品质量及与供应方、客户一起组成合作团队来提升最终用户体验就会被提上日程。

（三）人际因素

人际因素是指采购团队与供应商在长期交往过程中建立的联系和彼此之间的关系，如交往历史、合作的广度与深度、双方的合作意愿、信任程度等。组织之间的交往最终要反映在人与人之间的交往上，如果一个企业言而有信、具有某些方面的专业知识和力量，而且团队成员倾向从买卖双方互利的视角考虑问题，那么建立在这种人际交往上的组织关系就会和谐、融洽。即使出现分歧，也能找到合适的方式来处理和消解，从而实现多方共赢。

（四）个人因素

个人因素主要是指采购团队成员尤其是采购经理的价值取向、决策风格、个性特征、人际沟通技能等。理论上讲，组织购买比个人或家庭购买更加理性，但实际上同样受到决策参与者个人因素的影响，而且影响还可能很大。有些决策参与者可能比较谨慎、不愿意承担风险，此时如何用事实、数据或可信的承诺来消除疑虑就成为供应方重点考虑的应对策略。

第五节 如何研究顾客

一、研究顾客的三种视角

（一）经济学视角

经济学假定消费者是"理性人"，受个人或家庭收入制约，在众多商品中进行选择并使自身获得的总效用或总利益最大化。在这种思路下开展营销，重点是关注顾客对成本与收益的权衡。比如，消费者在购买过程中是否进一步搜集外部信息，可能取决于预期的"额外"收益，以及信息搜集的成本，当收益与成本相等时，外部信息搜寻活动就会停止。伴随行为经济学的兴起，经济学对"理性人"假设开始放松，承认在决策过程中消费者会存在偏见，会根据"启示法"或某些外部线索进行评价和判断，而不总是根据精密计算来做出决定。行为经济学将"参照价格""交易价值""助推"等概念赋予了新的含义，以这些概念为基础的理论和技术，未来在营销学领域有可能得到日益增多的运用。

（二）心理学视角

心理学将消费者视为一个有机体，或主动或被动地对外部刺激做出反应。消费者的一些外显特征如性别、年龄、居住地等是可以观察的，同样在面对营销刺激后的反应如是否购买、是否利用了优惠条件购买等，对营销者也不是秘密。消费者的反应过程尤其是心理决策过程，则是营销人员无法触及的，这被称为购买者黑箱（图 8-11）。心理学不满足于描述消费者，而是试图理解驱动消费者购买的原因与机制，基于这一视角产生的研究成果在顾客沟通、品牌建设、促销与定价等很多领域均有运用。

图 8-11 心理学视角：如何研究顾客

（三）社会网络视角

消费者不是孤立的个体，而是生活在一定的社会网络中，他或她不仅受别人的影响，而且也影响其他消费者。从社会网络视角来理解、分析顾客，会提供从考察单个消费者时所不能获得的对顾客行为的新洞察。网络结构或某个网络内成员的连接方式、互动频率、开放性等会对整个网络采用某种产品或行为产生重要影响（图 8-12）。

二、研究顾客的主要方法

（一）定性研究方法

定性研究方法包括深度访谈、专题组访谈、人种志研究、投射法等多种具体方法。

图 8-12　网络效应：先期采用者如何影响后期采用者

深度访谈是通过深入交谈来获取顾客个人经历、动机、情感、购买意向等方面的信息。通常是由有经验的调查员根据事先拟定的访谈提纲，就企业关心的某个方面或某些问题进行提问，由被访者回答。用该方法搜集数据，信息丰富、数据比较可靠，但这种方法对访问员要求比较高，数据的解释具有挑战性。

专题组访谈通常是由一名有亲和力、善于沟通与倾听的主持人，召集 8～12 名消费者在一个相对安静的场所围绕某个产品或研究问题自由发表意见和看法，以此获得一手资料。专题小组访谈运用比较广泛，它的优点是顾客相互启发，能获得很多关于产品创意、产品改进等方面的真实意见和想法，由于有录像从而便于后续数据分析。缺点是代表性不足，数据质量受主持人影响较大。

人种志研究是研究人员与消费者生活一段时间，实地观察消费者如何购买和使用产品，如何将购买的产品融入消费者的生活中。人种志研究属于参与式观察，在社会学领域如研究吸毒、卖淫等方面使用较多，营销领域目前使用相对较少。[①]伴随越来越多的销售场所安装实时录像设备，以计算机和人工智能技术辅助观察真实购物行为的数据日益增多，这为企业理解消费者的真实购物行为提供了方便。但消费者如何使用产品，产品在其生活中到底起哪些作用，企业对这一类问题并不能经由购物场所的观察予以解决。

投射法是对顾客不愿意回答或顾客自己也没有清楚意识到的问题，采用一种间接的、非结构化方式提问，目的是解除顾客的心理抗拒或排除"刻意饰化"的回答，以此获得对消费者态度、需要与动机的理解。投射法包括很多具体的方法，如联想法、句子完成法、第三人称法等，本章第一节对这些方法做了简要介绍，在此不赘述。

定性研究可以作为一种探索性研究或初步研究，为随后的定量研究提供基础和支持，它本身也可以作为单独的方法在新产品设计、包装设计、广告文案、消费者动机研究等

① 涂平. 市场营销研究：方法与运用[M]. 2 版. 北京：北京大学出版社，2013：116-132.

方面广泛运用。这类方法的最大优点是所获得的信息丰富、真实，使用灵活，缺点是数据解释存在较大的主观性，将结果推广到更大的人群中会存在较大的风险。

（二）定量研究方法

定量研究法主要是指运用问卷调查、实验、仪器观察等方法搜集数据，运用统计分析等数量分析工具来识别营销刺激与消费者购买行为的相关关系或因果关系。

1. 调查法

调查法是指通过结构性调查问卷，询问消费者各种问题，以此获得一手数据。调查法有人员访问与被调查者自填问卷两种主要类型。调查也可以通过电话、邮寄问卷、在线填写或视频访问等方式进行。人员访问型调查的优点是回答率高，对访问环境有所控制，访问员能及时澄清被访者不清楚的问题，从而确保问题回答的质量；缺点是访问费用比较高，同时调查结果有可能受访问员的影响。自填问卷式调查的优点是成本低，无调查员偏差；缺点是回收率低，存在代答、漫不经心填写等问题。互联网的发展，使在线调查得到了迅速发展，一些专门性公司可以提供从问卷设计、数据采集到数据分析"一揽子服务"。在线调查可以在较短时间内大范围搜集数据，而且成本相对低廉，是近年来颇受欢迎的一种调查方式。

2. 固定样本组调查

固定样本组调查是指针对同一批消费者，隔一定时间间隔后重复对其进行调查。由于样本组不变或只做小的变动，用该种方法搜集的数据能够跟踪同一个个体或同一个家庭随时间变化的行为或生活状态轨迹，从而有助于企业对消费者行为做时间动态分析，发现或识别单纯横截面研究所不能揭示的变量关系。固定样本组的维护成本很高，通常是一些专业性调查公司或学术研究机构才会开展此类调查。比如，央视—索福瑞公司从20世纪90年代末开始，对全国3万个家庭进行动态跟踪，观察这些家庭的电视收视情况；北京大学社会科学调查中心从2010年开始，每两年对全国25个省市1.6万个家庭开展跟踪调查，以此反映中国社会、经济、人口、教育和健康的变迁，为学术研究和公共政策分析提供基础数据。企业既可以从这些机构购买数据服务，也可以针对特定消费问题进行搭载研究。

3. 实验法

实验法或实验研究是指研究人员有意操纵，改变一个或多个变量，控制其他无关变量，然后观察结果变化，以验证变量之间的因果关系变化的一种研究方法。它有实验室实验和田野实验两种主要形式。

实验室实验在人工环境下，对实验对象施加某些刺激，然后观察所产生的效果。由于在比较严格的实验条件下对受试对象进行处理和操控，排除了其他可能的干扰，所以优点是结果的内部信度比较高，缺点是其结果不一定具有外部推广性。

　　田野实验则是在自然环境中对消费者或被试者施加刺激，以观察其行为反应。比如，将消费者随机分配到实验组与控制组，实验组接受某种促销信息，控制组不接触该信息，观察某段时间内两个组的购买量，以此确定促销活动是否有效。田野实验的外部可推广性或外部效果较好，但内部信度可能存在问题。

即测即练

自学自测　　扫描此码

第九章

竞争者分析

◆ **通过本章学习，学员能够：**

1. 理解竞争者分类及如何识别竞争者；

2. 熟悉从哪些方面描述竞争者；

3. 了解如何从企业和顾客视角评估竞争者；

4. 描述如何预测竞争者行为和如何影响竞争者；

5. 了解如何获取和整合竞争情报。

孙子曰：知彼知己，百战不殆。商场如战场，想要在竞争中胜出，就需要像了解自己一样，了解竞争者。本章集中讨论竞争者，重点分析如何识别竞争者，如何描述、评估竞争者，如何影响竞争者。

第一节　识别竞争者

一、分析竞争者的一般步骤

　　每个企业都有自己的竞争者。行业中的老牌公司一般对市场上现有的主要竞争者都有一定程度的了解，但对新进入的竞争者通常了解较少。新成立的企业，则由于经验不足，对竞争者往往也不够了解。许多新成立的企业雄心勃勃，对自己的业务充满信心，但常常低估了竞争者。竞争者分析涉及如何识别公司的竞争者，如何描述和评估竞争者，如何预测竞争者的反应模式，如何影响竞争者进而赢得竞争等一系列问题。图 9-1 显示了分析竞争者的一般步骤。

图 9-1　分析竞争者的一般步骤

二、如何识别竞争者

竞争者的识别，并不像很多人想象的那样一目了然。在欧洲曾经流行这样一个故事[①]：多年以前，派克公司换了一位新的老总，这位老总上台后召开了第一次高层会议。在会上，他手握派克最新的自来水钢笔，问谁是派克最大的竞争者。一位高管认为，派克最大的竞争者是一个叫 Shaeffer 的公司，该公司生产高档自来水钢笔，其品质与派克不相上下，价格也与派克接近。公司老总听了之后，不以为然，认为 Shaeffer 无疑是派克的竞争者，但绝不是最大的竞争者。

另一位高管试探性回答，认为派克最大的竞争者是一个叫 Biro-swan 的公司，该公司生产圆珠笔，价格便宜，销售量巨大，因此构成派克最强劲的竞争者。老总听了后，给了一些赞许，认为思路确实开阔了，但仍然不是他要的答案。随后，大家窃窃私语起来。有的说，派克是一家生产"书写工具"的公司，凡是生产各种书写用具的企业都是派克的竞争者。甚至有人认为，像打字机、复印机、复写纸、电话均可看成派克的竞争者。如此一来，谁是派克的竞争者就变得越来越模糊。

公司老总做了总结性发言，他给出的答案出乎在场所有人的意料。他认为，派克最大的竞争者是一个叫 Ranson 牌的高级打火机。他解释道，我们的销售显示，大多数消费者购买派克钢笔是作为礼品送人的，而他们在考虑是否购买派克钢笔时，另一种可能的选择就是 Ranson 牌打火机，因此后者才是派克最大的竞争者。

上述例子显示，在企业看来，生产同类或同种产品的企业并不必然被视作主要竞争者。那么，在制定营销战略的实践中，如何识别竞争者？通常有两种互补的识别方法：一种方法是从需求端考虑，即将满足同样或类似消费者需要的供应商视为竞争者；另一种方法则是着眼于供应端，即将那些与本公司在资源、技术、运营、营销等方面类似的公司看作竞争者。

三、竞争者的类型

（一）从企业视角看竞争的层次性

很多企业侧重分析与公司处于同一战略集群的竞争者。例如，生产高档燃油车的企业将奔驰、宝马视为竞争者。然而从长远来看，这种视角的分析是有风险的。公司应该放眼整个行业，警惕间接竞争者，后者可能有资源或动力克服进入障碍，进入企业目前所在的战略竞争领域。如果公司处于具有更高利润或高增长潜力的业务领域，即使进入门槛很高，也迟早会有新的竞争者涌入。

新竞争者的进入，常以差异化和低成本为武器。比如，小米最初进入手机市场，是以低价和网络销售作为切入点。华为一度声称只从事 2B 业务，但凭借其在网络通信领

---

① Hooley G J, Saunders J. Competitive positioning: the key to market success[M]. London: Prentice Hall International (UK) Ltd. 1993.

域的优势和强大的创新能力，华为最终进入了手机业务领域，并在全球范围做得风生水起。

从长期来看，替代品是一个行业的主要威胁。它们不仅带来了可以完全摧毁现有企业能力的新工艺和新产品，而且还会吸引一批愿意挑战传统商业模式的颠覆性竞争者。"柯达"胶卷并不是被日本的"富士"胶卷击败，而是被数码相机和手机拍照替代。同样，未来欧美的燃油车品牌如果一一倒下，肯定不是由于这些品牌彼此竞争所致，一定是被诸如比亚迪、特斯拉等电动汽车品牌替代。

图 9-2 呈现了从企业视角审视的竞争层次或竞争维度，最内层是处于同一战略集群的直接竞争者，中间层是行业内跃跃欲试、力图越过壁垒进入该战略集群的公司，最外层是潜在进入者和替代品。很显然，如果企业只盯住同一战略集群内的直接竞争者，就会患所谓的"营销近视症"，在面对目前处在更"外层"的间接竞争者的进攻时，会措手不及。

图 9-2 供应商视角：竞争的层次性

（二）从用户视角看竞争的层次性

图 9-3 展现了从用户或需求端审视的竞争层次性，处于最底层的是产品式样或产品形式竞争，处于第二层次的是产品品类竞争，处于第三层次的是产品大类竞争，处于第四层次的是用户或顾客的预算竞争。

1. 产品式样竞争

产品式样或产品形式竞争是指满足同样需求的同一产品以不同形式或规格之间的竞争。如银行 1 年期大额存款与 3 年期大额存款之间的竞争，或者无糖百事可乐与无糖可口可乐之间的竞争。

图 9-3　用户或需求视角：竞争的层次性

2. 产品品类竞争

产品品类竞争是指同一行业或同一大类产品内能满足同一需求的不同种类产品之间的竞争。例如，瓶装茶饮料又分为绿茶、红茶、乌龙茶等品类，它们同属瓶装茶饮料这一大类产品，但彼此之间存在替代或竞争关系。

3. 产品大类竞争

产品大类竞争是指满足同一群顾客类似需求的产品类别之间的竞争。例如，燃油车与电动车属于不同产品类别，但均能满足顾客的出行需求，它们之间的竞争属于产品大类竞争。同样，瓶装水与瓶装果汁之间的竞争、隐形眼镜与普通眼镜之间的竞争均属产品大类竞争。

4. 预算竞争

预算竞争是指满足同类顾客不同类型需求的产品之间的竞争，它实际上是不同行业的企业争夺同一群顾客的"钱袋子"。如消费者在一定时期选择分期付款购房，就可能需要暂时放弃出国旅游；如果晚上选择看电影就只能放弃健身。可见，预算竞争是行业之间的竞争，有赖于全行业的共同努力，把行业"蛋糕"做大。

（三）直接竞争者与间接竞争者

直接竞争者通常以相似的产品、技术和商业模式为类似的客户提供相同或相似的利益和价值。例如，新能源汽车领域的比亚迪与特斯拉就是直接竞争者。从顾客或用户角度看，一些看似完全不同的产品，如果能解决同样的问题或满足相同的顾客需要，它们也可以构成直接竞争，前面介绍的派克的例子就很好地诠释了这一点。

间接竞争者为类似的客户提供类似的利益和价值，但采用完全不同的产品、技术和商业模式。例如，生产新能源汽车的企业与生产燃油车的企业就属于间接竞争者。在同一大类产品里，生产高端产品的企业与生产中低端产品的企业，也可以看作间接竞争者。例如，奥迪轿车与五菱宏光车并非直接竞争关系。

（四）现实竞争者与潜在竞争者

现实竞争者是指在同一行业或同一产品类别里目前已存在的竞争者，潜在竞争者则是未来某个时间里将会出现的竞争者。比如，现在生产燃油车的企业未来可能生产电动汽车，或者未来可能出现以氢为燃料的汽车，这些都可能对现有生产纯电动汽车企业造成冲击。潜在竞争者，包括跨行业的潜在竞争者和新的替代品，对现有产业和竞争格局，常常产生颠覆性影响，因此尤其值得被重视。

第二节 描述竞争者

一、描述竞争者的一般框架

图 9-4 呈现了竞争者分析的一般框架，后面将重点围绕企业组织结构、优势与劣势、企业环境、企业目标与假设，以及企业当前与未来的战略进行介绍。

图 9-4 描述竞争者的一般框架

二、竞争者的组织结构

组织结构是指企业为了实现组织目标、开展业务活动采取的分工协作体系，它包括各内部机构的设置、每个机构的基本职能及各机构彼此之间的关系。常见的组织形式有直线制、职能制、直线—职能制、矩阵制等多种类型。不管何种组织形式，均是服务于让企业或组织高效运行的目的。

组织结构在总体上应服从于组织的总体战略，而组织结构要有效发挥作用，又与组织的"基础设施"、工作或业务流程、组织文化密切相关。组织的"基础设施"包括组织治理与运营的各核心机构与部门，如董事会、战略规划委员会、投资委员会、新产品规划委员会，以及企业的公共服务平台，如财务报告系统、人事管理系统、营销信息系统等。

业务或工作流程则是企业内部各部门开展运营活动所遵循的规则与程序，它一方面确保运营活动的效率，另一方面让组织的运行更加平稳有序。制度、规则和流程的"刚性"有时会带来组织对市场需求变动的不适应，而且任何规范化的程序不可能涵盖企业所有"未来活动"，此时组织文化所起的"润滑""协调"作用就至关重要。所谓组织文化，是组织在长期实践活动中所形成并为大多数组织成员所认可和遵循的价值观念、团体意识、行为规范和处世方式。

研究竞争者的"基础设施"、业务流程、企业文化的根本目的是预测竞争者的反应倾向或反应模式。试想，如果你是"肯德基"大中华区域主管，当你知道"麦当劳"的几乎所有重要决策都需层层审批，最终由麦当劳美国总部做决定时，你在推出更适合中国消费者需要的新产品时，大概率不会遭到竞争者的反制。

三、竞争者的优势与劣势

考察竞争者的优势与劣势，可以从多方面入手，通常侧重分析其拥有的资产与能力。核心资产是指企业在研发、生产、市场、财务、人力、外部关系等方面拥有的独特性资源，这些资源越稀缺、越独特和不可模仿，其创造价值的潜力越大。例如，"茅台"品牌构成茅台集团的核心资产，华为的技术与人才储备构成其核心资产。能力是指企业在多大程度上将其拥有的核心资源或核心资产转化为竞争优势，并带来持续的盈利。如果一个企业拥有很高价值的品牌资产，但没有品牌管理团队将这种资产加以有效利用，那么该资产就很可能是一种"账面资产"。

对竞争者的资产和能力的描述，不是简单地列出竞争者拥有哪些资产或能力，而是要根据决定行业成功的关键因素来确定哪些资产或能力是"决定性"的，在这些"决定性"的资产和能力上，竞争者和行业平均水平相比或者与本企业相比到底处于何种水平。最终目的是帮助企业在识别竞争者优势与劣势的基础上，预测竞争者的行为反应，帮助企业制定更合适的营销战略与策略。

四、竞争者环境

竞争者环境是指不能由竞争者控制的一系列因素，这些因素对竞争企业的生存与发展产生重要影响。可以从宏观与微观两个视角来分析竞争者环境。在分析竞争者时，营销者通常聚焦于对竞争企业产生直接影响的微观环境因素，主要是分析竞争者在创造顾客价值时的外部组织联系。具体而言，营销者宜重点关注竞争者的价值链、外部联盟与协作网络，因为这些因素不仅决定竞争者所提供的顾客价值和竞争能力，而且在很大程度上不为竞争者所完全掌控。

（一）企业价值链

在分析竞争者的价值链时，重点是考察竞争企业在开展某项业务时所承担的主要价值创造活动，以及其如何与供应商、分销商等外部组织分工协作，共同为最终用户创造价值。除了分析竞争者在价值创造方面的优势与劣势外，同时要考察其在成本或效率方面的长处与弱点，即了解竞争者在那些有优势或劣势的价值创造活动上是否具有成本优势。

（二）外部联盟与企业生态网络

竞争者不可能独立完成所有的价值创造活动，而是需要发展与外部组织的联系，形成稳定的联盟关系，或形成比其他同类企业更具竞争力的生态网络。以李宁的服饰产品为例，李宁要在市场上赢得与安踏等企业的竞争，就需要了解安踏与哪些外部组织或机构结盟，安踏的"价值网络"是否具有整体竞争力。为此，需要梳理从棉花采购、纺纱、织布、印染、设计与加工到品牌与渠道合作等每一个价值创造环节有哪些企业参与，安踏与这些企业各自承担何种角色、采用何种合作模式，是否存在薄弱之处，等等，只有这样李宁才能更加有效地预测安踏的市场应对策略，从而更有效地与之竞争。

五、竞争者的目标与假设

企业目标是在一定时期内企业力图达成的总体状态或效果，包括财务、市场和创新等方面。关注和研究竞争者的目标，有三重重要意义。一是有助于了解竞争者重点扩张的市场和业务领域。例如，当日本汽车企业声称混合动力车是未来发展方向时，致力于纯电动车的企业无疑可以避免与日本车企的直接竞争。同样，当宝洁公司声称力争在所有业务领域成为行业老大或未来将砍掉未进入行业前三的业务时，意味着宝洁公司在新业务领域一定会竭尽全力进行竞争。二是竞争者的目标表明了竞争者在面临逆境时如何权衡，这有助于企业了解竞争者未来的行动。比如，一些痴迷于在海外扩张的企业，如果长时期不能盈利，未来很有可能会乐意放弃一些市场份额以换取短期利润。三是当竞争者拥有多项业务时，在一个业务领域的雄心勃勃的目标，或许意味着在另外的业务领域会放缓投资步伐，这也许会给行业内的其他企业带来机会。

竞争者关于自身和市场的假设，无疑会影响其未来的行动。海尔在推出其白色家电时，一直强调售后服务，并建立遍布全国的售后服务系统，背后的假设是，消费者对冰箱、空调等产品有很高的"风险感"。华为的5G技术采用的是厘米波而不是毫米波，背后的假设是相对长的时间内这代表未来的技术方向，如果这一假设是错误的，那么华为在5G上的巨额投入很可能化为泡影。很多情况下，企业需要从竞争者现在或过去的行动中，去推断其制定战略的逻辑与假定。20世纪70年代，可口可乐公司加大了海外扩张的步伐，这给百事可乐在美国市场的"逆袭"创造了机会，其背后就蕴含着可口可乐认为美国市场对可乐的需求已接近"饱和"的假设①。

六、竞争者战略

分析竞争者的当前战略，相对而言没有那么主观。基本问题是："竞争者目前到底在做什么？"这需要尽可能完整地描述每个竞争者"想"做什么，每个竞争者又是如何做以达成目标的，但这项活动知易行难。

分析始于界定竞争者的产品或业务层面的市场战略或市场营销战略，而这又涉及竞争者的公司战略或企业整体战略。如果竞争者是一家大型多元化公司的子公司，那了解其公司战略尤为重要，因为这可以让我们"窥视"其对子公司业务的"战略承诺"，即未来是否重点投资该子公司的业务。接下来是了解竞争者的战略意图，它告诉我们公司在权衡市场份额目标与盈利目标时的优先方向。比如，"苹果"在进入我国市场的早期似乎更重视利润，因此"苹果"瞄准的是高端消费人群，市场战略的重心是建立高端品牌的形象。"三星"在中国的市场战略似乎更重视市场份额，这可以从"三星"提供的手机产品覆盖不同层次的消费者和产品线更丰富中发现端倪。

竞争者未来会采取何种市场战略？一方面有赖于观察竞争者现在的行动，另一方面也可以根据其年报、领导者讲话、过去是否在某些领域大规模投资进行推断。如果竞争者大规模投资建厂和扩大生产能力，那么其未来市场战略的重点更可能是不遗余力地争夺市场份额，因为只有扩大销售规模，才能摊薄前期的投资成本。有时，从竞争者招聘何种类型的人才，以及对营销人员采用何种类型的激励政策，也可以大致推断竞争者当前和未来的营销战略。比如，在我国医疗器械市场：欧洲企业招人更谨慎，轻易不开除员工，更注重营销队伍的稳定；而美国企业则更加注重业绩导向，以更高的薪酬和待遇吸引员工。这背后，部分反映了欧洲企业和美国企业不同的管理文化，但同时也映射出各自的战略导向，即美国医疗器械企业更注重市场扩张。

第三节 评估和影响竞争者

一、如何评估竞争者

对竞争者的评估实际上是评估其是否具有满足顾客需求、实现其目标的资源与能力，而且需把各主要竞争者放在同一评价体系里进行评估。有两种评价视角：一是企业视角，考察各主要竞争者在决定行业成功的关键资源与能力上，孰优孰劣；二是顾客视角，考察企业在给顾客创造重要利益和价值上，与竞争企业相比，在多大程度上具有资源或能力优势。

① Yoffie D, Kim R. Cola wars continue: Coke and Pepsi in 2010[M]. Harvard Business School Case (9-711-462).

（一）从企业角度评估竞争者

尽管竞争者的目标、假设和当前战略会影响竞争者何时、何地及在何种程度上对外部刺激或市场环境变化做出反应，但其拥有的资源和能力将是其做出何种反应的决定性力量。企业的能力包括很多方面，通常可分为两类，即"专门领域"能力和"通用性"或"一般性"能力，前者包括研发能力、融资能力、市场营销能力等，后者包括公司的管理能力、快速反应能力、适应变化的能力、创新能力等。

图 9-5 呈现了如何从企业角度评估竞争者。首先，是确定决定行业成功的关键因素，通常是列出不超过八项在某行业或特定业务领域企业取得成功所需要的资源或能力，这些资源或能力对企业在该领域的成功至关重要。其次，分别对本企业和主要竞争者在这些"关键性"资源或能力上的表现打分，在具体能力上得分越高，表明在该项能力上越具有竞争优势。最后，汇总得到各公司的总得分，该分数反映各竞争企业的综合实力。应当指出，综合得分既取决于在单个能力项目上的得分，也取决于对每个"关键成功要素"的赋权。在如图 9-5 所示的例子中，尽管竞争企业 C 总体得分最低，但目前市场占有率比较高，这表明企业 C 有较好的渠道关系和客户资源，在让产品快速进入市场这一方面具有优势。

成功的关键要素	本企业	竞争对手 A	B	C
财务优势	2	2	1	0
持久力或创新力	1	2	0	0
强大的研发能力	2	1	2	-1
技术广度	2	1	2	-2
快速反应能力	0	-1	-2	-1
市场占有率	-2	2	0	2
全部得分	5	6	4	-2

图 9-5 从企业角度评估竞争者

（二）从顾客视角评估竞争者

另一种评估竞争者的视角，是考察顾客看重的利益或价值，以及提供这些价值所要求的企业能力，表 9-1 展现了这一评估思路[1]。第 1 列列出了顾客看重的利益或价值，第 2 列列出了这些利益或价值的重要性排序。表的右侧上方列出了为提供特定顾客价值所需要的企业资源或能力。表中各单元格中的"*"表示为提供某项顾客看重的价值，是否需要某项特定资源或能力。比如，顾客所追求的"低价格"主要与"高效制造"和"低成本原料"有关，与其他能力关系不大。如果满足顾客某项利益或价值的需要，与特定资源或能力有关，接下来要进行三个方面的评价，或需要询问以下三个问题：①竞争者

---

① 凯普，柏唯良，郑毓煌. 写给中国经理人的市场营销学[M]. 北京：中国青年出版社，2012.

是否拥有此项资源或能力？②竞争者在拥有的资源或能力上是否具有竞争优势？③竞争者在此项资源或能力上的优势是否具有可持续性？如果对上述三个问题的回答均是肯定的，则用"YYY"表示。在表 9-1 中，"良好分销"这一能力与"方便获取"直接相关，同时被评估的企业在这一能力上不仅具有优势，而且该优势具有可持续性。又如，"即时供货"与顾客要求的"低库存"密切相关，但企业并不拥有"即时供货"的能力。

表 9-1　从顾客角度评估竞争者

顾客要求	重要性排序	必备资源/能力				
		高效制造	良好分销	即时供货	高 R&D 投资	低成本原料
方便获取	1	*YN	*YYY			
低价格	2	*YN				*YYN
低库存	3			*N		
最新技术	4				*YYN	
其他						

二、预测和影响竞争者行为

评估竞争者的目的是预测和影响竞争者行为，接下来首先介绍如何预测竞争者行为，然后讨论竞争者可能的反应模式，最后介绍如何影响竞争者行为。

（一）如何预测竞争者行为

预测竞争者行为涉及四个问题[①]。

（1）竞争者是否满足于当前的市场地位？一个满足于当前市场地位的竞争者可能不会对间接竞争者采取强力应对策略。相应地，试图提升现有市场地位的竞争者，可能会迅速捕捉市场变化或忙于改善自身的短期盈利状况，此时更有可能对竞争者采取行动。对公司未来目标的了解，显然有助于回答企业是否满足当前地位的问题。

（2）竞争者最可能采取何种战略行动或步骤？历史可以对此提供一些线索，竞争者的目标、假设和能力也有助于预测其如何有效地应对市场变化。在此基础上，公司可以判断采用哪些策略最可能引起竞争者做出对本企业有利的反应。

（3）竞争者的最大软肋是什么？任何强大的竞争者也会有短板和弱项。例如，在快速变化的市场中，官僚体制往往使大公司无法灵活地应对竞争。市场领导者的自满也会给对手创造机会，因为自我感觉良好会导致企业不思进取，这恰恰是企业开始走下坡路的先兆。瞄准对手的薄弱之处发起攻击，是很多企业赢得竞争的利器。例如，"维珍"公司得知可口可乐和百事可乐从来不愿卷入价格战，该公司就适时推出了低价的"维珍"

---

① Hooley G, Saunders J, Piercy N. Marketing strategy and competitive positioning[M]. 3rd ed. Upper Saddle River: Prentice Hall, 2004: 203-229.

可乐，并在竞争激烈的欧洲市场赢得一席之地。

（4）什么会引起竞争者的最激烈反击？由于意识到利润低、反托拉斯法或已有规模等原因，市场领导者可能会容忍一些无关痛痒的市场蚕食行为，但其核心业务一旦遇到攻击，他会毫不犹豫予以强有力的反击。

在现实中，预测竞争者行为的方法有很多且各有利弊。无论采用何种预测方法，企业都需要获取关于竞争产品的相关信息，重点是产品的市场目标、服务的顾客群、产品价值主张等方面的信息。

第一种预测方法是，基于对竞争者的评价、理解和拥有的关于竞争产品的信息，营销经理通常采用的是"历史外推法"，即假定过去的趋势还会延续。例如，"茅台"一直被定位在高端市场，在我国白酒市场属于"奢侈品"级别，在可预见的未来，"茅台"极大可能仍会继续其"高端高价"战略。

第二种预测方法是在"资源变量"与竞争者的营销战略之间建立因果关系，以此为基础预测竞争者未来可能的行动。例如，如果一家工业品企业或一家传统性银行，大规模从快消品公司招募营销与销售人才，很容易预测该组织接下来会加大市场与品牌投入的力度，在各细分市场开展更激烈的市场竞争活动。

第三种预测方法是角色扮演或模拟方法。如让某些高级经理人员扮演竞争者，在不同假设场景下，模拟竞争者如何进入市场或采用何种营销战略开展竞争。例如，英特尔就有全职团队，模拟主要竞争者在未来会制定何种营销战略。与角色模拟类似的一种方法，是运用博弈论预测竞争者的反应：假设本企业降价，竞争者在多大程度上会跟随，在跟随的情况下，市场上各主要参与者的销售与利润情况如何变化；如果在多轮博弈的情况下，各方都不能得利甚至形成多输局面，则最先的降价行动显然就是非理性的。

有学者认为，如果企业采取了某个重大行动，如推出新产品或加大促销力度，首先要关注的是竞争者是否会做出反应。在很多情况下，竞争者不一定会做出反应，原因可能包括没有注意到企业的行动，或者虽然注意到了，但没有觉得这是一种严重威胁，或者反制行动并非优先事项。此外，像组织惰性、企业内部的意见分歧均可能会阻止企业对竞争者的重大行动做出反应。在对竞争者的重大行动做出反应的条件下，有超过一半的企业真正严肃考虑的选择方案要么是跟随降价，要么是推出与竞争者类似的产品，真正考虑多种应对策略的企业不超过25%[1]。

（二）预测竞争者反应模式

每一个企业都拥有自己的经营理念、内部文化和管理风格，其对竞争的理解和反应方式可能各不相同。但如果长期追踪和观察，可以发现，大多数企业面对竞争时的反应大致有四种类型。

（1）从容不迫型。对竞争者的进攻反应迟缓，即使做出反应也不强烈。背后的原因

---

[1]　Coyne K, Horn J, Predicting your competior's reactions[J]. Harvard Business Review, 2009(4): 90-97.

很多：认为自己的消费者很忠诚，竞争者的行为不足以对自己造成重大的负面冲击；或者由于情报系统不健全，没有及时发现对手的攻击；或者虽然发现了，但由于企业组织层次过多，导致反应迟钝。此外，如果企业采用"撇脂策略"，或者企业缺乏财力，都可能造成没有反应或反应较慢。

（2）选择型。仅对某些类型的攻击做出反应。比如，仅对降价做出反应，而对竞争者广告支出的增加不做反应；在重点市场对竞争者的攻击做出反应，但在次要市场则不做反应。

（3）凶猛型。对任何攻击采取迅速而强烈的反应。例如，联合利华最初推出小包装"Swift"超强洗衣粉，零售商很欢迎，因为该产品占用的零售空间比较少，但宝洁公司马上花巨资给予了回击，使前者无法长时间占据零售空间。

（4）随机型。其反应行为无法预测。无论是根据经济状况、历史或其他任何方面，都没有办法预测它的反应方式，很多小企业就属于这种类型。

在一些行业里，主要竞争者能够"和谐相处"，在另一些行业里则总是"拔刀相向"，这在很大程度上取决于"竞争平衡"。通常，如果行业内的公司同质性很高，并采用类似的经营方式，或者除了成本外，行业内的企业很难找到其他差异化因素，此时企业之间的竞争将异常激励。相反，如果任何两个竞争者的市场份额都处于2∶1的水平，此时竞争者将处于竞争平衡状态。

三、影响竞争者

（一）运用市场信号

发射市场信号是影响和操纵竞争者的重要手段。通常，公司发射市场信号，是向竞争者传递某种信息，并希望后者采取有利于信号发射者的行动。"先发制人"信号是明确告诉竞争者自己的战略意图或战略部署，让竞争者在采取行动前三思而行。例如，成熟行业的市场领导者公开宣布自己的产能和产能利用率，以期达到阻止竞争者扩充产能的目的。

警告信号则预先告诉竞争者，如果后者的行为触及某种"底线"，则公司会毫不犹豫予以反击。比如，当有公司试图以低价侵蚀"泰诺"的市场时，后者公开发布声明将采用同样的低价策略"驱逐"竞争者。"以牙还牙"信号则是在竞争者采用某种伤害性行动后，企业用同样或类似的行动对竞争者予以报复。

误导性信号是发布信息，试图误导竞争者。例如，在化工等产能饱和甚至产能过剩行业，一些行业巨擘可能夸大自己的产能，一方面是为了阻止潜在竞争者的进入；另一方面是为了给直接竞争者施压，表明自己在短期内有较大降价空间，以期稳定产品价格。误导性信号可以为企业制定新的营销战略赢得时间，但过度使用会带来"诚信"问题，最终反噬企业。

（二）战略承诺与威慑

战略承诺是指企业在特定领域进行大规模的资源投入，作为企业在某个市场上对某种战略定位的承诺。一个产业中，某些战略方向会具有较高的不确定性。如果企业在市场需求或市场环境不确定的条件下做出资源承诺，往往会对随后的竞争态势产生长期的影响。通过资源投入和战略承诺，企业率先形成市场声势，建立标准和信誉，使其具有独特的战略定位和竞争优势。战略承诺同时可以威慑和遏止竞争者，使对手明白后来的进入者面临更高的进入门槛，更小的盈利空间，因而打消进入者模仿和跟进的意愿。

战略的承诺之所以能对潜在的进入者产生威慑，是因为它代表着"可信的威胁"。与虚张声势不同，可信的威胁背后有资源承诺和企业实力做保证。一旦威胁诉诸行动，投入便很难收回或者不可能收回，由此使这种威胁具有可信度。竞争双方实力的对比、领导者的实际理性程度、环境条件的突变等，都会影响最终的竞争结果。因此，在实际竞争中，结果并不一定符合博弈论的均衡预测。博弈论的模型不可能穷尽所有影响博弈结果的要素，其假设与前提已经将复杂多变的现实处理得过于简单。当然，可信的威胁，其有效的威慑遏止作用应该说并不鲜见。

第四节 获取竞争情报

获取竞争情报是竞争者分析的前提，企业有很多渠道可以获取竞争情报，这些情报的类型、价值各不相同。本节重点讨论竞争情报的维度与类型、竞争情报的获取方式，以及获取竞争情报可能涉及的法律与伦理问题。

一、竞争情报的维度与类型

企业需要按不同的层次或维度来获取竞争情报。通常可以从公司层面、业务层面、市场或产品层面、细分市场层面搜集竞争者信息。

以新能源车企为例，如果把比亚迪视为主要竞争者，在公司层面则主要应关注比亚迪是如何在不同业务之间配置资源的。例如，在新能源汽车、电子产品代工、云轨和太阳能等业务领域如何分配资源；未来的业务重点是什么，是否还会扩张到别的业务领域，是否会更加积极地扩张海外市场等。

在新能源汽车业务层面，比亚迪如何在纯电动车、混合动力车及城市公交车业务领域配置资源；在电池技术的开发方面，走何种技术路线，是否会启动氢能源技术开发。

在纯电动车这类产品层面，比亚迪重点瞄准哪些细分市场，每一细分市场提供何种类型的产品，价值主张是什么？在高端市场，比亚迪电动车如何与特斯拉竞争；比亚迪纯电动车的电池厂、组装厂如何在全国不同城市布局，未来的产能会达到何种水平。

在细分市场层面，则需要搜集如下信息：比亚迪纯电动车在大中城市的战略是什么？

在乡镇和农村市场是否采用不同的战略？比亚迪不同类型、不同品牌的电动车重点诉求有何不同？营销组合策略有哪些差异？

竞争情报涉及定性与定量两种基本类型。定性资料包括竞争者高层背景、竞争者过去一段时间的战略性行动。例如，是否投资了新的工厂或工程项目，是否开发出突破性新产品，是否开展过大规模推广活动等。定量资料通常涉及竞争者在核心业务上的盈利性、市场份额等数据，这些数据的获取难度相对会更大。但如果竞争者是上市公司，可以从其公开披露的季报或年报中获得。另外，一些行业组织或一些专业性市场调研公司，也会定期搜集相关企业的数据，也能部分提供竞争企业的有用信息。

在搜集竞争企业的情报时，不要只局限于市场营销方面的信息，应尽可能将信息搜集范围覆盖到运营、技术、财务、人力资源、研发、物流、公司经营理念等方面。一些公司采用诸如反向工程、网络监控等方式搜集竞争情报，此时企业需注意信息搜集方法的合法性，以及是否涉及伦理问题。

现实中，企业搜集竞争情报的机构可能各不相同。①设立竞争情报部门，负责竞争者信息的搜集、分析和分发。这样做的好处是情报的搜集比较系统且聚焦，缺点是成本比较高。②建立企业的竞争情报系统。企业的员工获得竞争者情报后，会主动把这些信息汇总到企业的"竞争情报小组"，由后者审核、分类、摘编，然后分发到企业相关决策者手里。采用这一做法，竞争情报搜集成本会降低，但信息搜集缺少重点。③影子系统。指定某个高层主管全职或兼职扮演特定竞争者的角色，专注于竞争者的行为反应。也可以针对某个主要竞争者，为其制定战略。比如，波音可以为"空客"制订一个为期3年或5年的长期计划。此外，还可以仿效军队中的红、蓝两军模拟对抗方式，让高层管理者形成两个团队，分别扮演"己方"和"敌方"，模拟未来各自的战略与行动。如此，可以迫使双方搜集竞争情报，发展出对竞争者更深刻的洞察。

二、竞争情报的主要来源

（一）二手数据来源

竞争情报的搜集通常始于二手数据，原因是二手数据搜集相对更容易，成本也更低。二手数据的来源很多，包括公司内部文档或历史记录、顾客或经销商提供的资料、地方报纸或商业刊物关于竞争者的报道、竞争企业年报、政府或行业统计报告、竞争者的促销材料、竞争者新产品发布信息、互联网上竞争企业的相关材料等[①]。二手数据数量庞杂，如何对其分类和提炼出有价值的信息，对企业而言具有相当的挑战性。

（二）原始数据来源

竞争情报的原始数据主要来自企业的销售人员，也可以来自供应商、顾客、其他类

---

① 莱曼，温纳. 营销策划分析：英文改编版[M]. 6版. 王永贵，译. 北京：北京大学出版社，2007：58.

型的企业员工、外部咨询与调研公司等。企业销售人员处于搜集竞争情报的极佳位置，很多企业通过培训、激励等手段引导销售人员搜集竞争情报。有时，销售人员也会通过经销商、顾客来搜集竞争者信息。为克服可能的不情愿和抵触，销售人员需要给经销商或顾客提供额外的激励，如提供更好的服务，更优惠的交易条件。

（三）其他来源

其他获得二手数据或原始数据的方法包括查看竞争者的招聘广告、参加行业展览、参观竞争者的工厂、跟踪竞争产品的市场测试、反向工程、招聘竞争企业员工等。运用这些方法搜集竞争情报，也会遇到不少限制，除了引发后面讨论的伦理争议，一些企业也会有意识地防范竞争情报搜集。比如：一些企业在举办展销活动时，只向熟悉的客户或经严格审核的客户发出邀请；一些企业在发现参观其工厂的人员中有竞争者的销售人员后，不再展示其核心工艺或核心制造过程，甚至停止外部人员的参观活动[①]。

三、竞争情报的整合运用

企业获得主要竞争者在产品、促销、定价、渠道及工厂建设和投资等方面的信息后，并不会自动带来对竞争者的洞察。只有把不同来源、不同类型的竞争情报整合在一起，通过对这些情报的综合分析，从中推断出竞争者未来可能采取的行动，竞争情报的获取才会有意义和价值。表9-2呈现了企业如何通过对竞争情报的分析，推断出竞争者的行为。

应当指出，不是竞争企业而是企业里的高层管理者做出各种决策，因此在竞争者分析过程中，应密切关注竞争者高层的动向，了解哪些人参与决策，他们在决策中扮演何种角色。同时跟踪主要决策者的职业背景、决策风格，他们过去成功与失败的记录等。唯有如此，才能更好地结合既有竞争情报，对竞争者未来的主要动向作出更准确的预测。

表 9-2　运用竞争情报推断竞争者行为

竞争者情报	行为推断
雇用了新的客户服务经理	竞争者计划提升服务品质
重组顾客支持与服务部门	提升服务品质的初步证据
顾客支持与服务部门经理直接向营销副总而不是销售副总汇报	更加重视服务的信号
启动了销售人员培训项目	在关键细分市场提升服务水平
在广告中突出强调顾客服务	重视服务对吸引、保持顾客的作用
公司董事长公开讲话：顾客不仅期待高质量产品也期待高品质服务	服务进入公司战略视野并被制度化
顾客反馈：××公司正在做他们之前从未做过的事情	表明竞争者正在采取切实行动，并把服务作为撬动增长的杠杆

（资料来源：凯普，柏唯良，郑毓煌. 市场营销学：英文影印版[M]. 2版. 北京：北京大学出版社，2012：73.）

---

① Upton, Macadam D S, Why to take a plant tour?[J]. Harvard Business Review, 1997(516): 97-106.

四、伦理与法律问题

在搜集竞争情报的过程中，经常存在利用盗窃、利诱、贿赂、胁迫或其他不正当手段获取权利人商业秘密的行为，这既不道德，在大多数情况下也违反了法律[①]。营销人员首先应避免使用违法手段搜集情报，同时要不断提高道德意识和道德水平，避免情报搜集过程中的道德争议。

常常引发道德争议的一种情报搜集方式是从竞争企业的离职或现任员工那里获取信息。如果离职员工是离职企业的高管，那么其自然会掌握竞争企业的一些商业秘密，雇用此类员工首先要弄清楚该员工是否与离职企业签订有保密协议或竞业限制协议，否则可能招来法律诉讼。也有一些企业会利用招聘之机，有意无意地从竞争企业前来应聘的员工那里"套取"有价值的情报，应聘员工为了获得希望的职位，也可能主动透露自己目前所在企业的一些"机密"，此类现象在现实生活中可能难以完全避免，但一定要意识到这类情报获取方式是存在道德争议的。尤其要避免"鼓励"或者"制度化"这种情报获取方式。

在竞争企业安插"内线"或"间谍"的报道虽然很少见，但在竞争激烈的行业中也是一种"事实性"存在。一些租房或购房的顾客可能会发现，在正准备与特定房产中介签订合同时，突然接到另一家房产中介的电话，声称可以提供更优惠的交易条件，这种情况下显然是存在"内线"人员的通风报信。如果一个行业内普遍存在这种现象，应当说是不健康的。

有时，竞争企业由于警觉性不够，其员工会无意"泄露"一些敏感信息，其他企业获得这些"被泄露"的信息，自然不存在道德问题。但这也从另一方面提醒企业，需要采取某些预防性措施来防止本企业出现类似的情况。保护公司重要或机密信息的措施包括：根据资料的敏感程度进行保密分级；培训员工提升保密意识与技能，如在行业会议上"少说多听"，对外提供演讲文稿需经内部审批；与员工签订"竞业限制"协议，防止员工尤其是掌握敏感信息的员工在保密期内受雇于竞争企业等[②]。

本章案例

Datril 产品的推出

---

① 张军亮，于成杰，郭楠. 试论企业竞争情报获取途径及相关法律问题[J]. 图书馆学研究，2011(5)：4.

② 凯普，柏唯良，郑毓煌. 市场营销学：英文影印版[M]. 2 版. 北京：北京大学出版社，2012：71.

即测即练

自学自测 扫描此码

第四篇

价值设计篇

选择进入市场

1. 理解市场细分的含义及利益；

2. 了解消费品市场细分的主要依据；

3. 熟悉消费品市场细分过程；

4. 了解工业品市场细分的依据；

5. 解释选择目标市场主要考虑因素。

选择进入哪些市场，实际上是决定瞄准哪些目标消费者，以及满足他们何种类型的需要，这是市场营销战略的核心内容。选择进入市场的前提是对市场进行细分，在此基础上分析每个细分市场的吸引力、要求的资源和能力，再根据企业的目标、资源条件等决定是否进入。本章重点围绕市场细分和选择目标市场展开讨论。

第一节 市场细分概述

一、市场细分的含义

市场细分（marketing segmentation）是将顾客划分为相似顾客群的过程，同一群体内的消费者对市场营销信息或营销刺激具有大致相同的反应，不同群体的顾客其反应则存在较大的差异。市场细分隐含两个基本假定：一是消费者的异质性，即消费者的需求、偏好存在差异，如果潜在消费者都是同质的，则市场细分就失去了意义。二是供应方有动力和能力去调整营销方案，以有效率的方式去匹配消费者的差异性需求。当产品供不应求，或者当企业处于垄断状态时，供应商是没有动力去细分市场和提供差异性产品与服务的；即使企业意识到了顾客需求的异质性，如果满足异质性需求的成本太高，或者企业缺乏资源提供差异性营销方案，企业也不一定会进行市场细分。

如果考察工业革命以后西方国家工商业发展历史，可以发现，市场细分是伴随卖方市场的形成及竞争的加剧才逐步得到重视的[①]。在 19 世纪末 20 世纪初，很多企业在生产观念的指导下，实行"大众化市场营销"（mass marketing），即企业大量生产某种产品，通过大众化营销渠道将产品卖给尽可能多的消费者。20 世纪初到第二次世界大战结束，伴随科学技术的进步和大规模生产与流通体制的确立，市场出现供过于求的现象，日益增多的企业开始实施"产品差异化"，即不断增加产品的型号、规格与花色，以此吸引消费者和与竞争对手相区隔。"二战"以后，在"市场营销观念"指导下，一些企业开始实行"目标市场营销"，即将整个市场划分为若干个内部同质程度比较高的子市场，选择其中一个或几个子市场作为目标市场，并分别制定有针对性的营销策略。可以说，市场细分与"目标市场营销"如影相随，两者不可分割。

市场细分和目标市场营销实际上是对现实的折中：一方面，如果瞄准整个市场实施"大众化市场营销"，固然可以取得规模效益，节省营销成本，但无法完全满足顾客的特定需要；另一方面，如果针对每个顾客提供个性化产品与服务，则营销成本可能大幅度上升，企业无法盈利。所以，建立在市场细分基础上的目标市场营销，则试图兼顾用户需要与"匹配"成本，在两者之间找到某种平衡。

二、市场细分的利益

企业之所以进行市场细分，主要是基于两个目的：一是更精准地匹配需求，从而让消费者得到更多的利益或得到更好的满足，即为顾客创造更大的价值，最终提升产品或品牌的获利能力；二是提升营销效率，当潜在消费者对营销刺激或营销方案的反应存在差异时，如果能识别出哪些消费者更可能做出反应，自然有助于优化营销资源配置和改善营销绩效。具体而言，企业开展目标市场营销和进行市场细分，主要受以下利益的驱动：①市场细分使企业有机会开发出更能匹配目标消费者需要的产品与服务，为其创造更大价值的同时，提升企业竞争地位。②有助于企业识别市场上未获得满足的需求或存在的"市场空白"，为企业开发新产品或推出延伸产品提供指引。③市场细分让中小企业找到与其资源和能力相匹配的客户群，以更加聚焦的方式与大企业竞争。④在总体市场处于成熟或衰退期时，市场细分能够帮助企业发现仍有可能处于成长阶段的子市场，从而找到新的增长点。此外，当竞争对手开展目标市场营销时，企业如果仍然固守"大众化市场营销"，则企业很可能会处于危险境地。

三、"战略性"市场细分与"战术性"市场细分

企业在对产品市场或业务市场进行界定后，会首先根据某些"可观察"的标准或变量，把整体市场分为若干个子市场。此时的主要目的是帮助企业决定瞄准哪些顾客群，我们把这类细分称为"战略性"市场细分。在"战略性"细分基础上，针对某个特定细

---

① 邝鸿. 现代市场营销大全[M]. 北京：经济管理出版社，1990：241.

分市场，基于促销、定价、渠道选择等方面的目的，对顾客做进一步细分，则称为"战术性"细分。以在线鲜花销售为例，如果将鲜花市场分为"家庭市场""组织市场"和"礼品市场"，并决定是否进入其中的某个或某几个市场，该种类型的细分属于战略性细分。若企业决定将"礼品市场"作为公司经营重点，则又可根据年龄、性别、送礼对象或送礼方式等的不同，将"礼品市场"的消费者做第二次细分，以帮助企业针对"礼品市场"下的各子市场制定"匹配性"更强的营销策略，此时的细分就属于战术性细分。

第二节　消费品市场细分

一、主要细分变量

（一）地理细分

地理细分是指根据地理位置、地形气候将潜在消费者分为若干子市场。同处于一个地区的消费者由于受地理环境、气候条件、文化风俗的影响，在某些产品的需求和购买方式上，可能具有同质性，由此构成市场细分的基础。比如，我国北方地区与南方地区的消费者在饮食、防寒服饰、取暖设备等产品的需求上存在明显差异，对于生产休闲零食、羽绒服、空调等产品的企业，就可以根据南方或北方，甚至根据更小的地理区域对市场进行细分。

（二）人口统计细分

人口统计细分是指按照人口统计变量将消费者划分成不同的群体。常见的人口细分变量有性别、年龄、收入、职业、宗教、种族、世代、受教育程度、家庭结构和家庭生命周期等。

在食品、服饰、家庭旅游等产品的购买上，性别常被当作主要的细分变量，原因在于这些产品的购买被认为具有"性别色彩"。例如，食品被认为更有可能由女性或家庭主妇购买，家庭旅游决策的前期信息搜集工作也被认为更多地是由女性承担。男性则更可能参与诸如住宅、汽车等大件商品的购买。

年龄也是一个重要的人口细分变量。在玩具、服饰、教育、旅游等众多领域，人口细分十分普遍。比如：针对老年人群体，旅游公司推出"夕阳红"旅游专线；化妆品公司则专门针对老年人的皮肤特点，推出专用护肤品，并用老年人易于接受的方式与其沟通。研究发现，年龄在 60～75 岁的老年人，心理年龄大多比生理年龄小 10～15 岁，在针对这一群体进行营销时，以心理年龄为基础设计有关使用与沟通场景更为合适[1]。

家庭规模、家庭类型及家庭生命周期也是重要的人口细分变量。规模更小的家庭，

---

① Dawn Iacobucci. Kellogg on marketing[M]. New York: John Wiley & Sons, 2001: 14-15.

如年轻的两口之家，更可能在外用餐、外出旅游，也更可能互送礼物。伴随孩子的出生，家庭消费重心开始由成人转向小孩，儿童服装、食品、玩具及孩子的教育支出成为家庭消费的优先项目。

人口细分的优越性体现在人口特征数据比较客观且相对容易获取，在某些特定情况下，人口特征与个体或家庭追求的利益高度相关，此时人口细分变量可以作为"需求"或"需要"的替代变量。然而，也应意识到，人口变量只是描述了潜在消费者是"谁"，实际上，具有相同或类似人口特征的消费者，其"需要"与行为可能存在很大差别。另外，即使准确描述了消费者的人口特征及差异，也无法了解其购买背后的行为动机，正因为如此，人口细分通常需要与后面介绍的心理细分或行为细分结合起来使用。

（三）心理细分

心理细分是根据消费者所追求的价值、利益、生活方式等反映其心理状况的变量，将消费者划分为不同群体的过程。心理细分试图在消费者购买行为与心理特征之间建立因果联系，它对行为的解释比反映消费者背景特征的人口细分或地理细分更直接，理论上是一种更为有效的市场细分方式。然而，由于心理特征如消费者的需要、动机和态度并不能被直接观察，现实中需通过调查予以间接测量，数据搜集的难度比较大，成本也比较高。

一种典型的心理细分是根据消费者的生活方式来细分市场。早在 20 世纪 70 年代，美国和英国的一些广告公司就运用了这种方法。其基本思路是从活动、兴趣、意见三个方面设计数十个甚至上百个问题，要求接受访问的被调查者在五点或七点量表上表达对这些问题的同意程度，然后采用因子分析和聚类分析方法，将被试分成若干个群体，并对每个群体的生活方式命名[1]。这种市场细分方式，实际上是通过对消费者活动、兴趣、意见的测量，来反映不同类型消费者的生活方式，并用生活方式来预测消费者的购买行为。

（四）行为细分

行为细分指根据使用场合、使用时机、使用量或使用频率、忠诚度等反映行为特征的变量将消费者划分为不同的群体。相对于心理变量，行为变量的测量更加客观。企业如果拥有较长的历史，自然会掌握较为丰富的用户行为数据。在现代互联网背景下，这些数据的获取、储存和分析的成本大幅度下降，为企业利用行为数据细分市场提供了便利。如果现有用户大多是优质用户，且其中一些用户在未来有较大的成长空间，那么聚焦现有客户，根据其使用行为进行细分，并在此基础上"分类施策"，不仅有助于留住现有客户，而且也可以通过扩大"钱包份额"、交叉销售及将轻度用户转换为重度用户等手段，实现销售收入的增长。当然，如果现有用户基数比较小，或者只有通过吸引竞争者

---

① 符国群. 消费者行为学[M]. 北京：高等教育出版社，2021：260-267.

的用户或吸引品类未使用者才能达成企业的增长目标，则需要分析后两类用户在使用行为或购买驱动力等方面与公司目前的用户有何不同，据此调整产品或营销组合策略，来达成吸引新用户的目的。

当企业是市场的新进入者，既无现有用户，也没有过往的用户行为数据时，此时企业可能只能依赖潜在用户所追求的利益或追求的目标来进行市场细分，即采用前面介绍的心理细分方法。但即使在这样的条件下，新创企业如果能大致了解用户购买产品的时机，仍可采用行为细分方法将顾客分类。比如，一家新创立的销售婴幼儿用品的公司，至少可以把年轻妈妈分为两类，一类是"孕妇型"准妈妈，另一类是已经生育了宝宝的年轻女性。前者正处于对外部育儿信息的高度接受状态，企业如果能与儿童医生或妇幼保健机构联合开展一些"公益性"活动，或许能更好理解这些准妈妈们的需要，从而制定出更有针对性的营销策略；对后一类消费群体而言，她们已经购买过一些婴幼儿用品，甚至已经具有较丰富的育儿知识，此时通过妇幼保健类机构与之沟通，则不一定有效。

二、市场细分过程

企业可以运用现有客户数据进行市场细分。例如，一些大型零售企业积累了大量客户行为数据，就可以运用"数据挖掘"技术，对现有顾客进行细分。如果现有顾客数据比较少，或者希望重点吸引潜在顾客，企业就需要通过大规模的市场调查，或者从第三方机构购买消费者数据，然后根据这些数据对市场进行细分[①]。佩洛特和麦卡锡提出了市场细分七步法，或许可以作为市场细分初步指南[②]。

（一）确定市场范围

市场细分的目的是要选定最终进入的市场，确定市场范围或对市场进行界定是市场细分的起点。以快餐市场为例，从大的方面可以分为中式快餐与西式快餐，中式快餐又可分为"堂食"和"外卖"两个市场。如果一家中式快餐企业既经营外卖食品，也经营堂食，则此时对市场的界定应同时包括这两方面业务；如果企业只经营外卖食品，则市场界定就可限定在外卖业务领域。

市场界定不仅明确了企业的业务范围，而且也确定了直接的竞争对手和潜在的消费人群。界定市场时，一方面，不能只考虑市场的吸引力，同时要考虑自身的资源特点和各种限制条件。比如，作为一家快餐企业，麦当劳不仅与肯德基等西式快餐企业竞争，也与众多中式快餐企业竞争，但与高档中式餐厅并没有直接的竞争关系，因此在界定市场时，不应把后一类企业的业务和顾客纳入市场的定义中。另一方面，市场界定也不能过窄。比如，麦当劳如果只发展传统的西式快餐业务，那么在面临咖啡厅、外卖食品企

---

① 凯普，柏唯良，郑毓煌. 市场营销学：英文影印版[M]. 2 版. 北京：北京大学出版社，2012：120-121.
② Perreault W D, McCarthy E J. Basic marketing[M]. New York: Richard D. Irwin, 1996: 102-107.

业、中式快餐企业和超市"三明治"等方面的竞争时，其业务将会日益萎缩。

（二）列举潜在顾客的需求

尽可能列出潜在顾客在产品类别或所界定的产品市场中所有可能的需求。比如，在快餐市场中，顾客可能要求可口的食物、干净的用餐环境、快速的响应与结账、公平和相对便宜的价格、方便的进出、简洁的菜单等。企业可以通过访谈潜在顾客，或者通过营销团队内部头脑风暴，把潜在顾客在用餐过程中各种可能的需求和追求的利益一一列举出来，并深度思考顾客为什么购买快餐食品，而不是自己在家里烹饪食物，或者为什么不将家里的便当带到工作场所。

（三）探测顾客在需求上的差异

首先可以考虑"典型顾客"的需求或偏好，然后不断加入"新顾客"，探究后者的偏好是否有所不同。如果差别很小，则新顾客仍属于"典型顾客"；如果差别比较大，则可以组成新的顾客群。比如，麦当劳的典型顾客是来餐厅就餐的消费者，但也可能有一部分进店的消费者不在餐厅用餐，而是把食物带走，由此产生一个新的消费群体，即"外卖顾客"。"外卖顾客"在需求的哪些方面与"堂食顾客"存在差别？为什么会存在差别？对这两个问题的回答，或许构成了将消费者细分的基础或依据。在"堂食顾客"中，有些顾客是一个人或与朋友一起来就餐，有的则是以家庭为单位来用餐，据此又可以对"堂食顾客"做进一步细分。

（四）识别"决定性"需求维度

在将企业服务的总体市场分为若干子市场后，接下来是评估各子市场潜在顾客的需求维度及对各维度的重视程度，并在此基础上识别出"决定性"需求维度。所谓需求维度实际上是顾客追求的具体利益及其在产品、服务上的体现，如食物的营养、口味，选择的多样性、环境的整洁、服务人员的专业性与响应速度等。"决定性"需求维度，则是将各子市场相互区分的需求内容或要素。仍以麦当劳为例，将"堂食顾客"与"外卖顾客"区分的要素，可能不是食物的营养、口味，而可能是点餐速度、网站或 App 的可接入性与友好性，以及能否送餐等因素。将麦当劳的"白领顾客"与"家庭顾客"相区分的"决定性"需求维度，可能是后者更看重"开心、好玩"的氛围及儿童玩具等需求要素。

（五）为每个子市场命名

在确定了各子市场的顾客在需求或行为上确实存在重要差别，即在某些"关键性"需求维度上各子市场赋予不同的权重后，就可以用形象的词汇给各子市场命名，以此反映每一个子市场的需求特点。美孚石油公司在面临竞争对手低价竞争的背景下，开展了大规模的细分研究，将加油站顾客分为五种类型，分别命名为"马路骑士""真正蓝领""F3 一代""家庭主妇""价格一族"。表 10-1 描述了该公司各细分市场的基本情况。

表 10-1　美孚石油公司对加油站顾客的市场细分

细分市场	用户规模	细分市场描述
马路骑士	16%	收入较高的中年男士，每年驾驶 25 000 至 50 000 英里（1 英里 = 1.609 千米）；用信用卡购买高级货、从便利店购买三明治和饮料；有时会在洗车店冲洗自己的轿车
真正蓝领	16%	通常是收入在中高水平的男士和女士，他们忠诚于某个品牌，习惯在某一特定地点购物，经常购买高档汽油而且喜欢用现金支付
F3 一代	27%	同时购买汽油和食物，重视快捷，处于上升期的男士和女士，半数年龄在 25 岁以下；他们总是忙个不停，经常驾车并且在便利店大量购买便当
家庭主妇	21%	通常是家庭主妇，她们接送孩子，在沿路上任何一个方便的加油站加油
价格一族	20%	没有特别偏好的品牌或加油站，极少购买高档产品，手头常常很紧；历史上曾是美孚的目标客户

（资料来源：凯普，柏唯良，郑毓煌. 市场营销学：英文影印版[M]. 2 版. 北京：北京大学出版社，2012：120-122.）

（六）理解每个细分市场顾客行为特点

每个市场的顾客在需求和行为上会存在差别，这些差别的背后是否存在更深层的原因，这是营销者需要深入思考的。在上面美孚石油市场细分的例子中，几乎每个细分市场的顾客都追求方便，但各细分市场所理解的方便各不相同。比如："马路骑士"理解的方便，可能是加油时自己不用下车，加油站能提供"伸手可及"的快餐食物等；"家庭主妇"理解的方便，则可能是加油站在接送小孩的道路附近，而且提供小孩需要的食品、玩具与日常用品等。

（七）大体描述各细分市场规模及顾客特征

细分市场的最终目的是寻找有利可图的市场机会，并决定选择哪些细分市场作为目标市场。在进行细分市场研究时，需要把顾客背景数据加入分析，用简洁且通俗的语言描述每个细分市场的顾客特征、需求偏好、行为特点，以帮助企业进行目标市场营销决策。在上面介绍的美孚石油公司的例子中，公司最终决定重点瞄准"马路骑士""真正蓝领"和"F3 一代"，同时对加油站设

延伸阅读 10-1　用户画像

备升级，通过引进"速卡通"、培训员工、开展直接营销等手段，强化顾客忠诚度，取得了不错的效果。

三、有效市场细分的标准

市场细分的目的是帮助企业将资源集中到特定市场，同时舍弃某些与企业资源能力不匹配的子市场。市场细分是否有效，能否达成预期的目标，可以用下面的标准予以反映。

（一）可识别性

可识别性即运用的细分变量是否真的能把不同需求的消费者识别出来。如果误把有

A 类需求的消费者当成有 B 类需求，或者有相当数量的潜在顾客不能被归类到既有的细分市场中，那么这样的市场细分就没有达到可识别性的要求。

（二）反应差异性

消费者行为反应的差异性，是指细分出来的各子市场，对同一营销组合策略的反应存在差异。比如，生产绿色食品的企业，通过一系列调查识别出了"绿色"消费人群，但当把绿色食品投入市场时，该消费群体与其他群体在绿色食品的消费倾向上并无不同，此时企业就需反思其采用的细分基础是否存在问题。

（三）行为稳定性

行为稳定性是指细分市场中消费者的需求及对特定营销组合策略的反应具有相对稳定性，而不是在比较短的时间内起伏不定。比如，如果以消费者对颜色的偏好来细分服装市场，各细分市场的人数和对特定颜色服装的需求就会缺乏稳定性，因为人们对颜色的偏好可能随时会发生改变。

（四）可测量性

可测量性是指细分市场潜在消费者的数量、消费者的购买力、购买频率、市场规模等可以估计或测量，这要求企业掌握或获取关于上述消费行为的数据，或者在无法准确获取这些数据的情况下，能够根据一些"替代指标"做出推断或做出近似估计。

（五）规模足量性

规模足量性是指细分的市场必须有足够的容量或规模，保证企业有持续的盈利空间。理想的细分市场应该是同质客户群体人数足够多，销售潜力足够大，值得企业专门为该群体制定营销方案。

（六）可接近性

可接近性是指细分的市场可以被有效触达和服务。可接近性包括信息可以触达目标消费人群，产品可以通过合适的分销渠道送达潜在消费者手里。比如，目前在世界上的很多国家，包括一些发达国家，尚未建立起类似于我国这样深入每个社区和家庭的直达物流系统，因此对开展电商直销的企业而言，这些国家或地区作为细分市场，是存在可接近性障碍的。

第三节　工业品市场细分

工业品市场具有购买者更集中且数量较少、需求具有衍生性、单次采购量大、购买决策参与者多、专业性采购等特点，其市场细分与消费品市场细分既有相同点也有不同点。下面重点围绕工业品市场细分标准和如何根据用户对"供应品"反应的差异性去市场细分进行介绍。

一、工业品市场细分标准

（一）客户的基本特征

（1）客户所属行业。工业品营销需要聚焦客户所在的行业，不同的行业对于通用产品、专用产品及服务的需求数量、特点都不一样。比如，提供财务咨询与服务的公司，在面对制造企业、零售企业和银行时，就不能提供完全一样的服务。同样，医疗器械企业对企业资源计划（enterprise resource planning，ERP）系统的要求也不同于制衣企业。

（2）客户的规模。大公司和小公司的采购能力、采购计划差异甚大，营销人员需要分析客户公司的规模、公司的发展阶段，据此提供专业性产品与服务。需要注意的是，并不是客户规模越大，对企业就越有吸引力。很多大客户因为拥有强大的采购团队，加上采购量大，往往会把采购价格压得很低；对于一些中小型供应商，将目标客户瞄准规模中等或规模较小的客户，有时反而更加有利可图。

（3）客户的地理位置。工业品市场的客户分布相对集中，地理位置是至关重要的因素之一。比如，我国的陶瓷企业主要集中在景德镇、佛山等地，如果为这些企业提供配套产品，则可考虑根据客户地理位置进行市场细分。从全球范围看，在某些工业品领域，欧美的客户可能更看重品质、服务及交货期，而一些发展中国家的客户可能更重视价格，此时采用地理位置细分市场比较合适。

（二）客户经营特征

客户经营特征包括客户公司采用的技术、使用状态、客户的能力等。客户的技术包括公司的核心产品技术、制造技术等。制造同样的产品，有的客户运用机器人等节约劳动力的技术，有的则依赖手工技术，不同技术下客户所需要的制造设备、原料和部件均会不同。

客户产品使用状况主要是指客户是否使用了本企业的产品，使用频率和使用量如何。相对于潜在用户，使用了本企业产品的用户，对产品有直接的使用体验，甚至与本企业的营销人员建立了一定的信任关系，相对而言彼此沟通更顺畅，营销成本更低。当然，也有企业会把营销重点放在非使用者身上，前提是非使用者未来购买潜力大，或投资这类客户有助于构建企业长期竞争优势。

客户在市场、运营、技术和财务等方面的能力也是进行市场细分的有效变量。例如，哈兰快运是一家中型卡车运输公司，利润率为 12%，远高于行业平均水平。其成功可归因于公司老总对顾客的精准选择。由于拥有详细的顾客信息系统，他可以了解很多客户细节，如托运人名字、发货地点和送达地点、里程、产生的收益、每英里收益、空车里程等，这使他能聚焦于客户与订单的组合。公司只参与业务繁忙路线的短途运输，从而减少空跑率。西尔斯是哈兰最大的客户，占其业务量的 16%。尽管西尔斯一再要求，但哈兰仍拒绝了介入长途运输的请求。拒绝最大客户的要求，在产业市场是不常见的，也很不容易。但格丁对此非常自信，因为他让西尔斯意识到，哈兰是短途运输领域做得最好、价格最便宜的[①]。

（三）客户的购买方式

采购方式包括采购职能的组织、权力结构、买卖双方关系性质、采购政策和采购流程等，不同企业在这些方面差别很大。

（1）采购职能的组织。这主要取决于公司的内部治理结构和管理制度。有些公司会采用集权式的采购形式，将一些重要的、价值较高的项目采购权限集中到公司总部；另一些公司则采用分权式采购方式，企业各分公司甚至企业内部各机构均有较大的采购权限。针对上述两种类型的客户，企业在营销人员配备、沟通渠道、报价方式等方面均需要分类施策。

（2）权力结构。工业品采购涉及企业内部多个部门，不同部门不仅关注点不同，其影响力也存在差别。通常财务部门对价格比较关注，生产部门对品质、交货期比较关注，采购部门则对采购总成本及稳定供货比较关注。有的企业采购部门居支配地位，但也不乏财务部门或生产部门拥有更大采购影响力的现象。

（3）买卖双方的关系。买卖双方有的是一次性交易关系，有的是长期供货关系，还有的是联盟性质的伙伴关系。在不同的关系类型中，双方的信任程度、互动模式和资源投入力度均会不同，营销人员可以据此将客户分类。

（4）采购政策。有些客户基于历史交往，通过商务谈判选择供应商，有的企业通过公开招标选择供应商，还有的企业通过提供技术支持培育合适的供应商。一旦确定了供应商，一些客户会要求签订长期合同；另一些客户则会选择从多家企业供货，并签订条件合同，即视未来环境或条件变化来确定合同关键条款。显然，上述采购政策的差异，为供应商细分市场提供了依据或基础。

（四）情境因素

情境因素与采购方式类似，但运用一些涉及与客户特定采购情境密切相关的因素进行市场细分时，如订单的紧急性、产品的用途及订单的大小等，要求企业对客户有更深度的了解。

（1）订单履行紧急性。客户的采购部门通常会对存货进行分析和监控，确保存货能满足生产部门的要求，同时防止库存水平过高。对于通用产品和部件往往还会设置安全库存量，以应对紧急情况。即便如此，由于某些突发情况的出现，会导致临时性的加急

---

① Narayanda D. Note on customer management[J]. Harvard Business School Background Note. 2002(6): 73-502.

订单，满足这些小而急的订单，对供应商来说不仅有利可图，而且可能开辟一个新的细分市场。

（2）产品使用场景。营销人员应评估所推广的产品在目标企业中的使用场景和具体用途，包括设备或零部件的使用环境、使用频率等。以生产电钻等电动工具的企业为例，这些工具可以广泛运用到工业、住宅建筑、装修等众多行业，但使用环境、使用强度各不相同，用户对产品规格、耐用性、维修保障等方面的要求也存在很大差别。

（3）订单的大小。各行各业存在不同规模的公司，其生产能力、采购量都存在差异。企业是重点发展大订单用户，还是聚焦多批量小额订单，需要视企业的战略和能力而定。大额订单能帮助企业实现更高的销售目标，但同时也意味着较低的单位毛利，要求企业有充足的生产能力；小批量订单固然伴随较高的单位成本、更复杂的订货程序，但同时也意味着客户面临更高的转换成本，单位产品价格也更高。

（五）个人因素

企业采购决定最终是由具体的个人作出，如同在消费品市场那样，个人因素如个人对风险的态度、个人偏好等均会对企业采购行为产生影响。风险厌恶型个体通常会选择熟悉的供应商，只有在经过验证或确信能够达到采购标准的情况下才会采用新产品。为降低风险，他们更愿意选择有名气的品牌，同时会对订单分拆，避免"把鸡蛋放在同一个篮子"里。

应当指出，前面介绍的细分工业品市场的五个标准或依据，彼此存在相互影响，而且也有一定的结构关系。比如，订单大小这种情境因素会对采购方式产生影响，更大的订单更可能采用招标方式来进行采购，较小的订单则更可能采用"临时性"采购方式。客户特征、经营特征、采购方式方面的信息相对容易获取，而情境因素、个人因素方面的信息获取难度相对更大，只有供需双方存在频繁互动的情况下才能获得。通常，企业在细分市场时，会先采用容易获得的数据，再深入客户公司内部去获得更有深度、更有使用画面感的信息，后一方面的信息在很多情况下对提升市场细分的有效性价值更大[①]。

二、市场细分与柔性市场供给

在工业品市场，供应商提供的通常不是某个单一的部件或产品，而是产品"服务包"，甚至是一套完整的解决方案。产品"服务包"里，有些属于"标准件"，有些项目或元素带有定制化性质；有些项目并不是所有客户都需要的，即使是所有客户都需要的项目，其重要性也因客户而异。正因为存在如此多的差异，"柔性供给"的概念应运而生。所谓柔性供给，就是针对同一细分市场内的不同顾客，既统一提供"标准"服务项目或最低标准解决方案，同时也提供"可选"服务项目，后者需要额外付费。柔性供给与定制化

---

① Sharpiro B P, Bonoma T V. How to segment industial markets[J]. Harvard Business Review, 1984(5/6): 104-110.

供给不同，后者完全按特定客户的要求量身定制产品或服务。

柔性供给提供了一种针对现有客户进行市场细分的思路或方法。当针对所有现存客户提供完全一样的"产品服务包"时，显然会造成一些客户需求未满足，一些客户为不甚重要的项目支付额外费用的情况。将服务项目分为"标准"和"可选"两种，能够区分不同的服务项目对不同客户的重要程度，使供应方能从需求端对客户分类。以为教育机构提供网络办公系统为例，有的机构预算较多，希望提供功能相对齐全的系统；有的机构预算相对较少，希望分期逐步改进或升级系统；还有的机构，内部有专门的部门和人员为系统的运行、维护提供保障，另一些机构则没有配备这样的专门人员，显然后者不仅需要更多的前期培训、指导，而且需要提供后期的运行与维护保障。

表 10-2 呈现了供应方对服务项目（包括现有服务项目，也包括新开发的服务项目）的搭配选择，以及随时间的推移如何调整"标准项"与"选择项"。比如可以把原来包含在"服务包"中的某些"标准"服务项目剔除，也可以"保持"或改为"可选"；同样，目前"可选"的服务项目，也可以视情况将其变为"标准"，或者将其设置为"暂不提供"状态。表 10-2 呈现的柔性市场供给战略矩阵犹如餐馆的菜单，为顾客提供了多样化选择。随着时间的推移，企业积累的顾客选择数据不断增多，企业对不同顾客偏好的了解也不断深入，在此基础上不仅可以开发出新的服务项目，也可以优化"标准"与"选择"配置，甚至可以针对不同类型的顾客开发出不一样的"菜单"。

表 10-2　柔性市场供给战略矩阵

服务项目状态	服务项目配置		
	不服务项目	"标准" 服务项目	"可选" 服务项目
现有"标准"服务项目	从标准"服务包"中剔除的项目	作为标准"服务包"的一部分	额外收费项目
现有"可选"服务项目	削减"可选"服务项目	引入标准"服务包"，提高"标准服务"水平	作为"增值"项目供选择
新服务项目	暂不提供给市场，待时机成熟再行决定	引入标准"服务包"，扩展"标准服务"水平	新引入供选择的"增值"项目

（资料来源：安德森，南洛斯. 企业市场管理[M]. 徐岩，译. 北京：北京大学出版社，2003：168.）

柔性供给战略的实施，也会面临很多挑战。比如：将"服务包"中的"标准"项剔除或将"标准"项变为"可选"项首先会受到采购方的抵制；一些企业的销售人员为了完成销售任务，可能会想尽办法将某些"可选"项加入标准"服务包"中，让其成为免费项目。另外，当用满足用户最低要求的"标准"项代替原来服务水平更高的同类"标准"项时，几乎所有客户均会持反对意见。如何应对这些挑战？不同企业在实践中发展了不同的应对策略，有的比较成功，有的相对不那么成功。基本的应对思路是，企业营销人员需要测量每个服务项目的成本

延伸阅读 10-2　如何细分工业品市场

及为特定顾客创造的价值，在此基础上将新创的净顾客价值在企业和顾客之间做合理分配，如此才能找到打动顾客的问题解决之策。

第四节　目标市场选择

一、目标市场营销策略

（一）无差异营销策略

无差异营销策略也称为大众化营销策略，是指企业用一种提供物或一套营销方案适用整个市场，该策略注重的是需求的共性而不是需求的差异性。在需求同质化程度很高，或在产品生命周期的导入或成长阶段，以及竞争不甚激烈的情况下，企业通常会采用无差异营销策略。此外，一些生产通用性原料或"大路货"产品的企业，因其产品本身基本相同或类似，企业很难在产品层面创造出差异，因此这些企业倾向于采用无差异营销策略，典型的有自来水、电力、汽油和柴油产品等。当然，即使是提供上述产品的企业，也可以在价格、服务、分销等方面针对不同的顾客群提供差异化利益或价值。

无差异性营销策略的优点是便于企业形成规模效应，降低生产与营销成本。其缺点是部分消费者的独特性需求被忽视和未能获得满足，一旦竞争对手采用差异化营销策略，企业将会处于明显的竞争劣势。

（二）差异化营销策略

差异化营销策略是指针对不同细分市场或不同顾客群体采用不同的营销组合策略。该策略以市场细分为基础，将目标市场划分为若干个不同的市场，在相应的市场上分别开展有针对性的营销活动。差异化营销能更好满足顾客需求，提升顾客体验，从而给企业带来诸多潜在利益，包括提升营销效率、扩大市场份额、提高获利能力等。其缺点是要求企业具有较丰富的资源和能力，同时面对多个细分市场，企业内部也会出现资源争夺现象。通常，差异化营销策略适合资源雄厚的企业，资源受限的小企业不一定适合采用这一策略。

（三）集中营销策略

集中营销策略是指将资源聚焦到某个特定细分市场，为其制定具有针对性的营销策略。很多中小企业资源有限，无力在多个市场与行业领先者竞争，但可以集中资源深耕某个局部市场，成为"小而美"的隐形冠军，或至少能在该局部市场与大企业一较高下。采用集中性营销策略的公司专注于特定顾客群体的需要及其变化，这样不仅能更好满足顾客需求，而且能发展起服务特定市场的专门技能，形成长期竞争优势，其最终回报往往也比较高。这种策略的缺点是，"把鸡蛋放在一个篮子里"，导致未来抵御风险的能力下降。一旦外部环境发生剧烈变化，企业可能面临生死存亡的威胁。

（四）个性化营销策略

个性化营销策略也称定制化营销策略，是指根据单个顾客的需要和偏好调整营销策略。在工业品市场及服务领域，个性化营销策略比较普遍。比如，飞机制造商可以为特定客户定制直升机；金融机构可以针对高净值客户定制金融产品。伴随数字化技术的发展，个性化推荐、个性化沟通的成本大幅度下降，个性化营销不仅在软件、网上书城等领域得到广泛运用，在一些传统的产品领域，如服装行业等，也开始受到重视并被采用。例如，一些服装企业可以根据顾客身材和偏好，提供各种款式和颜色的服饰产品。

二、影响目标市场选择的主要因素

企业到底选择哪个或哪几个细分市场作为目标市场，最主要的考虑因素包括三个方面：一是目标市场的吸引力；二是目标市场的竞争强度及企业在该市场是否有竞争优势；三是与企业目标和企业战略的兼容性，即将资源配置到目标市场是否符合企业长期的战略目标，是否有助于战略目标的达成。

（一）目标市场吸引力

目标市场吸引力主要考虑市场规模与增长、市场进入壁垒与退出壁垒、顾客忠诚度以及市场的可接近性。市场的规模主要由潜在购买者人数、购买频率、每次购买量及购买金额所决定，市场增长速度则由产品渗透率、产品升级的可能性及未来消费模式是否改变等因素决定。市场是否具有吸引力，与企业本身在行业中的地位及企业阶段性目标有直接关系。比如，在 2005 年以前，我国农村可乐市场并没有引起可口可乐和百事可乐的关注，但杭州娃哈哈集团不失时机于 1998 年推出了"非常可乐"，并很快占领农村市场，销售量直逼可口可乐在中国的销售量，这才逼迫后者推出专门面向我国农村市场的大包装可乐。

市场进入壁垒则涉及投资规模、技术门槛、是否有资质要求或是否需要政府特许等；退出壁垒则主要考虑如果从行业中退出，前期投入的多大比例可以收回，辞退员工的成本是否高昂等。顾客忠诚度涉及是否重复购买、转换成本等，顾客忠诚度高的产品，后期维持成本相对较低，获利空间更大。市场可接近性则涉及企业是运用现有分销渠道还是需要自建渠道，能否以有效率的方式与潜在顾客沟通等。

（二）兼容性

兼容性主要是指企业的资源、能力是否与目标市场所要求的能力相匹配，一旦将资源配置到目标市场，是否有助于企业战略目标的达成。比如，如果一个企业要进入在线鲜花销售市场，则需要考虑在该市场成功的关键因素是什么，公司拥有的资源和能力是否与"成功关键因素"匹配。管理团队是否有线下销售鲜花的经验，是否对鲜花市场有一定的了解，是否有稳定的供货渠道，是否有足够的资金实力承受先期的可能亏损，这些或许是企业进入在线鲜花销售市场需要重点考虑的因素。

（三）竞争强度与可持续竞争优势

即使细分市场具有很大的吸引力，企业也有资源和实力进入该市场，但是还需要考虑该市场的竞争强度，以及从长远看企业是否可以在该市场建立可持续的竞争优势。在分析细分市场吸引力时，不仅要考虑该市场对本公司的吸引力，同样要考虑它对主要竞争对手的吸引力。越有吸引力的市场，越可能吸引现在和潜在竞争者的进入。如果确认本企业在某些核心资源或关键能力方面超越竞争对手，接下来要考虑的问题是这种竞争优势能否持续。此时需要考察企业的核心资产，也要考察竞争对手所拥有的核心资产。所谓核心资产，是能够支撑企业竞争优势的独特资源，如强有力的品牌、独特的企业文化、专利技术、客户关系等。仍以在线鲜花市场为例，如果公司拥有经验丰富的管理团队、与众多花农建立了长期合作关系、与特定快递公司关系融洽，那么这些将构成支撑本公司超越竞争对手的核心资产，那么主要竞争对手在多长时间、在多大程度上能构建起类似的资产，就成为判断企业能否建立可持续竞争优势的重要考量。

（四）战略重要性

前面关于目标市场选择的讨论，主要是基于静态视角。如果企业在行业中居于领导者或挑战者地位，那么在选择目标市场时，还需要具有前瞻性，即要考虑特定细分市场未来的成长及该市场对企业发展的战略重要性。对于那些具有雄心的企业领导人，除了考虑细分市场是否具有吸引力、企业现阶段是否有能力进入，以及与竞争对手比本公司是否具有竞争优势等因素以外，他们也会考虑是否可以通过公司主观努力，构建新的能力，并在细分市场占有一席之地。以比亚迪为例，该公司靠做电池起家，在进入汽车制造领域初期，并不被业界看好，但该公司坚持不懈，埋头开发自主技术，而今在新能源汽车领域成为国内翘楚。前些年很多汽车企业专注于纯电动车，看衰插电混合动力车，但比亚迪的高层则将混合动力车视作具有战略重要性的市场，加大投入，目前开始进入收获期。

三、目标市场选择：最小抵制路径

从获取客户的难易程度看，吸引新客户比保留老顾客难度更大，吸引那些从未采用本品类产品的"落后采用者"比吸引竞争者的用户难度更大。遵循同样的原理，在选择目标市场时，企业通常可先考虑现有客户，然后考虑吸引竞争对手的客户，最后才是鼓励从未使用本类产品的消费者使用。

（一）维持现有顾客

现有顾客，尤其是其中的"重度用户"，通常是企业的首要目标消费者，这不仅是因为他们对企业的产品和品牌比较熟悉，后期服务成本和维系成本比较低，更重要的是他们还可能带来新的用户。"重度用户"的离开不仅会给企业造成直接经济损失，而且会带来负面示范效应。在很多行业中，获客成本高昂，如果客户关系不能维持在一年以上，则企业注定会亏损。当品牌市场份额受到侵蚀和出现下降趋势时，企业的首要任务是维持现有顾客。即使企业决定吸引新的顾客，也要考虑是否会由此带来现有顾客的不满和流失。20 世纪 80 年代中期，为了吸引年轻消费者和应对百事可乐的攻击，可口可乐决定放弃传统配方，启用新的可乐配方，结果遭到原有用户的强烈抵制，最终不得不把本已弃用的老配方以"经典可乐"之名重新投放市场。[①]

当然，也不是在任何条件下都要固守原有客户。当品牌的现有用户年龄偏大，导致品牌形象老化时，就需要考虑把营销重点放到更年轻的消费者身上。像沃尔沃、凯迪拉克等汽车品牌，在欧美市场的顾客年龄一度在 60 岁以上，鉴于汽车这种耐用品的重购间隔较长，如果不能吸引年轻消费者，这些品牌注定没有未来。

（二）吸引竞争者顾客

如果将目标用户锁定在现有顾客，但并不能达成企业增长目标时，则需要考虑吸引竞争者的客户。当品类增长停滞，争夺竞争者的用户自然会进入企业日程。然而，要获得成功也并非易事。首先，竞争对手会奋起反击；其次，当竞争对手是行业龙头或竞争对手很强大时，竞争企业的现有用户不会轻易转换品牌。即使企业产品确实优于竞争产品，由于惰性和惯性，很多用户仍会忠于竞争者的产品。破解之道一是为消费者提供令人信服的转换品牌或转换供应商的理由。比如，"潘婷"通过展现其产品能使头发更"靓丽"和富有弹性而得到顾客认可。二是改变"游戏规则"或改变消费者的原有选择标准。例如，我国近些年兴起的"国潮"热，正在改变年轻消费者的品牌选择标准，让原来一直备受国外品牌压制的国产产品焕发出勃勃生机。

（三）鼓励"未使用者"采用

当一个品类里现有顾客的增长潜力已经很小，或者争夺竞争者顾客会导致两败俱伤时，一种可行的战略是瞄准品类中的"未使用者"。通常有两种方式可采用，一是采用"进入点"策略，二是采用"品类建设"策略。

"进入点"策略是瞄准那些从未使用过该类产品，但在未来某个时点大概率会使用的消费者。这一策略的要点是：识别谁将成为该品类的首次使用者；何时成为使用者；如何将消费引导到特定的企业或品牌。很多营销婴儿产品的企业，重点瞄准"准妈妈"们，通过妇幼保健机构的推荐，或者通过向孕妇发放免费样品等手段，试图获得"新顾客"的惠顾。当产品或品牌忠诚度很高，或者大量用户处于"未使用者"状态时，"进入点"

---

① Yoffie D, Kim R. Cola wars continue: coke and pepsi in 2010[J]. Harvard Business School Case, 2011, 5(2): 447-706.

策略获得成功的可能性更大。[1]

"品类建设策略"是试图鼓励那些根本没有意向购买某一品类产品的消费者试用产品，让他们成为品类使用者。当某个品类的产品市场渗透率很低时，品类建设或扩大品类总需求，能使整个行业受益。品类渗透率低的原因很多，如产品属于新产品，人们对其潜在利益缺乏认识，或者人们没有找到合适的场景使用该类产品。常用的扩大品类成长的方法包括：行业领导者加强品类推广力度，因为品类增长后行业领导者受益最大；鼓励更多企业进入，这会扩大行业声势；开发更多使用场景，比如生产米粉的企业，通过开设讲座、制作节目、直播烹饪过程，让消费者了解米粉的各种食用和烹饪方法，鼓励更多的个体商户开设米粉餐馆，或者鼓励餐饮外卖店更多地用米粉做食品原料等。

（四）开发新产品

当企业无法在现有品类范围内实现增长时，开发新产品或许成为企业优先的战略选择。新产品的开发无疑涉及更多的企业资源部署工作，但在面临更大的市场风险的同时，也孕育更高的可能回报。关于新产品开发，本书第十三章将做专门讨论。

本章案例

江小白如何快速进入市场

即测即练

自   扫
学   描
自 此
测   码

---

[1] Dawn Iacobucci. Kellogg on marketing[M]. New York: John Wiley & Sons, 2001: 14-15.

第十一章

市 场 定 位

通过本章学习，学员能够：

1. 理解市场定位的含义及重要性；

2. 了解核心价值主张的提炼；

3. 解释竞争定位与目标定位及其差别；

4. 描述品类定位的含义及主要类型；

5. 了解品类定位类型及大致流程。

第一节　市场定位概述

一、市场定位含义

市场定位是让产品或品牌在消费者心中占有一个独特位置的过程。它包括两层含义：一是使产品或品牌对目标消费者具有关联性；二是使产品或品牌与竞争产品或竞争品牌相区别。定位如果是围绕产品展开，则谓之产品定位；如果是围绕品牌展开，则谓之品牌定位。

使产品或品牌具有关联性，意味着产品或品牌将成为消费者生活中的一部分，对消费者具有某种价值；如果要让消费者选择该产品，则产品的价值需要超越竞争产品。从上述意义上看，产品的定位实际上就是价值定位，理解产品或品牌如何为顾客创造价值至关重要。

那么，顾客是如何形成或感知关于产品或品牌的价值呢？通常，顾客价值来自功能、形象、体验三个方面。[1]所谓功能价值，是指产品能给顾客带来功能方面的利益或满足。形象价值则是指产品具有某种独特形象，这种形象与消费者的追求契合，从而能带来心理或社会交往方面的利益。体验价值是指产品通过感官的刺激，给顾客带来感官愉悦及

---

[1] 庄贵军. 营销管理：营销机会的识别、界定与利用[M]. 北京：中国人民大学出版社，2021：3-8.

内心的宁静与满足。

上述顾客价值的形成，固然离不开产品及产品如何呈现等营销刺激，同样也离不开某种参照物或参照系。比如，如果你花了 50 元吃了一顿中式快餐，觉得很不值，此时参照的可能是同样属于快餐的麦当劳或肯德基。另一位同学花了 150 元吃了一顿中餐，但觉得很值，此时其参照系肯定不是麦当劳等快餐品牌。

参照系实际上是指顾客在感知、判断产品或服务的价值时所依赖的比较框架或锚定物，该锚定物可能是竞争产品，也可能是其他消费者认为合适的"比较物"。同样是买一瓶矿泉水，为什么消费者在超市、机场、旅游景点的支付意愿各不相同，根本原因是在不同场景下消费者使用的参照系不同，由此导致感知价值不同。在这个意义上，市场定位并不是改变产品本身，而是改变消费者所使用的参照系。

企业常用的一种确定其产品或品牌在消费者心目中的位置的方式，是市场定位图或顾客感知图。最直观的市场定位图可以用平面图的方式呈现（图 11-1），其中横轴代表某个消费者感知或看重的因子，如顾客感知的产品质量或档次；纵轴代表另外的因子，如时尚或新潮；圆圈的大小代表特定产品或品牌的市场份额。当然，现实生活中，顾客可能是从多个维度感知企业产品及竞争品，由此会形成多维的顾客感知图。市场定位图至少有两方面的重要作用：一是帮助企业确定本企业的产品与哪些产品直接竞争，与哪些产品间接竞争；二是帮助企业确定在哪些位置存在市场空白，或相对而言竞争没有那么激烈。

图 11-1　市场定位图

如何绘制市场定位图呢？一种常用的方式是访问消费者，让他们配对比较各竞争产品，哪两个最相似，哪两个最不相似，以及背后的原因，如此可以识别消费者判断竞争产品相似或不相似背后的"属性"。当询问足够多的消费者之后，可以识别出他们据以判断"相似性"的众多产品属性，对这些属性归类后，可以得到 8～10 个主要属性。然后，针对每一个主要属性，要求消费者对各竞争产品两两配对比较，如在饮料的甜度上是非常可乐与可口可乐更接近，还是与百事可乐更接近。获得这些"基于属性相似性比较"的数据后，借助电脑和软件，即可得到类似于图 11-1 的市场定位图。此所谓"基于属性相似性的多维测度分析"①。

二、定位声明与价值主张

定位声明（positioning statement），也叫定位陈述，是以文字形式对企业营销战略做出高度概括，用以指导企业营销策略层面的决策。定位声明可以被视为一种战略性沟通工具，旨在向企业利益相关者传递营销战略的核心内容，以凝聚内外力量确保营销目标的达成。根据沟通对象或利益相关者的不同，定位声明可以分为三类：①专注于顾客的定位声明，即明确产品或品牌对顾客的核心价值主张；②专注于合作伙伴的定位声明，即明确产品或品牌对合作者的核心价值主张；③专注于公司的价值主张，即明确产品或品牌对公司的核心价值。②下面重点围绕专注于顾客的定位声明做介绍。

通常，定位声明包括三部分内容，即目标消费者、参照系和核心价值主张（value proposition）。定位声明中的目标消费者可以很具体，也可以稍微宽泛和模糊，但一定要划定产品或品牌所服务的消费人群的范围。比如，"海飞丝"主要瞄准"需要去头屑"的消费者，而"王老吉"的目标消费者是在各种场合"容易上火"的人群。参照系或参照框架是产品或品牌所使用的参照点，它为消费者评估产品或品牌的价值提供"视角"或"参照"。参照系可以分为比较性与非比较性两种基本类型，前者以是竞争产品或竞争品牌为参照，后者以消费者类型、消费者需求或消费者所追求的目标作为参照。

价值主张是企业对产品或品牌所提供的利益或价值的描述，定位声明中的价值主张则是从产品或品牌提供的利益或价值中提炼出最能打动目标用户的"核心价值"，为顾客选择本企业产品或品牌提供令人信服的理由。核心价值主张包括三部分或三个层次的内容：一是价值描述，即企业提供哪些核心或独特利益；二是验证要素，即通过哪些事实或证据来支持这些独特利益的提供；三是描述展示，即以文字、图片或其他容易让消费者理解的方式展现这些核心利益的实现方式和效果。③仍以"王老吉"为例，它提供的核心利益是"预防上火"，为什么能"预防上火"？一是它具有"中药味"，暗示某种功能；二是它的配方来自凉茶鼻祖王泽邦，而凉茶在我国岭南地区源远流长。如何展示核心利益？"王老吉"的做法是，除了在红罐包装上突出"正宗凉茶"之外，还用文字介绍"王老吉"的独特配方及历史，并在广告中反复强调"怕上火，喝王老吉"。

定位声明有两种典型方式：一是针对竞争产品，说明本产品或品牌的独特利益或价值；二是不强调与竞争对手的比较，而是聚焦产品或品牌能帮助顾客解决某个问题或达成某个目标。百事可乐的早期营销活动，突出"性价比"和"口味"，直接针对竞争对手"可口可乐"，是前一种方式的代表。而"王老吉"强调"预防上火"，以及"真功夫"传递"蒸的营养专家"的概念，则属于后一种方式。

① Hooley G, Saunders J, Piercy N. Marketing Strategy and Competitive Positioning[M]. 3rd ed. Upper Saddle River: Prentice-Hall, 2004: 172-177.

② 切尔内夫. 战略营销管理[M]. 8 版. 北京：北京大学出版社，2018：211-217.

③ Carrington P. Value propositions: making your message stick[J]. Money Management, 2007, 21(11): 15.

三、价值主张的提炼与展示

提炼产品或品牌的价值主张，需要识别企业给目标消费者提供的独特利益。为此，需要开展对企业、对消费者和对竞争者的深入分析。以"真功夫"为例，该公司的前身是 20 世纪 90 年代在东莞起家的"168 蒸品屋"，后来扩展到广州、深圳时因"168"不能被注册成商标，品牌改名为"双种子"，但早期的"双种子"发展并不顺利，公司遂邀请外部咨询公司对"双种子"进行"诊断"，以期发展新的营销战略与策略，让企业摆脱困境。在策划"双种子"营销方案时，外部咨询公司与企业内部管理层密切配合，做了多方面的调查研究，最后发现中国快餐市场中的中式快餐占比接近 80%，但没有特别有名的品牌，因此发展中式快餐品牌大有可为。相对于以麦当劳、肯德基为代表的西式快餐，消费者认为中式快餐更有营养，而且味道好。同时，内部分析表明，"双种子"的联想积极面偏少，公司的核心竞争力来自岭南饮食的文化底蕴，以及由"精选食材"和"蒸"这种独特的烹饪方式所带来的"味道"与"营养"的均衡。在此基础上，公司最终决定启用新的品牌"真功夫"，同时主打"营养"价值诉求，提炼出"更有营养的美味中式快餐"这一核心价值主张，并用"蒸的营养专家"来予以表述。[①]为展示"真功夫"的价值主张，在营销策略层面，公司也做了诸多调整。例如，将价格提高到与麦当劳差不多的水平，在食谱上去掉"油炸"等被认为不太健康的食品，同时统一店内装修，所有广告和促销材料围绕"营养还是蒸的好"展开。

延伸阅读 11-1　企业战略与定位

在工业品领域，有学者总结了三种类型的价值主张提炼方法，表 11-1 列出了这些方法的基本构成、旨在回答的顾客问题、对企业提出的要求及潜在的局限。

表 11-1　工业品市场价值主张的提炼方法

价值主张	全部利益罗列法	差别优势法	共鸣聚焦法
基本构成	列举产品或品牌给顾客提供的所有利益	相对于竞争对手，公司能提供哪些具有差别的利益	聚焦 1～2 个差异点（也许还包含一个共同点）并进行长期投资，以便在可预见的未来给顾客创造最大的价值
回答的顾客问题	说明顾客为何要购买本公司产品	回答顾客为何购买本公司产品而不是竞争产品的问题	为何值得顾客牢牢记住本公司及提供的产品
对企业的要求	限于了解自己提供的产品或服务	需要了解自己的产品及直接竞争对手的产品	了解自己的产品、主要竞争者的产品，同时洞悉如何为顾客创造更卓越的价值
潜在局限	列举的利益可能不相关、不重要或竞争对手能更好地提供	价值臆断	需要进行顾客价值分析

（资料来源：Anderson J C, Narus J, Rossum W. Customer value proposition in business market[J]. Harvard Business Review, 2006(3).）

---

① 秦丽丽："真功夫"品牌营销，2009 年北京大学光华管理学院 MBA《品牌管理》课程报告。

第二节　竞争定位与目标定位

根据参照系的不同，市场定位可以分为竞争定位、目标定位与品类定位，本节介绍竞争定位与目标定位，下一节介绍品类定位。

一、竞争定位

（一）竞争定位的含义

所谓竞争定位，是以主要竞争对手作为参照系，强调在某个或某些消费者重视的方面优于竞争者的定位。比如，宝马针对奔驰车主的"尊贵"，提出了"驾乘乐趣"，重点围绕驾驶者的体验开展营销活动，以致在消费者中形成"坐奔驰""开宝马"的说法。同样，作为后起之秀的百事可乐在与可口可乐竞争时，将目标消费者锁定"年轻一代"，利用年轻人希望与"年长一代"区别的心理，在品牌中注入"运动""时尚""叛逆"等元素，将"可口可乐"定义为"老一辈人"喝的饮料，这在一段时间里也相当成功。

在国内早期的空调市场，"海尔"以服务制胜，"格力"则以质量保障见长，两家企业均采用了竞争定位方式。竞争定位需要关注两个方面。一是将企业的产品或品牌与某个品类联系起来，并力争成为品类的典型成员。例如，提到高档汽车，人们自然将其与奔驰、宝马、奥迪等联系起来，韩国的"现代"汽车虽然做了很多努力，但在我国市场人们很少将其与"高档""豪华"相联系，这是近十多年一直令"现代"高层苦恼的事情。二是将本企业的产品或品牌与竞争者的产品、品牌相区别，从而给消费者提供足够的购买理由。关于上述两个方面，随后还将进一步讨论。

竞争定位的理论基础是消费者信息处理过程中的"自然分类"，即消费者按层级对"目标产品"归类，以简化决策过程。图 11-2 呈现了自然分类的层级组织。图中的"百威淡啤"属于淡啤类别，淡啤是啤酒中的一个子类，啤酒则属于酒精类饮料。具体提到"百威淡啤"，人们可能联想到它的产品属性如口感、颜色，同时可能会激起关于它的使用者、

图 11-2　自然分类的层级组织

（资料来源：Tybout A, Brian Sternthal. Brand positiong[M]//Dawn Iacobucci.
Kellogg on Marketing. New York: John Wiley & Sons, Inc., 2001: 32.）

典型饮用场景的联想，后两方面的联想构成了"百威淡啤"的形象，消费者最终根据产品属性和形象推断产品利益，后者才是驱动用户购买的根本动力。

（二）等同点与差异点

竞争定位的第一项任务是让产品或品牌与某个品类联系起来，为此需要提供足够多的等同点。所谓等同点，就是某个品类所有成员都需具备的基本属性或特征。比如，在人们心目中，"可乐"类饮料是深色的、有泡沫的、能够解渴的，如果某企业开发的可乐产品是白色的，或者含有酒精，则人们就不会将其归类到"可乐"之列。等同点之所以重要，是因为人们在购买产品时，大多遵循分类原则，即把满足类似需求的产品归为一类，以此简化认知过程，节省认知资源。

对于新产品能否成功，关键是能否建立与某个品类相联系的等同点。试想，如果人们不能把某个新产品归类到特定的产品类别中，自然也不会把它纳入"考虑域"，从而它也就丧失了被选择的机会。产品要进入目标消费者的"考虑域"，理想状态是成为品类的"典型成员"。所谓典型成员，就是人们提到某类产品时，自然就能联想到的品牌，就像燃油车中的奔驰、宝马，电动车中的比亚迪和特斯拉。如何才能成为品类中的"典型成员"呢？最常见的方法是开辟新的品类，像王老吉、红牛、元气森林等均开辟了新的饮料类别，从而奠定了各自在特定饮料领域里的霸主地位。其他的方法包括与品类中的"典型成员"一同出现在公众视野、让公众人物使用、进入排行榜前列，或者像克莱斯勒那样把自己与通用、福特并列为美国的"三大汽车制造企业"。

竞争定位的第二项任务，是创造产品或品牌独特的且令人信服的差异点。即使品牌进入了消费者的"考虑域"，但如果没有足够吸引顾客的差别性优势，消费者最终也会转向竞争品牌。为此，了解差异的来源并提供消费者所重视的差别优势特别重要。

（三）差异的来源

差异可以来源于产品、服务、人员与形象。[①]比如，"海底捞"火锅店除了确保菜品和佐料质量外，还提供了与众不同、令消费者印象深刻的服务，从而与其他火锅店形成差异。那么，"海底捞"如何保证这种差异可持续呢？关键是招聘合适的员工，同时通过培训、授权、薪酬激励等一系列措施让员工有"主人翁"意识，让其有动力和能力为顾客提供超乎寻常的体验。

除了产品与服务差异外，也有学者认为可以从促销、渠道、价格等方面创造差异。[②]如沃尔玛在美国奉行"天天低价"策略，通过采购、运营和营销效率的提升让利消费者。我国的京东网上商城则通过更多自营及高效的物流系统来与淘宝等其他电商竞争，而拼多多则主要通过低价来创造差异。

① 王永贵. 市场营销[M]. 北京：中国人民大学出版社，2019：199-201.

② Hooley G, Saunders J. Competitive Positioning: the Key to Market Success[J]. Prentice Hall International (UK), 1993: 210-218.

创造产品差异的一种思路，是识别消费者持有的某种信念，然后把这种信念和特定产品的利益联系起来。例如，很多消费者认为蜂蜜的营养价值比白糖高（这不一定正确），一些食品企业声称其产品中使用了蜂蜜，并把这作为一个差异点推广。又如，云南白药是一种化瘀止血、解毒消肿的药物，由于其神奇的疗效，受到消费者追捧，很多消费者形成了云南白药具有"止血消肿"的信念。基于这种信念，"云南白药牙膏"应运而生，并取得了不俗的业绩。同样，在我国的两广和福建地区，民间有喝凉茶的习俗，凉茶具有清热祛火的功效，属于药效类饮料，"王老吉凉茶"则利用人们关于凉茶祛火的信念将其延展到普通饮料，开创了新的饮品类别。

无论通过何种方式创造差异，企业需要特别关注如下方面：一是差异是否给目标消费者带来利益和价值；二是由差异带来的利益和价值是否超过创造这些差异的成本；三是差别化优势是否可持续，即是否容易被模仿和超越；四是企业创造的差异是否运用了其所拥有的核心资产，以及是否有助于企业在未来培育某些核心资产。

在确立品牌或产品的品类成员与创造产品差异的两项任务中，通常是先建立品牌的品类成员关系，然后才是创造品牌与其他竞争产品的差异。在大多数情况下，消费者需先知道某类产品是什么，以及它能帮助消费者实现何种目标或解决什么问题，在此基础上再决定选择哪个具体的品牌。对于新产品或新品牌，需要分别根据上述两项任务发展营销项目，一个旨在建立品牌与品类的关系，另一个则是告诉消费者本品牌与竞争品牌的主要差异点。对于资源相对较少的企业，一般是先实施品类关系项目，待消费者建立起品牌与品类关系后，再推出强调差异化的项目。如果企业资源充足，则可以同时实施两个项目，但不宜在一个项目里既强调品牌的品类成员资格又强调它与其他品类成员的差别。

二、目标定位

目标定位是以消费者的特定需求或消费者所追求的目标作为参照系，通过为消费者提供独特的解决方案或利益，来确立产品或品牌在消费者心目中与众不同的形象。目标定位不是将关注点放在竞争对手上，而是聚焦消费者的问题或需求，通过建立起顾客目标与产品或品牌的联系，让消费者对企业的价值诉求产生共鸣，从而建立起品牌与顾客之间的牢固关系。

目标定位通常也需要做两件事情：一是通过阶梯式深化（laddering up），建立起产品具体属性或特征与消费者目标之间的联系；二是通过各种"互补性"方式强化上述联系。

一方面，阶梯式深化是基于如下逻辑：消费者根据产品属性或形象推断某种利益通常是功能性利益，利用功能性利益又可推断出更加抽象的情感利益，结果形成"品牌精髓"或"品牌灵魂"（brand essence）。上述利益推断过程，犹如攀登阶梯，在登上一个利益阶梯之后，再步入更高也更抽象的利益阶梯（图11-3）。①

"茅台"最初只是一种制作方法独特、口感芳醇的白酒，其高温堆积发酵工艺带来了独特口感和"不上头"的功能利益，上述利益加上产量限制带来了市场稀缺和上层社会的追捧，由此塑造了其国酒和奢侈酒的形象，这种形象的汇集最终使"茅台"成为中国酒文化的代表。

另一方面，消费者会把跟品牌相关的一些事物与品牌最终能够帮助消费者达成的目标联系起来，从而强化"品牌精髓—消费者目标"之间的匹配性。比如，前面提到的"茅台"，已经成为中国高端白酒的代名词，成了中国酒文化的符号，这种符号满足了部分消费者体现身份和追求自我认同的目标，"茅台"酒的用户及他们所代表的社会阶层，加上"茅台"背后的故事、文化底蕴等均在强化"茅台"的符号价值，这些强化元素对独特工艺所带来的功能与情感利益形成强有力的补充或支撑，图11-4展现了阶梯式深化、支撑或互补元素和品牌精髓/灵魂如何达成顾客目标之间的关系。

图 11-3 将品牌属性与品牌精髓相联系：阶梯式深化

图 11-4 目标定位三角

（资料来源：Tybout A, Brian Sternthal. Brand positioning[M]//Dawn Iacobucci. Kellogg on Marketing. New York: John Wiley & Sons, 2001: 31-57.）

佳洁士儿童牙膏的推出，对目标定位做了很好的诠释。早期的医学研究者发现，氟这种元素能使牙齿珐琅质变硬，从而具有防止"蛀牙"的功效，这些早期的医学知识通过公共媒体获得了广泛的传播，公众在"氟"与"防蛀牙"之间建立起了联系。当20世纪50年代宝洁公司针对儿童开发出含氟的"佳洁士"牙膏时，公司运用本书第八章所介绍的"手段—目标链"方法，建立起"含氟牙膏—牙齿珐琅质变硬—防蛀牙—孩子健康快乐"的联系。"健康快乐的孩子"意味着什么？意味着作为母亲的女性尽到了自己的责任，是一位好母亲，是一位"好妈妈"。每一位有孩子的女性，都希望自己是一位尽职尽

---

① Tybout A, Brian Sternthal. Brand positioning[M]. Dawn Iacobucci. Kellogg on Marketing. New York: John Wiley & Sons, 2001: 31-57.

责的"好妈妈"，佳洁士含氟牙膏能够帮助女性实现成为"好妈妈"的目标，通过这种阶梯式深化，佳洁士牙膏的"好妈妈"形象得以确立（图 11-5）。

图 11-5   目标定位：佳洁士牙膏阶梯式价值挖掘

为了巩固"好妈妈"的形象，佳洁士牙膏除了在各种场合突出"好妈妈"的利益诉求，还通过增加甜味剂和提供孩子们喜欢的各种味道，让孩子刷牙更有趣、刷牙时间更长；通过弹开式牙膏盖设计，让浴室更干净，以此消除妈妈们在孩子刷牙问题上可能遇到的烦恼。很显然，竞争对手也可以开发出含氟的牙膏，然而，佳洁士与"健康、快乐儿童""好妈妈"这类抽象利益和价值的联系，则是防御竞争者攻击的有力盾牌。

目标定位被很多企业运用，尤其是当企业开发出有特色和有创新的产品时。比如，宝洁公司在 20 世纪 90 年代开发出了含有"Pro-V"维生素的"潘婷"洗发水，该种洗发水使头发更柔顺，但产品投放市场后并没有获得预期的反响。唯一例外的是在我国台湾省，该种产品销售获得了极大成功。调查后发现，我国台湾省的女性有将亮丽和柔顺头发与"健康"相联系的信念，而健康能够给人"自信"，在此基础上"潘婷"的全球品牌管理团队，采用目标定位方法，循着图 11-6 将产品属性"Pro-V"与"健康""自信"联系的思路，开启了"潘婷"品牌建设之路，很快使其成为宝洁旗下销售量最大的洗发水品牌。

图 11-6   目标定位：潘婷香波

有时，企业的品牌与主要竞争对手相比并没有优势，甚至处于弱势地位，此时采用竞争定位不一定合适，而目标定位或许成为更好的选择。以中国银联为例，这家成立于 2002 年的本土银行卡公司，在早期发展阶段，与 Visa、万事达等公司相比明显处于弱势。在讨论银联品牌定位时，有学者提出采用竞争定位方式，以民族品牌来与外国品牌竞争，但在当时的背景下这一诉求对我国绝大多数银行卡用户并不一定具有吸引力。另一种定位思路，则是以"现金"或"纸币"为参照，挖掘银联卡提供的诸如"方便""安全"等消费者追求的利益。如此既避免与主要竞争者进行直接比较，又强化了用户对银联卡提供的利益的认知，这被认为是一种更明智的选择。这种定位背后的假设是：当消费者认为某个品牌或某个公司能对自己遇到的问题比较敏感、比较用心时，那么其提供的解决方案是值得考虑或尝试的。

三、有效定位面临的挑战

前面介绍的竞争定位和目标定位可以称为经典定位，这两种定位思路风行一时，并被不少企业采用。然而，在定位实践中，企业也面临一系列的挑战。

首先是核心利益的选择。无论是竞争定位还是目标定位，均需要通过产品或品牌提供的关键利益来与竞争者形成差异或帮助消费者实现其追求的目标。企业提供何种核心利益，需要在对顾客、对公司、对竞争者全面分析的基础上做出选择。当进入一个已经成熟的品类或市场时，企业常犯的错误是选择的核心利益或关键差异点是企业擅长的，但不是消费者看重的。与此相类似但稍有不同的是，公司提供的利益确实对购买者或决策者很重要，但对该产品的最终使用者则不一定具有吸引力。比如，"营养"是父母购买儿童食品的核心关注点，但孩子则可能更看重食品的口味，如果把"营养"作为核心利益传播，则那些主要依据小孩"口味"做决定的家庭明显会缺乏购买动力。

其次是多重利益定位。当强调单个利益不足以吸引消费者或会丧失部分用户时，一种自然的选择是声称产品或品牌能够提供多重利益，如同时强调手机的待机时间和强大的照相功能。当企业的产品确实能提供多种重要利益时，企业到底选择何种利益作为核心利益来强调，在企业内部也可能存在争议。折中的结果，是在定位时突出多个利益。这样做的风险，是多个利益之间可能存在冲突。比如，"高品质"与"低价"，"营养"与"口味"，"疗效快"与"副作用"，在消费者心目中可能并不兼容，甚至被认为存在冲突。即使不存在冲突，企业要在营销过程中同时突出多个利益，需要有丰富的资源，否则可能难以达成预期效果。

再次是品牌定位成功带来的战略限制。一些企业的品牌定位在市场大获成功，这无疑是很多企业所希冀的，但由此带来的一个"幸福的烦扰"是该品牌在进入新的市场领域时，会受到战略性限制。比如，英特尔一直强调其微处理器的"速度"和"可靠性"，其品牌如此成功，以致在 21 世纪初英特尔几乎成为"电脑芯片"和"计算机技术"的代名词，但当英特尔进入手机芯片领域时，就遇到了障碍，因为业界并不认可英特尔能简单地把电脑领域的成功复制到手机领域。同样，达诗（Dash）是宝洁公司的著名洗衣粉

延伸阅读 11-2　如何从失败中学习

品牌，在美国该品牌与滚筒洗衣机紧密相连，因为它具有泡沫少、清洗时用水量少的特点，是专门为滚筒洗衣机开发的产品。每个拥有滚筒洗衣机的家庭，几乎全都使用 Dash 牌洗衣粉，以致后来当滚筒洗衣机不再流行时，该品牌的销售一落千丈。[1]

最后是如何动态管理定位。一旦品牌定位得以确立，企业几乎将营销资源的重点放在不断强化消费者对品牌提供的核心价值或核心利益的认同上。如可口可乐强调其口味的正宗，王老吉凉茶强调其预防上火功能，只要品牌定位不改变，企业会一如既往用花样翻新的手法来维持"核心价值诉求"，以此构筑竞争壁垒和维持竞争优势。问题是，竞争对手会通过各种手段逐步削弱企业的优势。不仅如此，过去对用户具有吸引力的价值诉求，随时间推移，吸引力会不断减弱。仍以英特尔为例，在电脑发展的早期，微处理器速度的增长确实会给用户带来完全不同的体验，但随着处理速度足够快，电脑性能已大大超越了普通用户的需要，再在同一利益维度上强调"速度"或"性能"利益，不仅用户感知的边际效应递减，而且企业开发"速度"属性的成本会成倍增加。此时，是否改变定位、如何改变定位，成为成功定位的企业所面临的又一挑战。

第三节　品类定位

一、品类定位的含义

经典定位是在一个由多个属性（或利益维度）构成的消费者感知空间中构建本品牌相对于主要竞争品牌的差异性。换句话说，企业是在前面介绍的品牌定位图里为本企业的产品或品牌找到一个有价值的"空白位置"。为此，企业通常采用的办法是：要么在公认的某个被目标消费者视为最重要的属性或维度上居于领先地位，或者在某个次要维度上超越所有竞争对手；要么是开辟一个目前尚未引起关注但对消费者具有潜在利益的新属性或新维度。这样做实际上是在一个"既定竞争空间"寻找可能的差异性，其背后的逻辑是竞争者行为具有可预测性，由此带来的"悖论"是，同一战略群组的各参与者以同样或类似的思路寻求创造差异，但最终的结果则是各品牌的日益同质化。

造成这种同质化的原因来自两个方面。一是各企业对竞争对手的行为高度敏感和相互模仿，导致企业创新难以长久维系。以银行业为例，虽然各银行每年推出大量的新产品，但由于这些新产品模仿性高（例如，A 银行推出的新产品，几天后就出现在 B 银行的业务表单上），以致在消费者眼里各银行其实大同小异。二是消费者预期和行为的"自我强化"，即伴随企业对消费者的深入了解和在此基础上为其提供日益增多的附加利益，

---

① Tybout A, Brian Sternthal. Brand positioning[M]//Dawn Iacobucci. Kellogg on Marketing. New York: John Wiley & Sons, 2001: 49.

消费者在下一次惠顾时会下意识地期待这些附加利益成为不需要额外付费的"通用项目"。早期的汽车经销店主要提供销售与维修服务，现在的汽车 4S 店则不断地扩充新的服务项目，包括宽大的休息室、免费的茶饮和食物，甚至还有按摩、通过屏幕观看汽车维修过程等。当某个 4S 店最先引进这些新项目时，确实会给顾客带来惊喜，但当所有或大多数的 4S 店提供这些项目时，顾客的期望也"水涨船高"，这些本来以"差异点"出现的项目最终成为行业或品类的"等同点"，不再能够产生区分作用。

品类定位的独特之处，既不是盯住某个竞争企业和如何与其不同，也不是聚焦消费者的某个利益并试图尽可能去满足，而是把整个行业或品类视为一个整体，以此为参照，考察消费者如何看待整个品类，然后探索是否可以将自己的品牌与整个品类区别开来。王老吉开辟了凉茶这一新品类，同样服装行业的 Zara、手表行业的 Swatch 均是通过品类定位，在各自行业成为新品类的开创者。以我国高等教育行业为例，在计划经济时代，我国的各高校被分为文理综合类、工科类、农业类、师范类、财经类等类别，改革开放以后我国开始效法欧美国家，高校日益往综合类院校方向发展，结果导致有特色的高校越来越少。意识到这种同质化的弊病后，现在也有一些高校在探索新的办学模式，如果成功，或许可以开辟高等教育的新类别。

进行品类定位，需要考察品牌目前所在品类的结构和个性。品类结构（category structure）是指品类内竞争者的群聚与组织方式，也可以看作是消费者如何对品类内各竞争参与方进行"自然分类"。通常，在一个品类里会形成不同风格、不同档次的产品或品牌集群。例如，在家用汽车领域有家庭轿车、跑车、SUV、面包车等不同类型的车，这些车又可以分为高档、中档和低档等不同的等级，由此形成一个高低有序且比较稳定的层级体系。每一个产品或每一个品牌在该层级体系里占有一个特定位置，当提到"奥迪A8"时，很多消费者大体能识别该车在汽车层级体系中的地位。像饮料、酒店、汽车等行业，品类结构具有比较稳定的组织性和层级性，在另一些行业如玩具行业则缺乏这种具有层级性和嵌入性的稳定结构，因为该行业内的不同类型的玩具本身处在不断的演化中，而且某些类型的玩具如因北京冬季奥运会而风行的"冰墩墩"可能只在特定时间段受到欢迎，尽管该行业创新不断，但很难预测下一次创新来自何处。如果品类结构不具有层级性和稳定性，则发展新品类的机会相对较小。原因是，品类创新要把原品类作为颠覆对象，如果原品类本身就很难描述、不可预测，所谓的"颠覆"也就无从谈起。

品类个性（category identity）大致包括两部分内容：一是品类习俗与惯例，如公认或隐性的规范、规则、标准，它反映消费者对品类的功能方面的期待；二是品类形象，包括与品类密切联系的抽象特征与联想，它反映消费者与该品类相关的情感预期。以酒店业为例，存在很多被业内共同遵循的标准和规则。如房客需在中午 12 点或下午 2 点以前办理离店手续，否则要加收房费；大多数酒店会提供免费的肥皂、洗手液，也有很多酒店会免费提供瓶装水或洗漱用具，但酒店放在冰箱里的各种饮料和食物是需要付费的，经常光顾酒店的房客对这些规则都是"心知肚明"，这构成与品类相关的功能预期。另外，人们对高档酒店和经济型酒店不仅有不同的功能预期，而且对这两类酒店会产生完全不同的形象联想。消费者会想象什么样的人经常光顾喜来登或万豪，什么人更可能经常光顾如家或汉庭，并对不同类型的酒店产生不同的情感和态度。绝大多数品类都或多或少会在消费者中激起这类形象性联想，并由此影响人们的行为倾向或反应。比如，人们可能会对香水产生"性感""魅力"的联想，对保险类产品产生"需要但无趣"的联想，对汽车销售店产生"怀疑""警觉"的情感等。

如果一个品类整体带有负面的形象，或者品类个性存在某些令消费者不满意的弱点，则企业可把该品类视为参照系，就如同把竞争品牌视为参照系一样，寻求创造"颠覆性"的差异点，以此给消费者新的选择。企业有很多方式来达成这一目标，常用的开创新品类的定位方式有三类，分别是反向定位（reverse positioning）、分离定位（breakaway positioning）和隐匿定位（stealth positioning）。[①]

二、品类定位主要类型

（一）反向定位

反向定位是指通过提出与竞争趋势和消费者预期不一致甚至相反的价值主张，从而使公司的产品或品牌与整个品类形成区隔和差异。采用这种定位的公司，试图克服现有"品类个性"中的潜在弱点，吸引那些对现有品类规则和品类形象不满的消费者。反向定位的公司，通常要做两件事。一是做减法，在价值建议中去掉主要竞争对手一直强调的某些"重要"或"基本"的产品属性。二是做加法，在减掉一些被视为"基本"的产品或服务属性后，同时增加某些只在"高端"市场才可能考虑采用的产品或服务属性。通过"一减一增"，即通过"减配"过去视为理所当然的核心产品属性，同时"高配"一些附加利益，使得产品在行业内与众不同。

宜家提供了反向定位的典型实例。当高端家具销售店都在提供诸如量身定制、上门安装、专业咨询、多样性选择、产品经久耐用等承诺与服务时，宜家则反其道而行之，它明确告诉消费者没有送货上门，不承诺产品的长期耐用性，也没有售货员的热情服务；但与此同时，宜家提供了舒适的购物环境，提供了年轻家庭需要的"小孩照看服务"，提供了合适的价格，还有不错的美食和在其他任何家具店不可能买得到的一些厨房用品或装饰品。宜家新增的大多数服务项目远远超出人们的预期，由此给原来沉闷的家具市场带来了颠覆性变革，最终导致宜家既不同于原来的"高档"家具店，也不同于普通的低端家具店。

（二）分离定位

分离定位是指通过借用某个完全不同的行业或品类的联想或运作模式来与原来品类

---

① Moon, Y E. Rethinking positioning[J]. Harvard Business School, 2005.

相"分离"，并在此过程中延展产品的品类边界。分离定位借用另一个品类的"身份"或"个性"来进行市场营销运作，旨在让消费者将另一类别的"联想"赋予到现有类别的产品或品牌上。企业采用分离定位，至少带来两个方面的利益：一是开发、利用新的品类消费趋势，从而使产品或品牌从原品类中分离出来，这样消费者会采用完全不同的标准、规则来选择和评价产品；二是避免企业在原品类内与主流企业直接竞争，在重新界定市场的基础上，跳出原来的竞争红海。

20 世纪 80 年代，面对日本石英表和电子手表的冲击，瑞士钟表行业岌岌可危。在此背景下，Swatch 手表横空出世，为瑞士手表企业在低端手表市场赢得一席之地，并借此巩固了瑞士手表在中高端市场的领导地位。Swatch 手表推出前，手表大致可以分为"奢侈珠宝手表"和"功能性手表"两大类别，前者以劳力士、雷达等为代表，后者以天美时等为代表。Swatch 则被定位为时尚配饰产品，配饰产品具有"活泼、好玩"的形象，不像传统机械手表那样"严谨、严肃"。不仅如此，消费者购买时尚饰品具有季节性、冲动性和情感性，而购买高端手表通常需要反复斟酌。Swatch 集团通过产品不断创新和迭代，通过相对固定和便宜的价格，以及不同于传统手表行业的传播与销售方式，开辟了"时尚手表"这一新的类别。

传统上，购买机械手表的消费者多是比较富裕的个体或家庭，他们购买手表的标准是材质考究、经久耐用，能够彰显身份与地位。由于价格昂贵，绝大多数个体只会买一块手表，有的消费者甚至希望手表能作为"传家宝"代代相传，其购买决策过程相当复杂。Swatch 手表的成功推出，彻底改变了上述购买规则。据说，欧洲典型的 Swatch 手表用户，平均拥有 6 块 Swatch 手表。人们选择 Swatch 手表主要是看它的设计是否时尚，是否与自己的服饰和肤色相配，购买人群也不再是收入高、年龄偏大的消费者，更可能是原来偏向不戴手表的年轻人。由于进入了配饰行业，Swatch 手表的竞争对手也发生了改变，该手表现在更多地与阿玛尼、古驰等服饰企业直接竞争。更重要的是，伴随 Swatch 时尚手表的推出，人们对"什么是手表"的认知也发生了改变：原来人们提到手表，想到的是瑞士的珠宝表，以天美时为代表的计时表，或以日本精工等为代表的石英表，现在则产生了一种新型的"时尚配饰手表"，手表行业的边界大大扩展了。

（三）隐匿定位

隐匿定位是指企业将产品或品牌定位为与原品类完全不同的一个品类，从而实现产品与原品类的"脱钩"。隐匿定位的原初动力，多来自于目前产品所在的品类具有难以在短期内克服的负面联想或负面形象，企业很难凭一己之力改变这种形象。通过把产品定位于另外的产品类别上，企业试图让消费者以一种全新的视角认识和理解企业的产品，以此摆脱固有的品类包袱和限制。以家用"机器人"为例，人们对它形成了某种刻板印象和特定期待。比如，大多数用户希望机器人能帮助自己做家务，甚至希望机器人能帮助自己照看老人或小孩。然而，在相当长的时间内，因为受技术的制约，最初投放市场的家用机器人难以达到用户的"期待"。另外，人们对机器人的认知大多来自媒体、科幻电影和小说，认为机器人"理智""冷酷"，甚至"不受人约束"。在此种认知下，即使企业开发出技术一流的家用机器人，人们是否愿意把照看小孩的任务交给机器人也是一个问题。

以索尼为代表的一些日本企业，尽管认识到家用机器人前景光明，而且投入了大量费用进行研发，但企业开发出来的家用机器人产品仍由于技术、认知及价格等多种因素的制约，在市场成为"鸡肋"。为扭转困局，索尼的机器人营销团队决定将产品定位于"机器狗"，并于 1999 年在市场正式推出。而价格高达 2500 美元的"Aibo"机器狗一经推出，在日本、美国大受欢迎，索尼公司也因此获得了极大的成功。[①]

三、各种定位方式比较

如表 11-2 所示，从目的或目标、目标顾客、实施策略和结果 4 个方面，对前面介绍的经典定位与三种类型的品类定位进行了比较。从中可以看出，品类定位的基本思想是，把原品类作为一个整体，在识别品类"弱点"的基础上，通过克服这些弱点来使产品或品牌与原品类的所有成员相区别。这样做的结果，是新品类的出现和人们对原有品类认知的改变。正是在这个意义上，品类定位可以被看作是对原有品类的"创造性颠覆"。

表 11-2 定位方式比较

	经典定位	逆向定位	分离定位	隐匿定位
目的或目标	与同一品类特定竞争产品相区分	通过与整个品类成员对抗以创造独特的差异	借鉴另一品类的联想和运作思路，以此与原来品类相区别	通过进入新的品类，以与原有品类相区别
目标顾客	目标顾客由识别出来的同一产品类别的用户组成	目标顾客由对原来品类失望的消费者组成	目标顾客由那些对现有品类产品失望、准备拥抱新事物的顾客组成	目标顾客是由那些本来会回避该类产品的人群组成
实施策略	满足顾客预期，跟上品类竞争主要趋势	逆竞争趋势而动，忽视某些顾客预期、更好满足其中一些预期	通过改变消费者预期和行为，来创造新的竞争态势或新的竞争生态	为免受原有品类负面联想的拖累，采取规避原来竞争态势的定位举措
结果	如果成功，对品类影响是渐进的；同时，公司需要不断地与竞品创造差异	一旦成功，现有品类结构被改变；企业成为行业内的"另类"	如果成功，品类边界扩张，产品或品牌成为新市场空间的先行者	如果成功，产品所在品类被重新定义，这为品牌或企业成为未来品类的创立者奠定基础

（资料来源：Moon Youngme, Rethinking positioning[J]. Harvard Business School, March 2006. ）

[①] Moon Y. Sony AIBO: the world's first entertainment robot[J]. Harvard Business School, 2005(8).

四、品类定位的权变分析

表 11-3　品类定位一般流程

1	• 分析品类结构
2	• 分析品类个性及弱点
3	• 颠覆性定位分析
4	• 公司能力分析

品类定位大致可遵循表 11-3 所列示的流程。

首先，分析品类结构。主要是考察产品或品牌所在的品类是否存在相对稳定的层级结构，如是否存在组织有序且可以识别的竞争结构。竞争结构是否稳定；是否存在多个战略群组，每个战略群组内的竞争者同质程度如何；品类内的新产品是否层出不穷且不可预测。如前所述，只有品类结构稳定且可预测，人们才可能对品类形成相对稳定的看法和认知，否则品类本身处于急剧变动中，品类未形成被大多数消费者认可的"个性"，则品类的颠覆就无从谈起，此时开创新品类的机会也就比较小。在饮料、汽车、零售等领域，之所以会不断涌现新品类，一个重要前提是这些行业或品类的演化是渐进的且层级分明。

其次，分析品类个性及弱点。如品类中是否存在现有消费者强烈不满的行业规则、标准和规范，是否存在影响品类发展的负面形象或负面联想。以高档汽车市场为例，行业的趋势是向豪华、大气、高配置等方向发展的，但也会带来"炫富""不环保"等负面批评，为此一些企业开发出"迷你"型新品类以与传统的豪车相抗衡，这在一部分消费者中受到欢迎。

再次，进行颠覆性定位分析。如果发现品类个性确实存在弱点，接下来的问题是可否采取行动来克服这些弱点。这里包含三个更具体的问题：一是能否针对识别出来的品类弱点，设计或构建一种定位战略来消除消费者的负面联想或引导消费者产生新的积极联想；二是这种定位战略具体的表现形式怎样，即具体的价值主张是什么，并以何种形式呈现给消费者；三是实施这种定位战略在经济上是否可行。

最后，进行公司能力分析。可行的品类定位或定位战略在多大程度上可能成功，取决于企业有多大意愿和能力来实施该战略。在品类定位过程中，重点关注的能力包括运营能力、营销能力、筹资能力等，如果缺乏其中的一种或某几种能力，企业是否有意愿来建立或发展所缺乏的能力。品类定位相比传统的渐进式定位，要求的资源更多，面临的风险更大，要求企业高层做出更大的承诺。以前面提到的 Swatch 推出的手表为例，该种手表在瑞士制造，定价约 50 瑞士法郎，为此企业需发展"高效且低成本"的制造能力，这对瑞士手表企业来说，是一种全新的能力。没有高层管理者的坚定意志和执着坚持，该种能力是发展不起来的。

应当指出，品类定位并不是对经典的目标定位和竞争定位的完全替代，而是某种补充或扩充，它从品类整体视角考察如何创造差异和价值，提供了新的创造差异的可能性。同时，它有可能开辟新的竞争空间，创造新的竞争生态。当新的品类不断成熟，内部的竞争会日益激烈，经典的定位方式仍然大有用武之地。另外，前面提出的 3 种类型的品类定位并没有穷尽品类定位的所有可能方式，而且这三种定位方式也不是彼此互斥的。

比如，像苹果公司在手机、平板电脑、音乐播放等领域不断开辟新的品类，所采用的定位方式实际上同时融合了上面介绍的三种定位方式中的某些元素或内容，结果是品类空间的扩大或原有品类边界的扩展。

本章案例

真功夫案例

即测即练

自学自测　　　　扫描此码

第五篇

价值创造与传递篇

第十二章

管理产品与服务

通过本章学习，学员能够：

1. 熟悉产品的相关概念；

2. 描述产品生命周期各阶段的特点及营销策略；

3. 熟悉产品组合管理主要内容；

4. 了解服务营销的特点及含义；

5. 熟悉服务营销管理过程。

第一节　产品相关概念

在营销学中，产品不仅指有形的物品，还包括各种无形的服务和体验。随着经济的发展，越来越多的公司给市场提供纯粹的服务和体验。例如，腾讯提供的微信是一种纯粹的服务；迪士尼为顾客提供的是欢乐的体验。从广义看，产品是企业提供给市场以满足消费需求的任何东西；产品是营销的对象，在营销组合中居于核心地位。为了让企业提供的产品能够更好地满足消费需求，并在此基础上帮助企业盈利，有必要理解与产品相关的概念。

一、产品的内涵

广义的产品是企业提供给市场、可以满足消费需求和欲望的任何东西，既包括有形物品，也包括无形的服务、体验等，对应于英文的 offerings。狭义的产品则是指能够满足消费需求和欲望的有形物品，对应于英文的 goods。本章所指的产品是指广义的产品。

根据是否有实体物品，可以将产品分为有形产品和无形服务。有形产品如电冰箱、洗发水以及手机等，在生活中比比皆是。虽然手机是有形产品，但是我们通过手机所获取的各种服务和娱乐都是无形的，如手机银行提供的电子转账和支付服务。由于服务没有有形产品为载体，这导致它在生产和消费的过程中有一些特殊的属性。比如，有形产品是在生产企业完全控制之下生产出来的，而服务的生产和消费过程往往是同时进行的，服务的质量不仅取决于服务提供商，还取决于消费者，所以相较于有形产品，服务质量的控制难度更大。

根据消费者是追求服务过程的体验还是服务结果，可以将无形服务再细分为服务和体验。一般而言，消费者购买服务是想要获得满意的服务结果。例如，消费者对快递服务的质量评价取决于快递公司是否在指定时间将快递产品完好地送到指定地点、指定人手中，并不是很关心产品的运输过程。然而，购买体验的消费者强调体验过程的设计，该过程是否有趣、刺激，或者能否带给他们预期的情感体验。正由于服务和体验在质量评价时强调的重点不同，消费者对它们的情感投入程度也有显著差异。由于消费者购买服务是想要获得满意的服务结果，所以在服务过程中他们的情感投入较少，服务过程越快越好。然而，由于消费者购买体验是想要在体验过程中获得享受，所以体验过程的情感投入越多越好。

虽然我们将产品定义为有形产品、服务和体验，然而它们并非彼此分离，越来越多的企业将它们有机地融合在一起，为顾客提供整体性价值。首先，过去纯粹的有形产品制造商开始将服务整合到产品中。例如：冰箱制造商在销售冰箱的同时也为顾客提供安装和售后维修等服务；护肤品的销售商开始借助信息技术帮助顾客提供肌肤特质诊断和护肤建议等服务。其次，很多服务和体验的提供商通过整合产品获得更多价值。例如，迪士尼不仅通过迪士尼乐园为顾客提供快乐体验，而且通过提供大量的周边产品获利。

二、整体产品层次模型

所谓整体产品是指从多个层次来界定或理解产品，通常有三层次整体产品模型和五层次整体产品模型，前者包括核心产品、形式产品和附加产品，后者在此基础上增加了期望产品和潜在产品两个层次。下面重点介绍三层次整体产品模型（图 12-1）。

图 12-1 整体产品概念

（1）核心产品。核心产品是指产品或服务提供的最核心利益。如消费者购买电池是为了充电，入住酒店是为了休息和睡眠。换言之，如果电池不能充电，其他的功能和设计都将失去意义。同样，如果酒店不能为消费者提供良好的休息和睡眠环境，那么其他利益（如提供早餐）的提供并不能弥补核心利益的缺失。严格来说，消费者购买某种产品并不是为了获得产品本身，而是为了获得产品提供的利益以满足自己某方面的需要。正如一个很有名的例子所说"顾客来五金店并非为了买电钻，而是为了买墙上的一个洞"。企业在设计产品的时候，最先应考虑该产品能为顾客提供哪些核心利益，这些核心利益可以满足顾客哪方面的需求。

（2）形式产品。消费者购买产品是为了获得产品提供的核心利益，但是核心利益必须依附于一定的产品实体才能传递和实现，这个产品实体就是有形产品，它包括产品的主要功能、结构和外形等。例如，酒店为了给顾客提供睡眠和休息的核心利益，就需要有房间、床上用品以及清洁服务等；电池为了实现充电功能也需要有材质选择和外观。有形产品将核心利益具体化，是消费者得以识别和选择的主要依据。

（3）附加产品。附加产品是指产品的附加利益，既包括产品销售及使用过程中企业提供给消费者的一些相关服务或承诺，如免费送货/免费安装/免费维修/免费退换等，也包括能提升消费者体验感的其他额外利益，如顾客忠诚计划、用户产品体验分享等。例如，小米在建立小米粉丝群的基础上，不仅让粉丝有机会优先获得新品和价格折扣等福利，而且让部分有创业热情和创业条件的粉丝成为小米经销商，直接参与小米品牌建设。

产品层次模型对企业具有多方面启示意义。首先，产品的核心利益永远是产品安身立命的基础。如果核心利益缺失或提供不到位，即使在产品其他层次上做得很出色也于事无补。其次，产品的设计和服务的提供应该以消费者调查为基础。企业生产和提供的产品是给消费者使用，产品的好坏也是由消费者判断和评价。无论是产品核心利益的界定，还是形式产品或附加利益的提供都要以目标消费者的需要为依归。最后，企业可以在多个层次与其他企业竞争。随着竞争的加剧，产品同质化程度会越来越高，但从整体产品层次视觉思考，有助于企业找到新的具有竞争优势的切入点。

三、产品分类

产品可以按照多种方法进行分类。根据其使用对象和用途，产品可以分为消费品和工业品。消费品用于日常消费，也称为生活资料，一般由个体或家庭购买和消费；工业品用于企业再加工，也称为生产资料，通常由具备专业知识的采购人员购买。消费品包括有形产品、无形的服务和体验；工业品包括有形产品和无形服务。

（一）消费品

消费品是指用于个人或家庭消费的产品。按照消费者的购买方式与习惯，消费品可以进一步分为便利品（convenience goods）、选购品（shopping goods）、专业品（specialty goods）和非欲求品（unsought goods）四类。[①]

便利品是消费者需要经常购买的消费品，包括日常消费品（如牙膏、洗衣液、牛奶等）、冲动购买品（如饮料和小食品）以及应急品（如药品等）。便利品多为消费者日常生活的必需品，在一般的零售商店中均可以买到。由于经常购买，消费者对于商品的品牌、价格、质量和销售地点等都很熟悉，只是根据便利与否决定是否购买以及在哪里购买，购买之前很少为购买决策花费时间和精力。对于生产便利品的企业而言，产品的管理重点有两方面：一是如何让消费者在有需求时能够便利地购买到该产品，这取决于企业销售网点的设置；二是如何让消费者在众多品牌中选择自己的品牌，这既取决于品牌建设和宣传，又与企业产品在销售渠道中的陈列位置和方式密切相关。

选购品是指消费者购买频率较低但在购买时会对产品的质量、价格、品牌和式样等进行慎重权衡的产品，如贵重的衣物、家具和汽车等。消费者在购买选购品时一般会花费较多的时间和精力进行信息收集和商品筛选。这一方面是由于不经常购买，所以消费者缺乏相应的购买知识；另一方面是因为选购品的价格一般比较高、使用周期比较长，对于消费者而言购买风险较高。对于生产选购品的企业而言，重点是如何吸引顾客选择自己的品牌，这要求企业建立独特的品牌形象和明确的价值诉求，以此增加对消费者的吸引力。

专业品是指具有独特特征或形象，消费者愿意花额外努力获得的产品或服务，如特定品牌的高档汽车、某些由设计师定制的服装、有收藏价值的字画或邮票等。一般而言，购买专业品的消费者更重视产品的象征意义而非使用价值。正是由于产品某些特性或者标识上的特殊意义不同，导致同类产品之间的可替代性比较低。消费者在购买专业品时会花很多时间和精力搜寻相关商品的信息，在购买时也舍得投入大量的精力和金钱。对于专业品的生产或经营企业而言，重点是丰富品牌的文化内涵及象征意义，使其在特定人群中具有独特性。

非欲求品是指消费者对其缺乏了解，或者虽然了解但还没有兴趣购买的产品。传统意义上的非欲求品包括丧葬用品、保险产品、百科全书等。对于提供非欲求品的企业，重点是分析消费者对产品缺乏兴趣的原因，并采用针对性措施消除消费者的担忧，或者提升消费者对产品利益的理解和认识。例如，保险被视为非欲求产品，很多消费者对保险人员和保险销售具有本能的抗拒。之所以如此，一方面，是因为传统意义上的保险与疾病、意外等负面经历相关联，人们有回避的心理倾向；另一方面，因为从来没有买过保险，很多人对各种类型的保险缺乏了解，担心保险公司"只进不出"。为此，一些保险企业在积极传播保险知识、提升保险专业形象的基础上，推出各种具有投资保障性质的险种，吸引日益增多的消费者参保。

对于消费品而言，另一种常用的分类方法是按照使用寿命将其分为耐用品和快消品。耐用品是指在通常情况下使用寿命长、可以反复使用的产品，如电视机、家具和汽车等。耐用品的价格一般较高，在通常情况下属于选购品。快消品指在正常情况下，使用一次或数次后就会消失或丢弃的物品，如饮料、牙膏、化妆品等。快消品的价格一般较低，

---

① 庄贵军. 营销管理：营销机会的识别、界定与利用[M]. 北京：中国人民大学出版社，2011：226.

消费者需要经常性购买，在通常情况下属于便利品。

此外，按照消费者对于购买的参与程度，消费品还可以分为高卷入度产品（high involvement products）和低卷入度产品（low involvement products）。高卷入度产品涉及较为复杂的购买程序，购买风险较高，消费者在购买时一般会大范围收集信息、认真比较和筛选。低卷入度产品涉及的购买程序比较简单，购买风险比较低，消费者不需要太多的信息收集和筛选就可以做出购买决定。一般而言，选购品和专业品都属于高卷入度产品，而便利品属于低卷入度产品。

（二）工业品

工业品是用于再制造或进一步加工的产品。工业品可以分为：原材料和零部件、资本项目、补给品和服务。

原材料包括农产品如小麦、棉花、家畜、水果、蔬菜等，也包括天然产品如木材、原油和矿石，还包括制成品材料如钢铁、纱线、水泥等。零部件则是指用于组装更大设备的构件，如小型电机、轮胎、铸件等。大部分的制成品材料和零部件都是直接销售给工业用户的。对于原材料和零部件而言，质量和价格是企业采购的主要考量因素，因为原材料和零部件的质量会直接影响最终产品的质量，而它们的价格则直接影响最终成品的成本。

资本项目是帮助购买者生产或运营的工业品，包括设施和配套设备。设施主要是大宗购买物品，如建筑物（如工厂、办公室）和重型设备（如发电机、钻床、电梯）。配套设备包括轻便的工厂设备和工具（如手动工具、升降式装卸车）及办公设备（如计算机、打印机、办公桌），它们的使用寿命比设施短、在生产流程中起辅助作用。对于资本项目提供商而言，一是要根据顾客的需求提供定制化产品和服务，二是在保证产品质量的基础上增加附加服务。

补给品或易耗品包括生产补给品（润滑剂、煤、纸张、铅笔）和维修保养品（油漆、钉子和扫帚）。补给品是工业领域的便利品，因为用户购买补给品时进行的比较和花费的精力最少。服务包括维修和保养服务（玻璃清洁和电脑维修）及商业咨询服务（法律、管理咨询和广告），用户购买这些服务通常会事先与供应商签订合同。

四、产品构成要素

产品的构成要素包括产品的质量、产品的结构与外观、产品的规格与型号、产品的品牌与商标、产品的包装与装潢，以及与产品相关的保证与服务等。它是理解产品管理的切入点，是产品管理的基础。

（一）产品质量

产品质量是产品满足用户需求的程度。它有两方面的含义：一是产品没有缺陷；二是产品特性或属性满足明确的或隐含的需要或要求。所谓明确的需要，是指在标准、规范、图样及其他文件中已经做出明确规定的属性要求，隐含需要则是指消费者和社会对产品的期望，即人们公认的或者不必明确说明的属性要求。产品质量有两个基本维度，即质量水平和质量的一致性。前者反映产品的性能水平，如耐用程度、安全程度、适用程度等，后者反映在某种质量水平下产品性能的稳定性。更高的性能水平意味着更高的质量，同时也意味着更高的成本与价格，但无论在何种质量水平下，用户都希望同一企业提供的同种类型的产品性能稳定一致，而不是时好时坏、起伏不定。

（二）产品的结构与外观

产品结构是指组成产品实体的各个零部件之间的构成情况。产品的结构取决于产品的设计。好的产品结构首先要能实现产品的各项功能。例如，"清扬"洗发水的价值诉求是去屑不伤发，那么从产品的结构设计上就应该有既能去屑的成分，还具有护发的成分，同时不同成分之间能够相辅相成。其次，产品的结构设计还需要考虑到产品的安全性和美观性。最后，产品的结构设计还应该便于使用、便于回收利用、便于规模化生产。

产品的外观是指产品的形状、图案、色彩或者上述因素的组合，它与产品结构密切相关。在保证产品核心利益的前提下，产品外观往往成为消费者选择的重要考虑因素。例如：甲壳虫汽车依靠对汽车外观的独特设计在众多汽车中脱颖而出，获得消费者的关注和购买；iPod 依靠简约的外观设计风格获得消费者的青睐；白象牌电池推出电池外观的二次元设计，引起关注。

（三）产品的规格和型号

产品规格是指产品的形状、体积等物理特征，而产品型号则是用来标识不同规格产品的编号。产品规格如果存在国家标准、地方标准或者行业标准，企业就应该遵照执行。按照标准规格，既保证了产品之间的通用性和互换性，也方便消费者选择和使用。例如，插座的设计要遵循国家规格标准，才能保证插座对所有插头的适应性。如果没有相应的标准，生产企业可以确定自己的规格和型号。对于有些产品而言，设计不同的规格也可能成为产品的差异化来源。例如，劲酒集团的主打产品就是 125 mL 的小瓶酒，这种符合独酌、适度饮酒的小瓶包装大受消费者欢迎，成为公司最成功的产品。

（四）产品的品牌与商标

品牌是一种名称、术语、标记、符号或设计，或是它们的组合，用于识别某个企业生产的产品或服务，使之与竞争对手的同类产品相区分。随着商业经济的发展，品牌的内涵也在扩展，除了与竞争对手相区分之外，还肩负着吸引消费者、塑造产品形象等功能。品牌文字、图形等要素或其中的一部分，经商标注册机构依法登记，则成为注册商标，受到法律保护，不允许他人复制。一般而言，品牌的内涵要比商标广得多。

（五）产品的包装

包装包括对产品的容器或者包装物的设计和生产。另外，标签也是包装的一部分，它可以单独附着在包装物上，也可以与包装物融为一体，以表示产品的质量等级、生产日期、使用方法等。传统上，包装的基本功能就是保存和保护产品。如今，包装逐渐成为重要的营销工具之一。市场竞争的加剧和对零售货架的争夺，意味着包装必须承担更多的销售功能——从吸引顾客、传递品牌定位到完成销售。对许多企业来说，包装本身也是重要的促销手段。由于包装成为吸引消费者的一个重要方面，很多企业会对产品进行精美包装和过度包装，并造成社会资源的浪费。企业在设计产品包装时，在满足吸引顾客、保护产品等功能的基础上，应尽量保持包装的简洁性，同时尽可能选用绿色可降解材料或采用可重复使用的材料。

（六）产品相关的保证与服务

产品保证是企业在销售产品时对顾客做出的承诺，如"三包"就是企业对所销售产品实行"包修、包换、包退"的政策。产品相关保证可以降低消费者的购买风险，提高他们的购买信心，从而促进销售。随着产品技术越来越复杂，消费者对企业的依赖性越来越大。产品支持服务是指以实物产品为基础，为支持实物产品的销售而向消费者提供的附加服务，如产品的安装服务、维修服务、升级服务等。产品支持服务可以帮助消费者更有效地使用产品，从而提升产品价值，它不仅直接影响消费者购买，也是提升顾客满意度、留住顾客的重要手段。

第二节 产品生命周期管理

企业研发出一种产品，并设计相应的规格、型号等，是希望这种产品能够获得消费者的认可，为企业创造尽可能多的收入和利润。产品的盈利能力不仅取决于产品本身的设计，还取决于它的市场寿命，即从它进入市场到退出市场所经历的时间长短。

一、产品生命周期的内涵及阶段划分

（一）产品生命周期的内涵

产品生命周期（product life cycle）是指产品从进入市场到最终退出市场的过程，通常经历导入期、成长期、成熟期、衰退期四个阶段。产品生命周期不同于产品的使用寿命，后者反映产品物质形态的消耗过程，当产品不能再提供原有的功能或效用时，其使用寿命就终结了。

产品的生命周期是由满足某一特定需求的技术所决定的。通常，消费者对某一大类产品的需求在较长时间内不会发生大的变化，但伴随技术的变化会导致满足这一需求的产品形式发生改变，从而出现生命周期的现象。例如，人类对于便利出行的需求是一直存在的，但是实现便利出行的工具是随着技术的发展而发展的。最初，人类发明了马车，相对于步行而言，马车更省时省力。随后人类发明了摩托车和汽车，通过柴油或汽油提供动能，使得出行更快更省力，这就导致了马车的没落。随着技术的发展和人们对环境的重视，人类又发明了纯电动汽车，可以在满足远距离出行的同时，减少对环境的污染，这样传统的燃油车就会逐步被替代。从理论上讲，每一类产品都有其生命周期，如果企业过分地重视自身的产品形式，忽视产品生命周期的变化，将导致一个极其致命的问题——营销近视症，最终企业的产品被新的产品取代，甚至企业从市场上消失。

（二）产品生命周期的阶段划分

一类产品从进入市场到退出市场一般划分为四个阶段：导入期（introduction）、成长期（growth）、成熟期（maturity）和衰退期（decline）。导入期是指产品刚刚进入市场，消费者对该产品还不熟悉，所以产品销售呈现缓慢增长的状态。成长期是指产品在市场已经得到消费者的接受和认可，销售量迅速上升，同时竞争者也越来越多的阶段。成熟期是指大多数消费者已经购买了该产品，市场销售额出现增长缓慢甚至下降的阶段。衰退期是指新的替代产品进入市场，本产品的销售额急剧下降，利润逐渐趋于零的阶段。产品生命周期的概念可以用来分析一个产品类别，企业的某个产品或某个品牌。一般而言，产品类别的生命周期最长，特定产品的生命周期最短，品牌的生命周期则由企业的战略和投入而定，可以很长也可以比较短。产品生命周期的四个阶段，可以用一条曲线把它们表示出来（图 12-2）。

图 12-2　产品生命周期形态图

二、产品生命周期各阶段的特征以及营销策略

（一）导入期的市场特点与营销策略

1. 导入期的市场特点

当产品刚进入市场时，消费者对产品不了解，大部分消费者不愿意改变自己既有的

消费习惯，因此产品的销量比较小，单位成本比较高。从企业自身来看，产品的技术和性能还不够完善，而且尚未建立理想的营销渠道和分销模式，由此导致企业在本阶段的利润较少，而且由于市场投入较大还可能导致亏损。从市场竞争来看，这个阶段的竞争对手较少，留给企业的市场空间比较大，如果企业能建立有效的分销体系，就有可能快速打开市场，提升销量。

2. 导入期的市场营销策略

在市场导入期，企业往往从价格和促销两方面来设计营销策略：定价的高低决定着产品的形象和利润，促销投入的高低决定着消费者熟悉和接受产品所需要的时间。所以导入期的市场营销策略一般从定价和促销投入两方面进行分析。

（1）快速撇脂策略（rapid-skimming strategy）。该策略是指企业采取高价高促销的方式推广新产品。高价是为了帮助企业迅速收回成本并获取较高的利润，并建立高端品牌形象。高促销是为了使更多消费者知晓新产品的存在，并尽快打开销路。高促销是要通过各种促销手段，增强刺激强度来实现的。除了大规模的广告宣传以外，也可以通过其他促销手段来推动消费者，如赠送样品等。快速撇脂策略的适用情景为：绝大部分消费者不知晓产品，但是知道产品的人有强烈的购买欲望，而且他们的价格敏感程度低；产品存在潜在的竞争对手；企业希望能尽快提升产品的声誉。

（2）缓慢撇脂策略（slow-skimming strategy）。该策略是指企业以高价低促销的方式推广新产品。高价可以帮助企业迅速收回成本，低促销可减少销售成本从而提高毛利水平。缓慢撇脂策略适用于：规模有限的市场；大多数消费者对新产品已经有所了解，同时对价格不敏感；企业潜在竞争对手较少。

（3）快速渗透策略（rapid-penetration strategy）。该策略是指企业用低价高促销的方式推广新产品，目的在于先发制人，以最快的速度进入市场。新产品定价较低以吸引更多消费者；大规模的促销活动可以将信息传递给更多潜在消费者，刺激其购买欲望。该策略可以帮助企业迅速渗透市场和扩大市场占有率。该策略的适用情景为：市场容量很大；潜在消费者对新产品了解甚少，而且对价格非常敏感；潜在竞争者多且竞争激烈；产品的单位制造成本可随生产规模和销量的增加迅速下降。

（4）缓慢渗透策略（slow-penetration strategy）。企业以低价低促销的手段推广新产品。使用该策略，一方面是通过低价避免竞争，促使消费者尽快接受新产品；另一方面以较低的营销费用来降低经营成本，确保企业的利润。缓慢渗透策略适用于：产品市场相当大，消费者对价格比较敏感，产品的知名度已经较高，潜在的竞争压力较大。

值得注意的是，企业并不是只能在产品导入期选择四种策略中的一种，而是应该从产品的整个生命周期去考虑，去灵活使用。同时配合其他营销策略如渠道策略一并使用，会取得更好的效果。

（二）成长期的市场特点与营销策略

1. 成长期的市场特点

新产品经受住了市场的严峻考验，就进入了成长阶段，表现为产品销量急速上升，利润迅速增加。在这一阶段，消费者对产品已经比较熟悉，更多人愿意购买该产品。从企业视角看，产品已基本定型，废品、次品率大大降低，销售网点日益增多，使得产品的经营成本也大幅度降低。由于销售量的上升和扩大，规模效应开始显现，生产成本下降，利润也迅速增长。从市场竞争的视角看，竞争者看到这类产品有利可图，将纷纷进入市场，使同类产品供给量增加，企业面临着非常大的竞争压力。

2. 成长期的营销策略

在成长期企业面临的市场竞争日益激烈，企业为了维持市场增长率，延长获取最大利润的时间，可以采取以下几种策略。

（1）改进产品。从质量、性能、式样、包装等方面加以改进，以对抗竞争产品，还可以从拓展产品的新用途着手巩固自己的竞争地位。

（2）拓展新市场。在分析产品销售现状的基础上，寻找出尚未涉足的市场，使产品进一步向更新更大的市场进军。

（3）强化企业与产品的市场地位。广告宣传由建立产品知名度逐渐转向建立产品美誉度，着重宣传产品的特色，树立产品在消费者心目中独特的形象。

（4）调整产品售价。企业可以在适当的时候对产品降价或推出折扣价格，这样既可以吸引更多的购买者，又可以阻止竞争对手的进入。

企业采用上述部分或者全部市场扩张策略，有助于强化产品的竞争能力，但是也会相应地增加营销成本。因此，在成长阶段，企业往往会面临高市场占有率和高利润之间的权衡：要获取高的市场占有率势必要改进产品、降低价格、增加营销费用，这会使企业的利润减少；但是如果企业能够维持住高的市场占有率，会在竞争中处于有利地位，将会有利于产品的长远发展。

（三）成熟期的市场特点与营销策略

1. 成熟期的市场特点

产品的销售增长速度在达到了巅峰后会逐步放缓，并进入一个相对稳定的时期，这便是成熟期。这一阶段大多数消费者已经购买了该产品，潜在顾客很少。从企业来看，产品的改进或创新较少，销售量增速开始放缓，并逐步趋于下降。由于企业为维持市场而投放的销售费用增加，产品的利润随之下降。从市场竞争角度看，或已出现强有力的替代产品。成熟期又可以划分为三个阶段。

（1）成长成熟期。此时期各销售渠道基本呈现饱和状态，增长率缓慢上升，还有少数新购买者持续进入市场。

（2）成熟稳定期。由于市场饱和，消费平稳，产品销售稳定，销售增长率与购买人数成正比，如果没有新的购买者进入，则增长率将停滞或下降。

（3）成熟衰退期。销售水平显著下滑，既有消费者的购买兴趣已经转移到新的替代产品，全行业产能过剩，竞争加剧，竞争者已经锁定自己的目标顾客，市场份额变化不大，突破比较困难。

2. 成熟期的营销策略

成熟期的营销策略突出一个"优"字。应避免消极的防御，而要采取积极的进攻策略，突出建立和宣传产品的特定优势，以增加或稳定产品的销量，延长成熟期，或使生命周期出现再循环。具体做法如下。

（1）扩大市场。由于市场销售量=产品使用人数×每个使用者的使用率×每次使用量，企业可以从使用人数、使用频率和使用量三方面着手提高产品的市场销量。第一，扩大使用人数，企业可以通过争取尚未使用者或者争取竞争对手的顾客来增加使用人数；第二，提高使用率，即提高现有用户对产品的使用频率，企业可以通过设置更多的销售终端提高消费者的购买率和消费率；第三，增加使用量，企业可以通过消费者教育以提醒要达到最佳效果的单次使用量。

（2）改进产品。改进产品也称为"产品再推出"，是指改进产品品质或服务后再投放市场，包括如下策略：第一，质量改进，即改进产品的功能特性，以建立新的竞争优势，如提高手机像素。第二，属性改进，即推出新的产品属性，如新的型号、尺寸、附件等，增加产品的功能，或者提高产品的安全性或便利性。例如，微波炉增加烧烤功能以增加对消费者的吸引力。第三，样式改进，是指在产品的美学方面进行改良，如 iPod 改进外观设计。

（3）改进营销组合。企业的营销组合应该随着企业内外部环境的变化而做出相应的调整。当产品进入成熟阶段时，各种内外部条件发生了极大的变化，因而营销组合也需要作出调整，以延长产品的成熟期，延缓衰退期的到来。例如，调整价格是企业在成熟期经常采用的策略，一般企业会降价以吸引消费者购买，降低库存。实际上，企业要使上述两种策略取得成功，不依靠营销组合的改进很难做到。

（四）衰退期的市场特点和营销策略

1. 衰退期的市场特点

衰退期是指产品逐渐老化，进入产品更新换代的时期。这一阶段的特征是销售额和利润额开始快速下降，企业往往会处于一个微利甚至无利润的境地。从需求端看，消费者的购买兴趣已经完全转移到替代产品上，导致产品的销量由缓慢下降转变为迅速下降。从供给端看，产品价格已经下降到最低水平，企业基本无利可图。同时，一些企业已经退出该市场，留在市场上的企业逐渐减少产品附加服务，削减促销预算，维持最低水平的经营。

2. 衰退期的营销策略

在衰退阶段，企业的策略应建立在"转"的基础上。当商品进入衰退期时，企业不能简单地一弃了之，也不应该恋恋不舍，一味地维持原有的生产和销售规模。企业必须研究产品在市场的真实地位，然后决定是继续经营还是放弃经营。

（1）维持策略。企业在目标市场、价格、销售渠道、促销等方面维持现状。由于这一阶段一些企业会先行退出市场，因此，对有条件的企业来说，维持现状并不一定会减少销售量和利润。使用这一策略的企业可采用多种方式延长产品生命周期。第一，通过价值分析降低产品成本，以便进一步降低产品价格；第二，增加产品功能，开辟新的产品用途；第三，加强市场调查研究，开拓新的市场，获得新的顾客；第四，改进产品设计，提高产品性能、质量、包装、外观等，从而实现产品生命周期的再循环。

（2）缩减策略。企业仍然留在原来的目标市场上继续经营，但是根据市场变动的情况和行业退出障碍水平，在规模上做出适当收缩。例如，将全部营销资源集中到一个或者少数几个细分市场上，或者大幅度降低市场营销费用，提高当前利润水平。

（3）撤退策略。企业决定放弃经营某种产品或从某目标市场退出。在撤出目标市场时，企业应该主动考虑以下几个问题：第一，如何维护现有顾客和渠道成员的利益，如何处理渠道成员手中的存货，如何保存一定的存货和零配件以服务于现有顾客；第二，评估现有顾客网络、渠道网络、生产设备、品牌等资产的价值，决定如何利用、处置这些资产；第三，如何安排现有营销、销售和服务团队，使其融入其他产品的运作中。

第三节　产品组合及优化

前面介绍了与产品管理以及产品生命周期相关的概念，对这些概念的讨论是基于单一产品之上。但很多企业可能同时生产和经营多个产品。在这种情况下，企业就需要进行产品组合管理，如决定生产经营多少种产品，应该重点发展哪些产品，淘汰哪些产品，应该如何处理不同产品之间的关系等。本节将介绍产品组合的相关概念、产品组合管理的目标与原则，并讨论具体的产品组合管理策略。

一、产品组合内涵

（一）产品组合的概念

产品组合（product mix）是指一个企业向市场提供的所有产品线和产品项目的组合或结构。产品线是指技术和结构上密切相关，具有相似的使用功能、能满足同类顾客需求的一组产品项目，也称为产品系列或大类。产品项目是指具有特定型号、款式、品牌、质量和价格的产品，能够作为单独的销售单位，是构成产品线的基本元素。

一个产品组合可包括多条产品线，每条产品线又包含多个不同的产品项目。图 12-3

展示了联合利华在我国市场上销售的部分产品及组合，包括食品、个人护理、家庭护理等多个产品类别。食品类产品可进一步分为和路雪冰淇淋、家乐调味品、立顿红茶、四季宝花生酱等多条产品线，梦龙经典雪糕是其中的一个产品项目。无论是在快速消费品行业，还是在汽车制造、旅游、酒店等行业，大多数企业均拥有多条产品线。以华为公司为例，其消费者业务部门就有手机、电脑、平板、智慧屏、穿戴设备等多条产品线，2021 年上市的 HUAWEI P50 手机是手机产品线中的一个产品项目。

图 12-3　联合利华旗下的部分产品组合①

（二）产品组合的维度

产品组合是企业经营的所有产品的组合方式，具有一定的宽度、长度、深度和关联度，也称为产品组合的四个维度。表 12-1 展示了宝洁公司大中华区的部分产品组合。结合此例，对上述概念做具体说明。

产品组合的宽度是指公司拥有的产品线的数量。表 12-1 中宝洁的产品组合包括 4 条产品线，因此产品组合宽度为 4（事实上，宝洁公司还有许多其他的产品线）。

产品组合的长度是指各产品线包含的产品项目总数。表 12-1 中所示的产品组合的长度为 18。也可以进一步计算每条产品线的平均长度，即各产品线所包含的产品项目的平均数。以表 12-1 为例，总长度（18）除以产品线的数量（4），得到产品线的平均长度为 4.5。

---

① 联合利华中国官网 https://www.unilever.com.cn.

表 12-1　宝洁大中华区部分产品组合的宽度和长度[①]

	产品组合宽度				
	织物护理	秀发护理	皮肤护理		口腔护理	……
产品组合的长度	汰渍	海飞丝	玉兰油　　皮肤护理		佳洁士	
	当妮	潘婷	玉兰油　　身体护理		欧乐B	
	碧浪	飘柔	SK-II			
		沙宣	舒肤佳			
		澳丝	Aio			
		髪の食谱	First Aid Beauty			
		植感哲学				

产品组合的深度是指一条产品线中每个产品项目包含了多少个品种，即该产品项目所提供的花色、型号、样式的总数量。假设宝洁公司的潘婷洗发水有四种配方（氨基酸修护、顺滑、补水、无硅油），四种包装规格（大、中、小和家庭装），那么该产品的深度为 16（4×4）。此外，可以计算各产品项目的平均深度。

产品组合的关联度是指各产品线在最终用途、生产条件、分销渠道等方面的相关程度。本例中宝洁公司的部分产品组合都是日用消费品，在上述方面的联系紧密，各产品线之间具有较高的关联度。日本雅马哈集团的产品线有各类乐器、音响设备、摩托车等。摩托车与各类乐器、音响设备之间的关联度则较低。

（三）产品组合维度对企业营销战略的影响

产品组合的四个维度是企业制定营销战略和产品战略的重要依据。

首先，企业可以增加新的产品线或产品大类，拓宽产品组合的宽度，扩大企业的经营范围，实施多元化发展战略。这样可以充分利用企业资源，发挥优势，降低风险。产品组合的长度和深度反映了企业满足不同细分市场的程度。

其次，企业可以增加产品项目、充盈产品线、丰富产品项目在款式、型号、花色等方面的多样性，提升产品组合的长度和深度，满足同一细分市场不同消费者的需求和偏好，扩大市场份额。

最后，企业还可以增强产品组合的关联度，使得各产品线在最终用途、生产和营销等方面的联系更为紧密，既可以获得协同效应和范围经济效应，还有利于提升企业在相关领域的声望和竞争力。

二、产品线管理策略

市场是动态变化的，企业市场营销和产品组合也必须随之变化。企业结合市场需求、

---

① 宝洁公司中国官网 https://www.pg.com.cn/brands/.

竞争形势、自身资源和能力，从产品组合的宽度、长度、深度和关联度等方面对产品组合进行优化和调整。而在此之前，首先需要对现有产品线进行分析和评价。通常，产品线分析涉及对产品线的盈利能力分析和产品项目市场状况分析两个方面。

（一）产品线分析

1. 盈利能力分析

产品线和产品项目对总销售额和利润的贡献是不同的。产品线的盈利能力分析是指对现行产品线或产品项目的销售额和利润情况进行评估和分析。

如表 12-2 所示，农夫山泉包装饮用水对企业总销售额和毛利的贡献最大，占比分别为 60%和 65%，包装饮用水的毛利率高达 65%，是企业最重要也是最赚钱的产品项目。其次是功能饮料和茶饮料，两者对销售额和毛利的贡献均在 15%左右，其毛利率也均在50%以上。前三类产品贡献了 90%左右的销售收入和毛利，表明这三类产品具有较高的盈利能力，同时企业的利润非常依赖这三类产品。另外，企业需要努力发展其他具有良好市场前景的产品项目。本例中，农夫山泉的其他产品仅占整个产品组合总销售额

表 12-2　农夫山泉产品线分析[①]

产品线 （产品系列）	产品项目		2019 年销售 收入/亿元	2019 年毛利/ 亿元	2019 年 毛利率	2019 年 市场份额	市场份额 排名
包装饮用水	农夫山泉 NONGFU SPRING		143.46	86.33	64.9%	20.9%	第一
茶饮料	东方树叶 茶π		31.38	18.73	59.7%	7.9%	第三
功能饮料	尖叫 维他命水		37.79	19.22	50.9%	7.3%	第三
果汁饮料	农夫果园 水溶C100 NFC 17.5°		23.11	8.02	34.7%	3.8%	第三
其他产品*			4.47	0.81	18.1%	—	—

*其他产品主要包括咖啡饮料、苏打水饮料、含气风味饮料、植物酸奶产品等其他饮料及鲜果等农产品。

---

① 《农夫山泉股份有限公司招股说明书》，2020 年 8 月。

和毛利的 2% 和 1%，当企业需要收缩产品线时，可以从这些产品项目中选项剔除。

2. 市场状况分析

市场状况分析是将产品线中的各产品与竞争者的同类产品进行比较分析，全面衡量各产品项目的市场地位和竞争状况。仍以农夫山泉为例，对其旗下不同产品的市场地位和竞争状况的分析表明，农夫山泉在包装饮用水市场优势明显[①]。包装饮用水可分为矿泉水、纯净水和其他饮用水。2019 年我国包装饮用水的市场规模为 2017 亿元，市场竞争激烈，市场集中度较高，排名前五位公司市场占有率为 56.2%。其中农夫山泉市场占有率排名第一，为 20.9%，排名第二的公司市场占有率仅为 12.6%。由此可见，农夫山泉在包装饮用水市场地位突出，领先优势较为明显。

农夫山泉在果汁饮料市场状况则有所不同。根据果汁浓度，果汁饮料可分为纯果汁（果汁含量 100%）、中浓度果汁（30%～99%）、低浓度果汁（5%～29%）。2019 年我国果汁饮料市场规模为 1435 亿元，排名前五位公司市场占有率为 25.1%。其中行业第一名公司占有率为 8.3%，农夫山泉市场占有率为 3.8%，排名第三。果汁饮料市场规模较大，但市场集中度不高，伴随消费升级和消费者健康意识增强，纯果汁市场高速增长，具有良好的市场前景。农夫山泉适时推出了采用冷压榨方式生产的非浓缩还原纯果汁 NFC 系列产品，在新鲜度和口感方面具有一定优势；之后农夫山泉又继续推出价格更高，以 17.5 糖酸比为差异化定位的 17.5°NFC 系列橙汁和苹果汁产品，丰富纯果汁产品线。

产品定位图（product map）是一种有效的评估和衡量产品项目的市场定位和竞争状况的分析工具，可以帮助企业了解自身产品线与竞争者产品线的对比情况，明确竞争形势。关于定位图在第十一章已做介绍，在此不再赘述。

通过对上述两个方面的产品线分析，营销人员可以基本掌握当前产品线上各个产品的经营状况、市场地位和发展潜力，为企业优化产品组合提供决策依据。

（二）产品线扩展

产品线扩展包括横向扩展和纵向扩展两个方面。横向扩展指在现有的产品线中加入新的产品项目，但是该项目的定位和形象与原有的产品项目有明显的差异，通常企业会对所扩展的产品项目设计新的品牌；纵向扩展则是指产品线延伸，企业通过对现有产品线向高端或低端发展来丰富既有产品线，所延伸的产品项目一般仍会沿用既有品牌。

1. 产品线扩展

企业可以通过两种方式进行产品线扩展。一是向产品项目定位图中的空档发展，二是向产品项目定位图中的薄弱环节扩展。例如，休闲服饰市场有两家主要的竞争企业，A 企业强调服饰的舒适性，B 企业强调服饰的新潮性。然而 A 企业通过调查发现年轻消费者既重视休闲服饰的舒适性也重视款式的新潮性，于是 A 企业为了吸引年轻消费者设

[①] 《农夫山泉股份有限公司招股说明书》，2020 年 8 月；中信证券行业报告。

计了一个新的品牌，这就是向产品项目定位图中的空档发展，填补市场空白。另外，如果 A 企业发现越来越多的消费者抱怨 B 企业的服饰虽然款式新潮，但是材质不够环保，由此 A 企业推出新的产品品牌，以服饰材质的环保性作为价值诉求点，这就是向产品项目定位图中的薄弱环节发展。企业通过产品线扩展可以达到以下目标：获取额外利润，满足经销商的要求，充分利用过剩的生产能力，或通过填补产品线空白来阻止竞争者进入。但是，过度的产品线扩展会造成产品相互竞争和顾客选择的混淆，因此，企业要保证新的产品和原来的产品有明显区别。

2. 产品线延伸

产品线延伸是指在企业原有产品线中加入新的产品项目，以满足不同细分市场的需要，它是通过增加产品线长度的方式突破原有产品范围，包括向下延伸、向上延伸与双向延伸。

（1）向下延伸。在原有产品线下增加价格更低的产品项目。向下延伸策略可以充分利用原产品或品牌的声誉，吸引购买力相对较低的消费者购买中高档产品线中相对低价产品，既能满足消费者的不同需求，又能增加销售量的利润。例如，茅台和五粮液是我国白酒的两大高端品牌，两家企业不约而同地进行了产品线的向下延伸，推出诸如茅台王子酒、五粮春等面向大众消费者的产品。再如，在全球经济放缓和消费观念改变的情况下，奢侈品销量出现萎缩。许多奢侈品牌开始调整策略，将旗下部分品牌、产品线定位下探，推出轻奢副品牌产品。如酪悦·轩尼诗—路易·威登（Louis Vuitton Moët Hennessy，LVMH）集团旗下品牌马克·雅可布（Marc Jacobs）宣布将聚焦 500 美元以下产品。

企业选择向下延伸产品线有以下几个方面的原因：一是企业注意到低端市场的巨大发展机会，增加低档产品填补产品线空隙；二是中高端市场增长缓慢或停滞，企业需要寻找新的增长点，增加销量和利润；三是向低端市场渗透，以牵制竞争者，避免其向中高端市场入侵。应当指出，企业采取向下延伸策略也存在一定的风险。向下延伸有可能会损害企业原有高端品牌的市场形象，受到原有消费者或经销商的抵制。为了保护原产品或品牌资产，企业可以开拓新的营销渠道或辅以新的营销组合策略，但这意味着增大营销成本。若向下延伸的新产品与原有产品区别不显著，但价格更低，不仅可能侵蚀原有高端产品的销量，而且会模糊原来产品的定位和形象。

（2）向上延伸。产品定位于中低端的企业希望进入高端市场，在产品线上增加高档产品项目。当企业具备了进入高端市场的技术和营销能力时，向上延伸就可以获得更大的市场份额和利润空间，也有助于改变企业形象，成为一家完整的产品线制造商。20 世纪 80 年代随着经济复苏，美国汽车市场豪华车需求量激增，欧洲豪华车品牌占据了高端市场。尽管日本车凭借性能可靠、经济省油获得了消费者追捧，但产品形象过于廉价低端，无法进入豪华车市场。为此，在 20 世纪 90 年代日本三大汽车制造企业相继在美国市场推出了雷克萨斯、讴歌和英菲尼迪品牌的豪华车，并在高端市场取得了不错的成效。

产品线向上延伸策略在不同产品领域都很常见，如蒙牛的特仑苏牛奶、耐克的 Air

Jordan 篮球鞋、李宁的"中国李宁"走秀款运动产品。但向上延伸策略也存在一定的风险，要改变消费者对原品牌和产品的固有形象并非易事，处理不慎反而会影响原有产品的市场声誉。例如，大众汽车推出了豪华车型辉腾，但辉腾车身的大众标志、与大众系其他车型相似的外观设计，都使得消费者难以将辉腾和豪华车联系在一起，辉腾销量也难以达到预期。

（3）双向延伸。企业向产品线的上下两个方向延伸，是原来定位于中端市场产品的企业，在取得了一定的市场优势后常采用的策略。既增加高端产品，同时也增加低端产品项目，以覆盖更多的细分市场，满足更广泛的需求。小米手机一开始定位于中低端市场，以出色的性价比作为核心竞争力，在 2000 元以下的中低端市场大获成功。之后小米手机拓展产品线：向上延伸推出了 MIX 旗舰系列进军高端市场；同时向下延伸推出红米，定位于 1000 元以下低端手机。红米继承和延续了原小米手机高性价比的市场定位，小米则通过小米 MIX、MAX 和数字系列实现了向高端产品的跃升。

类似地，华为手机从最初的 P 系列产品开始，根据目标市场的特征，双向拓展形成了定位清晰、差异化特点明显的产品线系列，其中 Mate 系列主要面向高端商务市场，P 系列也面向高端市场，侧重时尚和拍照功能，Nova 系列面向中端市场，主要受众是年轻爱自拍的消费群体，畅享系列则是面向低端市场的低价位手机。

（三）产品线削减

企业的产品线管理不仅包括丰富产品线，增加产品项目，也包括削减产品线，减少产品项目。企业削减产品线主要有以下原因：第一，削减那些利润不高或销售疲软的产品线或产品项目。企业可以通过销售额和成本分析来识别疲软的产品项目。许多公司都对产品线作过重大削减，并取得丰厚的长期利润。例如，联合利华曾经对公司所有的品牌产品进行了内部审计，发现 90% 以上的利润是由 400 个品牌创造，而 1200 多个品牌处于亏损和薄利状态。为此，联合利华对产品组合进行优化，缩减了 30% 的在售产品线，保留了 400 个核心品牌。释放后的资源为保留下来的优势品牌增加了竞争力和吸引力，核心产品的销售额显著提升。[①]第二，削减缺乏竞争优势或处于产品生命周期衰退期的产品项目。如果企业发现竞争对手在某类产品项目中占有绝对优势，且企业的同类项目不断地走下坡路而企业又无法与之抗衡，此时可以考虑削减该产品线。第三，削减与企业发展目标不匹配的产品项目。有些产品项目虽然当前的盈利情况较好，但是如果它并非企业发展的重点，或者与企业的定位不相匹配，企业也可考虑削减该产品项目。

延伸阅读 12-1　延伸利润而不是产品线

应当指出，削减产品线中的某些产品项目，也不能单纯从单个产品项目是否盈利来作出取舍。有些产品项目尽管利润低，甚至亏损，但由于该产品项目具有填充作用，能够吸引消费者购买产品线中其他高利润产

---

① https://www.sohu.com/a/418678011_465378.

品,此时如果企业简单剔除该产品项目,会严重影响整个产品线的盈利,对这样的产品无疑应予以保留。

第四节 服务营销与管理

除了购买实体产品外,我们每天都不可避免地与服务打交道,如接打电话、上网购物、影视娱乐、日常支付,服务已经成为人们日常生活中不可或缺的组成部分。在现代经济中服务发挥的作用越来越大,2021年我国服务业产值占GDP比重达53.3%,像北京、上海等大城市,服务业占GDP比重超过80%。事实上,服务并不局限于服务业,服务与生产之间的界限越来越模糊,服务已经成为生产型企业的重要元素,在日常经营活动和市场竞争中显得愈加重要。本节将从服务的内涵、特征、服务质量与优化等方面对服务营销和管理进行阐述。

一、服务的内涵

在日常生活中服务无处不在,但由于服务是由一系列复杂的活动组成,准确地阐述服务的定义并非易事。学者们从不同视角对服务进行了界定,比较有代表性的观点如下。

科特勒和凯文·凯勒(Kevin Keller)在《营销管理》中指出:"服务是一方能够向另一方提供的任何本质上是无形的活动或作业,并且其结果不会导致任何所有权的产生。服务可能与实体产品有着关联,也可能毫无关联"。[1]

瓦拉瑞尔 A. 泽丝尔曼(Valarie A. Zeithaml)、玛丽·乔·比特纳(Mary Jo Bitner)和德韦恩 D. 格兰姆勒(Dwayne D. Gremler)认为"服务是行动、过程和表现,是由一个实体或个人为另一个实体所提供或联合生产或创造的绩效",他们还给出了更为具体的阐述,"服务是一种经济活动,它并不产出有形的产品或构造,在生产的同时便进行了消费,提供便利、娱乐、省时、舒适或健康等各种形式的附加值。这种形式基本上是购买者无形中会关注的"。[2]

约亨·沃茨(Jochen Wirtz)和克里斯托弗·洛夫洛克(Christopher Lovelock)在其《服务营销》一书中将服务定义为:"服务是一方向另一方提供的经济活动。在特定时间内,服务会给服务接收者带来预期结果。顾客付出货币、时间和精力,期望通过服务组织所提供的货物、劳力、专业技能、网络和系统等获得价值。但对于服务过程中出现的任何有形要素,顾客通常无法获得其所有权"。[3]

---

① 科特勒,凯勒.营销管理[M]. 15版. 何佳讯,等译. 上海:格致出版社/上海人民出版社,2016:374.
② 泽丝曼尔,比特纳,格兰姆勒. 服务营销[M]. 7版. 张金城,等译. 北京:机械工业出版社,2018:3-4.
③ 沃茨,洛夫洛克. 服务营销[M]. 8版. 韦福祥,等译. 北京:中国人民大学出版社,2018:16.

综合上述学者们的定义，可以从三个方面理解服务的内涵。

第一，服务是无形的，这是服务区别于有形产品的重要特征。服务的无形性并不是绝对的，服务可以与有形产品相联系，也可以独立存在。

图 12-4 反映了从有形元素到无形元素连续变化过程，以此将市场提供物分为五种类型：①纯粹的有形产品，一般没有附加服务，如食盐。②附带服务的有形产品，如汽车、电脑等商品，实体产品提供了主要利益，并附带有一定的售前、售后服务。③混合产品，有形产品和无形服务的比重相当，两者相互配合，如餐厅等。④附有少量产品的服务。例如，航空公司提供航空服务时，会附带提供餐食等商品，但运输服务才是消费者关心的核心利益。⑤纯粹服务，主要是无形服务，而非实体产品，如教育、咨询等。服务营销的研究对象则主要是图 12-4 的右侧部分。

图 12-4　从有形到无形的连续图谱[①]

第二，服务通常是在互动过程中产生的。服务过程中既有顾客和服务人员间的互动，也有顾客与顾客之间的互动，还有顾客和服务环境与系统之间的互动。

第三，服务通常不涉及所有权转移问题。服务不同于实体产品，顾客付出货币、时间和精力，换取的价值源于创造价值的有形或无形的要素，而不是要占有这些要素和得到它们的所有权。

二、服务的特征

相较于实体产品，服务具有无形性（intangibility）、异质性（heterogeneity）、生产与消费的不可分离性（inseparability）、易逝性（perishability），简称 IHIP。

（一）无形性

无形性是指服务在购买之前是无法看到、感觉到或触摸到的。如前文所述，无形性

① Shostack G L. Breaking free from product marketing[J]. Journal of Marketing, 1977, 41 (2): 73-80.

是服务区别于有形产品的最基本特征。无形性也意味着相对有形产品，服务不易展示；顾客在购买之前也难以通过量化指标参考评价，缺乏判断服务质量的线索；在接受服务之后，顾客难以察觉或立刻察觉服务的利益，无法对服务质量做出客观的评价。例如，人们购买旅行社的旅游服务，在旅游开始前无法预知服务质量，旅行过程中的感受是无形的，旅游结束后人们获得一种体验和记忆；而旅行社往往也无法确切了解每位游客会产生怎样的感知和体验。

服务的无形性对服务企业制定营销策略具有重要意义。无形性使得大部分服务具有高体验价值和信任价值，即顾客只有在购买后才能对服务质量做出判断，甚至在消费后都难以评价。因此，企业可以考虑借助场所、人员、设备、标志等有形证据及规范流程来展示服务，向顾客介绍和解释如何搜集信息、评价服务，提供可供判断决策的线索，增进信任。

（二）异质性

异质性是指服务的构成和服务质量存在差异。服务是由人提供的一系列活动，服务人员与顾客之间的相互作用以及与之相关的因素使得服务质量高度可变。服务提供者不同，服务的时间和场所不同，接受服务的对象及参与程度的不同，都会使服务结果有很大差异。即使同一服务组织或服务人员在不同时间内提供的服务也会存在差异，甚至同样的服务，不同服务接收者的感受和评价也会有所不同。

异质性使得服务过程和质量管理更为困难，服务失误难以避免。为此，企业需要根据顾客的期望来设定服务标准，加强服务流程标准化管理，注重服务人员的管理和培训，保障服务质量的一致性和可靠性。同时建立良好的服务补救系统，发现和改善服务缺陷。

（三）不可分离性

不可分离性是指服务的生产和消费通常是同时进行的，具有同步性。一般而言，商品首先是由厂商生产出来，再销售给消费者消费；而大部分服务通常是先出售，然后同时进行生产和消费。服务的消费是在创造服务的过程中同时进行的，二者在时间和空间上不可分离，这意味着顾客必须置身于服务生产过程中，甚至参与其中，才能最终获得服务。

需要注意的是，服务的不可分离性并不是绝对的。对于今天的很多服务来说，如外卖、在线录播视频等，都体现出服务的生产和消费在时空上的分离。但不可分离性仍是服务的本质特征之一，这也导致服务营销和产品营销有重要差别。由于不可分离性，一些服务只能以一对一的方式提供，由此制约了服务的规模效应，从而出现服务供给不足、排队等现象，影响服务体验。另外，服务接触和服务互动过程中的各种因素，如服务设施、服务人员、服务过程中的其他顾客等，都会对服务感受和评价产生直接影响。为此企业需要对服务流程、人员实施系统化、标准化规范和管理，既要积极鼓励顾客参与服务过程，还需要对顾客不当行为加以规范。

（四）易逝性

易逝性是指服务难以储存、转售或退回。服务无法像有形产品储存起来以备未来出售。当需求发生变动，服务的供给和需求未能同步时，因相关的服务和设备不能转移，会造成资源浪费。如航班未售出的座位无法留待下次航班销售和使用。又如顾客接受了服务，即使不满意，也无法退货或转卖他人。对于服务企业来说，时间管理和需求匹配至关重要。企业需要在适当的时间、适当的地点，将适当的服务以适当的价格提供给适当的顾客，才能使双方均获益。为此，企业需要优化服务流程，提高服务产出；采取预约系统、峰时谷时的差别定价等方式管理服务需求；引导顾客参与服务过程、采用自助服务等方式提高服务效率。

三、服务质量管理

（一）服务质量的概念

为顾客提供优质服务是任何服务组织的追求，实现这一目标需要理解顾客如何感知服务和评价服务质量。服务质量是服务企业向顾客提供的服务产品或服务能否满足顾客期望的程度。其实质是顾客对服务的期望与服务绩效之间的对比，因此服务质量在本质上是顾客感知的服务质量。

服务质量的核心是顾客感知，具有极强的主观性。学者们将顾客感知的服务质量归纳为三个方面：结果质量（即技术质量）、过程质量（即交互质量）和环境质量。

结果质量反映了顾客对服务技术结果的感知。例如，饭店就餐的顾客对饭店饭菜的口味、营养、卫生等方面的感知和判断。过程质量是顾客对服务交付过程中服务交互质量的感知。例如，就餐顾客可能会从如下方面对过程质量做出判断：服务人员在沟通互动过程中的态度、是否礼貌、是否倾听顾客意见、能否快速对顾客需求做出反应等。环境质量是对服务有形环境的感知和判断。例如，餐厅的装饰、环境、氛围和风格等也会影响顾客对整体服务的感知。

（二）服务质量的维度和测量

服务质量不是一个单一维度的概念，顾客对服务质量的评价包括对多个要素的感知。帕拉苏拉曼（A. Parasuraman）等人开创性地提出了一个适用于一系列服务情境的服务质量五因素模型，反映顾客对服务结果质量、交互质量和有形环境质量的评价。[①]具体而言，服务质量包括下面五个维度。

（1）可靠性。准确、可靠地提供所承诺服务的能力。可靠性被认为是服务质量感知中最重要的决定因素。可靠性意味着服务企业有能力按照其承诺行事，包括送货、提供服务、问题解决及定价方面的承诺。

---

① A. Parasuraman., Zeithaml V A, Berry L. A conceptual model of service quality and its implications for future research[J]. Journal of Marketing, 1985, 49(4): 41-50.

（2）响应性。响应性是指企业愿意主动帮助顾客并及时满足顾客的合理需求。响应性维度强调在处理顾客要求、询问、投诉和问题时的专注和快捷，表现为顾客获得服务的时间效率。

（3）安全性。安全性是指服务人员的专业知识、礼貌态度，以及其能使顾客信任的能力。在感知风险较高的服务领域或是顾客缺乏专业能力评价服务结果时，如金融、医疗和法律服务，安全性维度可能会极为重要，它有利于激发和建立顾客对服务提供商和服务人员的信任。

（4）移情性。移情性是指给予顾客关心并提供个性化的服务。移情性的本质是通过个性化的服务，使顾客感受到自己是唯一的和特殊的，自身的需求能够得到理解，增强服务体验，增加对服务提供者的好感。

（5）有形性。有形性是指服务产品的有形部分，包括实体设施、设备、人员、宣传材料等。有形性维度有利于提升企业形象，展示服务质量，为顾客判断和评价服务质量提供外部线索。

基于上述五个维度，帕拉苏拉曼等三位学者还开发了服务质量测量量表，即SERVQUAL，该量表得到了全球服务营销界的广泛认可和使用（表12-3）。

表 12-3　服务质量测量量表（SERVQUAL）

维度	测量题项
可靠性	1. 能够提供所承诺的服务 2. 处理顾客服务问题时诚恳可靠 3. 公司是可靠的 4. 能准时地提供所承诺的服务 5. 正确记录相关的服务
响应性	6. 告诉顾客提供服务的准确时间 7. 提供及时的服务 8. 员工总是愿意帮助顾客 9. 员工立即提供服务，满足顾客的需求
安全性	10. 员工是值得信赖的 11. 在从事交易时顾客会感到放心 12. 员工是有礼貌的 13. 员工可以从公司得到适当的支持，以提供更好的服务
移情性	14. 针对不同的顾客提供个性化的服务 15. 给予顾客个别的关怀 16. 员工会了解顾客的需求 17. 优先考虑顾客的利益 18. 公司提供的服务时间符合所有顾客的需求
有形性	19. 有现代化的服务设施 20. 服务设施具有视觉吸引力 21. 员工有整洁的服装和外表 22. 服务设施与其所提供的服务相匹配

（三）服务质量差距模型

感知的服务质量是顾客的服务期望与感知的服务绩效之间的差距，理解这些差距究竟出自于哪些方面，能够帮助服务企业改进和提高服务质量。帕拉苏拉曼等人提出了服务质量模型（model of service quality），该模型识别了顾客服务期望和感知的服务质量间的五种差距，因此也被称为服务质量差距模型，如图 12-5 所示。[①]

图 12-5　服务质量差距模型

从模型中可以看出，顾客服务期望和服务感知之间的差距（差距 5）是由其他四种差距的大小和方向所决定的。

差距 1：顾客期望与管理者感知之间的差距，反映了服务提供商对顾客期望的了解程度。差距 1 的存在表明服务提供商没有完全了解顾客对服务的真正需求，导致服务质量难以达到顾客预期。弥合这一差距的方法是通过多种途径，如市场调研、顾客交流等，了解顾客的真实需求。

差距 2：服务提供商把对顾客期望转变为服务质量规范或标准时形成的差距。即使服务提供商能够充分准确地理解顾客对服务的期望，但在制定服务质量标准时仍然会产生偏差。例如，企业告诉服务人员要"快速"地提供服务，但没有对"快速"设定明确、可执行的标准，导致顾客感知的服务速度有快有慢。弥合这一差距的途径是加强沟通和内部协调，设置清晰准确、可操作的服务标准。

差距 3：服务质量标准和服务交付之间的差距，反映了服务提供商所传递的服务质量与服务质量规范之间的差异。这一差距多是由于服务人员的服务能力不足或服务意愿不强造成的，但也可能存在企业对员工培训或者支持不足、服务流程设计不合理、服务规范间存在冲突、缺乏团队精神等深层次原因。弥合这一差距的方法是挑选合适的一线

---

① Parasuraman A, Zeithaml V A, Berry L. A conceptual model of service quality and its implications for future research[J]. Journal of Marketing, 1985, 49 (4): 41-50.

员工、强化服务人员培训，注重服务流程、规范和制度等方面的管理，形成良好沟通机制和氛围，贯彻落实服务理念。

差距 4：服务传递与外部沟通之间的差距。企业的过度宣传和承诺会提高顾客对服务质量的预期，当实际服务质量低于预期时，顾客会产生失望和不满情绪。缩小该差距的方法是尽量使服务承诺与实际服务质量相匹配，避免夸大宣传。

差距 5：顾客对服务质量的感知和期望之间的差距，也称顾客差距。这一差距在很大程度上受到顾客期望的影响，期望又受到个人需要、过去经验和企业口碑的影响。弥合顾客期望与顾客感知间的差距是服务质量传递的关键，也是差距模型的基础，缩小顾客差距意味着必须要缩小上述四种差距。

四、3P 视角的服务营销优化

从服务质量差距模型可知，服务质量的优化和改进是一项复杂而长期的系统工程。服务自身的特殊性对传统产品营销理论提出了挑战，为此，企业需要将顾客互动因素纳入传统营销组合，还需要将市场营销管理与其他管理职能进行有机整合。服务人员和服务互动是服务产生中不可缺少的要素。由于服务的无形性，顾客常常需要借助有形的线索来理解和评价服务。因此在传统营销组合 4P（产品、价格、渠道、促销）基础上，增加了三个P 作为拓展的服务营销组合要素，即人员（people）、有形展示（physical evidence）、过程（process），以确保服务企业制定满足顾客需要、提升服务质量的营销战略。

（一）服务人员

服务人员是指参与到服务过程中并对服务结果产生影响的所有人，包括企业员工、顾客及处于服务环境中的其他顾客。参与到服务提供过程的所有人员都会为顾客感知服务提供重要的线索，尤其是服务提供者或与顾客接触的人员。他们的专业能力、人际交往能力，以及服务互动中展现出的态度、行为、外表和着装等都是影响顾客服务感知的重要因素。

在许多服务情境中，顾客参与服务生产过程，因此顾客本身对企业能否成功提供服务产生重要影响，进而影响服务质量和他们自己的满意度。例如，医疗服务中的患者是否接受和执行医嘱，可能会影响医疗服务的效果。不仅如此，顾客不但影响自己的服务产出，也会对处于同一服务环境下的其他顾客产生积极或消极的影响。例如，餐厅中吸烟的顾客会给其他顾客带来不好的就餐体验，而观看演唱会时其他观众的投入可能会带来美好的体验。

（二）有形展示

服务的有形展示是指服务企业提供的环境、服务企业和顾客接触的场所及任何便于服务开展和沟通的有形要素。有形展示传递企业目标和形象，它是展示服务功能、引导服务期望的重要手段，也是顾客评价和判断服务质量的外在线索，会对顾客服务体验产生影响。

根据有形展示的构成要素，有形展示可划分为场景展示、信息展示、价格展示和人员展示。场景展示是基于物质环境的有形展示；信息展示是基于信息沟通的服务展示形式；价格展示是以服务价格为基础的展示形式；人员展示显示服务风貌和人员形象差异。由于服务的不可分离性，服务的提供是在一定场景下完成的，场景展示是有形展示中最为重要的部分。

服务场景的有形展示要素既包括外部特征（如标志、停车场地和周围景色等），又包括内部特征（如设计、布局、设备和内部装饰等）。网站和在线服务场景是有形展示的最新形式。服务场景的有形展示包括有形物的设计和服务氛围设计。有形物的设计类似于服务产品的"包装"，如服务企业的建筑构造设计、内部陈设布局、装饰、家具、桌椅、灯光、色调配合等。服务环境的氛围设计则是通过将视觉、听觉、嗅觉与触觉的感官刺激加以整合营造出恰当的服务氛围，对顾客服务体验和服务价值感产生重要影响。企业可以充分利用有形展示传播服务体验、展示服务品牌的联想和个性，形成服务差异化。

（三）服务过程

服务过程是指服务提供的实际程序、机制和作业流程，包括服务流程、服务时间进度、标准化和定制化等因素。服务过程是顾客判断服务质量的依据。服务过程设计要考虑顾客真正的需求和服务的生产和交付的流程，不同类型的服务企业在服务过程的设计上有很大差异。有些服务比较复杂，需要遵循一系列流程来完成整个服务过程。一些企业以提供高度标准化的服务过程为主，另一些企业则以个性化的服务过程赢得顾客。

服务蓝图是详细描述顾客经验和服务系统的图示工具，直观地反映服务的实施过程、接待顾客的地点、顾客和员工角色，以及从顾客视角展示服务中的可视要素，逐一描述服务过程的步骤或任务。服务蓝图有助于识别顾客在服务过程中的潜在痛点，规范服务实施过程，改进和提高服务质量。图 12-6 展示了顾客在酒店住宿的服务蓝图。[①]

企业设计服务过程时，还需要注意下述几点。

第一，保持服务过程稳定，不要经常变换。服务具有无形性，它不像产品那样可以通过视觉等感官进行初步判断，而只能在服务过程中感受。这就意味着相比有形产品，消费者在服务消费中会面临更大的风险。为了降低风险，消费者往往更倾向于选择那些尝试过且较为满意的服务，而不愿冒险去尝试新的陌生的服务。

第二，区分标准化服务和定制化服务。在服务设计过程中，企业需要考虑哪种类型服务更匹配，如何才能更好地管理服务。对于快餐企业来说，为了提高生产和服务效率，一般会采取标准化的服务。对于美发店来说，个性化的服务会更受欢迎。因此，在服务设计中是选择标准化还是定制化的服务设计，企业既要考虑顾客需求，又要考虑服务提供的特点。

---

① 泽丝曼尔，比特纳，格兰姆勒. 服务营销[M]. 7 版. 张金城，等译. 北京：机械工业出版社，2018：203.

图 12-6　酒店服务蓝图

第三，创建灵活生产能力。服务企业设计过程中的灵活生产能力主要涉及企业短时间内执行任务的能力，包括短时间内新服务的开发、提供、服务客户的能力等。为了满足顾客需求、提升顾客满意度，企业有必要在服务设计过程中考虑灵活性要求。

第四，增加顾客参与。服务的不可分离性意味着服务发生时，顾客必须在场，但服务情况不同，顾客在服务生产过程中的参与程度也有所不同。

第五，平滑需求的峰谷差异。服务具有易逝性，这就意味着服务是不可储存的，一旦生产出来不能及时消费就会造成浪费，不能像产品那样可以储存和留待下次使用。因此，在服务设计过程中，企业需要考虑平滑需求的峰谷差异，以适应供需变化。

图 12-7　服务营销三角形

（四）服务企业功能要素的有机整合

在服务顾客的过程中，企业营销部门必须和人力资源、运营等职能部门有机整合，如此才能更好满足顾客的服务需求。服务营销三角形模型将员工和顾客纳入营销服务体系，旨在促进员工之间、员工与顾客之间的互动，共同为顾客创造价值（图 12-7）。

服务三角形展示了企业、服务员工和顾客三者间的关系，由外部市场营销、内部市场营销和互动市场营销三个核心部分组成。外部市场营销反映了企业根据顾客期望向顾客做出承诺，为顾客准备服务、进行定价、分销和促销等营销活动；内部市场营销则是利用内部资源为服务员工提供培训、支持、授权和激励，促使员工更好地为外部顾客提供服务；互动市场营销是指在服务人员接触顾客的流程中，服务人员为顾客提供高技术质量和过程质量的服务，鼓励顾客参与，建立信任关系。

本章案例

百年可口可乐，迈向"全品类饮料"公司

即测即练

自学自测　　　　扫描此码

第十三章

动态管理新产品

◆ **通过本章学习，学员能够：**

1. 了解新产品含义和开发新产品的重要性；
2. 描述新产品开发的阶段和过程；
3. 理解新产品采用与扩散过程；
4. 了解快速迭代与新产品开发。

第一节　新产品及其重要性

成功的新产品可以孕育出新企业，壮大现有企业。没有新产品，新创企业就不会蓬勃发展，现有的公司也将失去生机。[①]新产品既是企业竞争优势的来源，也是实现增长的主要方式。

一、何为新产品

新产品指新近导入市场，而且被消费者认为更为新颖的产品。市场营销意义上的新产品相当广泛，不仅包括首次面世、具有突破性的新产品，也包括企业首次推向市场，但在市场上早已存在的产品。根据产品对市场和公司的新颖程度，新产品可分为多种类型（图 13-1）。

（1）全新产品。全新产品是指在世界范围内首次推出，能开创全新市场的新产品。如宝丽来相机、传真机、激光打印机等。这类产品无论对公司还是对市场来说，都是全新的产品。该类产品前期投入大，开发周期长，风险高，但一旦成功，收益巨大。据统计，全新产品占新产品的比例为 10%左右，但其中具有突破性创新、开创全新品类的产品不到全部新产品的 2%。[②]

---

① Homburg C, Schwemmle M, Kuehnl C. New product design: Concept, measurement, and consequences[J]. Journal of Marketing, 2015, 79(3): 41-56.

② Doyle P. Marketing Management and Strategy[M]. London: Printice Hall Euope, 1998, 201.

图 13-1　新产品类型及所占比例

（资料来源：吴健安，聂元昆. 市场营销学[M]. 6 版. 北京：高等教育出版社，2017.）

（2）新产品线。公司首次进入已建立市场的新产品。众所周知，可口可乐公司是软饮料市场的霸主，如果该公司决定多元化经营零食和饼干，那么这些产品对于可口可乐公司就是新产品。

（3）现行产品线的增补品。在企业既有产品线上添加新的型号、规格、口味等。同样，仍以可口可乐公司为例，其推出超大包装可乐或无糖可乐均可视为新产品。

（4）现行产品的改进更新。企业提供性能有改进或者品质更高的同类产品，并替代现行产品。

（5）产品重新定位。现行产品在包装、规格、形象等方面做调整后，瞄准新的消费人群。

（6）成本减少。产品本身没有改变，但采用新的工艺、新的材料或技术来降低成本。

二、创新与新产品

创新（innovation）是指能给用户带来新利益的产品、服务，包括能给用户或社会带来新利益的技术、商业模式等。成功的创新需满足四个标准：创新提供的新利益被消费者认为是重要的；新的利益具有独特性；新的利益不容易被竞争对手模仿；公司有能力将创新产品或服务推向市场。本质上，创新具有破坏性。消费者感知的产品创新度越高，其潜在价值就越大，同时也越难在短期内获得市场认可。以数字支付技术为例，其目前在我国很普及，但在大多数欧美国家采用率并不高，根本原因在于很多欧美国家的消费者习惯用支票、信用卡等传统支付方式，没有像我国消费者那样感知到数字支付方式带来的利益和价值。

创新可以从很多角度分类。从用户行为是否需要做出改变的角度，可以分为连续创新、动态连续创新、不连续创新。连续创新通常不需要用户做出行为的改变，如具有新香型的洗衣粉，在使用和购买上并不需要做任何调整。动态连续创新要求用户行为做出改动，但不需要全新的学习。电动牙刷是典型代表，它较传统牙刷能给用户带来新的利益，但在使用方式上并不需要消费者花很多时间去学习。不连续创新要求用户在行为上做较大改变，如进行全新学习和采用新的消费模式。例如，电动汽车、电话会议系统均属于不连续创新。

从企业角度来看，创新可以分为激进创新（radical innovation）和渐进创新。[①]

激进创新指引入一种全新的产品或服务，旨在取代现有的产品或服务。就像汽车最终取代了马车一样，激进创新极大地改变了现有市场格局，让现有的产品不再重要。激进创新比后面介绍的渐进式创新更加令人振奋，对公司长期战略发展的影响深远，然而激进创新的成本和风险都很高。原因在于这类产品通常要求消费者改变其原有行为模式，需要较高的学习成本，因此市场最终是否接受存在较大的不确定性。

渐进创新（incremental innovation）也叫"增量创新"，是指对公司现有产品或服务进行的一系列小改进。一般来说，这些低成本的改进有助于公司在竞争中脱颖而出。虽然单次改进带来的变化较小，但是渐进改进的累积效果常常促使产品发生根本性的变革。这种创新具有渐进性、模仿性，尽管创新的周期一般较长，但创新的效果往往不错。

三、新产品为何重要

首先，新产品是企业增长的重要方式。企业增长通常可以通过扩张现有产品市场、进入新市场、开发新产品等方式实现，其中开发新产品是非常重要甚至最为重要的增长方式。试想，如果华为固守原来的通信运营商业务，不通过开发新产品进入消费者市场和其他新兴业务领域，华为就不可能有现在的规模和影响。

其次，新产品使企业能更好地适应市场环境的变化。环境的变化会创造新的需要和更好满足这些需要的技术手段，企业不主动采用新的技术和知识，迟早会被市场淘汰。比如，新能源车的出现，直接威胁到传统汽车企业的生存；如果不加快开发新能源车，传统燃油车企不管过去多么辉煌，均难逃被淘汰的命运。

再次，新产品是赢得市场竞争的重要武器。低成本和差异化是大多数企业采用的主要竞争手段，差异化意味着创新和开发新产品，成本的降低在很大程度上也依赖于采用新的技术、新的工艺。现在，越来越多的企业在加速创新和开发新产品的步伐，因为快

[①] 资料来源：https://www.northeastern.edu/graduate/blog/what-is-incremental-innovation/.

速推出新产品不仅有利于取得先发优势，还有利于减少市场预测失误、降低成本。[①]

最后，新产品也是维持和提高企业利润的关键手段。伴随竞争的加剧，既有产品的利润会不断遭到蚕食，产品改进和推出新的延伸产品有助于维持现有利润水平，但最根本的手段还是开发创新性产品，因为唯有后者才能创造出新的更大的顾客价值，从而提升顾客的支付意愿，并带来更高的毛利。

四、影响新产品成功与失败的因素

新产品开发的失败率一直很高，研究表明，在美国市场新的包装消费品失败率高达95%，在欧洲这一比率也有90%。导致新产品失败的因素很多，归纳起来主要有以下几个方面。首先，缺乏规划。如产品缺乏明确的定义，旨在满足的顾客需求要么不存在，要么是一种伪需求，或者目标人群选择不对。这都反映了企业没有系统地规划新产品，或者在新产品立项前没有进行深入的市场研究。其次，产品的差异点不明显，或者声称的差异点对顾客并不重要。这可能由两方面的因素导致：一是产品没有达到设计要求，无法提供用户看重的功能或利益；二是定位或营销存在问题，没有让用户感受到产品提供的利益或价值。再次，新产品开发周期过长。研究表明，新产品推迟6个月上市，产品生命周期内的利润将降低1/3。[②]最后，缺乏高层支持。比如，企业没有形成支持创新的氛围，领导层过于短视，或者企业过于迷恋过去的成功，把太多的资源投入"成功"的产品而不是"未来"的产品上。

面对各种风险与挑战，公司如何确保开发的新产品能成功呢？库珀（Cooper）和克兰施密特（Kleinschmidt）认为，新产品开发成功的首要因素是其独特的产品优势。[③]相对来说，独特的具有较大优势新产品的成功率为98%，而具有中等优势新产品的成功率为58%，优势很小的新产品的成功率为18%。另一个成功的关键因素是，在产品开发前公司就已明确定义产品的概念，仔细界定和估计目标市场、产品要求和利益。其他成功因素包括：研发与营销部门的协同，在每一产品开发阶段执行工作的质量，领导对创新的承诺等。

第二节　新产品开发过程

为降低新产品失败的风险，大多数企业在开发新产品时，会遵循一定的过程或流程（图13-2）。这样做的目的包括以下几点：一是便于跨部门协作，毕竟新产品开发涉及研发、市场、制造、财务等众多部门的合作；二是在每一环节确定"把关人"和规定相应的审核标准，可以明确各环节相关参与者的责任，避免"内耗"和"延误"；三是可以将一些成功率不高或风险太大的项目在早期就"筛选"掉，降低开发成本，因为到产品开发的

---

① Doyle P. Marketing management and strategy[M]. Printice Hall Euope, 1998.

② Reinertsen D G. The search for new product killers[J]. Electronic Business, 1983, 9(7): 6-62.

③ Cooper R G, Kleinschmidt E J. Winning businesses in product development: The critical success factors[J]. Research-Technology Management, 2007, 50(3): 52-66.

后期，开发活动的成本将成倍增长。新产品开发过程在不同行业会呈现出某些差别。比如，在大多数工业品行业，通常不会有试销环节。又如，在制药行业，药品的临床试验和审批非常关键。

图 13-2　新产品开发过程

一、新产品开发的主要阶段

（一）创意产生

顾客需求是企业创意的主要来源。企业可以通过消费者研究，洞察消费者的内在需求。新产品创意可以来自用户、科学家、竞争对手、公司员工、渠道成员、高级管理层，具有创新意识的企业会不断地从各种渠道中寻求好的产品创意。

企业从内部获取创意的方法如下：将与潜在顾客的每次接触视为一个机遇，即发现未满足的或者变化的需求，寻求解决问题的思路；举行企业内部讨论会，从会议上了解顾客喜欢什么和不喜欢什么，顾客重视的性能和利益是哪些，并弄清楚顾客喜好的原因；鼓励一线员工收集和反馈顾客信息；鼓励企业员工和经理提出创意。

许多创造性的方法正在被用于产生好的创意。[1]①属性列举法。列出一个产品的各种属性，然后对每一个属性进行修正，从而产生创意。②强制关联法。将几个不同的物体排列出来，然后考虑每一个物体与其他物体之间的联系。③物型分析法。列出某一个问题，并考虑解决问题的方式、方法，然后，自由联想各种组合，可以想象出许多新的组合。④反转假设分析法。列出所有正常的假设，然后反转它们，会产生十分新奇的创意。⑤新情景分析。列举一个熟悉的情境或过程，并用新奇的想法去解决问题。比如，设想旅客不用进入酒店前台进行登记，而可以在街边就开始欢迎他们，并用无线设备登记入住。⑥想象图法。开始于一个想法，如汽车，写在纸上，然后想象另一个想法（如宝马），联系到汽车，然后进入另一个联想（德国）。每次用一个不同的新词深入联想，也许一个新创意会逐渐具体化。

随着互联网技术的发展，企业获得创意的方法也发生了改变。企业不但可以从内部获取创意，还可以从外部的利益相关者那里得到产品开发的创意。比如，通过公司创建的网络社区或举办创意竞赛等方法，企业可以将创意外包给用户。用户在网络社群中发表产品使用经验以及提出创意，然后企业对来自用户的体验和建议进行筛选与过滤，并将可行的、有开发潜力的创意体现在企业的下一代产品上。这不仅加快了产品开发进程，也有助于提升用户忠诚度。

---

① 科特勒. 营销管理[M]. 11 版. 梅清豪，译. 上海：上海人民出版社，2003.

创意众包（idea crowdsourcing）是开放创新的一种，是指公司或机构把过去由员工执行的工作任务，以自由自愿的形式外包给非特定的大众志愿者的做法。创意众包的任务通常是由个人独立承担，但如果涉及需要多人协作完成的任务，也可以以开源的形式合作完成（如维基百科）。创意众包有多种不同的形式，小米的 MIUI 社区是典型代表。[2]小米手机用户在MIUI 社区内分享自己的使用体验，并贡献自己的创意。MIUI社区的建立对于小米迅速扩大影响力和产品的成功具有举足轻重的作用。

延伸阅读 13-1　海尔的创新生态平台（HOPE）[1]

（二）创意筛选

创意很重要，创意的筛选更加重要。公司通常没有利用那些近在咫尺的好创意，说明人们在创意选择方面存在负向偏差。[3]比如，柯达实验室在 1975 年发明了数码相机，但是并没有去进一步开发。施乐（Xerox）开发了第一款个人电脑，但是并没有在技术方面投资太多，最后机会给了乔布斯和苹果公司。

在创意筛选阶段，公司要注意避免两种错误，一是误舍错误，是指公司错过了某一有缺点但可以改正的好创意；二是误用错误，是指公司容许一个没有市场前景的创意投入开发和进入商品化阶段。筛选的目的是尽早发现和放弃技术和商业上没有前景的创意，因为后续开发阶段的开发成本将非常高。大多数公司都要求主管人员在一张标准的表格内对新产品创意进行描述，以便于新产品委员会审核。内容包括：产品创意、目标市场、竞争情况，还包括粗略估计的市场规模、产品价格、开发时间和开发成本、制造成本及投资回报率。新产品委员会进行筛选的标准包括技术是否可行，公司是否有必须的专有技术，公司的资金是否可以支持开发这一新产品，新产品能否达到期望的销售额、销售增长和利润，新产品能否满足特定的需求，是否创造了新的需求，是否提供了更高的顾客价值，是否与现有产品存在显著的差异，这些标准涉及企业、消费者和竞争对手三个方面。

延伸阅读 13-2　创意筛选中用户的作用

接下来，公司将估计每个产品创意取得成功的整体概率，并确定哪些创意可以进入后续的开发阶段。

（三）概念发展与测试

1. 概念发展

如果说创意是一个产品设想，概念就是用有意义的消费者术语精确阐述的产品设想。

---

① http://hope.haier.com/?p=5336.

② Cui A S, Wu F. Customer involvement in innovation: A review of literature and future research directions[J]. Znnovation and Strategy, 15: 63-98.

③ Mueller J S, Melwani S, Goncalo J A. The bias against creativity: why people desire but reject creative ideas[J]. Psychological science, 2012, 23(1): 13-17.

有吸引力的创意经提炼后可以成为产品概念。一个创意通过思考如下问题，可转化为若干产品概念：产品提供的主要功能是什么？谁使用该产品？他们会在什么时候和在什么场景下使用该产品？在回答完这些问题后，公司通常会形成几个不同的产品概念，然后从中选择一个最有发展潜力的概念，并根据这个概念制作产品定位图，来显示本产品与竞争产品之间的位置关系。

以空气净化器为例，在设计的时候需要考虑：企业希望为谁提供产品？在室内还是室外使用？空气净化器提供的主要好处是什么？是空气循环，制造新鲜空气还是吸收灰尘？根据对上述问题的深度思考，可以发展成为如下概念。

概念 1：一种家庭净化器，为家庭室内提供新鲜空气；

概念 2：一种专门为火车、汽车和飞机内制造新鲜空气的净化器；

概念 3：专供医院使用的空气净化器，主要功能在于杀毒。

2. 概念测试

概念测试是指在潜在消费人群中测试初步产品概念，以了解他们对产品概念的反应。产品概念可以用图样、文字、计算机 3D 演示或实物形式展示。被测试的概念与最终产品越接近，概念测试的可靠性就越高。计算机的快速发展改变了传统的概念测试方法，今天很多公司运用快速成型技术（3D 打印）将产品概念形成产品模型，然后展示给消费者，并要求他们给出反应和评论。近年来，还有一些公司开始运用虚拟现实技术对产品概念进行测试。

为了评价"概念产品"不同功能或属性的相对重要性，一些企业借助了联合分析（conjoint analysis）统计技术。[①]联合分析的基本思想是：任何产品都可以分解为一组属性，这些属性最终会影响用户对商品或服务的感知价值和选择。联合分析通过专门的调查获取消费者数据，通常是要求消费者对不同"属性组合"的产品进行偏好排序或打分，然后赋予每一属性及每一属性下的不同水平以分值，最终得到各属性重要性的相对权重。联合分析可以帮助企业决定产品或服务中需要添加或去掉哪些属性或功能，优化产品设计，还可以帮助企业确定新增属性对消费者的价值，从而为企业产品设计和定价决策提供依据。

（四）商业分析

商业分析旨在识别最有吸引力的产品概念及营销组合，测算公司可能获得的市场份额和利润。需要指出的是，对消费者最有吸引力的产品，并不总是能给公司带来最多利润。一旦发展了产品概念和为其制定了营销战略，管理层就能够对这个创意的商业吸引力做出评价。管理层需对销售量、成本和利润做出估计，以确定开发中的产品是否满足公司的目标及是否值得推向市场。

---

① https://online.hbs.edu/blog/post/what-is-conjoint-analysis.

1. 估计总销售量

对某个新产品销售量的预测或估计，取决于该产品是一次性购买的产品，还是低频或高频重复购买产品。对于一次性购买产品，销售量伴随渗透率的上升逐步达到高峰，然后当潜在的购买人数逐渐减少时，销售开始下降直至趋近于零（图 13-3a）。当然，如果不断有新的购买者涌入，如不断开拓新的地域市场，销售量曲线有可能改变。

图 13-3　新产品销量预测

（资料来源：科特勒. 营销管理[M]. 11 版. 梅清豪，译. 上海：上海人民出版社，2003.）

低频产品即非经常性购买的产品，如汽车、烤面包炉和大型工业设备，会呈现出周期性起伏。对这类产品的销售量预测，需分别做出首次销售量和更新销售量估计（图 13-3b）。经常性购买的产品，如快速消费品和工业易耗品，呈现出与图 13-3c 相类似的销售量变化曲线。在某一时点，首次购买者与重复购买者的叠加使销售总量达到峰值，伴随首次购买者人数逐步减少，销售总量逐步过渡到全部由重复购买者贡献销售。如果新产品令人满意，重复购买者的数量趋于稳定，则销售曲线最后会处于稳定的水平。

在估计新产品销售量时，首先需要估计新产品在各个时期的首次购买量。在估计更新销售量时，管理层必须研究其产品的残存年限分布，即在第一年、第二年……第 N 年的更新销售分布，分布表的最低点表明第一次更新销售的产生，实际的更新时间将受到多种因素的影响。由于更新销售量在产品实际使用前很难估计，一些制造商在开始推出新产品时，以首次销售量为销售估计基础。也有企业通过对类似产品历史数据的分析，来推测新产品的更新销售量。

2. 估计销售成本和利润

销售预测完成后，管理层就能够大致估计成本和利润。通常，研究开发部门、制造部门、营销部门和财务部门都会参与新产品成本和利润的估算。无论是对销售量、成本还是利润，都可以采用悲观、乐观和中性三种方式进行预测，不少企业是基于悲观预测来决定是否推出新产品，确保即使出现最坏的销售结果，企业也能承受。

（五）产品开发

产品开发指将产品概念转化为实体产品，将顾客追求的利益转化为具体产品属性或形态。到目前为止,"新产品"还只是一段语言描述、一张图样或一个非常原始的模型,产品开发就是把模型变成实际可使用的产品的过程。产品开发阶段需要大量的投资,相比之下,产品开发之前各阶段所需成本要小很多。在本阶段要解决的问题是产品概念能否转化为在技术上和商业上可行的产品。如果失败了,公司除了获得在这一过程中有用的信息外,前期投资将全部化为泡影。

一种名为品质功能开发(quality function deployment)的方法,可以帮助企业把目标顾客的需求变为实际的产品原型。这种方法是把市场调研得来的顾客属性(customer attributes)列成清单,并将其转化为工程属性(engineering attributes)。例如,某一潜在卡车用户希望获得一定的加速度,工程师可将其转化为所需的马力或其他工程等量值。品质功能开发的主要贡献在于它增进了营销人员、工程师和制造部门人员之间的沟通与互动。

研究开发部将开发出关于该产品概念的一种或几种实体形式,并希望能找到满足下列标准的产品原型(prototype):消费者觉得它是产品概念说明中关键属性的具体体现;在正常使用条件下,该原型可以安全地执行其功能;该原型能够在预算的制造成本下生产出来。开发和制造一个成功的原型所花时间从数天到数月甚至数年不等,这主要取决于产品的复杂程度。虚拟仿真技术(VR)的发展,可以加快产品原型开发过程。通过模拟仿真,企业可以完成对产品的设计和测试,此外还可以灵活地获取各种测试信息,探索各种权变条件下的产品改进方案。

产品研发人员不仅要设计满足用户核心利益的功能特性,而且要知道如何通过实体产品来传递心理利益。原型产品制作出来后,通常会进行功能测试和消费者测试。阿尔法测试(Alpha testing)指在公司内部测试产品,主要测试在不同的实验条件下产品的性能表现,以检查产品是否达到了设计要求。在对原型产品进行功能优化后,公司会让部分消费者在正常的使用环境下使用原型产品,以检验产品是否满足用户的需求,这被称为贝塔测试(Beta testing)。

(六)市场测试

如果产品通过了功能测试和用户测试,接下来就要进行市场测试。市场测试是在新产品大规模投放市场前,精心挑选少量有代表性的城市或地区销售产品,以获得市场真实反馈的数据。市场测试,一方面可以发现产品设计及营销方案可能存在的问题,帮助企业在产品上市前改进产品、完善营销方案。另一方面也可以测试市场反应,检验企业有关销量、成本等方面的预测是否符合实际,从而为产品上市决策提供支持。并非所有新产品上市都需要进行市场测试。如果企业对新产品被市场接受有充分把握,或者快速上市是企业压倒性的优先选项,企业也可不进行市场测试。

一旦决定进行市场测试,企业需要注意如下问题:一是选择哪些城市或地区进行市场测试,选择不当不仅达不到测试目的,甚至可能产生误导;二是注意防止竞争对手的干扰；三是选取合适的市场测试方法。

常用的消费品市场测试方法如下。

（1）大规模试销。公司选定几个代表性的城市，努力把该产品推销给商业部门并为它们争取较好的货架摆放位置，公司同时会在这些市场上展开全方位的广告攻势和促销活动。为此，营销者必须决定试销城市的数量和地理位置、试销时间长度、追踪的内容及采取的行动。大规模试销外部效度较高，但是实施成本较高、时间较长、效果也相对难以控制。

（2）销售波测试。公司免费提供产品给消费者试用，然后以比正常价位略低的价格再次提供该产品或竞争产品给消费者，并且重复 3～5 次（销售波）。在这个过程中，公司可以获得有关消费者满意度、重复购买、竞品购买等方面的信息。

（3）模拟营销测试。选择 30～40 位满足一定条件的消费者，了解他们对品牌的熟悉程度和对产品的偏好情况。然后请他们观看一些简短的商业广告片或印刷广告，其中包括公司要推出的新产品广告。之后分发给每个人少量的现金，并请他们到一个商店去购买产品。公司观察有多少消费者购买了该新产品，多少人购买了竞争对手的产品，在此基础上衡量本产品的商业广告相对于竞争广告的有效性。接着把消费者召集在一起，请他们回答购买或不购买的理由；将新产品免费赠送给没有购买该产品的消费者试用，之后再调查他们对产品的态度、使用情况、满意程度和再购买意向。这种方法成本低，预测较准确。

（4）可控营销测试。委托调研公司选择一组在其控制下的商店，在给予一定费用的条件下，让商店经销新产品。委托企业可以指定商店的数量和希望测试的地理位置。调研公司把该产品交给参与的商店，并有权控制货架位置、促销活动呈现方式、数量，以及产品价格。销售结果可以通过电子扫描机获得。通过这种方法，公司不仅可以获得实际销售数据，还可以评估测试期内区域性广告和促销的效果。

（5）模拟测试市场（simulated test markets，STM）。[①]模拟测试市场是一种特定类型的定性研究，试图模仿现实生活中的购买情境。由市场研究专业人士与招募的参与者进行一对一访谈，访谈可能在特定商店或专门场所进行。在访谈过程中，研究人员可能会观察或讨论用户购买习惯。STM 项目的目标是更好地了解客户决策、客户对产品的认知情况、收集可能影响市场销售的数据，并对销售进行预测。模拟测试市场的结果有助于零售或在线商店提供关于用户行为数据和洞察力，为企业制定营销策略提供依据。

（6）线上新产品试销。由于模拟测试建立在实验室收集的数据在真实场景也是成立的假设之上，该方法的外部效度较低，为此，现在很多企业选择线上购物平台进行新产品测试。相比线下实体店铺，线上平台发生在真实的情景中，外部效度较高，保密性好，而且测试需要的时间短、费用相对较低。

---

① http://media.acc.qcc.cuny.edu/faculty/volchok/causalMR/CausalMR8.html.

（七）商业化

商业化即公司正式向市场推出新产品。如果公司决定将产品商业化，它将面临到目前为止最高的成本和投入，无论是委托他人生产还是自建工厂生产，投入都很大。公司必须制定一个把新产品引入市场的行动方案，详细规划新产品何时、何地、以何种方式推向市场。

首先是时机选择。上市时机是产品商业化成功的关键因素之一，尽管一些企业开发的产品技术先进，但因其时机选择不对而折戟沉沙。如果竞争对手的新产品即将推向市场，企业可以选择率先进入市场，以获得先进入者优势，但此时要确保产品质量稳定，尤其是避免产品缺陷而被迫从市场撤退。对于一些需要进行较长时间市场培育才会被接受的产品，企业也可以考虑与主要竞争者平行进入或延迟进入，以降低市场进入成本和风险。

其次是地理范围选择。是在全国范围推出，还是采用滚动方式首先在部分城市或部分地区推出，再逐步扩大到全国市场甚至全球市场，这是商业化阶段的又一重要决策。20 世纪 80 年代，韩国现代汽车进入北美市场时，首先进入加拿大市场，在加拿大市场获得成功后，再采用类似的营销策略进入规模更大的美国市场。在进入美国市场时，也是采用滚动方式逐步扩大地理范围。这样做的好处一是前期可以积累经验，完善营销方案；二是减轻资金、人才资源压力；三是有利于更从容地发展与合作伙伴的关系。当然，一些大型公司由于资源雄厚，且可以利用现有的营销渠道，也可以采用在全国甚至全球同步推出新产品的策略。

再次是决定以何种方式进入市场。是采用直销方式，还是采用分销方式，或采用直销与分销相结合的方式进入市场，是主要依赖电商销售还是主要依赖线下店铺销售，均涉及市场进入方式的决策。关于这一方面，本书第十二章已做介绍。

最后是避免内部产品之间的相互蚕食（cannibalization）。在推出新产品时，企业需要考虑潜在的蚕食对利润的影响。也就是要考虑新产品的销售额有多少来自竞争对手的客户或新客户，而不是来自公司其他同类产品的客户。比如，如果别克推出档次更高的新车型，就需要确定在多大程度上会蚕食同属通用汽车的凯迪拉克的市场份额，并决定采用哪些措施来最大限度地降低这种蚕食。

二、快速迭代与新产品开发

迭代是一种思路和理念，源于数学中的迭代算法，它正日益广泛地被运用于产品开发，尤其是软件、App 等数字产品的开发中。一些数据型公司创新性地将原来用于质量管理的 PDCA 循环，即策划（plan）、执行（do）、检查（check）、改进（act）循环运用到产品开发过程中，由此形成产品迭代和新产品的不断升级。

PDCA 循环用于新产品开发的思路如图 13-4 所示。①在计划或策划阶段，不求产品

图 13-4　新产品开发中的 PDCA 循环

规划的尽善尽美，而是考虑如何尽快推出新产品，让其在市场使用中发现问题，然后针对问题进行改善，这称为新产品开发的迭代思维。②在执行阶段，主要进行灰度测试，即在产品推出的早期，先让小部分用户使用，根据他们的使用反馈来改进和完善产品，并让更多用户使用。③在检测或复盘阶段，利用现代互联网技术将用户产品使用数据以图形、表格等易于理解的方式呈现

给产品经理或决策团队。在此阶段，关键是根据"数据说话"，以避免完全或主要靠经验来决策的问题。"每周就能知道结果，到一个月的时候非常清楚这次的 PDCA 是不是成功的，包括快速迭代、灰度测试是否成功。只有用更少的时间、金钱成本实现产品、产品策略的快速迭代，才能更贴合消费者，更贴合目标群体"。[①]④在行动阶段，根据检测阶段发现的问题及各种市场反馈数据，对产品进行升级或在原有产品基础上开发出新产品，再进入下一轮 PDCA 循环。

延伸阅读 13-3　超前用户法

　　PDCA 循环之所以能提高新产品开发的成功率，根本原因在于灰度测试和大数据技术的运用。灰度测试让企业可以在没有精准市场分析和预测的基础上，把尚不十分成熟的产品小规模推向市场，解决大规模上市带来的成本和风险权衡问题。大数据分析可以让企业迅速了解大规模上市过程中的各种问题，并据此决定产品迭代的速度和强度，最终使产品更好匹配市场需求，用户体验也越来越好。

第三节　创新产品采用与扩散

　　不同种类新产品的扩散进程相差很大。比如，最初于 19 世纪 50 年代在美国推出的微波炉用了近 20 年才普及开来。避孕药是在同一时期推出的，但是在几年内便获得了认可。在教育领域，现代数学仅用了 5 年时间就在美国学校传播开来，而幼儿园的概念则用了近 50 年的时间才得到完全接受。本节主要介绍消费者创新采用过程、创新扩散过程及影响因素、创新的后果。

一、消费者采用过程

　　消费者创新采用过程，指个体从第一次听到或接触到一种新产品，到最后采用的过程，它通常经历知晓、兴趣、评价、试用、采用五个阶段。表 13-1 呈现了消费者采用新

---

① https://www.thepaper.cn/newsDetail_forward_13446770.

产品各主要阶段及活动。了解消费者处于采用过程的哪个阶段对于企业制定相关传播策略具有重要意义。比如，如果大多数消费者处于知晓和兴趣阶段，则宜采用公共宣传、广告等方式与目标消费者沟通；如果消费者已进入试用或采用阶段，则人员推销、样品赠送等方式可能更加有效。

表 13-1　个体采用新产品的五个阶段

阶段	主要活动
知晓	个体意识到新产品的存在，成为潜在顾客
兴趣	个体对新产品感兴趣，开始搜集新产品相关信息
评价	评价新产品是否满足自己的需要，并与竞争产品比较
试用	少量使用新产品，或使用分发的样品
采用	决定日常性或全面使用新产品

二、创新采用者分类

对同一种创新产品，不同消费者采用时间会有先后，一些消费者会较另一些消费者更早采用创新产品。埃弗雷特·罗杰斯（E.M.Rogers）根据接受创新产品快慢的差异，将采用者分为五种类型，即创新者、早期采用者、早期多数型、晚期多数型、落伍者（图 13-5）。

图 13-5　新产品采用者分类

创新者占全部采用者的 2.5%，他们是"第一个吃螃蟹的人"，对其他类型的采用者尤其是早期采用者具有很强的示范效应与带动效应。一般认为，创新者具有以下特征：较高的收入水平，受过良好的教育，富有冒险精神，更高的流动性，在创新产品领域具有较高的意见领袖倾向。

早期采用者是一些富于幻想的人，他们推崇创新产品并不是因为产品的新属性，而是它给其生活带来舒适和改变。调查发现，美国大概有 16% 的家庭属于"技术先进型"家庭。这些人渴望能够给工作和家庭生活带来更多方便和乐趣的新产品，他们也知道在未来能买到更便宜、更好使用的同类产品，但他们不想等待。这一群体通常比较年轻，受过更好的教育，家庭里小孩数量多于普通美国家庭。[①]

① Lourosa C. Understanding the User: Who Are the First Ones out There Buying the Latest Gadgets[N]. Wall Street Journal, 1998-06-15(18).

早期多数型通常是一些很务实的人，他们不喜欢冒险，青睐那些在现有技术基础上做出改进和完善的新产品，这部分人在总人口中大约占 34%。他们对新产品是否由有影响力和声誉的企业提供，是否与现有技术系统相衔接，是否稳定、可靠等方面非常关注。他们对价格也很敏感，希望有多个竞争者提供类似产品，以便比较和降低购买风险。

晚期多数型约占总人口的 34%，他们相对比较保守，对变化和进步持谨慎态度，对高新技术产品多少有些担心和惧怕。他们使用这些产品的目的是希望不至于太过落伍和跟不上时代步伐，他们喜欢一个包装盒里包括所有他们所需要的东西。

落伍者对新技术持怀疑和排斥态度。比如，在自动办公领域，落后采用者认为，尽管不断有创新产品出现，但办公效率并没有因为这些创新设备的采用而大幅度提高。对于这些指责，实际上企业可以从中学到很多。办公自动化为什么没有带来效率的提高？是由于更多的人在办公时间更加清闲还是由于创新技术或设备太复杂以至于大多数用户没能熟练地运用它们？[1]无论答案如何，对这些问题的追问，可以帮助企业更好地改进其创新产品的营销策略。

三、创新扩散过程及影响因素

创新扩散过程是指创新产品随时间推移在市场或人群中逐步扩散时所呈现的方式或模式。大致可分为三种类型，即正常型、快速扩散型、缓慢扩散型。图 13-6 描述了这三种扩散类型。图中三种扩散类型均呈 S 形：在新产品导入阶段，采用的人数很少；当产品进入成长期，采用人数加速增长，曲线迅速向上弯曲；在成熟期，采用人数的增长放慢，然后开始出现负增长，产品也就进入了衰退期。

图 13-6 创新扩散过程的类型

一些学者一直试图运用数学模型来预测新产品扩散曲线的形状，其中一个颇有影响的预测模型是由弗兰克·巴斯（Frank M. Bass）于 1969 年提出来的巴斯扩散模型。该模型假定，创新的采用者只分为两个群体，即创新者和模仿者。前者只受大众传播的影响，后者只受口头传播的影响。通过分析创新产品的市场容量，每一个时段已经购买创新产品的人数，以及人群中创新者与模仿者的估计数量，就可以较准确地对扩散曲线做出预测。

影响创新扩散的因素很多，包括社会系统、创新的特征、创新采用者的特性、消费

---

① Hoyer W. D. , MacInnis D. J. Consumer Behavior[M]. Boston: Houghton Mifflin Company, 2000: 489.

者之间的人际影响及市场营销活动等。[①]下面主要讨论创新产品特征对创新扩散的影响。在众多影响创新采用的产品特征中，以下五个特征尤为重要。[②]

（1）相对优势。产品较市场上的其他同类产品是否具有更多优点，如有更多的功能，价格更便宜，性能更好等。这些优点对消费者来说不仅应该很重要，而且还应被消费者知晓和理解，否则很难对其行为产生影响。

（2）兼容性。创新产品需要与目标消费者的生活方式、价值观念和以前的消费经验等相一致、相吻合。兼容性越高，扩散速度就越快。

（3）复杂性。一般而言，产品复杂程度越低，被采用得也越快，成功的可能性也越高。电话会议系统对分支机构遍布全国或全世界的大公司而言，显然是非常有用的。但在很长一段时间里，很多企业高管认为该系统复杂，不愿意尝试。

（4）可试用性。越易于操作和使用，越便于体验其利益的产品，被消费者采用的可能性越高。

（5）可观察性。如果消费者能够亲眼目睹他人成功地使用某种创新产品，则该产品扩散速度会越快。像流行服饰、街头滑板车之类的产品之所以很快风靡，就是因为这些产品很容易被人观察到。

四、高科技产品的市场扩散

杰弗里·摩尔（Geoffrey Alexander Moore）基于罗杰斯的创新扩散理论，认为早期采用者和早期大众存在很大差异。前者愿意承担风险，并不追求产品或技术的完美，甚至愿意投资那些存在某些风险的高新技术产品；后者则属于风险规避型，只有在同行业中，已有企业采用了创新产品并且获得了成功，他们才会采用。[③]因此，在高新技术产品领域，早期采用者与早期大众之间存在一道很宽的鸿沟（图13-7）。而高新技术产品要获得成功，必须跨越这道鸿沟。如何才能跨越？靠早期采用者的示范显然不行，因为早期大众所参照的是同类型企业。可行的思路是"做小池塘里的大鱼"，即在某一个小的细分市场或利基市场获得成功，以此作为基础，再向更大市场扩展。应当指出，摩尔的理论主要适用不连续创新在B2B市场的扩散。

图 13-7 高科技产品扩散过程

① 符国群. 消费者行为学[M]. 北京：高等教育出版社，2020：386-388.
② Cateora P R, Meyer R B M F, Gilly M C, et al. International marketing[M]. New York: McGraw-Hill Education, 2020.
③ 摩尔. 跨越鸿沟：颠覆性产品营销圣经[M]. 赵娅，译. 北京：机械工业出版社，2009.

五、创新的后果

毫无疑问，创新能使我们的生活、工作更轻松、更方便，能使我们达到一种以前未曾达到的境界。然而，无论是从个体层面还是从社会层面看，创新并不总是"美妙无比"。实际上，已有一些研究揭示了新技术、新产品扩散给我们带来的烦恼，给社会和经济带来的负面影响。

迈克等人的研究表明，消费者对新技术的反应是"爱恨交加"，当创新带来的负面后果变得突出时，他们会倾向抵制采用。生活在澳大利亚丛林中的土著人，以前都是用石斧作为主要生产和生活用具。这些工具只供男性使用，而且通常是作为奖品授予那些出色完成任务的男性，因此拥有石斧被视为具有男子气概和受人尊敬。伴随外来者的进入，钢斧被分发给男女老幼使用，固有的性别和年龄角色被逐渐打破，原来的社会系统也随之瓦解，石斧作为"优秀男人"标配的符号意义也就不复存在。另外，一些创新也带来混合性结果。例如，孟山都公司（Mansanto Company）从奶牛的荷尔蒙中发现了一种新物质，可以提升奶牛产奶量。虽然这可以使很多奶农致富，但也有不少消费者担心这是否会对奶牛有害和导致小的奶农破产。[①]

创新还可能带来负面的经济与社会后果。例如，一项研究考察了医院 CT 扫描仪在社区医院的扩散，发现两项非常重要的结果。一是该产品主要在比较富有的区域和市场扩散，在比较贫困的乡村地区基本上看不到这种产品；二是这种产品比较昂贵，被认为抬高了医疗成本。

本章案例

用户参与：MIUI 如何进行产品迭代[②③]

思考题

1. 结合小米新产品开发实践，简述用户或粉丝在新产品开发中的作用。

2. 你认为哪些类型的产品更适合采用类似小米的用户参与模式来开发新产品？为什么？

---

① Banta H D. The diffusion of the computer Tomography (CT) Scanner in the United States[J] International Journal of Health Services, 10, pp. 251-269.

② http://www.miui.com/joinus-1.html.

③ https://baike.baidu.com/item/MIUI/8150208?fr=aladdin.

即测即练

第十四章

建立和完善分销网络

1. 理解分销渠道与分销网络的重要性；

2. 了解中间商类型及作用；

3. 描述分销渠道设计中的主要决策；

4. 了解渠道成员的选择标准与选择原则；

5. 熟悉渠道管理的主要内容；

6. 了解渠道调整的原因及渠道优化策略。

第一节　分销渠道与分销网络

一、分销渠道与供应链系统

分销渠道（distribution channel），又称营销渠道，是产品或服务转移给最终用户，供其使用或消费所经过的路径，其核心是一系列相互依赖的渠道成员。首先，分销渠道涉及众多相互依赖的机构或渠道成员，这些成员既包括生产者，也包括中间商和消费者，它们各自承担部分分销功能或职能。其次，分销涉及产品或服务从供应方转移到最终用户的整个过程，它不是一项单一的活动。即使交易完成了，相关分销机构与最终用户的关系并没有结束。最后，分销的目的是使产品和服务能够为最终用户使用或消费。因此，渠道中的领导者或渠道领袖应将注意力放在最终用户身上，协调其他渠道成员，使最终用户的需要得到满足。

图 14-1 描述了分销渠道与企业供应链系统之间的关系。分销渠道通常只涉及产品生产出来后如何将其转移到最终用户这一过程，而一家生产企业的供应链系统，则还包括其上游供应商将原料和零部件等转移到生产企业，甚至涉及供应商如何将生产投入品转移到生产企业的各个工厂和仓库。在分析和设计分销渠道时，之所以要将其放在企业供应链系统下考察，主要原因是终端产品的供应，离不开上游供应商按计划提供相关投入

品。此外，针对消费者的售后服务，如汽车的维修，往往离不开备品配件的供应，可以说，售后服务的质量和效率与企业供应链系统密切相关。

图 14-1 分销渠道与供应链系统

生产企业当然可以将产品直接销售给最终用户，如大型煤炭公司将产品直销给钢铁厂或火力发电厂，此时分销渠道相对简单。但大多数情况下，企业需要借助中间商的力量，依靠后者实现产品从生产到消费的转移。不仅如此，当产品终端用户多而分散，且用户分销服务需求异质性很大时，企业需要采用多种类型的分销渠道，借助众多渠道成员的力量才能完成分销任务。以可口可乐公司为例，该公司需要通过超市、加油站、餐饮店、社区方便店、自动售货机等各种分销通路抵达家庭和个人消费者。上述不同类型、不同层级的分销渠道构成的系统，称为分销网络。分销网络可以从品类层面上考察，也可以从单个供应商的角度考察。以软饮料销售为例，通常是通过超市、大卖场、餐饮渠道、小卖店等渠道销售，这些渠道及渠道中的成员构成了软饮料这类产品的分销网络。具体到某个企业或供应商，如可口可乐，它通常只会部分地利用品类分销网络，比如它无法进入百事可乐独占的分销渠道，或者某些分销渠道在特定阶段并不适合纳入企业的分销网络中。有时，企业会发现市场不存在现存的可资利用的分销渠道，此时企业需要依靠自己的力量去建立分销网络。如三一集团在其发展的早期，为销售其生产的挖掘机、水泥搅拌机等工程机械设备，不得不在各主要省份和城市设立自己的销售机构，形成以直销渠道为主的全国性分销网络。图 14-2 和图 14-3 分别呈现了消费品领域和工业品领域的分销渠道。

图 14-2 消费品分销渠道

图 14-3 工业品分销渠道

分销渠道或分销网络的建立并非一朝一夕，而且需要大量的投入。以一家中档汽车4S店为例，初始投资约2000万元，如果要在全国建设200家4S店，总投资约40亿元。完全由汽车制造企业自己投入建立分销网络，不仅财力上难以承受，而且风险巨大，寻找经销商或加盟商成为自然的选择。另外，从前期经销商物色、谈判，到后期4S店选址和建设，均需较长时间，建成数百家4S店可能需要耗时数载。

分销渠道设计是否合理，渠道成员选择是否合适，既关系产品价值的实现，也影响分销效率和企业竞争力。以特许连锁洗衣店为例，品牌方或特许方在设计特许分销系统时，是否保持部分直营店，直营与加盟的比例如何确定，依据哪些原则选择加盟商，这些决策均会极大地影响连锁分销系统的声誉和效率。如果加盟商选择不合适，造成失败的门店比例过高，则不仅会影响后续的加盟，也会影响连锁品牌的形象。

相对于市场营销组合的其他要素，分销最不容易为企业所控制。对于制造企业而言，大多数情况下都需要利用中间商协助产品分销，这些参与分销的中间商并不是制造企业的分支机构，而是完全受利益的驱使加入企业的分销体系。由于首先考虑自身利益，中间商常常会与上游的供应商发生矛盾和冲突。如何协调众多中间商，让其按照制造商的意愿提供分销服务，非常具有挑战性。尤其是在中间商力量很强大的情况下，制造商或供应商面临的挑战会更大。

二、分销渠道的参与者

（一）主要参与者

1. 制造商或服务供应商

产品或服务的供应商要么直接将产品或服务销售给最终用户，要么借助中间商的力量销售产品与服务。无论在何种情况下，制造商或服务供应商都会参与分销过程，并部分承担分销职能。中国石油和中国石化主要通过设立全资或控股的加油站销售其汽油产品，实际上主要由自己的分支机构承担分销职能，而海尔则主要通过苏宁、国美等经销商销售其产品。即使是主要依靠经销商销售产品的企业，也会设立专门的渠道管理部门，参与对分销商的支持服务，或者设立直销部门部分销售自己的产品以与终端消费者保持接触和互动。

2. 中间商

中间商是协助制造商或服务供应商分销产品或服务的商业性组织，它连接产销，是分销渠道中的重要成员。中间商大致可以分为两种类型，即经销商与代理商。经销商拥有商品所有权，代理商则不拥有商品所有权。在消费品领域，中间商主要由批发商和零售商构成。在工业品领域，中间商主要是指代理商和经销商。稍后将对中间商的类型做更详细的介绍。

3. 辅助机构

辅助机构包括物流公司、市场调研公司、传播与策划公司、金融与保险公司等，它们不直接参与商品所有权转移，但为渠道成员提供专业性服务或承担某些辅助性分销职能。

（二）中间商类型

1. 批发商

批发商是指从生产企业或上游供应商购进产品，然后将产品转售给其他中间商或机构，而不是将产品直接卖给个人或家庭用户。批发商一方面从上游企业采购产品，另一方面将这些产品转卖给下游的企业或机构，从中获取产品差价。批发商依托与下游次级批发机构或零售商所形成的网络，将生产企业的产品通过该网络转送到终端用户。批发商之所以有存在的必要：一是批发商能够履行后面介绍的零售商所不能履行的一些分销功能。比如，批发商拥有较零售商更雄厚的资金，能大批量的从生产企业采购产品；或者，批发商拥有大型的仓储设施或冷链系统等。二是在长期的发展过程中，一些批发机构与上游的供应商和下游的零售商建立了稳定和广泛的联系，不仅有助于生产企业将产品迅速覆盖终端市场，而且也有助于中小零售企业获得来自多家生产企业的稳定货源。三是批发商的专业知识有助于降低产品的整体分销成本。

批发商分为独立批发商和制造商设立的批发机构。严格地讲，后者属于生产或制造企业的延伸，虽然也属于渠道成员的范畴，但不是这里所讲的中间商。独立批发商又分为商业批发商、代理商和经纪人。[①]商业批发商是专门从事批发业务的独立的商业机构，其在获得商品所有权后将产品转售给其他中间商。代理商和经纪人将在稍后做专门介绍。

2. 零售商

零售是指将商品或服务销售给最终消费者，以供个人或家庭消费的商业活动。零售商则是指以零售为主营业务的机构或个人。[②]零售商直接将产品或服务卖给终端消费者，为此将开展一系列零售活动，如购进和储存产品、提供产品的多样化选择、分装货物、产品陈列与展示、终端促销等。

按是否有实体经营场所，零售商可以分为有店铺零售商和无店铺零售商。前者包括食杂店、便利店、折扣店、超市、仓储式会员店、百货店、专卖店、购物中心、工厂直销中心等零售业态。无店铺零售则主要包括电视购物、邮购、网上商店、自动售货亭和电话购物。图 14-4 呈现了按零售业态对零售场所的分类。[③]

3. 分销商

在工业品领域，经销商又被称为分销商，类似于消费品领域的批发商，其将部件、

---

① 张闯. 营销渠道管理[M]. 2 版. 北京：清华大学出版社，2020: 22-25.

② 庄贵军，周筱莲，王桂林. 营销渠道管理[M]. 2 版. 北京：北京大学出版社，2004: 140-143.

③ 张闯. 营销渠道管理[M]. 2 版. 北京：清华大学出版社，2020: 25-26.

图 14-4　零售业态分类

原材料或成品转卖给其他企业或组织，由后者进行再加工或转售。工业品领域的分销商可进一步分为普通分销商、集成商和增值分销商。普通分销商只是将生产企业的产品转卖给下游的企业或机构，赚取购销差价。集成商则是为解决特定问题，把众多供应商提供的软、硬件产品集合到一起，为用户提供"一揽子"解决方案。在此过程中，集成商虽然也会购进某种产品，帮助该产品分销，但它不一定主要靠购销差价盈利，甚至可以把某些产品以成本价甚至低于成本价提供给终端用户。增值分销商，则是通过对产品做一些特殊的改进或为产品找到生产企业所不了解或不熟悉的新用途使该产品价值增加。比如，分销商由于与用户有长期接触，比制造商更深刻理解用户或其行业的特殊需要，因此可以对从制造商那里购进的产品进行调整，使其更好地嵌入用户的系统中。又如，思科公司曾经对分销商进行分类，将那些能运用思科产品和技术解决特定用户问题，或者拥有不同类型"思科认证工程师"的分销商，在产品供应和技术支持等方面给予更优惠的条件。原因是，这些增值分销商对分销思科的产品具有普通分销商所不具备的技能和价值。

4. 代理商与经纪人

代理商受生产企业或供应商的委托，以前者的名义开展产品或服务的销售活动，代理商不拥有所销售产品的所有权，但其交易行为在授权范围内对委托方具有约束力。例如，航空票务代理公司接受特定航空公司或多家航空公司的委托，为后者销售机票；房产中介公司受开发商委托代理房屋销售、租赁、房产过户等业务。代理商一般按销售金额收取佣金，以覆盖其场地设施及人员费用并获取适当利润。

经纪人又称掮客，为买卖双方牵线搭桥，居中协调促成交易。经纪人通常既无资金，也无商品，他们主要靠提供信息、提供咨询建议或提供某种专业知识为委托人服务，并在成交后向委托人收取佣金。

5. 电商平台

互联网催生了网络销售渠道，网络渠道集分销、传播、结算、配送等功能于一体，具有即时性、互动性、全时空、数字化等特点。电商平台或称电子商务与销售平台，是为企业或个人提供网上交易的场所。按交易主体分类，电商平台可以分为 B2C、B2B 和 C2C 三种类型。B2C 以亚马逊、京东、淘宝商城为代表，主要由商家向个人和家庭销售产品。B2B 电商平台以阿里巴巴的速卖通为代表，主要是向第三方卖家做小额批发。C2C 电商平台则是消费者对消费者的交易平台，以销售二手商品为主的淘宝"闲鱼"网是这类平台的典型代表。在闲鱼网上，消费者无须经过复杂的开店程序，凭淘宝账号或支付宝账号登录平台，就可开展二手闲置物品的信息发布和交易。按经营的产品品类，电商平台可以分为综合电商平台和垂直电商平台。前者经营众多品类商品，典型代表是京东和淘宝；后者只经营某一特定品类产品，如酒仙网主要为酒类企业提供在线销售服务。

（三）为何需要中间商

中间商是连接供给与需求的桥梁和纽带，众多中间商构成的商品流通网络就像人体的血管，将商流、物流、信息流、资金流所构成的"血液"源源不断地输送到由个体、组织和家庭所构成的终端市场，以此支撑社会的正常运行。

从产品需要方或用户端看，中间商至少提供如下方面的价值：一是方便顾客搜寻。例如，在实体商店，商品分门别类，加上各种沟通信息和导购，既方便顾客选择也利于降低搜寻成本。二是提供花色搭配。例如，超市提供不同种类、不同企业和品牌的产品，让消费者获得单个制造企业所无法提供的产品多样性。三是在"产品"之上提供种种附件利益。例如，卖鲜花的零售店提供各种精美的包装，卖家具的商店提供"小孩照看服务"等。

从产品供应方看，中间商所提供的价值也是多方面的。首先，中间商的存在大大减少了交易次数。图 14-5 描述了在有四家厂商和四个用户的情况下，存在和不存在中间商

图 14-5 中间商与交易次数

时，市场发生交易的次数。显然，在有中间商的情况下，交易效率得以显著提高。其次，通过交易的程式化提升交易效率。中间商面对众多厂商和众多消费者，通过标准化和程序化，把那些重复出现的交易通过标准流程、标准合同"程式化"，消除或降低每次交易重新谈判、磋商带来的成本。再次，为厂家或制造企业提供"现存"的分销通路，既加速产品在市场的覆盖，同时也比制造商更有效率地培育市场。比如，在电子计算机刚进入家庭市

延伸阅读 14-1 中国零售企业何去何从？

场时，消费者普遍缺乏关于计算机的知识，正是借助众多中间商的力量，消费者才逐步对计算机有日益增多的了解，从而加速计算机产品在个人和家庭市场的扩散。最后，中间商还承担很多上游供应商不愿承担或承担起来费用昂贵的分销职能，如售后服务、货款催收、获得某些地方性资源等。

三、渠道功能与渠道流

（一）分销渠道功能

分销渠道的功能是指为高效完成产品从生产者转移到消费者的任务，以满足最终用户分销服务需求，渠道参与者需要履行的基本职责。这些职责的履行，需要开展一系列分销活动，如信息搜集、接洽与谈判、促销、订单处理、物流等。[1]大体上，分销渠道需履行交易、物流和便利三项功能。

（1）交易功能。交易功能是指直接促成交易或促成商品所有权转移的活动，主要包括如下方面：潜在购买者的识别；接洽与谈判；促销与推销；匹配或组配，即以消费者需要的品种、花色及搭配呈现给用户；订单处理与结算；承担风险，如承担存货损失风险，承担商品可能卖不出去的风险，承担资金拖欠和违约的风险，等等。

（2）物流功能。物流功能即承担将实体商品从生产企业转移到下游转售方或最终用户手里。包括仓储与运输；点对点送货、物品跟踪、破损防范等。此外，像冷藏、保鲜、快速送达等活动，也是履行物流功能的体现。

（3）便利功能。便利功能即便利交易和物流的相关活动，主要包括：市场信息的搜集、分析；终端用户购买和使用信息的反馈；商品的分类、分等与分装（如将桶装葡萄酒转化为瓶装，将农产品按品质分类和包装）；融资或融资担保；咨询、培训及售后服务等。

明确分销渠道的基本功能，尤其是结合特定产品或服务来分析其表现形式，具有重要意义。一是帮助企业在不同渠道成员之间分配或分解分销功能，明确渠道成员的责任；二是可以通过渠道结构调整与优化，剔除或替代某些渠道参与者；三是明确哪些渠道成员履行的功能不能被取消，以及当某些渠道成员被从渠道中剔除后，其原来的渠道功能

---

① 庄贵军，周筱莲，王桂林. 营销渠道管理[M]. 北京：北京大学出版社，2004: 8-9.

由谁来承担。[1]

（二）渠道流

渠道流或分销活动流，是指一种旨在产生服务产出（service outputs）且需要花费成本的活动，这种活动被一个或多个渠道成员承担。表 14-1 呈现了分销系统中主要的渠道流及它们各自所引发的成本。渠道流主要有：实体流（或称物流）、所有权流（或称商流）、促销流、谈判流、融资流、风险流、订货流、支付流。

表 14-1　渠道流及活动成本

营销流	相应的活动成本	分销活动流向
实体流	库存和交货成本	制造商→批发商→零售商→产业或/家庭终端用户
所有权流	目录传送成本	制造商→批发商→零售商→产业或/家庭终端用户
促销流	个人销售、广告、促销、宣传、公共关系成本	制造商→批发商→零售商→产业或/家庭终端用户
谈判流	时间和法律成本	制造商→批发商→零售商→产业或/家庭终端用户
融资流	贷款条件、销售条件	制造商→批发商→零售商→产业或/家庭终端用户
风险流	价格保证、担保、保险、安装、维修、售后服务成本	产业或/家庭终端用户→零售商→批发商→制造商
订货流	订货成本	产业或/家庭终端用户→零售商→批发商→制造商
支付流	托收、坏账成本	产业或/家庭终端用户→零售商→批发商→制造商

分析各种渠道流及支撑渠道流的成本，既有助于明确特定"渠道流"所需要的资源，同时也有助于核定承担特定分销活动的渠道成员所应当获得的"补偿"。比如，如果产品物流、产品售后服务、终端促销等活动均由中间商承担，则制造商需要让渡更多的利益。这也是为何卡特皮勒公司（Caterpillar）获得的利润远少于其分销商获得的利润，因为后者不仅销售卡特皮勒的工程机械产品，而且为这些产品提供安装、调适、维修等诸多服务。

四、分销渠道结构

分销渠道结构是指参与产品从生产者转移到消费者这一过程的成员构成方式及彼此之间的关系。图 14-6 呈现了制造商或服务供应商通常的分销渠道结构。当制造企业直接通过自己的分支机构把产品卖给最终用户，此时的渠道被称为直接渠道，也称零级渠道。如果制造商通过中间商把产品卖给消费者，此时的渠道被称为间接渠道。根据中间商层级的多少，又可把间接渠道分为一级渠道、二级渠道、三级渠道等。渠道层级越多，意味着产品从生产企业到消费者手中，转手的次数也越多。台式计算机刚进入我国时，国外的厂商由于不了解我国市场情况，只有借助一些大型中介机构销售其产品，这些大型中间商触角有限，不得不发展下游经销商，由此形成的分销层级比较多。当时的电脑产

---

① Stern, L, W., A. EI-Ansary and A. Coughlan, Marketing Channels (6th edition), Beijing: China Renmin University Press, 1999: 213.

品零售价与出厂价价差比较大，每一级中间商都能获得较丰厚的利润。随着台式机的普及、竞争的加剧及消费者电脑知识的丰富，台式计算机的销售毛利不断下降，渠道层级也变得更扁平。

图 14-6　分销渠道结构

五、分销系统整合

传统的分销系统由彼此独立的渠道成员构成，各自承担部分分销职能，由于每一个渠道成员旨在追求自身利益的优化，分销系统作为一个整体缺乏有效协调，其产出和效率通常未能达到最优水平。分销系统整合是指通过某种组织形式把渠道成员结合成一个整体，确保渠道系统有序、高效运行以实现整体的分销目标而不是各成员企业各自的目标。

（一）垂直渠道系统

垂直渠道系统是依靠渠道领袖来协调渠道成员的活动，以实现渠道系统的总体目标。所谓渠道领袖，通常是渠道中权力最大或影响最大的渠道成员，如宝洁依靠其品牌影响力成为渠道领袖，沃尔玛成为很多中小企业产品分销渠道中的渠道领袖。依据渠道成员关系的紧密程度，垂直渠道系统可分为管理式、合同式、公司式三种形式。管理式垂直渠道系统是渠道领袖凭借其在渠道中的地位和影响力来协调渠道成员关系，确保各渠道成员按共同的渠道目标来从事分销活动。合同式垂直渠道系统则是各渠道成员通过签订具有约束力的契约，协调彼此关系从而达成共同的渠道目标。公司式垂直渠道系统是渠道领袖依靠控股或参股形式来控制或影响其他渠道成员，使其按渠道领袖所确定的目标开展相关活动。像中国石化、中国石油所经营的数以万计的加油站就是采用的公司式渠道系统，这也是生产或制造企业对分销机构控制力最强的一种组织形式。

合同式或契约式垂直分销系统又分为批发商主导的自愿连锁，制造企业或服务企业主导的特许连锁，零售商主导的零售企业合作组织（图 14-7）。批发商主导的自愿连锁，通常是由一家大型批发企业发起，独立的中小零售企业自愿参加，通过统一采购、提供销售支持等方式，增加独立零售商的市场竞争力。制造企业或服务企业主导的特许经营连锁，则是特许方通过与被许可方签订契约，允许后者在一定期限内使用前者拥有的专利、商标、字号或独特的经营模式，并按规定支付费用。像 7-ELEVEN 便利店、福奈特洗衣店、麦当劳等均是采用特许经营方式分销其产品与服务。

图 14-7　垂直分销渠道系统

（二）水平渠道系统

水平渠道系统是指由两个或两个以上同一层级的独立企业，为开发某个营销机会联合起来，共同组建新的分销渠道或更加有效地利用既有分销渠道。例如，通用磨坊与多家航空公司合作，利用后者的网络在机场、飞机商务舱销售其哈根达斯冰激凌；或者通用磨坊利用其在冰淇淋生产、冷藏等方面的优势，与星巴克合作生产咖啡口味的冰激凌并由后者在店内销售。水平渠道系统的开发和设立可以发生在生产企业之间，也可以发生在中间商之间。例如，京东利用亚马逊的海外仓库开展跨境电商活动，同样亚马逊也可以利用京东在我国的物流系统开拓市场。

（三）多渠道系统

多渠道系统是指一家企业利用多种类型的分销渠道触达顾客所形成的分销体系或分销网络。例如，格力曾经一段时间主要通过与省市级空调分销商组建合资公司来销售其产品，但伴随格力产品多样性的增加，以及消费者购买电器产品方式的多元化，现在格力不仅与苏宁、国美等中间商合作，而且还开发出网上销售、直播带货等新的分销方式，由此形成多渠道分销系统。这不仅拓展了格力产品的覆盖范围，使其能更好地服务于不同类型顾客的购买需要，也加大了渠道之间的潜在冲突及渠道协调的难度。

第二节　分销渠道设计

分销渠道设计的目的是通过选择合适的分销渠道和渠道成员，通过分工协作，满足目标消费者对分销服务的需要，在此前提下降低分销成本，提高分销效率。换言之，分销渠道设计是用尽可能有效的方式，识别目标消费者的分销服务需求并满足之。渠道设计涉及一系列决策，包括：是否使用中间商，使用何种类型的中间商，选择哪些具体的渠道成员，如何在渠道成员中间分配分销活动。

一、分销服务需求

分销渠道设计始于分销服务需求的分析。分销服务需求，也称分销服务产出，是指顾客在购买产品或服务过程中期望获得的产品之外的利益，包括但不限于：购买批量；空间便利性；等候时间；选择范围；服务支持，如送货、安装、信贷、维修保障等。表14-2列出了家庭在超市购买饮料与个人在旅游景点购买饮料的分销服务需求及差异。

表 14-2　家庭购买饮料与个人在旅游景点购买饮料分销服务需求比较

分销服务种类	超市购买饮料（家庭）		在旅游景点购买饮料（个人）	
	服务项目描述	服务水平	服务项目描述	服务水平
购买批量	一次购买很多，甚至整箱购买	低	购买1~2瓶	高
空间便利性	开车去购买	低	就近购买	高
等待时间	等家里饮料已经喝完，或者下次购物时购买	低	马上获取	高
选择范围	家庭成员对品种与品牌的偏好各不相同	高	不一定购买平时偏好的品牌	低
服务支持	方便停车	较高	不需要特别的服务	低

总体而言，消费者希望获得更多的分销服务，但每一项分销服务是有成本的，因此，渠道分析人员需要确定以消费者可以接受的代价满足其对分销服务的需求。首先，不同的消费者对渠道提供的各项分销服务的价值或重要性会赋予不同的权重。比如，同样是购买笔记本电脑，有的消费者更重视选择的多样性，另外的消费者则更重视能否很快获得产品。其次，不同消费者对渠道系统提供的各项分销服务的总价值也会有不同的评价。同样是在宜家购物，一些消费者对宜家提供的服务很满意，另一些消费者则满意度较低。最后，同样一位消费者在不同的购物场景下，对分销服务的要求也不同。比如，同样购买汽车轮胎，在汽车抛锚时对及时获得轮胎的需求会骤然升高。

表14-3呈现了不同细分市场消费者在超市购物时对各种分销服务的需求及服务产出在不同人群中的相对重要性。从中可以看出，不同消费人群对服务产出的要求存在很大差别。

表 14-3　不同人群分销服务需求差异及比较

服务项目	不同人群对分销服务产出的相对赋权		
	重视品牌群体	价格敏感群体	快捷购物群体
易于寻找、挑选和购买	高	中	高
送货到家	很高	低	低
产品使用信息	低	高	低

续表

服务项目	不同人群对分销服务产出的相对赋权		
	重视品牌群体	价格敏感群体	快捷购物群体
购物过程的快捷与高效	高	低	很高
比较与选择信息	中	很高	低
眼看手摸感受产品	中	中	高
价格优惠	中	很高	低
社会互动与体验	低	很高	低
期待的品牌产品	很高	中	中
互联网重度购物者比例	44%	23%	31%

二、是否使用中间商

产品是通过直销渠道进入市场还是经由中间商销售给最终用户，是分销渠道设计中的一项重要决策。直接渠道包括以下方式：人员推销；设立专卖店；采用电话销售、电视销售、邮寄目录销售；网络直销。采用直接渠道的好处是：制造商对渠道有更好的控制；有助于制造企业与最终用户的互动和接触；避免渠道的"双重边际化"。所谓双重边际化，是指每个渠道成员只追求自身利益最大化，最后导致一方利益的优化是以损害另一方利益为代价。

制造企业采用间接渠道，也就是利用中间商销售产品，有多方面好处。一是有助于产品快速进入市场和获得更广泛的市场覆盖；二是有利于获取专业分工带来的好处，如将资源聚焦于研发、生产领域，培育企业核心能力；三是避免"重资产"经营，降低经营风险。利用中间商销售产品，分销成本大多是"变动成本"，这有助于改善企业的成本结构。

通常，适合采用直接渠道的条件是：潜在顾客数量较少，单个顾客购买量大，产品定制化程度高，购买决策过程复杂，产品的即时获取不是特别重要。适合间接渠道销售的条件则与上述情况相反，如是很多家庭或个人的日常用品，顾客数量众多，单件商品购买价格较小，人们在购买决策上花的时间不多，符合这类条件的产品或购买就比较适合采用间接渠道。当然，在互联网和大数据时代，随着企业对单个用户行为了解的日益增多，之前被认为不太适宜用直接渠道销售的产品，现在也可以通过网络等方式来销售。

在现实中，大多数制造企业既设立有直接渠道，同时又利用间接渠道销售产品。这样形成的渠道结构，兼顾直接渠道和间接渠道的优点：一方面通过与终端用户的直接接触，能更深刻地理解和洞察市场，在此基础上更好满足消费者的需要；另一方面又可以利用专业化分工带来的好处，提高渠道运行效率。当然，此时需要注意处理好直接渠道与间接渠道之间可能的冲突，尤其是防止企业直销可能对中间商带来的负面影响。

三、使用何种类型的中间商

一旦决定使用中间商，企业还需确定使用哪些类型的中间商，如是否使用批发商？

是使用有店铺还是无店铺的零售商？在使用有店铺零售商时，是使用百货店，专卖店还是超级市场？在做出上述决策时，企业或营销经理通常需要考虑三方面的因素，即企业营销战略、目标顾客购物偏好、中间商类型与产品的匹配。

（1）市场营销战略。如果目标是追求高的产品市场份额，则企业需要使用多种类型的中间商，而且将追求零售的广覆盖。如果目标是品牌形象或产品高毛利，此时企业更适合采用高端顾客经常光顾的店铺或渠道。比如，高端进口巧克力产品一般不会进入折扣店或社区小店销售。

（2）目标顾客购物偏好。如前所述，消费者在产品选择范围、空间便利性、等候时间、服务支持等方面会存在偏好差异，而不同类型的中间商在服务产出上也会不同，因此在决定使用何种类型中间商时，需要考虑顾客偏好与中间商类型的匹配。比如：如果顾客追求全天候服务，则采用网络渠道销售产品比较合适；如果顾客要求提供就近且及时的服务支持，则需要选择增值分销商或当地零售店。

（3）产品匹配度。产品是否有明确的使用范围和目的，提供的利益是否清晰，是否以消费者所熟悉和了解的实物形式出售，涉及产品定义（product definition）。产品定义程度越高，对渠道成员所提供的服务要求会降低；反之则会提高。铅笔属于高定义产品，消费者对渠道的要求是广覆盖和高效率，便利店和超市是理想的出售场所。保险是中度定义的产品，大多数消费者对保险产品有所耳闻，但对这类产品的具体内涵并不熟悉，需要专业性咨询，因此保险适合直销或专业分销。ERP系统对我国很多中小企业属于低度定义产品，这类产品不仅要根据特定企业的需要来定制，而且需要大量沟通、互动和售后服务，直销或增值分销是常用的分销方式。

四、使用多少中间商

企业使用多少中间商，取决于企业的目标、产品及市场特点、产品发展阶段、消费者分布及需求特点等很多因素。以可口可乐为例，在美国市场，由于人均软饮料饮用水平极高，而且要使其"伸手可及"，因此该产品的销售点遍布大街小巷。据说，每350个美国人，就拥有1个销售可口可乐的终端。[①]

在决定选择多少中间商，即决定分销的覆盖范围时，有两方面需要考虑。一是选择多少条分销渠道。例如，生产矿泉水的企业需要决定进入哪些分销渠道，如是否进入餐饮渠道，是否进入超市，是否进入加油站等。二是在同一条渠道内，如餐饮渠道内选择多少家分销商。前一方面的决策，涉及所谓单一渠道与多渠道的选择。多渠道的好处是，能更好应对消费者的异质性和产品的异质性，有助于降低企业依赖单一渠道的风险。不利之处则是，多渠道会带来渠道之间的冲突，渠道管理的难度会相应增加。

在同一渠道内，使用多少中间商则有三种可供选择的策略，分别是独家分销、选择性分销和密集分销。

---

① Yoffie D, Kim R. Cola war continue: Coke and Pepsi in 2010[M]. Boston: Harvard Business School, 2011.

独家分销是指在某一个特定地理区域内只指定一家分销商，由其销售制造企业的所有产品或某条产品线的产品。独家分销的好处是，经销商有较高的积极性经销产品，制造商对经销商控制力较强，给予经销商支持的力度会更大，同时，这种策略也有助于双方建立更加稳固的合作关系。不利之处是，市场难以全面覆盖，一些潜在用户可能接触不到产品或得不到商家的服务，另外，若企业与经销商关系处理不好，双方的风险都很高。一些境外品牌在刚进入我国市场时，由于不了解中国市场，或拿不出太多的资源来开拓市场，往往会实施独家分销策略。但当市场发展起来后，厂家与商家对是否续签独家分销协议，甚至对品牌归属等都可能产生分歧和冲突。

选择性分销是指企业在一个地区选择少数几家分销商分销其产品。好处是没有把产品置于一家经销商的控制之下，相对降低分销风险，同时市场覆盖的深度和广度会比独家分销时大，各分销商之间的竞争有可能提高整体销售量。不利之处是，相对于后面介绍的密集分销，选择性分销仍不能全面覆盖各个细分市场，相对于独家分销，企业对分销商的控制力可能变弱。

密集分销是指企业尽可能多地使用中间商，以最大限度地实现市场的全面覆盖。此一策略的好处是，能广泛地触及各种类型的顾客，提高产品或服务的总体销售量，能较大程度降低厂家的分销风险。同时，如果企业牢固地占有了各种类型的终端销售点，会极大地提高竞争对手的市场进入壁垒。不利之处是该种策略下，企业与每个特定的经销商的接触程度会降低，除非产品品牌影响力很大，否则厂家对商家的控制力会比较弱。

在决定使用何种分销覆盖策略时，企业需要重点考虑三个因素。一是产品的购买频率，通常购买频率高的产品如牛奶、面包、口香糖等，需要采用密集分销策略。二是消费者对产品或购买的介入程度，介入程度越高，意味着消费者更愿意花时间搜寻、比较，时间和空间的方便性相对没那么重要，此时更适合采用独家分销或选择性分销。三是定位的一致性，即分销策略需要与产品的市场定位保持一致。比如，奢侈性产品或形象性产品更适合采用独家分销或选择性分销。

五、渠道成员选择与任务分配

（一）选择渠道成员

在对是否使用中间商，使用何种类型和多少数量的中间商做出决定后，接下来企业需要物色或选择具体的渠道成员，即决定将哪些批发商、零售商或其他类型的渠道成员纳入企业的渠道系统。在企业刚创立或产品准备推向市场的阶段，物色渠道成员会受到很多因素的制约。一是市场上是否存在可资利用的渠道成员。前面提到，三一集团刚推出其水泥搅拌机、挖掘机等产品时，很多地方不存在销售这类产品的中间商，所以企业只有自己设立地区性的分支机构来销售产品。二是市场上既有的渠道和渠道成员是否有意愿销售企业的产品。戴尔刚创立时，由于名不见经传，既有的电脑经销商均不愿意代销其产品，所以其不得不发展直销渠道。三是对那些愿意经销企业产品的中间商，企业也需要精心挑选。下面重点围绕如何选择渠道成员做简要介绍。

1. 选择标准

（1）渠道成员的综合实力。其包括经营历史及表现、资金实力与财务状况、综合服务能力、治理结构与经营能力、经营团队及专业销售能力等。

（2）渠道成员市场和顾客覆盖范围。例如，是否覆盖了企业希望进入的市场与目标消费人群，是否具有地点或区位优势，经营的产品是否与本企业产品互补或兼容。

（3）经营理念、合作意愿。中间商是否有进取心，其经营理念是否与制造企业的经营理念兼容或一致，很大程度上决定了未来协作与合作倾向，也在一定程度上决定其未来是否会采用机会主义的行为方式。合作意愿则主要从中间商是否做出实质性承诺来判断，投入资源数量及资源的"资产专用性"是体现承诺水平的重要指标。

（4）中间商的声誉。中间商的声誉包括在业界的口碑、是否诚实守信、历史上是否存在违法或拖欠供应商货款的不良记录等。

2. 选择原则

选择渠道成员通常需要遵循目标市场原则、分工协作原则、形象匹配原则、效率原则。[①]目标市场原则是指渠道成员有能力和意愿服务于企业的目标消费者，能够提供目标消费者需要的分销服务。分工合作原则是指渠道成员的经营方向与专业能力符合企业所希冀给目标消费者提供的分销服务产出。形象匹配原则是指渠道成员的形象要与生产企业或其品牌的形象一致，如高端产品不能选择在廉价或折扣商店销售。效率原则是指选择的渠道成员要有利于渠道效率提升，有利于以较少的费用提供特定水平的分销服务产出。

（二）渠道成员任务分配

渠道成员需要承担哪些分销任务，在完成分销任务过程中，享受哪些权利，承担哪些责任，通常采用合约方式做出规定。渠道成员的任务分配，一般体现在交易条件、产品政策、价格政策、经营区域划分等方面。交易条件涉及经销商给最终用户的服务水平、服务方式，也涉及制造商给予中间商的服务，如交货期、品质保证、销售支持等，还涉及付款条件、积压品处理、存货水平

延伸阅读 14-2　大快消不相信私域

等。产品政策，则涉及经销商在多大范围内经营制造商的产品，能否由经销商自由选择产品的种类和型号，产品样品提供方式与费用分摊等。价格政策主要涉及给经销商的让利幅度，年终返利，价格促销及最终零售价等方面的规定。经营区域划分则是指每一个特定的经销商，可以在哪些地理区域范围内销售产品。对经销商而言，经营区域是一种

---

① 庄贵军，周筱莲，王桂林. 营销渠道管理[M]. 北京：北京大学出版社，2004：171-172.

"资源"，经营的区域越大，意味着服务的顾客越多，销售量也越大。从制造商的角度来看，如果不划定经营区域，允许多家经销商跨区域经营，一方面可能导致自相残杀和无序竞争，另一方面也无法保证经销商在区域内的"深耕"，最终影响渠道目标的实现。

第三节　分销渠道管理

一、渠道权力与渠道协调

渠道领袖是渠道系统中占主导或领导地位的渠道成员。渠道的协调一般是在渠道领袖的组织或影响之下达成。所谓渠道协调，是指在渠道领袖的领导或影响下形成渠道成员的合力，以更优的服务或更有效率的方式服务于最终顾客。在协调的状态下，各渠道成员相互支持、相互配合，将最终用户的需要置于优先地位，共同致力于实现渠道系统的目标。协调的渠道不会自动形成，需要渠道领袖运用权力对其他渠道成员施加影响。

渠道权力是指一个渠道成员影响另一个渠道成员按照前者的意志做事的能力。比如，相较于苏宁与国美，很多中小型供货商的谈判能力相对较弱，前者可以运用其权力对后者施加影响。权力不容易诊断，也不容易证实。原因是，某个渠道成员的行为从表面上看是遵循另一成员的意志，但也许是自愿的行为，或者是对环境变化的一种自然反应。由此，可能导致某些渠道成员过高估计自己的影响力。

权力带有负面的含义，但如果审慎运用，它可以成为协调渠道关系的有益方式。例如，惠普要求渠道成员配合，将打印机组装移往供应链的后端，更好地适应了顾客对各种型号、款式的需求，同时也降低了渠道系统中存货量，虽然开始时受到抵制和不理解，但最终使所有渠道成员受益。权力是一种工具，它是发挥正面作用还是负面作用，取决于谁在运用和如何运用。

虽然同一渠道内的各渠道成员相互依赖，但在没有渠道权力影响的情况下，各成员很可能各行其是，很难形成渠道合力。从这个意义上来说，渠道权力对于渠道的协调是必不可少的。然而，也应看到，渠道领袖也不总是为达成渠道系统的整体目标而运用其拥有的权力，此时权力的运用恰恰成为冲突的来源。

一种观点认为，渠道权力来自于一方对另一方的依赖。假如海信电视机 15% 的销售通过苏宁这一渠道实现，而在苏宁所销售的电视品类中海信占的比重是 5%，则苏宁相对于海信拥有更大的渠道权力。渠道成员权力的大小取决于两个方面：一是拥有对其他渠道成员有价值的稀缺资源，如门店资源、客户资源、仓储设施等；二是这些稀缺资源的可替代性。

另一种观点认为，渠道权力来源于奖赏、强制、法定、专长和认同等权力基础。[1]奖

---

① French, J. P., B. Raven. The bases of social power. In Dorwin Cartwright, ed., Studies in Social Power. An Abor: University of Michigan Press, 1959: 150-167.

赏权是指通过给予渠道成员某种利益或奖励，以促使其按照渠道领袖或权力主体的意志从事分销活动。强制权则是某个渠道成员，采用某种强制性措施要求其他渠道成员按其意志行事，通常是采用威胁、惩罚等手段要求其他渠道成员予以配合。法定权是指依据法律或社会规范规定一方对另一方承担的义务。比如，在渠道关系中如果制造商调整产品价格则需及时通知下游经销商，并对由于价格调整给经销商带来的损失予以补偿。专长权是指渠道成员通过其专长或专业影响力来取得其他渠道成员的配合。认同权源于渠道成员的声望、价值观等而对其他渠道成员的行为产生影响。

渠道领袖或渠道成员在运用其拥有的权力对其他渠道成员施加影响时，通常会采用许诺、请求、威胁、信息交换、建议等各种方式，最终产生服从、认同与内化的效果。如果渠道领袖主要采用强制、奖赏和法定权来协调渠道关系，虽然短期可产生服从的效果，但有可能对渠道的长期绩效带来负面影响，因此企业在运用渠道权力时需要注重长期绩效的改善，运用认同和专长权来取得渠道成员的支持与配合。

二、渠道成员绩效评价与激励

（一）渠道成员绩效评价

渠道成员绩效评价是渠道绩效评价的一部分，它是指针对某个渠道成员在特定时期内履行分销职能成效的评价。通常可以从以下方面对渠道成员绩效进行评价：销售定额完成情况；平均存货水平；产品平均交货时间；产品周转率；产品损伤或破损率；终端用户满意度；促销合作情况。渠道成员绩效评价有两种常用方法。一是历史比较或纵向比较，即将当期或当年的绩效与上一期或过去年份的绩效进行对照，以发现绩效的变化及分析导致变化的原因，为改进或提升绩效水平提供启示。二是将同一层级的不同渠道成员的绩效做横向比较，以识别哪些渠道成员表现更佳。

（二）渠道成员的激励

渠道中的中间商履行特定的分销职能，目的是获得利益或利润，确保其付出得到应有的回报，是供应商需要重点考虑的。为取得长期合作和实现渠道目标，供应商或制造商需对中间商提供足够的激励。制造商对中间商的激励既要兼顾当前和长远，又要坚持公平公正。通常的激励手段有：①提供适销对路的优质产品；②给予中间商尽可能大的获利空间；③提供人员培训、资金与技术支持；④给予独家经营权；⑤开展联合促销；⑥对业绩突出者给予奖励。对渠道成员的激励也是分层次的。比如，可以根据中间商承担分销职责的大小或中间商的经营能力与服务范围分类，对不同类别的中间商实施不同的激励政策。

三、渠道冲突与管理

渠道冲突是指渠道成员之间的不协调、不和谐的状态。表现为：一个渠道成员认为另一渠道成员正在从事妨碍其实现目标的行动；或者渠道成员之间不能达成一致，导致关系紧张或破裂。渠道冲突与渠道竞争既有联系，也有区别。联系是，两者都表现为渠道成员之间争夺或争斗。不同之处则是，渠道冲突以双方或多方之间的对抗为中心，主要依靠不作为、不配合、不履责等方式阻止或妨碍另一渠道成员达成目标。渠道竞争则是在遵循某些公认的市场规则的基础上，主要通过"提升自己"来实现对对手的超越。在竞争过程中，如果采用不正当手段，则渠道成员之间的竞争会转化为渠道冲突。

渠道冲突大致可分为三种类型，即水平渠道冲突、垂直渠道冲突和多渠道冲突。水平渠道冲突是指同一分销渠道中同一层次中间商之间的冲突。比如同一地区的零售商彼此相互杀价，导致品牌形象受损以及各零售商无利可图。垂直渠道冲突是指在同一渠道中制造商与中间商或不同层次中间商之间的冲突。无论是理论界还是实务界，人们更多关注的是垂直渠道冲突。原因是，渠道冲突主要表现为垂直冲突，即使是水平冲突也反映出制造商或渠道领袖对渠道成员之间的关系协调不力。多渠道冲突是指一个制造商建立了两条以上渠道，这些渠道在向同一个市场销售产品时所发生的冲突。比如，格力集团原来主要依靠地方销售分公司出售产品，现在设立了电商直销渠道，后者无疑会抢占前一渠道的客户，由此导致利益冲突。

渠道冲突并非总是坏事，研究发现，当渠道冲突处于可控水平时，反而有助于提升渠道系统的效率。然而当渠道冲突达到较高程度且失控时，则会带来严重的负面后果。图 14-8 描述了渠道冲突水平与渠道效率之间的关系。那么，为什么一定水平的渠道冲突反而会带来渠道效率的提升呢？首先，可控的渠道冲突会带来渠道成员之间更频繁的互动和更有效的沟通。其次，给权力相对较弱的渠道成员提供了表达不满和意见的机会，促使渠道领袖对过去的行为进行回顾和反思。最后，有助于渠道资源更公平的分配，发展更平衡的权力关系，同时有助于发展标准的方式来处理未来的渠道冲突。渠道冲突超出一定的水平，其负面效应就会凸显。高水平冲突主要通过三条路径影响渠道关系：一是通过影响信任，最终影响渠道成员的承诺；二是通过经济方面的不满意导致非经济层面的不满，最终影响渠道成员的承诺；三是渠道冲突直接导致非经济层面的不满，从而损害渠道成员之间的关系（图 14-9）。

图 14-8　渠道冲突与渠道效率

图 14-9 高水平冲突如何损害渠道关系

渠道冲突产生主要有三方面的原因。一是目标与价值观的不同。供应商需要通过扩大销售量来实现其利润最大化的目标，但经销商则可以通过加大价差或通过销售其他供应商的产品来实现自己的销售与利润目标。另外，供应商可能希望经销商以更大的力度销售新产品，但经销商可能安于现状，或者不愿意承担新产品市场开拓的风险。二是渠道成员对决策领域存在分歧。这些领域包括服务的消费人群、销售的地理区域、不同渠道成员承担的分销功能与任务、采用的销售方式与技术等。比如，供应商认为经销商应按建议零售价销售产品，经销商则坚持自己具有决定最终销售价格的权力。三是对现实感知的不同。如制造商认为经济即将走出谷底，经销商应提前备货，而经销商则对经济前景不乐观，不愿意加大进货力度。

渠道冲突在如下情况下更容易引发：对价格进行调整时；经销商库存水平过高或过低时；市场销售业绩下滑时；供应商与经销商争夺大客户时；经销商经营竞争性产品时。常用的控制渠道冲突水平的方法有：建立共同的目标与价值观；一体化渠道设计，如格力集团通过参股方式与各地区主要经销商组建销售合资公司；渠道扁平化；增加沟通与交流；互派管理人员；对渠道中的弱者提供帮助等。

当渠道冲突达到很高的水平，已经严重威胁到渠道功能的发挥时，可供选择的冲突解决办法有：①沟通与协商，包括在讨价还价基础上冲突双方做出妥协；运用渠道权力进行劝说、请第三方进行斡旋或仲裁。②法律解决，即通过法律手段解决纷争。③终止合作关系。

第四节　分销渠道的调整与优化

前面分析了企业进入市场时如何设计分销渠道及对渠道关系进行管理。接下来将讨论在已经建立起分销渠道后，企业应如何根据内外部环境的变化，适时调整分销渠道，使之更加高效和更好地满足终端用户的需要。

一、为何要调整分销渠道

分销渠道并非一成不变。以小米科技为例，该公司成立于 2010 年，最初通过网络方式销售手机，但在 2016 年开始设立自营的小米之家直营店，2017 年则开始在县城和小城市发展小米授权的加盟店，最近随着小米手机在国内市场份额的上升，正在对分销网络进行优化，淘汰那些经营不善或无力升级的小型加盟店，由此导致一些实力较弱的小型加盟商进退两难。[①]

制造企业之所以要调整分销渠道，主要是基于如下原因：①现有渠道满足不了目标消费者的分销服务需求。比如，现在很多消费者是通过在线方式购买产品，如果企业的产品只在实体店销售，则很多消费者就会转向线上的竞争产品。②现有营销渠道无法适应企业的营销战略，或者企业营销战略改变要求对渠道做出调整。比如，2005 年左右，可口可乐公司决定进入我国的农村市场，其需要发展新的销售渠道，而不能依赖之前在城市建立起来的渠道体系。③竞争的加剧导致现有渠道系统无法适应新的竞争环境。比如，20 世纪 90 年代，我国家庭电脑市场刚刚起步，电脑制造企业给经销商的利润空间很大，此时电脑销售渠道层级很多，而且每个层级的分销商都有利可图，但伴随竞争的加剧和电脑价格透明度日益提高，渠道扁平化成为趋势，渠道调整也就势在必行。④现有渠道冲突不断、效率低下。例如，一些渠道成员在经营理念、经营能力与人员素质等方面无法适应新的形势，或者一些渠道成员以不正当手段或以牺牲渠道系统整体利益为代价牟取自身利益，此时均需要进行渠道调整。

渠道调整有时涉及渠道系统的重新设计，有时涉及部分渠道成员的增减，还有的时候则涉及渠道政策如价格政策的调整。无论在何种情况下，渠道调整都涉及利益的调整，需要周密部署，稳妥实施。贸然推进渠道调整，可能会事与愿违。比如，格力之前主要是通过区域性合资销售公司分销其产品，最近几年增设了网上直销渠道，但为了不损害原有经销商利益，格力一方面为网上销售开发专门的产品，另一方面通过网上渠道获得的订单，转交给地方经销商去完成，同时承诺网上交易的价格不低于线下交易价格。凡此种种，意在不损害主体渠道成员的利益下，确保现有渠道继续发挥作用。

二、分销渠道缺口分析

渠道缺口是安妮·T. 科兰（Anne T. Coughlan）等学者提出的概念，他们的基本思想是由于环境和管理方面的原因，分销渠道会存在过度服务或服务不充分的情况，即所谓渠道缺口，渠道调整的目的是弥合这些缺口，达到渠道协调的理想状态。[②]简单地讲，渠道缺口是指现实渠道与理想渠道之间的差距。所谓理想渠道，或称为零基渠道（zero-based channel），是指既能充分满足最终用户分销服务需求同时分销成本又最低的渠道。犹如物流学中的"真空状态"，理想渠道在现实中可能并不存在，但它可以作为渠道分析与诊断的参照或基准。

渠道缺口有两种基本类型，需方缺口与供方缺口。需方缺口是指渠道产出水平与最终用户对分销服务的需求之间存在差距。具体包括两个方面：一是产出水平低于需求水

---

① 王亮. 进退两难的线下小米专营店：将要看到回报的时候，我们被抛下了[EB/OL]2021-02-17. http://www.finance.sina.com.cn/stock/relnews/hk/2021-02-07/doc-ikftssap4675623.shtml.

② 科兰，安德森，斯特恩. 营销渠道[M]. 7 版. 蒋青云，王彦雯，顾浩东，等译. 北京：中国人民大学出版社，2008.

平，即所谓产出不足；二是产出水平高于需求水平，即所谓产出过量。如银行大厅人满为患，属于产出不足的例子；而不停通过邮件或电子短信给顾客提供各种有关企业或产品的信息，或者服务过程中对顾客过度热情，则属于产出过量的例子。供方缺口是指企业以过高的成本提供消费者或用户所需要的分销服务。比如，企业购物环境一流，产品选择范围广泛，服务人员态度友好，但由于服务场地租金过高，导致产品或服务价格超出正常水平，供方缺口由此产生。

导致渠道缺口的原因，大致可分为两个方面：一是环境方面的原因，二是管理方面的原因。环境方面的原因可以进一步分为法律法规限制和渠道基础设施两个因素。比如，我国对烟草实行专卖，对药品规定需要通过有经营资格的医药公司销售，这些政策或法律的限制，可能导致这些产品的分销成本高于正常水平。另外，像我国很多中小城市，目前没有建立起类似北京、上海等大城市的冷链供应系统，生活在中小城市的居民购买的牛奶、水果等产品不仅品质受到影响，而且价格也可能比大城市的贵。

三、根据渠道缺口调整和优化渠道

无论是供方缺口还是需方缺口，都意味着渠道存在优化或改进的空间，因此需要在分析渠道缺口原因的基础上，对渠道进行调整。

针对需方缺口，通常可以考虑从如下方面进行渠道调整：①增加或减少渠道产出水平。如果产出水平未能达到用户期望水平，则需要增加相关服务项目或提升服务品质；如果产出水平超过了顾客的需要，则可以考虑削减相关服务项目，因为过量的服务并不是消费者真正需要的。②针对不同的消费人群，提供不同的分销服务组合。以银行服务为例，有的消费者不愿意跑银行或者乐意接受自助服务，另外的消费者则可能更偏好柜台服务，为满足这两类人群的需要，银行在提供传统的柜台服务的基础上，需要开设网上银行服务、柜台机服务以及智能机器人服务等服务渠道。③增加或转换企业服务的目标消费人群。如星巴克最初服务的是对咖啡品质要求特别高、咖啡知识特别丰富的消费人群，她们要求良好的饮用环境、个性化的服务，但伴随消费人群的扩大，很多普通的消费者也加入了饮用星巴克咖啡的行列，此时如果要在同一经营场所同时服务于这两类人群，分销服务需要做出诸多调整。当然，企业也可以只重点服务于其中一类顾客。比如，放弃大众化顾客，或者反过来放弃"精致顾客"。无论对目标消费人群做何种调整，分销渠道及分销策略也需要做相应调整。

针对供方缺口，渠道调整可以侧重如下方面：剔除某些效率较低的渠道成员，或重新分配渠道职能，使渠道成员"各尽所能，适得其所"；引进新的效率更高的渠道成员；引进新的分销技术，降低渠道流程执行成本，如通过数字化技术优化渠道流程、降低渠道成员之间的沟通成本。

应当指出，渠道的调整应着眼于整个渠道系统的服务水平及服务效率的提高，而不是着眼于某个局部或某个环节的效率提升。一家生产硫化钠等化工原料产品的企业，通过设在天津的出口代理商将产品出口到海外，为降低成本，该企业将生产基地设在资源要素成本较低的新疆。硫化钠产品运输需要专用设备，采用铁路运输时车皮常常得不到保证，由此导致交货的不稳定。与外商签订的协议，往往由于新疆到天津的运输问题而不能按时交货，代理商为此苦不堪言。[①]这个例子充分说明，局部环节的成本降低，有可能带来系统成本的上升。

本章案例

郸酒移动互联网营销

即测即练

自学自测 扫描此码

---

① 张闯. 营销渠道管理[M]. 2 版. 北京：清华大学出版社，2020: 211-212.

第十五章

制定和调整价格

通过本章学习，学员能够：

1. 了解影响定价的主要因素；
2. 熟悉价格制定过程；
3. 掌握主要定价方法；
4. 熟悉常用定价策略；
5. 了解价格调整的原因及后果。

第一节　定价影响因素

一、价格的含义

　　价格是购买者为获得某种产品或服务所支付的货币量。比如你购买手机，需要给厂家或商家支付 3000 元现金。有很多术语来描述价格，如上学要交学费，上医院看病要交门诊费，租房子要交房租，开车经过高速路要缴通行费，观看体育比赛要支付门票费，办理银行业务要缴纳手续费，所有这些都是"价格"的表现形式。如果进入国际市场，进口方还要支付关税、运费和保险费，这些费用都被计入产品最终的销售价格中。

　　企业有很多方式改变价格。第一种方法是改变买方支付的货币数量，如每瓶饮料的价格由 2 元涨到 2.5 元。第二种方法是改变所提供的产品或服务的数量，如包装食品的重量由 500 克降低到 475 克。第三种方法是改变产品和服务的质量，如用更便宜或更昂贵的材料来制造产品。第四种方法是根据购买数量改变优惠条件或折扣，如对大量购买者给予更大的折让。第五种方法是改变商品交付的时间和地点，交付地点的改变，很可能会增加买方在运输、保险等方面的支出。第六种方法是改变货款支付时间和地点，延迟支付货款意味着商家对购买者提供免费信用贷款，是一种变相的价格折让。第七种方法是改变可接受的货款支付条件，如一些商店不接受信用卡支付，或不接受某种数字支付方式。

二、定价的重要性

在市场营销组合中，价格制定与变动是较少涉及"费用支持"或"费用支出"的企业行动，部分由于这一原因，定价是最容易被企业操纵的变量。研究发现，近90%的被访企业通常会在一年内调整其产品价格，这些调整中，只有13%是按照既有程序对价格政策进行评估后做出调整决定。[①]由此带来的后果是，很多企业的定价决策被视作孤立的行为，不仅缺乏与其他营销组合变量的协调，而且也缺乏对定价后果的系统评估，导致定价的短期性和随意性有余，前瞻性与科学性不足。不仅如此，由于大多数企业并没有专门的机构或专业人员负责价格信息的收集，并在此基础上制定和评估企业的定价政策，企业也就难以发展起可以对企业成长产生持久影响的"定价专门知识与技能"。

（一）定价面临的环境压力

定价面临的环境压力，主要体现在四个方面。一是技术进步带来产品生命周期的缩短、替代品的增加和竞争的加剧。产品生命周期缩短，导致企业对新产品没有足够的时间进行价格"试错"，一旦定价失误，意味着该产品很难获利。替代品的增加，意味着消费者选择范围的扩大和"跨界"竞争，企业定价时不能只考虑同类竞争品的价格。竞争的加剧，则需要企业在定价时更多考虑来自国内外竞争者的反应。二是需求的个性化与服务需求的增加。个性化的服务和需求，意味着企业需要针对不同类型的顾客甚至单个顾客制定价格，这无疑会增加定价的难度和复杂性。三是经济和贸易的不确定性。经济下行、通货膨胀、大宗商品需求的剧烈波动以及汇率的急速变化，均会增加定价的难度。四是政策和法律环境的变化。环境保护的强化，导致一些企业关停并转或产品成本的大幅度上升；国家对新能源汽车补贴政策的变化，会带来新能源汽车销售价格和利润的直接变化；反垄断和对互联网平台公司的更严格监管，会使诸如"大数据杀熟""倾销式补贴"等受到限制。

（二）定价失误带来的影响

理想或合适的定价，既要考虑顾客对价格的感受，也要理解价格发生作用的机制，同时还要考虑定价对合作伙伴、对销售人员和竞争者的影响。如果定价只简单考虑产品的成本和企业企图获得的利润，则很可能难以达成预期的效果。

20世纪50年代，宝洁公司成功地开发出"帮宝适"一次性纸尿布，最初定价是每片10美分。虽然在试销时很多年轻父母特别喜欢这种产品，但正式上市后销售量并不理想。调查发现，大多数购买"帮宝适"的家庭只有在旅游或孩子外出时才舍得使用。后通过改进工艺和降低成本，将每片纸尿布价格降到6美分，销售才实现转机。[②]

---

① 门罗. 定价：创造利润的决策[M]. 3版. 孙忠，译. 北京：中国财政经济出版社，2005：16.

② 吴健安. 市场营销学[M]. 北京：高等教育出版社，2000：19-20.

美国布里托斯公司开发出一种媲美"泰诺"但副作用更少的止痛药，命名为"Datril"（戴特尔）。遗憾的是，公司以远低于"泰诺"的价格将 Datril 推向市场，结果遭到了强生公司的强力反击，最终被迫退出市场。如果 Datril 能够在上市前，更谨慎地评估其价格策略及竞争者的反应，或许其命运会截然不同。[①]

价格的微小变化，有时会对企业业绩产生巨大影响。对一个利润率为 8% 的产品来说，哪怕价格只变动 1%，如果此时销量保持不变，产品总利润会增加 12.5%。显然，如果企业错失合理定价的机会，给企业带来的损失同样是巨大的。

（三）定价与市场营销战略

公司的价格策略向市场和消费者传递重要的信息，即企业的营销目标和理念。"茅台"白酒的高价策略传递的是产品"高档"的信息和企业追求利润的目标，"格兰仕"微波炉的平价或低价政策传递的是企业追求市场份额的目标。相反，如果一个高端品牌，采用低价策略或经常打折，则其形象会受到严重伤害。

三、定价的行为学基础

（一）经济学关于价格的决定

马克思政治经济学认为，商品的价格围绕价值上下波动。商品价值分为使用价值和交换价值，前者是指物品的有用性或效用，即物品满足人们某种需要的属性，反映人与自然的关系。后者是指一种使用价值同另一种使用价值交换的量的比例，如 5 kg 大米可以换 1 kg 猪肉，体现的是人与人之间的关系。商品的交换价值（或商品价格）是由生产该商品所包含的人的抽象劳动所决定，同时受制于商品的使用价值。

西方微观经济学关于价格的决定，是基于"理性经济人"的假定，认为企业或供应方追求利润最大化，买方或消费者追求效应最大化，价格的最终确定是供需作用的结果。当供不应求时，产品价格会上涨；供过于求时，产品价格会下降，此所谓供需定律。下面我们侧重介绍几个与价格决定特别相关的经济学概念。

1. 需求、供给与均衡价格

需求和需求量是两个不同的概念。需求反映一种物品需求量和价格之间的关系，即在其他条件不变的情况下，一定时期内买方愿意和有能力购买的产品数量组合和不同价格组合之间的关系。需求量则是在某个特定价格下，消费者或市场作为一个整体可能的购买数量。需求的增加意味着图 15-1 需求曲线的移动，如需求曲线从 D 移动到 D′，表明市场需求扩大。需求量的变化则伴随价格的变化，市场对某种物品需要量的变化，在图 15-1 中表现为在同一需求曲线上点的移动，通常是价格上升需求量下降，价格下降需求量上升。

---

① Alexander Chernev. Bristol Myers: Datril. Kellogg School of Managencent. 2001.

图 15-1　需求曲线：需求变动与需求量的变动

同样，供给与供给量含义也不一样。供给量是指市场上所有的厂商，在某一时期、某一价格水平下，愿意或计划向市场提供的商品数量。供给则是反映一种物品供给量与其价格之间的关系。关键是要理解，供给的变动与供给量的变动是不同的。如图 15-2 所示，供给的变动是供给曲线的移动，即由 S 移动到 S′，此时，在同样的价格水平下需求量都增加了。供给量的变动，则是指在同一供给曲线上点的移动，其含义是：在其他条件不变的情况下，伴随价格的下降，供给量也会下降；反之则上升。

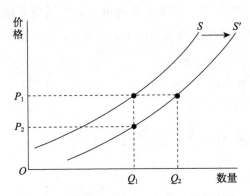

图 15-2　供给曲线：供给与供给量的变动

产品的均衡价是指这样一种价格，此时供给量等于需求量，即供给曲线与需求曲线相交。理论上，均衡的达成，是供给与需求共同作用的结果，是在供给与需求之间一系列调整之后实现的。

2. 需求价格弹性

需求价格弹性反映需求量对价格变化的敏感程度，它以需求量变动的百分比与价格变动的百分比之比值来计算，即价格变动 1% 会带来需求量多大程度的变化。用公式表示如下：

需求价格弹性＝需求量变动百分比／价格变动百分比

通常当比值超过 1 时，需求价格弹性较大，比值小于 1 则需求价格弹性较小。像食盐、口香糖、治疗糖尿病的胰岛素注射器等，需求价格弹性较小，即使大幅度提高价格，这类产品的需求下降幅度也比较小。相反，对于一些非必须的商品或替代品较多的商品，如旅游等产品，需求价格弹性较大。决定需求价格弹性大小的因素包括：物品的替代性，替代品越多则弹性越大；该物品在总支出中的占比，占比越大则弹性越大；价格变动之后的时间长短，因为从长期看对大多数商品消费者总可以找到替代品[①]。

3. 消费者剩余

消费者剩余是指消费者愿意支付的价格与实际支付价格之间的差额。就单个消费者而言，根据边际效应递减规律，消费者对第一个单位的产品效应最大，支付意愿最高；对之后每个单位产品的支付意愿逐步下降。以面包为例，假设消费者对第一个面包的意愿支付价格为 15 元，对第二个面包意愿支付 12 元，对第三个面包愿意支付 10 元。假设企业生产面包的成本为 5 元，此时企业最优定价为每个面包 10 元，总利润为 22 元。消费者购买 3 个面包愿意支付的总价格为 37 元，但实际支付的价格是 30 元，因此消费者获得了 7 元的消费者剩余。

当市场存在多个消费者且其支付意愿各不相同时，类似于上面描述的单个消费者的情景，在企业制定统一单价的情况下，消费者愿意支付的价格均在成交价之上，由此使消费者剩余为正。在极端情况下，如果企业能针对每个消费者单独定价，且在其愿意支付的价格上成交，则消费者剩余为零。图 15-3 描述了需求、价格和消费者剩余之间的关系。

图 15-3　需求、价格与消费者剩余：以音乐门票为例

（资料来源：平狄克，鲁宾费尔德. 微观经济学[M]. 4 版. 张军校，张军，等译. 北京：中国人民大学出版社，2000，109.）

当消费者买第 1 张门票的支付意愿为 20 美元，第 2 张门票的支付意愿为 19 美元，第 3 张门票的支付意愿为 17 美元，一直到第 6 张门票的支付意愿为 14 美元；若每张门票定价 14 美元，则该消费者如果购买 6 张门票，总消费者剩余为图中三角形所代表的面

[①] 梁小民. 微观经济学[M]. 北京：中国社会科学出版社，1996：107-109.

积，即 21 美元。

4. 信息不对称与品质信号

市场总存在信息不对称，通常是卖方知道的比买方多。以产品品质为例，对于经验产品和信誉产品，卖方对于所出售的产品质量如何心中有数，但买方则不甚清楚。假设市场存在高品质和低品质两种产品，高品质产品的市场均衡价为 P_H，低品质产品的市场均衡价为 P_L（通常 $P_H > P_L$）。由于消费者在购买前分不清产品质量的高低，出于自利目的，生产低品质产品的企业可能声称其出售的是高品质产品，以此牟取超额利润。理性的消费者不会完全按企业要求的价格购买产品，比如只愿意出远低于 P_H 的价格，此时会出现"逆向选择"或"劣币驱逐良币"的现象，极端情境下，高品质产品将被全部驱逐出市场。为了避免这种状况的出现，高品质产品生产企业会发出品质信号。比如，可以给消费者提供担保，承诺一旦出现质量问题，消费者可获得高额补偿。由于低品质企业承担不起这种高额的"信号成本"，由此使高低品质产品得以区分。除了直接提供品质担保，企业还可以采用品牌声誉投资、收取产品溢价等方式向市场发出品质信号。延伸阅读 15-1 讨论了为什么生产高品质产品的企业可以收取溢价，为什么此时消费者愿意支付溢价。

延伸阅读 15-1 产品溢价的经济学解释

（二）心理学关于价格的决定

不同于经济学的假定，心理学认为，消费者并非总是理性的，在决策时不一定进行周密分析，很多情况下会依据过去的经验，采用诸如"一分钱一分货"的规则做出购买决定。研究表明，消费者既可能把价格作为一种"付出"或"损失"，也可能把它作为一种推断产品品质的"线索"。[①]如图 15-4 所示描述了产品价格如何影响品质感知和价值判断，并最终影响购买意愿。当把价格主要作为一种货币牺牲时，产品价格会负向影响感知价值，但当产品价格作为一种品质线索时，它会正向影响感知价值。换句话说，当价格被作为品质线索使用时，高价意味着高品质，反而有助于产品被消费者接受。

图 15-4 产品价格的双重作用

也有研究发现，消费者不能准确回忆他们所购商品的价格，但他们能明确判断购买的商品是贵还是便宜。[②]由此说明，消费者在进行与价格相关的信息处理时会进行价格对

① 符国群，佟学英. 品牌、价格和原产地如何影响消费者的购买选择[J]. 管理科学学报，2003, 6(6):79-84.

② 门罗. 定价：创造利润的决策[M]. 3 版. 孙忠，译. 北京：中国财政经济出版社，2005: 98-99.

比，即把眼前的价格与记忆中存在的某个价格或价格区间进行比较，后者被称为"参照价格"。所谓参照价格，就是消费者与其进行对照、比较的价格。参照价格是在长期购买过程中逐步形成的，它受过去经验、广告和同类商品价格变动等多方面因素的影响。参照价格之所以重要，是因为它决定了交易效应或交易价值的正负和大小。后者被界定为交易本身给消费者带来的快乐，它是参考价格与实际成交价格之间的差额。[1]当成交价低于参考价时，交易价值为正，否则为负。

四、影响定价的主要因素

制定合理价格或提升企业定价能力，首先要问的不是："产品价格应该是多少？"而是："哪些因素影响或决定产品的合理定价？我们是否考虑了这些因素？"通常，决定或影响产品最终定价的因素包括：消费者需求、产品成本、竞争因素、公司目标、政策与法律限制。

图 15-5 描述了影响定价决策的主要因素。

首先是需求因素或消费者的支付意愿，它决定了产品或服务价格的最高限度。消费者支付意愿的最主要的决定因素是感受价值或产品给消费者带来的价值大小。应当指出，不同类型消费者支付意愿迥异，对同样的产品，消费者的支付意愿各不相同。以清除蟑螂、跳蚤、臭虫等除害服务为例，酒店、宾馆在购买这类专业服务时，愿意支付的价格比普通用户支付意愿高出十多倍。

图 15-5　定价决策分析框架

其次是产品的成本。产品总成本包括变动成本和固定成本，前者随产品产量而变化，后者在一定产量范围内不随产量而变化。虽然在短期内，企业可以仅根据产品变动成本定价，但长期而言，企业要获得利润，则需要使产品价格同时覆盖变动成本和固定成本。如果说消费者支付意愿决定了产品的最高价，产品成本则决定了产品最低价。两者之差，就是产品的可能定价区间，产品的最终价格通常落在此区间的某一点上。

最后是竞争因素。竞争会压缩产品的定价区间，竞争越激烈或竞争产品定价越低，

---

① 周欣悦. 消费者行为学[M]. 北京：机械工业出版社，2019: 200-202.

本企业定较高价格的可能性越低。此外，企业目标和政府管制也会影响最终价格的确定。如果企业追求的是高端的形象，则通常会制定较高的价格，如果目标是追求更大的市场份额或为了在困难时期生存，则通常会制定较低的价格。对有些产品如药品、公共品或准公共品，政府还会给予指导性甚至指令性定价，此时政府的管制政策将对最终价格的确定产生重要影响。

五、影响顾客支付意愿的因素

决定顾客支付意愿的最关键因素是顾客价值或顾客感知价值。顾客感知价值可以用如下公式表示：

$$顾客感知价值 = (感知品质 W_1 + 心理利益 W_2) / (交易成本 C_1 + 使用成本 C_2)$$

式中，W_1 表示感知的产品与服务品质；W_2 表示产品给顾客带来的社会或心理利益；C_1 表示消费者为获得产品所付出的搜寻、谈判等成本；C_2 表示使用成本，包括产品的安装成本、维护费用等。

很多书在界定顾客感知价值时，把顾客购买产品所支付的价格即"购买成本"包括在交易成本中，或将其作为单独的一项放在上述价值等式的分母里。也有学者认为这样界定顾客感知价值不妥，将"购买价格"排除在前述价值等式中。[1]

应当指出，以感知价值为基础制定价格，需要针对不同目标人群或细分市场，因为同样的产品或服务在不同消费者那里或在不同的消费场景下感知价值是不同的。感知价值的估算，通常依照某种参照价格来确定，运用的参照价格不同，感知价值也会不同。比如，同样是一瓶"农夫山泉"牌矿泉水，在超市出售和在旅游景点出售，消费者感知的价值就不同，因而消费支付意愿也不一样。之所以如此，是因为消费者据以确定价值的"参照点"或"参照价"不同。

在工业品领域，买方或用户之所以选择产品 A，而不是选择产品 B，通常需要满足如下基本价值公式：（产品 A 的价值 – 产品 A 的价格）>（产品 B 的价值 – 产品 B 的价格）。影响顾客对工业产品价值感知的因素包括产品交付期的长短、产品的性能与功能、售后服务、产品保证、产品故障率、维护成本、支付条件等。[2]感知价值与产品成交价格的差值，类似于经济学中的消费者剩余，它构成了"购买激励"，差值越大，尤其是针对替代品的差值越大，潜在买方购买动机和购买意愿就越强烈。

第二节 价格制定过程

制定产品价格需要综合运用市场需求、产品成本和竞争信息，而且要考虑企业的目标以及法律限制。图 15-6 列出了价格制定的一般过程。

---

[1] 安得森，南洛斯. 企业市场管理[M]. 徐岩，译. 北京：北京大学出版社，2003: 5-8.

[2] Heard Ed. Walking the talk of customer value[J]. National Productivity Review 1993,13(1): 21-27.

图 15-6　价格制定的一般过程

一、选择定价目标

定价需服务于企业目标或市场营销目标。通常的定价目标包括：①维持生存。如在金融危机或经济严重衰退时期，一些航空公司或旅店以平时价格的 2~3 折销售其产品与服务，以避免企业歇业或倒闭。②当前利润最大化。此时需要综合考虑成本、销量和价格，力图使某一时期获得的总利润最多。如在疫情期间，一些生产呼吸机的企业，不仅加班加点生产，而且单台产品价格大幅度提高，年度利润成倍增长。③占领市场或市场份额最大化。此时企业定价通常比较低，甚至低于成本价。一些平台公司如滴滴在最初进入市场时，在资本的助力下，通过补贴和"免费"等手段进入市场，目的是迅速获取大量用户。④建立或维持品牌形象。如奢侈品品牌或高端商务礼品品牌均采用高定价，而面向普通大众销售产品的企业如"物美"超市则采用相对较低的价格。

二、确定市场需求

短期看，影响某种物品需求量变化的是价格；长期看，物品需求量的变化除了受价格的影响，还受"需求"变化的影响。而影响需求变化的因素则包括人口数量、消费者收入变化、替代品和互补品价格，消费者偏好的变化，未来预期的价格变化。[①]

在"理性人"和"完全信息"假定条件下，经济学认为某种物品的市场均衡价是供给与需求共同作用的结果。供给大于需求，则价格有下降趋势，需求大于供给则价格有上升趋势，此所谓供需定律。理论上，市场均衡价格下，供需达到最优匹配，社会福利实现最大化。

三、估计成本

有很多关于成本的概念，其中变动成本和固定成本是价格制定过程中非常有用的概念。变动成本通常是指随产量或销售量而变化的成本，如原材料成本、直接人工成本、销售佣金等。固定成本则是指在一定期间内，不随产量或销售量而发生变化的成本，如研发费用、市场调研费用、固定资产折旧、公司行政管理费用等。在具体划分某项活动或项目成本是属于何种类型的成本时，并不像想象的那样简单。比如，工厂的备料、现场监管人员、安全维护人员会随产量水平而变化，但这类成本又不像原材料或包装成本那样随产量而线性变动，即使产量为零，这类成本也不会清零，这类成本在一些教材里

---

① 梁小民. 微观经济学[M]. 北京：中国财政科学出版社，1996：75-79.

被称为"半可变成本"。另外，像市场调研费用、广告支出在一定时期内可以视为固定成本，但它们很可能会被作为"费用"直接分摊到产品成本中，此时在会计处理上它们又类似于可变成本。

之所以把成本分为可变成本和固定成本，原因在于这两类成本对价格和利润的影响机制不同。产品总成本中如果可变成本占比高，无论是从短期还是长期来看，企业降价空间不大；相反，如果成本结构中固定成本占比高，则短期降价空间比较大。不仅如此，在固定成本占比大的情况下，短期降价如果能带来销售量的大幅度上升，则单位产品分摊的固定成本可以降低，长期看可以降低单位产品成本。产品单价扣除单位变动成本，被称为产品贡献或产品边际贡献（contribution margin）。某种产品的全部边际贡献，则是销售收入减去变动成本的余额。边际贡献用以覆盖固定成本和利润，当边际贡献等于一定期间的固定成本时，则产品处于盈亏平衡状态，即不赚不赔。只有当边际贡献大于固定成本，多出的部分才是产品利润。

一种有用的财务分析方法，叫盈亏平衡分析，又叫量本利分析或保本点分析。它通过分析产品成本、销售量和销售利润三者之间的关系，确定盈亏平衡的临界点或保本点，从而帮助企业进行决策。盈亏平衡点的计算公式为：

$$BEQ = FC / (P - VC)$$

式中，BEQ 表示产品达到盈亏平衡点的销售量；FC 为产品的固定成本；P 为产品销售价格，VC 为产品的变动成本。

具体估算产品成本时，一是要区分可变成本与固定成本，尤其是进行固定成本或共同成本分摊时，注意"可跟踪性"和分摊的合理性。二是确定成本时，需要考虑价格与销售量之间的关系，因为伴随销售量的变化，成本本身是变动的。三是区分服务于不同顾客或不同市场时营销或销售成本上的差异，如此才能更好评估顾客赢利能力和帮助企业进行差异化定价。

四、分析竞品价格

通常是分析同一品类且居于同一战略群组或同一档次的竞争产品的价格。竞品信息包括价格信息的获取，可以通过销售人员或通过渠道中的合作伙伴获取，也可以由企业的专门人员负责搜集。在分析竞品价格时，一是需要注意竞品与本公司同类产品是否在品质、规格、功能等方面存在差异，否则不宜直接比较。二是注意用合适的度量单位对竞品与本公司产品进行比较，如在比较同一地段的房屋价格时，统一采用每平方米建筑面积或每平方米使用面积的售价较为适宜。另外，很多情况下产品标签价与实际成交价有较大出入，分析竞品价格时最好是参照实际成交价。

五、选择定价方法

常用的定价方法包括基于成本的定价、基于需求的定价、基于竞争的定价。此外，企业还会根据不同的购买情境和用户承担责任或履行功能的不同，给予顾客特定的促销优惠，以促进顾客采取特定的行为，我们把这类定价方法称为促销定价。本章第三节将对这些定价方法做较为全面的介绍。

六、选择最终定价

最终价格是在综合分析需求、成本、竞争状况和企业目标等多个因素的基础上制定的。通常，在企业内部，最了解成本信息的是财务部门，最了解市场需求与竞争信息的是营销部门。如果价格主要由财务部门决定，出于覆盖成本的考虑，定价可能会偏高；如果价格主要是由销售或营销部门制定，则价格可能会偏低。精明的企业高层，则会在提出定价目标的基础上，将市场和成本的信息结合起来，将价格制定置于如何帮助实现企业目标的框架下，而不是简单地为产品确定一个价格。

延伸阅读 15-2 介绍了"一种基于利润导向"的定价思路。根据这一思路，企业在销售遇到困难的情况下，甚至在竞争产品降价的情况下，不是简单地调低价格，而是思考是否可以通过调整市场营销组合的其他要素，如通过改进产品或通过对销售人员的培训来提高价格并实现提升利润的目标。这一思路的关键是在保证企业利润不下降的前提下，让最了解市场情况的人员对是否调整价格做出选择。

延伸阅读 15-2　基于利润导向的定价

第三节　主要定价方法

一、成本导向定价

（一）成本加成定价

成本加成定价是在产品或服务的成本之上加上一定比例的利润或贡献来确定产品最终价格。假设零售店每箱饮料的进货成本为 40 元，如果加成率为 30%，则最终销售价为每箱 52 元。通常，销售周转快的产品加成率相对较低，而周转慢的产品加成率相对较高。由于简便易行，符合"公平"理念，同时让卖方有利可图，成本加成定价方法在众多行业被广泛采用。虽然如此，这种定价方法也存在诸多局限：一是没有考虑顾客感受，导致定价要么偏高要么偏低。二是如果竞争对手具有成本优势，同时也采用这一定价方法，则公司制定的价格在市场没有竞争力。三是在市场需求下降时，从逻辑上讲公司应当降低单位产品价格，以刺激需求量的增长；此时，伴随销售量的下降，单位产品分摊的固定成本会提高，根据成本加成的思路，则反而要提高销售价格，由此进一步加剧销售量的下滑。

（二）目标利润定价法

通常事先确定某个利润目标或利润率目标，运用预测的销售量和成本数据，确定单位产品销售价格。这种定价方法在公用事业单位运用较普遍，原因是诸如水、电、气等产品在一定时期内需求量比较稳定，其成本也相对固定，在确定目标利润后，价格也就不难确定。假定北京市有 800 万户家庭，每户家庭平均每年耗费 120 吨水，全年生活用水总量为 9.6 亿吨。又假设自来水公司每年固定成本为 30 亿元，每吨水的变动成本为 2 元，如果自来水公司的目标利润为 8 000 万元，则每吨水定价约为 5.2 元。

具体计算过程如下：

$$P = （固定成本 + 目标利润 + 销售量 \times 变动成本）/销售量 =$$
$$（30 + 0.8 + 9.6 \times 2）/ 9.6 = 50 / 9.6 \approx 5.2 （元/吨）$$

对于需求随价格变动的商品，如果要用目标利润法确定产品销售价格，则需要预测给定价格水平下的销售量，同时运用盈亏平衡法确定不同价格-销售量组合下的利润，最终确定利润水平是否达到企业设定的目标。假设某烤面包器制造商固定成本为 30 万美元，每台烤面包器的变动成本为 10 美元，企业期待的总利润是 20 万美元，此时应如何确定单位产品价格呢？

表 15-1 列出了不同价格水平下预测的销售量、盈亏平衡产量和预测的利润额。[①]从表中可以看出，最接近 20 万元目标利润的定价是每台 18 美元，此时预期利润为 18 万美元，仍未达到 20 万美元的利润目标。为了达成目标，制造商需想办法降低成本或增加产品本身吸引力。

表 15-1 不同价格水平下的销售量与预期利润

（1）价格（美元/台）	（2）盈亏平衡产量（台）	（3）预期需求量（台）	（4）总收入（美元）	（5）总成本（美元）	（6）利润（美元）
14	75 000	71 000	99 400	1 010 000	−16 000
16	50 000	67 000	107 200	970 000	102 000
18	37 500	60 000	108 000	900 000	180 000
20	30 000	42 000	840 000	720 000	120 000
22	250 000	230 000	5 060 000	5 300 000	−24 000

二、需求导向定价

（一）感受价值定价

感受价值定价是根据产品特定属性给用户带来的"额外利益"及其价值大小来确定

① 科特勒，阿姆斯特朗. 市场营销原理[M]. 赵平，等译. 北京：清华大学出版社，2003: 354-355.

产品价格，此种定价方法通常是以某种"替代品"或"备选品"作为参照。下面我们以杜邦公司对某种化工材料的定价来说明这种定价方法（表 15-2）。假设该种化工材料的标准水平报价（或与同类竞争产品持平的价格）为每磅 100 美元（1 磅 ≈ 0.45 kg），由于在"溢价水平"下公司在品质、创新、培训、送货等方面提供了额外利益，针对每一种额外利益，公司较"标准水平"下需收取附加费用。如由于品质提升，在溢价水平下每磅材料需多收取 1.4 美元。总体上，"溢价水平"下每磅材料价格比"标准水平"下额外收取 5 美元。感受价值定价法的关键是识别产品的重要属性及给顾客带来的价值，以此为基础收取费用。

表 15-2　杜邦公司运用感受价值定价法为化工材料定价

属性	标准水平	溢价水平	附加价值（美元）
品质	杂质含量低于百万分之十	杂质含量低于百万分之一	1.40
送货	两星期内送达	一星期内送达	0.15
系统	只提供化工材料	提供整个系统	0.80
创新	研究开发支持少	研究开发支持多	2.00
培训	只提供初始培训	定制化提供	0.40
服务	总部支持	当地提供	0.25
价格	100 美元/磅	105 美元/磅	5.00

（资料来源："Insights from Pricing Research", in Earl L. Bailey (ed.), Pricing Practices and Strategies, New York: The Conference Board, 1978: 37-39.）

（二）EVC 定价

EVC 定价，全称是"顾客经济价值定价"（economic value to customer pricing）。该定价方法旨在通过减少产品生命期总成本及增加产品新功能给顾客带来"经济价值"，并以此为基础确定产品价格。图 15-7 描述了 EVC 定价的基本思路。假设 X 是某类医疗设备中的领导品牌，其销售价格为 3 万元，若该设备启动成本为 2 万元，生命期运行成本为 5 万元，则该设备生命期总成本为 10 万元。现在某企业推出了功能、品质与产品 X 完全一样的新产品 A，相较于 X，产品 A 节约启动成本 1 万元，节约运行成本 2 万元，因此新产品 A 对顾客的经济价值为 6 万元。理论上，企业可以以 6 万元的标价出售新产品 A，实际成交时可以以低于 6 万元的价格销售，两者之差是对用户的让利。图 15-7 中的新产品 B，相较于领导品牌 X 增加了某个新功能，假设该新功能的经济价值为 3 万元，同时新产品 B 较领导品牌 X 节约 1 万元运行成本，总体上产品 B 较领导品牌增加了 4 万元经济价值，这样该产品对顾客的经济价值为 7 万元。依据产品对顾客的经济价值定价，使营销人员能从节约产品生命期总成本和增加产品新功能角度创造产品差异，从而增加产品的吸引力。

图 15-7　运用 EVC 方法为医疗设备产品定价（单位：元）

（三）两部分定价

两部分定价就是将价格分为固定和变动两部分，一部分固定收取，另一部分则按单位价格根据消费数量的多少收取。典型的是电话公司每月收取一笔固定费用，并规定在一定通话时长或给定的流量内不收取额外费用，一旦通话时长或流量超过给定数额，则需要另外收费。同样，一些俱乐部也是按这一方法定价，会员需要花一笔固定费用购买年卡，之后根据不同的消费项目收费。表 15-3 呈现了施乐公司在将复印机推向市场的早期，由于拥有强有力的专利保护，采用租赁和两部分定价获取巨额利润的例子。施乐的租赁用户不仅每月要支付 25 美元，而且每复印一页材料还需支付 3.5 美分。如果用户每月复印 2 万页，施乐一年可收取 8 千多美元，5 年总收益超过 4 万美元，难怪当时的施乐被称为"印钞机"。两部分定价，实际上是根据用户使用强度或顾客感知价值大小定价，即对使用强度大的用户收取更多的费用，对使用强度小的用户收费较少。两部分定价法的进一步发展，就是多部定价。现在我国很多城市的煤气、自来水和电力就是采用多部定价或阶梯定价，在限定的额度内收取较低价格，超过某个额度，则会提高价格。

表 15-3　两部分定价：早期施乐复印机通过租赁获利

每月复印数（页）	月费（美元）	每月收益（美元）	年总收益（美元）	5 年总收益（美元）
2 000	25	70	1 140	5 700
20 000	25	700	8 700	43 500

三、竞争导向定价

（一）竞争基准定价

以同类产品的平均价格或以主要竞争对手的价格为基准制定产品或服务的价格。具体可分为随行就市定价、低价、溢价三种形式。随行就市定价是将产品价格设定在行业平均水平或设定在与主要竞争对手价格相当的水平。这种定价方法比较直观，吸收了同行智慧，同时也可避免激烈的价格竞争。不足之处是，如果竞争对手制定的价格不合理，会带来定价上的损失。低价或溢价是指比竞争对手价格低或高的水平制定价格，比如"红牛"就是采用溢价方式定价，其价格在同类产品中定价最高，高出对手价格 15% 左右。

（二）密封投标定价

在大型工程项目建设、政府采购过程中，密封投标定价比较普遍。该种方法通常是由采购方或其委托的招标单位事先发布招标要约，邀请 3 家以上潜在供应方根据采购单位的要求提供标书，标书除了满足招标项目在规格、品质、资质、交货期等方面的要求之外，还须标明供货价格。招标单位组织专家对各投标企业的标书进行评审，在满足采购单位相关要求的基础上通常选择报价较低的企业作为签约方。有时，则是由评标专家综合打分，综合分最高者获得签约。

（三）拍卖定价

拍卖定价是邀请潜在买方聚在一起，根据一定的规则将标的物以举牌或公开竞价方式确定其价格和归属。标的物通常是一些非标准化产品或比较稀缺的产品，如古董、艺术品、收藏品、不动产、矿物开采权等。英国式拍卖是在底价基础上循序渐进加价，通过引导买方竞价最终以出价最高者胜出。荷兰式拍卖则是从一个通常没有人愿意接受的较高价格开始，连续调低价格，直至有人接受某一价格作为最终成交价。通常，参与拍卖的买方越多，拍卖价格就越接近该标的物的真实价值。[①]为了鼓励更多的竞标者参与，拍卖行通常会通过广告或通过举办特定活动吸引潜在的买主参与拍卖活动。

互联网突破了空间范围和场所的限制，一方面使得很多产品的销售及价格的确定可以在各种在线论坛或专门的拍卖网上实现，从而极大地增加参与者数量并提升交易效率。另一方面，互联网还催生了在线逆向拍卖模式的产生。典型的是美国的 Priceline，它允许买方在网站发出求购物品及出价信息，吸引供应方与之交易。比如，如果顾客需要以某个愿意支付的价格购买某个日期从北京到芝加哥的航空服务，则可以在 Priceline 拍卖网站发布该信息，后者搜寻它的供应商数据库，以便找到一家愿意以此价格提供服务的航空公司。在此过程中，Priceline 既可以收取佣金，也可以获得买卖双方可能存在的价差。

第四节　常用定价策略

一、新产品定价策略

新产品定价是非常具有挑战性的。由于企业缺乏关于成本、销量和竞争方面的历史数据，过去的定价经验也不一定适用，新产品定价犯错误的机会往往比较高。以预测新产品成本为例，很多企业可能根据错误的成本信息来决定新产品的初始价格，或者试图

---

① Ashenfelter O. How auctions work for wine and art[J]. Journal of Economic Perspectives, 1989, 3(3): 23-36.

尽快收回新产品在研发等方面的投资，由此使新产品定价要么偏高要么偏低。通常，新产品定价有两种常用的策略，即撇脂定价策略和渗透定价策略。

（一）撇脂定价策略

撇脂定价策略是指类似于撇取牛奶上营养价值最丰富的那层奶脂，企业为获得较丰厚的利润以较高价格推出新产品。葛兰素公司继史克公司的"泰胃美"（Tagamet）之后，推出了第二代治疗胃溃疡的药物"善胃得"（Zantac），根据过往定价惯例，第二代药物的价格通常比第一代产品低 10%左右。葛兰素公司高层认为，"善胃得"疗效更好，使用方便，副作用也较小，最终决定以比"泰胃美"高出 50%的价格将其推向市场。经由合作伙伴的营销，加上与医生的密切沟通，"善胃得"的安全形象和疗效很快得到市场认可，成为同类产品的佼佼者，产品在上市 10 周年后价格仍处于上升态势。[①]

撇脂定价策略通常适用于形象好或感知价值高的新产品，或者适用产品内在价值很高但需要通过价格信号传递这类价值的新产品。一些企业在产品推出的早期，预计产品需求较大但产能或渠道资源受限，也可以考虑采用撇脂定价策略。此外，当企业对消费者支付意愿不太确定，采用此一策略可以探测市场反应，为未来降价留下空间。撇脂定价策略的主要局限是，如果顾客感知价值不如预期，新产品的销售量会比较小。如果新产品市场未来潜力比较大，高价格会很快吸引大量竞争者进入。

（二）渗透定价策略

渗透定价策略是指以较低的价格推出新产品。比如日本丰田公司在 20 世纪末在北美市场推出高端汽车"雷克萨斯"，价格远低于同类型欧美豪华车。由于其性能一流，逐步在消费者中建立起良好口碑，该品牌车进入市场后的第 6 年不仅销售量增长了 3 倍，平均售价也上升了近 50%。渗透定价通常适用于下述情形：市场缺乏愿意支付高价的顾客群；产品价格弹性高；产品的品质和利益能被用户很快感知；产品规模效益和经验曲线效益显著。这一策略有利于企业迅速开拓新产品市场，在扩大销量摊薄成本的基础上阻止竞争者的进入。不足之处则是，如果顾客预期未来成本还将大幅度降低，他们可能会推迟购买。另外，如果产品毛利较低、销售量又没有达到预期，则会影响经销商积极性，同时也不利于投资的及时回收。

二、产品组合定价策略

当企业有多条产品线或同一产品线有多种规格、型号的产品时，定价需要考虑一种产品定价对其他产品销售和感知价值的影响。由于产品之间在需求和成本方面存在相关性，仅仅考虑单一产品的定价优化，从企业或产品组合角度不一定合适。

---

① 多兰，西蒙. 定价圣经[M]. 董俊英，译. 北京：中信出版社，2004: 269-271.

（一）产品线定价

产品线内有多个产品项目或多种规格的产品，这些产品面向不同的顾客群或细分市场。由于产品在基本形式或基础功能上大同小异，定价决策主要涉及三个方面：一是基本款或低端产品的价格；二是高端产品的价格；三是中间档位产品价格。以理发店为例，针对男性顾客，通常会制定普通价位、中档价位、高档价位三种类型的理发服务。同样，加油站会根据油品的差别，将汽油分为 92 号、95 号、97 号三个档次，然后分别定价。这里的关键是如何确定最低价与最高价，以及各档位之间的价格差异。

除了考虑各档位或各规格产品的感知价值差异外，产品线定价需要注意如下事项：首先，两端价格的确定会在很大程度上影响有多少消费者成为该产品的目标消费者，而且也会影响消费者对产品的评价和感知。比如苹果手机的价格区间比较窄，而且最低价甚至高于其他品牌手机的最高价，这给顾客以高端和高档的感觉。其次，产品档次之间价格差异的确定，应主要考虑相对差异而不是绝对差异。根据心理学中的韦伯定律，消费者感知到的价格差异，与初始价格有很大关系。仍以理发店定价为例，如果将普通、中档、高档理发服务的价格分别定价为 38 元、58 元和 78 元，可能不如分别定价为 38 元、58 元和 98 元。当然，具体确定两端价格和产品档次之间的价差，最好是对潜在消费者的价格感知、支付意愿分布有一些基本的了解。再次，当价格被作为品质的指示线索使用时，运用"比例标度"来暗示品质更有助于消费者对产品价值做出评估。所谓"比例标度"是用产品或质量属性的变化比例而不是绝对数量变化来描述不同产品的质量状况。如三种垃圾袋的厚度分别为 0.85 mm、1.0 mm 和 1.15 mm，正确的标示应是后两种垃圾袋分别比第一种垃圾袋结实 17% 和 34%，此时后两种袋子的价格如果定价比第一种袋子价格高出 15% 和 30%，则很容易被消费者理解和接受。[①]最后，如果企业期望消费者"向上交易"，即购买更高档次的产品，此时价格差异不应大于两档产品之间的让渡价值。换句话说，价差的确定，需要有感受到的额外利益作为支撑。

（二）互补性产品定价

当 A 产品销售量的增加会导致 B 产品销售量的增加时，这两种产品被称为互补性产品。互补性产品有两种基本类型，一是任选品（optional product），二是附属品（captive product）。前者是在购买主产品之后，可以选择与之配套的产品，如购买西服之后，可以自由选择与之搭配的衬衣、领带等，后者属于任选品。附属品是指必须与主产品一起使用的产品，如购买了刀架必须购买与之配套的刀片，购买打印机后必须购买硒鼓。相对而言，附属品与其一同销售的主产品具有更强的互补性。

在任选品情况下，主产品的最优定价通常比"独立定价"时要低，此时虽然主产品由于降价牺牲了一部分利润，但由于带动了任选品的销售，后者增加的利润可以完全覆

---

① 门罗. 定价：创造利润的决策[M]. 3 版. 孙忠，译. 北京：中国财政经济出版社，2005：325.

盖主产品降价所带来的利润损失。这类似于零售店或超市的"牺牲品定价",即通过降低某种"牺牲品"（如猪肉）的价格,吸引消费者来到商店购买其他产品,从而使总利润增加,这些"其他产品"类似于上面所讲的任选品。

在附属品情况下,由于主导产品与附属品的互补性更强,此时如果附属品毛利很高,或者附属品需要不断重复购买,则主导产品的价格可以定得很低,极端情况下甚至可以将主导产品免费送给消费者。

（三）替代性产品定价

替代性产品是指两种产品基本功能类似,购买了其中一种就意味着放弃另外一种产品的购买。如比亚迪同时生产纯电动车和纯汽油车,对大多数家庭来说这两种类型的车具有替代性。表15-4列出了欧洲某化学品公司在推出某种更加环保的新型材料,力图在稳定老产品价格的基础上,新老产品单独定价与组合定价的相关数据。

表 15-4　新老产品单独定价与组合定价

	最优定价	
	单独定价	组合定价
新产品价格	32.8 欧元/kg	27.5 欧元/kg
新产品市场份额	12%	21%
新产品利润	177.6	199.5
老产品（18.5 欧元/kg）市场份额	34%	28%
老产品利润	289.0	238.0
总利润	466.6	437.5

（资料来源：多兰，西蒙. 定价圣经[M]. 董俊英，译. 北京：中信出版社，2004：201.）

从表15-5可以看出,首先,新产品或档次更高的产品,在组合定价时的最优价高于其单独定价时的最优价。其次,存在替代关系的新产品的推出,会对老产品产生蚕食效应,替代性越强,蚕食效应会越大。最后,组合定价较两种产品单独定价会增加企业利润。

（四）捆绑定价

捆绑定价是指将两种或多种产品或服务组合起来,以比单独出售更优惠的价格出售这些产品。如购买了大号旅行箱的顾客可以用优惠价格购买一个小号旅行箱。捆绑定价可分为单纯捆绑和混合捆绑,前者是将两种以上产品组合起来销售,顾客不能分别购买;后者则可由顾客自由决定是单独购买一种产品还是捆绑购买"组合产品"。

捆绑定价是基于消费者产品支付意愿的差异性,旨在将高支付意愿产品的"消费者剩余"转移到低支付意愿的产品上,从而增加企业利润。表15-5描述了销售车模的企业在单独定价和捆绑定价条件下的最优定价及企业获利情况。单独定价时,如果要吸引两位顾客同时购买,Volvo车模的定价是650元,比亚迪车模的定价是600元,此时企业总的销售收入是 2 500 元。捆绑条件下，同时吸引两位顾客，则两个车模最优组合定价是 1 350 元，此时企业总收益是 2 700 元，比单独定价时增加 200 元。

表 15-5　捆绑定价示例：车模定价

顾客类型	顾客支付意愿（元）		
	Volvo 车模	比亚迪车模	捆绑
顾客 1（Volvo 拥有者）	750	600	1 350
顾客 2（比亚迪拥有者）	650	800	1 450
单独定价时总收益	650	600	

（五）组合定价实施

定价时将两个以上产品纳入考虑范围，固然会增加企业总利润，但通常意味着其中某个产品要在利润方面做出牺牲，由此导致内部或外部的某种抵制。以零售商实施"牺牲品"定价为例，绝大多数有影响力的品牌，可能都不希望自己的产品成为"牺牲品"。同样，如果企业内部存在多个利润中心，牺牲某个中心的利益，难免会引发内部冲突。比如，一些公司的设备销售和设备维修分属不同利润中心，如果通过提供便宜的后期维修服务来提升设备销售价格，维修部门就会强烈反对。此时，高层的协调，或者在翔实数据的基础上进行内部利润核算和再分配就成为必要。

三、差别化定价策略

差别化定价策略是对同一种产品根据消费人群、消费特征或消费情境的不同制定不同价格。如旅游景点根据淡季和旺季出售不同价格的门票；宾馆根据房间的楼层、朝向制定房间价格；航空公司根据顾客支付意愿将座位分为头等舱、商务舱与经济舱，甚至根据不同的预订时段和掌握的顾客数据动态地对不同顾客实施差异化定价。

（一）地点差别定价

地点差别定价是根据地理或位置的不同对同一产品制定不同价格。例如：同样的产品在发达地区制定较高的价格，在欠发达地区制定较低的价格；电影院或剧院根据位置的不同，将门票价格分为若干等级。同样的饮料，在超市、便利店和机场购买，价格差别很大，这类根据出售场所或分销渠道不同而实施的差异定价，也可视为地点差异定价的一种变形。

（二）时间差别定价

时间差别定价是根据季节或时间段的不同对同一产品或服务制定不同价格。如服务企业根据淡季和旺季，或根据高峰期和非高峰期定价；同样的产品在节庆期间和平时价格不同；会务费多少根据注册时间早晚而不同。

（三）产品式样差别定价

产品式样差别定价是根据产品在包装、颜色、款式等方面的差异定价，这种价格差异并不反映真实的成本差异。换句话说，在产品成本大致相同甚至完全一致的情况下，仅仅由于产品外观上的一些差别而导致价格的较大差异。

（四）顾客类型差别定价

顾客类型差别定价是根据顾客的支付意愿或可资识别的消费者特征对产品或服务实施差别定价。如航空公司将座位分为经济舱和商务舱，旅游景点门票分为学生票、老年人票和普通门票，均是根据顾客特征实施差别性定价。同样，旅游景点或旅游酒店针对团体旅游和个人旅游收取不同费用，也是顾客类型差别定价的例子。

差别化定价通常以提升销售和利润为目的，但同时也会带来成本，如需要针对特定类型顾客传播差别化定价的利益，需要让内部员工了解不同产品的价格差异及理由，需要配合差别化定价在包装、促销材料等方面做出改变。部分基于差别化定价本身的成本，部分基于产品定价带来的管理复杂性的增加，一些企业如沃尔玛实施"天天低价"策略，以相对稳定的定价来替代之前不断变动的差别化定价。

差别化定价旨在尽量以接近消费者"愿意支付价"或"保留价"的价格成交，在此过程中，还有以下几个方面的问题需要特别注意。一是防止"窜货"，即防止相同或类似的产品由于在不同地区价格的不同，而导致产品从低价销售的地区流通到高价销售的地区，进而对企业的分销体系造成不利冲击。二是要注意公平性与合理性。同样的产品和服务，如果仅仅由于顾客的不同而收取不一样的费用，很多人会认为不公平。三是要评估差别化定价的长期影响。以时间或事件为依据的差别化定价，可能会导致"囤货""特卖等待""供货压力"等问题。

四、心理定价策略

心理定价策略是运用心理学相关原理帮助企业制定价格。常见的心理定价策略包括声望定价、尾数定价、整数定价等多种形式。声望定价是根据产品或品牌在消费者中的声望或其市场影响力为产品制定一个较高的价格，通过较高的价格来暗示或彰显产品的品质或使用者的形象。茅台酒和依云矿泉水是声望定价的典型代表。尾数定价通常是以小数点后某个奇数结尾，如 39.99 元，以给人一种很精确或比较便宜的感觉，在欧美商店很多日常用品就采用这种定价策略。整数定价则是指产品价格不带小数位，如定价为100 元、950 元。研究发现，整数定价比尾数定价带来更大的认知流畅性，当处于冲动性购买情境下，整数定价更受消费者认可。在超市和便利店等日常购买中，消费者主要受理性驱动，此时尾数定价较为合适。[①]

① Wadhwa M, Zhang K. This number just feels right: the impact of roundedness of price numbers on product evaluation[J]. Journal of Consumer Research, 2015, 41 (5): 1172-1185.

五、促销定价策略

目录价格是指单位产品公开的报价，即企业列示在价目表上的价格。企业为促进销售，通常会根据某些条件，给予用户以价格优惠或价格折让，因此产品的标价或目录价并不是实际成交价。实际成交价则是目录价格扣除各种折扣和返还后的价格。表15-6 描述了某生产家用梯子的企业，给予五金分销商的各种价格折扣，以及最后的成交价格。可以看出，五金分销商购买的各种梯子，目录总价为 2 700 美元，但实际成交价不到 1 300 美元，两者差距很大。

表 15-6　家用梯子制造商给五金分销商的价格折让

A. 五金分销商的订单	
10 架 1 号梯子，每架 30 美元	300 美元
6 架 2 号梯子，每架 50 美元	300 美元
10 架 3 号梯子，单价 90 美元	900 美元
5 架 4 号梯子，单价 120 美元	600 美元
4 架 5 号梯子，单价 140 美元	560 美元
"目录价格"合计：	2 660 美元
B. 数量折扣	
订单总值	2 660 美元
折扣 5%	133 美元
订单净值	2 527 美元
C. 交易折扣	
订单净值	2 527 美元
减 40%交易折扣	1 010.8 美元
	1 539 美元
减 10%促销费用	153.9 美元
	1 385.1 美元
减 5%功能折扣	69.26 美元
制造商净值	1 315.84 美元
D. 现金折扣	
制造商净值	1 315.84 美元
减 3%现金折扣	39.84 美元
最终净额（实际成交价）	1 276.36 美元

（资料来源：门罗. 定价：创造利润的决策[M]. 3 版. 孙忠，译. 北京：中国财政经济出版社，2005：355.）

（一）交易折扣

交易折扣是基于分销商或合作伙伴在分销网络中所处的位置或层级，按目录价的某个比例给予后者折扣，以支持其开展相关分销活动。如饮料制造企业给予批发商 35%的交易折扣，给予零售商的交易折扣为 30%。由于不同类型分销商承担的分销功能存在差别，其获得的交易折扣也会不同，承担的分销功能越多，获得的交易折扣越大。

（二）功能折扣

功能折扣通常是指分销商在获得交易折扣的基础上，由于承担了本来可由制造商承担的额外功能而获得进一步的价格折扣。比如，批发商为制造商提供了仓储服务，给零售商提供周转资金，均有助于产品的加速流通，因此制造商有必要提供经济激励。功能折扣可以针对特定的任务或活动展开，比如零售商如果在店内开展针对特定企业或特定品牌的促销活动，则后者可以在原有交易折扣的基础上，提供新的或额外的价格折扣。

（三）数量折扣

数量折扣是根据顾客购买产品数量的多少给予折扣，购买越多享受的折扣越大。累进的数量折扣是指在一定时期内，顾客购买数量达到某个额度即可以享受价格折扣。目前我国一些行业给予经销商的年终返点，其实就是累进的数量折扣。非累进的数量折扣是指一次性购买的数量达到某个额度，顾客将获得价格折扣。这一类型的折扣鼓励用户一次性下单，这可以降低企业订单处理和发货成本。与此同时，企业也要防止由于折扣的不合理，带来诸如市场间的"窜货"，为获得年终返点，销售人员或经销商给下游企业压货等问题。

（四）现金折扣

现金折扣是对于提前付款或规定期限内付款的顾客，给予折扣或金钱奖励。如 2/10 Net 30 表示付款账期为 30 天，10 天内支付货款可以享受 2%的折扣。现金折扣有助于鼓励客户及时支付，减少逾期和信用风险。在买卖双方信息不对称比较严重、买方信用存疑的情况下，如果账期过长，会给卖方带来一系列风险。基于此，在国际贸易中，我国很多中小企业坚持"先付款后发货"的原则。实行预付款或即时付款制度，固然避免了可能的信用风险，但也可能导致部分订单转向竞争者，如何在降低"信用风险"和"订单获取"之间保持平衡，需要仔细斟酌和权衡。

（五）促销折扣

促销折扣通常是为了促使用户当下采取购买行动或吸引顾客再次光顾而实施的价格折让，如"立减 20%""买一送一""买 100 赠券 50""季节性降价"等，均属于此种价格折扣。促销折扣的一种特殊形式是以旧换新，即允许顾客在购买新产品时将旧产品折算成一定金额，扣抵应支付的款项。

第五节　价格调整与改变

价格调整涉及降价和提价两种基本形式，然而无论是降价还是提价，均会引起市场和合作伙伴的反应，并对企业的销售和利润产生影响。

一、降价及其后果

企业通常会在如下情况下考虑降价：一是产能过剩；二是竞争激烈，市场份额下滑；三是企业试图以成本优势获取更多市场份额。此外，一些受专利保护的产品，面临专利失效，为应对即将到来的仿制品，也会考虑降低产品价格。然而，企业也应意识到，降价带来的竞争优势不一定能够持续。首先，降价可能会导致竞争对手的报复，甚至引发价格战。其次，降价不一定能增加企业利润。对很多产品来说，销售价格降低一个百分点，可能需要销售量的大幅度增长才能弥补降价带来的利润损失。最后，降价很难迫使竞争对手离场。即使对手在成本上处于弱势，他们也会顽强抵抗。

降价还会对顾客产生影响。首先，产品降价可能导致顾客更加关注价格而不是产品的价值。对某些产品如新产品，降价可能导致一部分消费者期待未来有更大幅度的降价，从而推迟购买。其次，降价会降低顾客的参照价格，使价格很难回到以前的正常水平。再次，对于形象性产品，降价可能引发顾客的负面联想，如认为产品质量有问题或认为产品不再具有形象代表性等。最后，即使通过降价短期获得了更多的顾客，他们也不一定忠诚，这对企业长期获利不一定有益。

降价也会引起经销商等合作伙伴的关注。例如：如何处理渠道中的存货；如何保证经销商的既有利益。如果降价发生在某些特定的渠道，这可能引发其他渠道成员的不满，或导致渠道成员之间的冲突。

当然，在某些情况下，企业不得不考虑降价。例如，行业的平均成本在下降，而且其他主要竞争对手均在降低最终销售价格。或者，消费者偏好发生了变化，原来青睐高端产品的消费者普遍倾向选择更加实用、更加亲民的产品，此时如果仍然坚持采用高价政策，产品可能会被淘汰出局。即使面临很大降价压力时，企业也应首先考虑是否可以通过其他途径增加顾客价值，并将降价作为最后的选择。在综合分析降价给用户、给竞争者、给合作伙伴及给企业自身带来何种影响的基础上，如果企业仍然决定降价，则需要考虑是全面降价还是针对部分人群、部分产品降价，是直接降价，还是采用其他促销让利形式降价。

二、提价及其后果

企业在如下情况下可能会考虑提价：一是产品供不应求；二是通货膨胀或原材料的大幅上涨导致成本上升且内部难以消化；三是产品独特且价格弹性较小。产品提价或涨价不一定直接反映在标价上，比如可以减少优惠或折让，可以使用相对低廉的材料或包装，可以减少或取消某些服务项目等。但做这些调整，首先要考虑顾客的反应。理想的结果当然是顾客认为产品很热销，或者原材料涨价导致成本上升，企业涨价是供需作用的结果。需要避免的情景是，顾客认为变相涨价不合理或不公平，认为削减服务项目或采用廉价替代材料不可接受，此时顾客要么会转向其他竞争企业购买产品，要么削减购买数量，或者寻找其他替代品。结果，提价可能带来的是企业销售量和竞争力的下降。

相对于降价，产品涨价对竞争者的影响可能相对较小。但对行业龙头或以品牌形象作为竞争差异点的企业，当竞争对手提价时，做出提价反应的可能性比较大。因此，企业是否提价，做多大幅度的提价，不仅要考虑顾客的反应，也要考虑自己在行业中的地位，及主要竞争对手的反应。在此基础上，才能对提价给企业销售和利润造成的影响做更全面的评估。

如果预期未来产品供不应求或者产品成本可能大幅上涨，企业可以采用延缓报价、条件合同等方式确定最终价格。比如，一些生产周期很长的大型设备，会根据通货膨胀、汇率变动等因素在设备临近交付时确定最终价格，之前则只是规定一些定价的基本原则或确定某个基准价格。条件合同，则规定某些条件出现时，价格按照某种事先约定的方式确定，在某些条件没有出现时则适用另外的价格决定方式。比如，如果原材料价格涨幅低于某个幅度，则按约定的基准价支付设备价格，如果原材料价格涨幅超过某个幅度，则在基准价的基础上按某个比例调高设备价格。

提价可以采用一次到位的方式，也可以采用分阶段小幅提价方式。前一种方式可以简化价格调整过程，但有可能遭到用户的抵制。后一种方式可以减小抵制，也具有探测市场反应的功能，但会提升价格调整的复杂程度。不论采用何种方式提价，最好是列出提价的正当理由，并事先与用户沟通，同时也要取得销售人员和经销商的理解与支持。

三、如何应对价格竞争

当主要竞争对手降低产品或服务价格，往往会对本企业的产品销售和利润造成负面影响。虽然价格战没有赢家，但在产品同质化程度高、竞争对手大幅度降低价格的条件下，很多情况下企业也不得不降价。当企业处于行业领导地位或处于区域头部位置时，应对价格竞争的手段则会更多一些。

无论何种条件下，企业在面对价格竞争时，需要回答如下问题：竞争者降价的意图是什么？竞争企业的价格变动是长期行为还是短期行为？如果本企业不做反应，有哪些方面的后果？对于企业每一种可能反应，竞争者和合作伙伴最可能的回应是什么？[1]

一家在区域市场排名第 4 的零售商，面对行业老大对所有产品降价 5%，各竞争企业纷纷跟随降价的情况下，并没有贸然应对，而是在对产品价格弹性进行分析的基础上，决定只对可以存储的产品如卫生纸之类的产品削价，而对果蔬之类不能长期储存的产品则维持原来的价格。结果，在经过数月的惨烈竞争后，价格战的发起者并没有达到预期的目标，最后只得以终止价格战收场。相反，原来排名第 4 的这家零售商，尽管利润损失了 1.2%，其市场地位反而有所上升。[2]它为什么能做到这一点？最根本的原因是，

① 科特勒. 营销管理[M]. 梅汝和，梅清豪，张桁，译. 上海：上海人民出版社，1999：488-489.
② 门罗. 定价：创造利润的决策[M]. 3 版. 孙忠，译. 北京：中国财政经济出版社，2005：77-78.

它对主要对手可能的降价早有预期，并且委托调研公司对各类商品提价 20% 和降价 20% 的平均价格弹性做了分析，从而对如何应对低价竞争心中有数。

面对价格竞争，企业通常可以采用如下应对手段。①显示成本优势，同时发出震慑信号；或者以牙还牙，直接降价，这种应对手段比较适合行业的领导者。如当达特利尔（Datril）止痛药以低价进入市场，领导品牌"泰诺"毫不犹豫地将价格降低到达特利尔相同的水平，直接将后者驱离市场。②在质量和服务上创造差异。如引进新的产品功能或利益，并向顾客传递这些利益，同时强调低价产品的品质风险。③与利益相关者合作。如面对"社区团购"的超低价格，传统生鲜产品零售企业可以联合起来，动用社会舆论和政府资源，狙击风险资本的"倾销扩张"模式。④推出"低价产品"或"狙击品牌"。⑤运用组合定价策略。如利用数量折扣、顾客忠诚计划等手段给顾客让利，避免大范围降价。⑥让步或主动从无利可图的市场撤退。如英特尔在面对日本半导体企业的崛起，20 世纪 80 年代主动从动态存储器市场退出，将资源集中在微处理器的开发和制造上。

延伸阅读 15-3　如何反击价格战

即测即练

自学自测　　　　　　扫描此码

第十六章

整合传播信息

通过本章学习，学员能够：

1. 了解数字化时代营销传播的特点；
2. 熟悉营销传播的主要工具；
3. 理解营销传播过程；
4. 了解整合营销传播的基本原理。

第一节 数字化时代的营销传播

一、营销传播的基本含义

营销传播或叫营销沟通（marketing communication），属于广义的促销范畴，它是营销者向目标顾客宣传自己产品的优点，以激发其购买行为，从而扩大产品销售的活动。[①] 营销传播最重要的目标受众是顾客和中间商，但有时企业会将传播重点聚焦于股东、公司内部员工或者外部的社会公众。

企业之所以花巨资进行营销传播，主要基于如下原因。一是告知，即让受众意识到产品或服务的存在，以及产品能给顾客带来哪些利益。二是劝说，即在告知产品利益和产品超越竞争产品价值的基础上，说服消费者采取购买行动。三是提醒或强化，让现有顾客喜欢企业的产品或品牌，产生重复购买或推荐行为。四是塑造形象，即赋予公司或品牌某些独特的联想或含义，从而创造出产品功能之外的差异。

按照沟通的载体，营销传播可以分为人际传播、大众传播、网络传播。人际传播是指营销者采用面对面或通过电子媒介直接与消费者进行沟通，典型的传播方式是人员推销、电话营销。大众传播是企业利用电视、报纸、杂志、广播等大众化媒介所进行的单向信息传播，如电视广告、公共宣传等。网络传播是以计算机通信网络为基础，利用互

[①] Burnett J, Moriarty S, Wells W. Advertising: principles and practice[M]. New York: Prentice Hall, 1998.

联网进行信息传递和互动,从而达到企业传播目的的传播形式,如利用微信、微博、抖音等社交媒体进行的传播。

营销传播历来受到技术变革的影响。在 20 世纪 70 年代,条形码扫描仪和计算机系统的引入使零售商能够获得顾客的购买行为数据,导致传播对媒体和消费者的控制从大型制造商转移到零售商。20 世纪 90 年代互联网的出现,使传播的控制权从零售商转移到消费者。

过去数十年,数字技术的发展极大地改变了市场营销传播环境和传播方式,消费者和企业被赋予了过去无法想象的新的能力。一方面,数字技术重塑了传播的媒介环境,使企业能以更加有效的方式与顾客互动;另一方面,消费者也可以利用互联网和数字技术加工、发布信息,从而对企业的营销活动施加影响。

二、数字时代的传播特征

人类社会的传播方式无不打上时代的烙印。在传统农耕社会,人们生活在村落式熟人社会,占主导地位的传播模式是口头传播,这种方式的传播具有场景感、生动感和信任感等特征。在工业社会,占主导地位的是大众传播,营销者利用报纸、广播、电视等大众传媒,采用"我发布,你接收"的方式向不特定的受众单向传播信息。在当今数字化时代,营销信息通过互联网以极快的速度向广泛受众传播的同时,信息传播更加精准,反馈更加及时,呈现出传播方式互动化与网络化、媒体社会化、内容个性化、传播效果可测化等特征。

(一)传播方式互动化与网络化

相比于大众传播方式,基于互联网和移动技术的数字化传播,一个突出特点是其高度的互动性。网红与粉丝的密切互动自不待言,即使是短视频广告或网页上的弹窗广告,也会引发点击、关注甚至分享、评论、转发等行为,同时信息发送者可以及时捕捉到这些信息并作出回应。不仅如此,在社会化网络平台,营销者与消费者的角色可以互换,消费者可以主动发起诸如自传播、分享、话题讨论等一系列行为(图 16-1)。

图 16-1　数字化时代的沟通方式

数字化传播的另一个特点是社群传播。用户不是抽象的个体，而是拥有家庭、朋友和其他社会关系的存在。不仅如此，借助于互联网和数字通信技术，消费者还会加入各种网络社群，与很多不曾谋面的人交往。用户加入网络社群，一方面获得资讯、娱乐和培养个人兴趣，另一方面通过与社群内其他人的互动获得归属感和认同感。大量网络社群的存在，以及同一个消费者参与多个网络社群的事实，给营销者利用用户社群进行传播创造了条件。

社群传播不同于大众传播和意见领袖传播的一个重要特征，是它融合了前面两种传播方式的优点，同时利用了网络中的"弱关系"传递信息，从而使信息不仅在同一个社群内流动，而且可以跨越社群，在更大的网络范围内快速扩散（图16-2）。

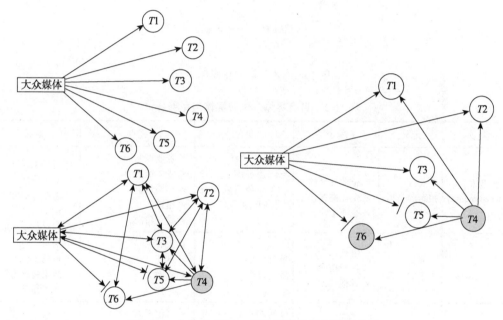

图16-2　大众化传播、意见领袖传播与社群传播

（二）媒体社会化

传统媒体主要包括纸制媒体、电子媒体、户外媒体等，也包括人际传播媒体。数字化时代产生了基于数字技术的社会化媒体，如即时通信、微博、微信、短视频等（图16-3）。这些新的媒体具有三个基本特征：一是互动性，即让营销者与目标受众进行高度互动；二是让用户可以生成内容，即用户不是被动地接收信息，而是可以主动发表评论，描述自己使用产品的体验；三是公开性，即用户可以把自己生成的内容在朋友圈，甚至在更广泛的社交平台发布。

数字化媒体为营销者与消费者沟通提供了新的传播途径，大致可以分为三类：付费媒体、自有媒体和免费媒体。付费媒体传播是花钱利用电视、出版物以及通过购买公域流量等方式进行的传播；自有媒体传播，则是利用公司网站、自有公众号、博客、公司

App 进行传播。免费媒体传播则是运用新闻报道、虚拟的或真实事件的口碑等方式进行传播。[①]表16-1列出了这三类媒体传播的含义及各自的优点与缺点。

图 16-3　主要数字化媒体工具

表 16-1　自有媒体、付费媒体与免费媒体

类型	定义	例子	角色	优点	缺点
自有媒体 (owned media)	企业自己控制的渠道	✓企业网站 ✓企业移动网站 ✓企业博客 ✓企业微博等	与直接和潜在用户以及与免费媒体建立长期的关系	✓企业控制 ✓成本低 ✓长期效果 ✓用途广 ✓受众精准	✓效果无保证 ✓不被信任 ✓需要花时间长期维护
付费媒体 (paid media)	企业付钱买来的渠道	✓电视广告 ✓付费搜索 ✓其他赞助	吸引目光激发讨论	✓按需 ✓迅速 ✓范围大 ✓可控	✓嘈杂 ✓可信度低 ✓效果每况愈下 ✓花费昂贵
免费媒体 (earned media)	消费者变成渠道	✓用户口碑 ✓蜂鸣营销 ✓病毒传播	倾听与反馈——免费媒体是执行良好，企业自有媒体和付费媒体协同良好的结果	✓可信度高 ✓形成销售的关键因素 ✓透明 ✓栩栩如生 ✓花费相对低廉	✓不可控 ✓可能有负面评论 ✓范围广 ✓很难衡量

（资料来源：网址 https://socialbeta.com/t/48952,《一张图看懂 Earned、Owned 和 Paid Media》.）

（三）传播内容的个性化与共创性

一方面，传统的电视、报纸等大众化媒体是高度线性的，营销者可以控制传播的内容、路径和传播节奏，企业通过设计和提供独特的体验来响应客户并影响市场反应。但在数字化媒体环境下，内容安排及内容的传播不再由营销者主导和控制，消费者会寻求与品牌互动，与服务组织互动，会主动生产、发布内容。消费者发布的内容可以是企业提供的，

---

① Keller K L. Unlocking the power of integrated marketing communications: how integrated is your IMC program?[J]. Journal of Advertising, 2016, 45(3): 286-301.

也可以是专家、网红或其他消费者制作的，还可以是消费者本人生产的。消费者可以将一个内容转发到任何地方，而且内容很少会在整个传播路径中保持原样，由此使传播结果不再受控。当然，这也为企业进行病毒营销、加速特定内容的扩散提供了机会和可能。

延伸阅读 16-1 社交媒体如何改变人类互动

另外，得益于数据的可获性及数据获取、存储成本的降低，企业可以获得目标客户大量历史数据，或者根据大数据对目标消费者进行"客户画像"，从而在此基础上进行个性化信息推送或进行精准营销。比如，定位技术与人工智能技术的的结合使企业能够实时了解进入商场的客户特征及过去的购买偏好，从而个性化地推送他或她感兴趣的促销信息或其他消费者感兴趣的信息。

（四）传播效果的可测化

报纸广告、电视广告等大众传播方式，面临的一个重大挑战是其传播效果很难测量。与此不同，数字化网络传播由于能实时捕获用户点击、评论、转化、交易等数据，从而使企业在信息传播过程中能及时评估传播效果，这也是近年来企业更多地把传播预算转移到新媒体或非传统媒体的原因。

数字化传播或新媒体传播的试错成本相对较低，这为企业测量传播效果提供了新的机会。试想，传统的电视广告仅制作成本就数以百万计，投放市场时还需辅以数额巨大的媒体购置成本，传播效果则需数月甚至数年才能做出较全面的评估。像网页搜索广告、社交媒体广告其制作成本几千元不等，而且还可以在某些社交平台上免费发布，在观测到初步的正面反馈后，可以把它们放到付费平台上在更大范围内传播；即使效果不佳也可以及时终止发布，或用更有创意的文案再行发布。

三、数字时代营销传播过程

为了进行有效传播，市场营销者需要理解传播是如何起作用的。传播的核心要素包含信息发送者（谁来说）、信息接收者（对谁说）、信息（说什么）、信息编码和解码（如何说）、信息渠道（哪里说）以及双方的反馈和系统中的噪声（干扰）。图 16-4 呈现了传播过程及构成要素。

图 16-4 传播过程及构成要素

以元气森林的"0糖，0脂，0卡"广告为例，其营销传播中的核心要素体现为以下几点。①信息发送者：启动传播过程的主体，即元气森林公司。②编码：元气森林通过广告代理商用文字、声音、图片等符号组合为一则表达意图的广告。③信息渠道：或称信息媒体，是将信息从传播者传递到接收方的载体。传播渠道很多，如电视、广播、报纸、书籍等。选择适合信息和接收方的通道，是一项复杂的任务。元气森林选择电梯媒体、互联网媒体作为主要传播渠道。④解码：是接收方对信息的解读。实际上，接收方会在信息中寻找含义。要使传播信息有效，解码过程必须与编码过程一致。从这个角度看，信息最好用接收方熟悉的文字和符号编码或表达。⑤信息接收者：是接收传播信息的主体，即观看元气森林广告的消费者或受众。⑥反馈：是接收者对信息的响应或确认。只有当接收者响应时，信息传递的目标才有可能达成。⑦噪声：是在沟通过程中的中断或干扰。环境是干扰消息接收的一个主要原因，例如，路边的噪声、传输故障、第三人的在场均可能构成影响信息接收的噪声。为了顺利、有效地沟通，需要尽可能考虑噪声的影响或采取措施消除或减少噪声。

在数字化时代，营销信息传播除了呈现前面介绍的一系列新的特征，其信息传递过程也出现了许多新的变化。首先，信息发送者与信息接收者的身份变得模糊。原来被认为是信息接收者的消费者可以成为信息发送者，消费者既可以向营销者发送信息，同时也可以向其他消费者或社会公众发送信息；同样，作为代表企业利益的营销者，既是信息发送者，同时也接收来自消费者的信息。此外，部分消费者可以作为营销者存在，他们可能自发地传递对企业有利或不利的信息，也可能成为营销中介的一部分，帮助企业传递营销信息。其次，信息的呈现方式更加多样和丰富，既有文字、图片，也有视频、音乐等多种元素，而且这些元素可以以某种有趣、易于二次传播的方式组合和呈现。再次，信息发送者与信息接收者的沟通与互动可以不受时空限制，可以采用一对一、一对多的形式，也可以采用多对多甚至虚拟的形式。再次，同样主题的营销信息可以用多种媒介向同一个消费者发送，因为消费者可以在购买决策过程的多个节点采用不同的设备接收信息并做出反应。最后，信息响应和反馈可以在信息发布后很快获取，这为营销者评估传播效果和调整传播策略提供了机会。

第二节　营销传播的主要手段

营销传播包含广告、销售促进、事件和体验、公共关系、在线和社交媒体营销、移动营销、直销和数据库营销、人员推销等多种传播手段。其中，每种手段都有许多细分的表现形式。

一、广告

广告（advertising）是广告主以付费的方式，通过非人员性媒体如报纸、电视、广播、杂志等有计划地向受众传递信息，借以影响受众的态度进而说服其采取购买行动的大众传播活动。广告可分为产品广告和机构广告两种基本类型。产品广告重点强调产品或品牌的利益与价值，旨在直接促进产品与服务的销售。机构广告则通过塑造行业、企业或组织的形象来赢得受众的好感，广告诉求的重点不是直接劝说受众购买企业的产品或服务。

广告的优点是覆盖范围广，表现形式多样，同一信息可以重复播送，同时伴随大量小众媒体的出现，广告可以有针对性地推向特定人群。广告的缺点是：信息传播是单向的，不能及时获得受众的反馈；制作和传播成本比较高；广告的效果不容易衡量。

企业通常会聘用外部专业性广告公司来完成广告制作和发布活动,在此过程中营销部门需要在广告公司的协助下，做出五个方面的决策：①决定广告目标（misssion）；②制定广告预算（money）；③设计广告信息（message）；④选择广告媒体（medium）；⑤测量广告效果（measurement）。

可以传递广告信息的媒体很多，主要有报纸、电视、广播、杂志、户外媒体、互联网等，表 16-2 呈现了不同媒体各自的优缺点。通常企业在选择媒体时会考虑广告预算、产品类型、目标受众、传播目标以及法律限制等因素，力求使信息的到达率和影响力达到理想状态。

表 16-2　主要广告媒体及优缺点

媒体	优点	缺点
报纸	灵活、及时、覆盖范围广	有效期短、传阅性差、表现力较弱
电视	覆盖广、表现力强、可信度较高	成本较高、易受干扰、播放时间短
广播	地理和人口选择性强、成本较低	只有听觉效果、播出时间短、注意力差
杂志	地理与人口选择性强、传阅性好	前置时间长、成本较高、刊登位置选择受限
户外广告	灵活、展示重复性高、信息竞争低	受众选择性小、创意受限
互联网	选择性好、成本较低、直接、互动性好	控制性受限

二、销售促进

销售促进（sales promotion）是指采用降价、折扣、免费试用等经济激励手段，促使消费者或中间商直接产生购买行动。销售促进可以分为针对消费者的销售促进和针对中间商的销售促进两种主要类型。

针对消费者的销售促进，又叫营业推广，包括优惠券、价格折让、免费样品、特价与超级装、赠品、回扣（现金返还）、顾客忠诚计划、售点陈列、竞赛、抽奖和事件赞助等。针对零售商、批发商等中间商的销售促进，主要有设备或样品赠送、折扣与津贴、延迟付款、信用升级、年终返点、免费服务与培训、合作广告、竞赛与奖品等。

销售促进的快速发展，尤其在消费者市场上的增长，主要有以下几方面原因：一是企业管理层面临日益增长的提升业绩的压力，相比于广告效果的滞后性与不确定性，销售促进有立竿见影的促销效果；二是不同于广告，多数情况下销售促进是一种变动成本而不是固定成本，只有在销售额增加的条件下，销售促进费用才会相应增加；三是在成熟市场，消费者更加趋向于交易导向和购买那些提供特别优惠的产品；四是大型零售商的崛起，使权力的天平向中间商倾斜，制造企业只有提供各种激励才能进入理想的通路和陈列位置。以英国为例，最大的 10 家零售商在食品杂货市场占有 50%的市场份额。[1]销售促进是一把"双刃剑"，运用不当也可能带来诸多负面影响。首先，由于销售促进往往伴随直接或变相降低价格，这有可能导致利润的减少。其次，销售促进有可能对品牌形象带来不利影响，因为频繁的经济激励有可能削弱消费者对品牌的内在喜爱或忠诚。再次，对经销商的销售促进，有可能导致囤货、窜货等现象，甚至引发与经销商的冲突。

三、公共关系

公共关系（public relation）通常是以新闻、信息发布等不直接付费的方式利用媒体展现企业经营活动相关的各种信息，以帮助企业获得内外部公众的理解、支持和在此基础上树立良好的企业形象。公共关系涵盖公共宣传、媒体互动、股东沟通、危机管理、政府游说、慈善捐赠等多方面内容。公共宣传是公共关系的一项重要内容，它利用第三方多是新闻媒体将企业有关的正面或中性信息传递给受众，以达到塑造、提升企业形象的目的。危机管理则是指企业为了预防、应对各种危机情况所进行的规划决策、动态调整、化解处理及员工培训等活动，旨在消除或降低危机事件带来的威胁和损失。

较之广告等付费传播活动，公共关系主要利用新闻媒体等第三方机构传播信息，其可信度高，更容易受到特定受众的接受和理解；同时它不需直接付费，传播成本相对较低。以华为为例，过去一向低调的华为创始人任正非，在面对美国政府无底线的打压下，多次接受国内外媒体的专访，获得了广泛的报道和关注，客观上助力华为形象的提升。公共关系也有弱点：一是受众通常没有选择性；二是对信息及其发布缺乏控制；三是媒体有时断章取义，可能造成受众的误解。

公共关系作为一种传播手段，它的有效性有赖于企业长期谋划和持续投入。与新闻和媒体界建立良好关系，不是一蹴而就的事。一方面企业需要基于互利原则发展与媒体的关系，另一方面企业的公关专员需要为新闻界提供可信和富有吸引力的信息，否则传媒界对企业的各种活动信息会充耳不闻。总体上，新闻传播机构更偏向从企业管理层或公司负责人处获取一手信息，而不是依赖企业公关部门提供的"官方资料"，因此培养企业主要领导的公关技能和发挥其在公关中的独特作用，是企业公共关系战略中不可忽视的方面。

四、人员销售

人员销售或称人员推销（personal selling），是指销售人员直接与潜在购买者接触，

---

① Doyle P. Marketing management and strategy[M]. London: Pentice Hall Europe, 1998: 280-283.

试图说服后者采取某种购买行动。在很多工业品和服务领域，人员销售是主要的甚至是唯一的与顾客沟通的方式。人员销售采用人际互动方式，面对面与顾客沟通，使企业有机会深入了解潜在顾客的需要，据此调整供应品及其呈现方式，以更好匹配需求。

人员销售的优点主要表现为：①目标客户选择的准确性；②可提供个性化信息；③可以建立买卖双方的双向沟通；④更容易建立私人关系留存客户。缺点主要表现为：①人员成本高，并且覆盖范围有限；②由于不同人员的特点，信息无法统一；③存在潜在的道德风险。关于人员销售，本书第十七章将做详细介绍。

五、事件营销

事件营销（events marketing）是指通过赞助体育、艺术、娱乐或与公益事业相关的事件，或创造能吸引消费者参与的群体性活动来与目标受众沟通和互动。事件赞助提供了营销者与消费者沟通的方式，消费者的深度参与和体验，又会激发线上和线下分享，产生"涟漪"式次级传播。

各种体育赛事、公益事业均会吸引一部分消费者参与，企业有选择性地赞助这些事件，客观上为与特定消费人群沟通和互动创造了条件。以奥运会为例，四年一次的奥运赛事，吸引全球数十亿消费者观看，如果能成为奥运会赞助商，对扩大企业或品牌知名度无疑是十分难得的机会。

通常，围绕事件开展的一系列活动可以帮助企业实现如下业务目标：增加对产品或服务的需求；扩大品牌影响或提升品牌形象；扩大客户群范围；从活动本身产生收入等。事件本身能创造体验、激发情感，这是其他营销传播方式难以比拟的。"理想的事件"应符合如下条件：引人注目和吸引特定人群参与；新闻媒体对事件高度关注；事件本身比较独特，不受赞助商干扰；事件的参与者与企业产品或品牌的目标人群相吻合，同时事件能反映或强化公司品牌形象，能运用数字化媒体广泛传播。[①]企业也可以创造属于自己的事件，如欧莱雅在我国很多大学中组织"欧莱雅营销大赛"，吸引众多大学生参与，有力地扩大了欧莱雅品牌在年轻人群中的影响。

事件赞助也存在一些弱点：围绕事件开展的活动能否成功或达到预期效果具有很大程度的不确定性；赞助商对事件的开展并没有太多的控制；某些事件赞助商比较多，如果没有后续的大量投入，单个企业的赞助活动可能在众多厂商的宣传中被"淹没"；部分消费者对事件的商业化怀有抵触和反感心理。

六、网络和社交媒体营销

网络和社交媒体营销（social media marketing）是指通过社交媒体平台获得客户对产品、品牌或内容的关注，并通过病毒式传播方式使信息或产品在广泛的范围内获得扩散

---

① 凯勒，斯瓦米纳特. 战略品牌管理[M]. 5 版. 何云，吴水龙，译. 北京：中国人民大学出版社，2020：171-175.

的过程。社交媒体可以被定义为一组基于互联网的应用程序，这些应用程序建立在最新通信技术基础之上，允许用户创建和交换用户生成的内容，像微博、抖音、小红书等都属于社交媒体平台。消费者乐于通过社交媒体与企业、品牌进行互动，如进行娱乐、品牌参与、获取客户服务和内容、产品信息和促销等。[①]

企业不仅可以通过社交媒体与顾客沟通和互动，而且可以通过"监控平台"实时收集有关消费者需求信息，从而对市场和消费者有更全面、深刻的理解。研究表明，社交媒体作为一种非正式的信息来源，为企业更好地理解消费者的偏好、竞争者的活动、市场趋势以及产品反馈提供了机会。[②]在社交媒体平台上，公司有机会直接倾听消费者的在线对话，并深入了解用户。通过搜集和评估消费者、竞争者的数据，可以为企业战略决策和业务决策提供依据。例如，脸书（Facbook，现为 Meta）采用点赞（likes）的评级机制为用户提供一种简易的受欢迎程度的测量。基于点赞、评论以及分享等用户行为数据，脸书可以系统衡量消费者的情感反应，以及品牌与用户间的互动。

一般而言，网络和社交媒体营销具有以下优点：①具有互动和社交属性，能够有效吸引消费者参与；②针对性强且具有个性化特点；③具有即时性，企业可以根据活动或者突发事件创造即时内容直接影响消费者；④传播成本相对较低。社交媒体营销也面临着很多挑战：例如，在社交网络平台进行内容传播能否达到预期效果，具有很大的不确定性；又如对像微信这样的"熟人型"社交平台，人们对于与产品或品牌相关的营销活动会具有强烈的

延伸阅读 16-2　李佳琦式营销现象的思考

抵触心理。此外，活跃在社交平台的"网红"或"社交达人"虽然有较好的传播与带货功能，但能够聚集较多粉丝的"社交影响者"毕竟人数有限，且他们的带货成本也在不断攀升，绝大多数企业很难利用。

七、移动营销

移动营销（mobile marketing）是指基于定位信息和移动设备或网络，采用与消费者个性化互动的形式，使企业与消费者展开沟通的一系列（营销）实践活动。换句话说，移动营销是指移动环境下的营销，是企业把营销信息推送到移动设备上如手机、平板电脑等，在此基础上开展各种营销活动，如收集信息、销售产品。移动环境不受时空限制，企业可以随时随地与特定消费者进行互动和沟通。

相比于非移动营销，移动营销的典型特征可以概括为"4I"，即个体识别（individual identification）、即时信息（instant message）、互动沟通（interactive communication）和个

---

① Arrigo E, Liberati C, Mariani P. Social media data and users' preferences: a statistical analysis to support marketing communication[J]. Big Data Research. 2021, 15(24): 100189.

② Rojas R M, Garrido-Moreno A, García-Morales V J. Fostering corporate en-trepreneurship with the use of social media tools[J]. Journal of Business Research. 2020, 112: 396–412.

性化（individuation）。移动营销按照营销内容、营销渠道、营销策略可划为不同的形式。按照营销内容，移动营销可分为信息、娱乐、抽奖、优惠券 4 种主要方式。按照营销渠道，移动营销可分为弹窗强推模式、二维码模式、移动 App 模式、即时信息模式、wap 网站模式、企业自建互动营销平台模式等。按照营销策略，移动营销可分为广告投放、开展促销、激发顾客互动行为等。

延伸阅读 16-3　抖音与快手有何区别

研究表明，对移动用户的营销比传统媒体更为经济：相比报纸的 50～100 美元的获客成本，移动营销获客成本仅 2.85 美元。[①]一方面，公司可以基于移动手机的便携性全天候随时与消费者进行及时的互动；另一方面，全球定位系统支持移动手机准确定位消费者的地理位置，以促进消费者对营销的反应。除了时间和位置数据为开展移动营销提供决策依据外，情境因素也影响精准营销的实现。例如，营销者常常基于消费者的购买历史向消费者推荐相似产品，这种推荐确实增加了消费者对相似商品的购买金额，然而却可能降低对其他类型商品的购买金额。[②]因此企业在利用移动数据开展营销时，应结合考虑消费者特征数据及购买情境数据，以合适的促销方式推送合适的产品，使营销效果最大化。

八、直复与数据库营销

直复营销，又叫直接反应营销（direct marketing），它是指企业不通过传统的店铺将产品直接销售给最终用户，包括直接邮寄、电话营销、电视直销、网络直销、电子邮件营销等方式。与广告等大众传播方式不同，直复营销的主要目的是直接拉动销售，而不是提升产品或品牌的知名度或好感度。直复营销通常借助用户数据库，以便更加精准地锁定顾客和对其开展营销活动。

数据库营销（database marketing）是在互联网与数据库技术基础上发展起来的一种市场营销方式，它旨在通过使用顾客数据库来更有效地获取、保留和开发顾客，以此提高营销效果。传统上，企业是瞄准一个顾客群，对其不加甄别地传播信息，借助数据库中个体客户的特征和历史数据，现在企业可以开展一对一的个性化信息推送，从而提升信息传播效果。典型的是网上书城，如当当网或京东网上书城，由于拥有用户过去购买记录以及点击数据，这些网上平台可以根据数据库中的资料，针对每个用户推荐其可能感兴趣的其他书籍。

直复营销和数据库营销具有如下优点：①信息传递更加具有针对性和更加精准；②企业可以通过多种方式与顾客互动，在此基础上针对单个用户调整营销方案，提高营销效率；③实时获取顾客反馈，能帮助企业获得在其他传播方式下不能识别的营销机会；

---

① Ovide S, Bensinger G. Mobile ads: Here's what works and what doesn't[J]. The Wall Street Journal, 2012.

② Fong N M, Fang Z, Luo X. Geo-conquesting: competitive locational targeting of mobile promotions[J]. Journal of Marketing Research, 2015, 52(5): 726-735.

④积累顾客数据，帮助企业发展与顾客的长期合作关系；⑤投入与产出在很大程度上可以直接衡量。

总体而言，各种营销传播手段，各有优缺点和其适用范围（表 16-3），企业需要根据其特点，对它们加以综合利用。而且，在产品生命周期的不同阶段，企业倚重的传播手段也可能有很大差别。

表 16-3 各种主要营销传播方式及比较

传播方式	内容	
广告	✓ 平面广告和广播广告 ✓ 外包装 ✓ 包装说明书 ✓ 电影院 ✓ 宣传册 ✓ 海报和传单	✓ 目录 ✓ 再版广告 ✓ 广告牌 ✓ 显示牌 ✓ 购物陈列点 ✓ DVD
销售促进	✓ 竞赛、游戏、抽奖、彩票 ✓ 赠品和礼品 ✓ 样品 ✓ 交易会和贸易展示 ✓ 展览 ✓ 展示	✓ 优惠券 ✓ 回扣 ✓ 低息融资 ✓ 抵换折价 ✓ 客户忠诚项目 ✓ 联合促销
人员销售	✓ 销售简报 ✓ 销售会议 ✓ 激励项目	✓ 上门拜访 ✓ 交易会和贸易展示
事件和体验	✓ 体育运动 ✓ 娱乐与艺术节 ✓ 赞助活动	✓ 工厂参观 ✓ 公司博物馆 ✓ 社区活动
公共关系和公共宣传	✓ 宣传资料袋 ✓ 演讲 ✓ 研讨会 ✓ 年报 ✓ 慈善捐赠	✓ 出版物 ✓ 社区关系 ✓ 游说活动 ✓ 媒体关系 ✓ 公司杂志
网络和社交媒体营销	✓ 网站 ✓ 邮箱 ✓ 搜索广告 ✓ 展示广告	✓ 公司博客 ✓ 第三方聊天室、论坛和博客 ✓ 微博、B 站、抖音、小红书等渠道和视频
移动营销	✓ 文本信息 ✓ 线上营销	✓ 社交媒体营销 ✓ 公司 App
直销和数据库营销	✓ 商品目录销售 ✓ 邮件营销 ✓ 电话营销	✓ 在线购物 ✓ 电视购物 ✓ 传真

（资料来源：Keller K L. Unlocking the power of integrated marketing communications: how integrated is your IMC Program?[J]. Journal of Advertising, 2016, 45(3): 286-301. ）

第三节　营销传播过程

一、识别目标受众

公司营销战略确定了企业重点瞄准的目标消费者，并为营销传播划定了目标受众的大致范围。然而，企业在制订具体的营销传播计划时，仍然需要决定是瞄准最终做出购买决定的消费者，还是将传播重点放在影响决策者的机构或个人。这些"其他影响者"包括产品的使用者、中间商、社会公众，甚至包括公司股东和公司内部的员工。以药品营销为例，虽然药品的使用者是病人，是否使用某种药品的决策者是医院或医生，但某种品牌的药品能否大规模进入医院，则可能首先需要进入政府的"医保目录"，此时，针对政府的营销和传播必不可少。不仅如此，企业在不同发展阶段，其营销传播的受众可能会发生变化，为此需要在诉求重点、沟通方式、使用的传播媒介等方面做出调整。

在识别或确定目标受众方面，无疑首先受制于产品或品牌的定位声明。在此基础上，需要考虑企业是采用推式策略还是拉式策略。推式策略是将促销或传播重点放在中间商身上，通过中间商把产品推向终端消费者。如生产洗发水的企业将营销资源主要用于贸易促销或终端陈列与导购等活动，采用的就是推式策略。拉式策略则是将促销或传播重点放在终端消费者身上，让消费者拉动产品需求（图 16-5）。

图 16-5　推式策略与拉式策略

大多数公司在产品生命周期的某一阶段要么采用推式策略，要么采用拉式策略，但也有公司同时采用这两种策略。例如，生产电脑芯片和主板等部件产品的英特尔，一方面针对电脑 OEM 厂商及电脑经销企业进行贸易促销，另一方面同时针对终端消费者开展广告宣传。

营销者有时会选择企业内部人员，如销售人员或企业员工作为目标受众，此时营销传播的主要目的是确保内部人员一致性地理解公司营销战略或企业的品牌诉求，以"正确"地向用户传递价值。有时，营销者会把社会公众或产品的非直接购买者作为目标受众，如支持或赞助某种公益事业，或宣传企业在环保、创新等方面取得的成就，旨在使组织更有亲和力与影响力。

二、确定传播目标

营销者在确定目标受众后，需要明确希望产生的影响，即是仅仅让受众知晓公司的产品或品牌，还是希望受众在态度或行为上发生改变。传播目标是营销者希望通过营销传播活动达成的结果状态，包括在知名度、好感度、购买意向、试用行为等方面产生的具体且可量化的影响（图16-6）。制定传播目标：一是要考虑目标的多重性；二是要规定达成目标的时间，如在6个月或1年内将品牌知名度提高到70%的水平；三是要具体、明确和可量化。

图 16-6　营销传播目标的多重性

（资料来源：Doyle P. Marketing Management and Strategy[M]. London: Prentice Hall Europe, 1998: 266.）

首先，传播目标的确定要考虑营销信息对个体层级性影响。传统的 AIDA 模型认为，营销传播活动的第一步是引起潜在顾客的注意（attention），然后是激发兴趣（interest）和欲望（dsire），并使之产生行动（action）。在数字化环境下，营销传播的任务则是在引起注意（attention）、激发兴趣（interest）的基础上，促进消费者搜索（search）、采取购买行动（action）并将自己的体验与他人分享（share），此即所谓 AISAS 模型。[1]例如，如果根据 AISAS 模型，则企业可以在影响个体消费者的每个环节设定目标，如希望达到的关注率、点击率是多少，分享和评论数是多少，最终采取购买行动的人数是多少等。

其次，要考虑公司类型和市场条件。工业品公司和消费品公司设定的传播目标是不同的，比如：针对消费品公司，传播目标既包括态度和购买意向的提升，也包括试用、重复购买等方面的目标；对工业品公司，则可能更多地将传播目标放在交易的达成、销售额的总体提升等方面。针对新兴市场和成熟市场，企业的传播目标也会有差异。在新兴市场，传播目标重在吸引新用户，教育消费者成为传播的重心；在成熟市场，传播的重点是提醒，旨在维持顾客关系和促进重复购买。

最后，要考虑产品生命周期所处阶段。在产品导入期，营销重点旨在提升产品或品牌知名度，此时须围绕知晓率、品牌态度等制定传播目标。当产品进入增长期，除了仍

---

① 符国群. 消费者行为学[M]. 4 版. 北京：高等教育出版社，2021: 16.

然关注态度外，须重点围绕产品偏好制定传播目标。在产品成熟期或衰退期，则须重点围绕重复购买、消费者满意度等方面制定传播目标（图16-7）。

图16-7 产品生命周期不同阶段的传播目标

三、确定传播预算

在明确传播目标之后，公司需要制定传播或促销预算，并且考虑如何在主要促销或传播工具之间进行分配以达成理想的传播效果。在营销传播上花多少钱，取决于两个因素：一是传播对利润的边际贡献；二是传播—销售反应曲线。前者或许可以根据经验或历史数据进行估计，后者实际上几乎难以预测，结果营销传播预算很大程度上依赖管理者的经验和判断。

常见的制定营销传播预算的方法包括量力而为法、销售额百分比法、竞争对等法和目标—任务法。量力而为法，是指以公司在当前或未来一段时期内财力所能负担的水平来确定营销传播预算。这种方法简单、直接，但在企业财力有限的情况下可能导致传播预算不足。销售额百分比法是按照当前或预期销售额的特定比例来制定营销传播预算。该种方法简便易行，而且将销售额与预算挂钩，理论上能够控制成本；缺点是把传播投入看作是类似于原材料一样的费用支出，有可能导致传播预算过低，尤其是在销售乏力时，削减营销传播费用，可能加剧销售下降态势。竞争对等法是参照主要竞争对手或行业平均水平确定预算。该方法试图利用行业智慧，同时可避免主要竞争者之间在营销传播方面的过度竞争；缺点是以行业平均水平确定预算，可能没有考虑到企业自身的营销战略要求，也没有考虑企业在不同发展阶段的市场机会。目标—任务法是一种相对理性的确定传播预算的方法，该方法的基本思想是：首先，确定旨在达成的销售与利润目标，再反过来确定达成上述目标需要的传播支持或传播目标，如要让多少顾客知晓公司产品，让多少顾客试用公司产品等。其次，一旦确定了传播目标，需要估计传播信息的覆盖范围及传播频率，在此基础上估算公司需要支付的传播费用。最后，对增加的销售额和利润额及付出的成本进行对照，以决定传播项目或传播计划的可行性。该种方法鼓励管理层界定目标，澄清关于顾客知晓、产品试用、重复购买与财务或市场目标之间的关系，比单纯的经验性或主观判断方法更具理性。

四、设计传播信息

营销者在设计信息时，必须决定说什么和怎样说，前者涉及信息内容，后者涉及信息结构、信息形式和信息源。信息内容通常可分为理性诉求、情感诉求和道德诉求 3 种类型。理性诉求侧重对产品功能、属性的介绍和展示，表明产品给消费者带来哪些利益。情感诉求侧重呈现产品使用者的情绪或情感，彰显产品之外的利益和形象。比如某种食品广告，画面是三口之家一起享用美食的温馨场景，而不涉及任何对产品的具体介绍。道德诉求是通过激发受众对于是非感的共鸣，传递产品或品牌的理念与信念。道德诉求帮助受众了解、强化什么是"对的"以及什么是"适当的"认知，经常用于促使人们支持公益事业，如保护环境、建立更好的种族关系、援助弱者等。

信息结构是指用什么样的框架或组织方式将信息内容呈现给受众。以广告为例，常用的信息结构有论断式、故事编排式、属性聚焦、单面对双面论述等。论断式或说教式是指直接告诉受众某种结论，如"预防上火，喝王老吉""孝敬爸妈，送脑白金"。故事编排式则是采用讲故事的方式呈现广告内容，海飞丝广告中一个女生因头屑而烦恼，用了海飞丝后变得自信，赢得了多位男生的关注与仰慕。属性聚焦是指围绕同一个属性或利益，采用多种方式予以呈现。如企业要宣传其蔬菜的绿色和新鲜，可以第一个版本体现来自环境优美的山川盆地，远处是深山峡谷，近处是潺潺流水和绿地成茵；第二个版本是蔬菜的真空包装，暗含蔬菜的新鲜；第三个版本是在尊贵客人用餐时食用该品牌蔬菜。三个版本的文案可以用绿色峡谷或高山作为背景，既有创意内容的变化，又有内在的一致性和联系，同时指向"绿色"与"新鲜"的属性诉求。

单面对双面论述是指文案内容是单方面论述产品或品牌的优点和利益，还是同时也表述某些购买决策不具有"决定性"影响的弱点。研究发现，当受众与劝说者的观点一致，或前者对所接触的问题不太熟悉时，单面论述效果较好；如果受众与劝说者观点不一致，而且前者对接触的问题比较熟悉时，单面论述会被看作是存在偏见，此时采用双面论述效果会更好。[①]

信息形式或信息格式是指信息内容如何以吸引受众注意力的感知方式表达或呈现，包括文案的标题、字体、编排、插图、色彩、音乐、动静变化等如何搭配。比如，有的文案以代言人的方式呈现，有的以性影射、幽默、恐惧等形式呈现。无论采用何种呈现方式，均需要考虑受众的特点和感受。比如，尽管幽默广告能吸引人们的关注，如果运用不当，可能会适得其反，尤其是那些以"使用者"而不是"产品"为幽默对象的广告，

---

① 章志光. 社会心理学[M]. 北京：人民教育出版社，1996: 229.

可能会引起部分受众的不适和反感。

信息源是指受众感受到的传播信息背后的来源或信息发送者。信息发送者可以是某个公司、某个品牌或者某个形象代言人。研究表明，信息源的有效性来源于它的可信度与吸引力。可信度源于信息发送者的专长和可靠性，如果信息发布者被认为是某个产品领域的权威且不存在私利或偏见，则其传播的信息更可能被认为具有可信度。信息发送者的吸引力取决于他的声望、外表魅力，以及他与信息接收者的相似性。著名品牌、受人尊敬的企业领导人以及影视明星或体育明星，因其具有吸引力常被作为营销信息的主要来源。

五、选择传播工具

本章第二节对企业常用的传播工具做了介绍，这些传播工具各有优点和局限，企业需要根据它们各自的特点以及企业的传播目标、预算水平及目标消费者所处决策阶段，来决定采用哪种或哪几种传播工具。

表 16-4 呈现了几种主要的营销传播工具的特征。比如，在受众覆盖范围方面，广告的覆盖能力最强，公共关系居次，人员推销覆盖能力最弱；在目标受众对传播信息的信任度方面，公共关系被信任度最高，广告被信任度最低。在企业对传播内容、传播进程的控制力方面，直接反应营销和销售促进最有优势，公共关系则最难以被企业控制。

表 16-4　各种营销传播工具及特征

	广告	销售促进	公共关系	人员销售	直复营销
传递个人信息的能力	低	低	低	高	高
触达大众的能力	高	中	中	低	中
互动水平	低	低	低	高	高
可信性					
目标受众的可信性	低	中	高	中	中
成本					
绝对成本	高	中	低	高	中
单位成本	低	中	低	高	高
损耗	高	中	高	低	低
投资规模	高	中	低	高	高
控制					
选择受众的能力	中	高	低	中	高
随环境变化调整传播工具部署的管理能力	中	高	低	中	高

在选择采用何种营销传播工具时，首先，考虑传播目标。如果传播目标是建立品牌意识或品牌知名度，广告的效果就会优于人员推销；如果传播目标是促使消费者立即采取购买行动，则人员推销或销售促进或许效果更好。其次，考虑目标市场的特征。如果目标消费者数量有限，直接销售可能是一种具有吸引力的工具，如果目标消费者数以百万计，大众化传播工具就值得考虑。再次，考虑产品或市场类型。比如，人员推销对大

型工业设备或风险比较高的产品销售比较合适，对购买频率比较高、单品价格比较低的产品销售，采用广告或销售促进比较适宜。最后，要考虑用户决策所处阶段。比如，在AIDA 模型的不同阶段，各主要传播工具的适用程度明显不同（表 16-5）。

表 16-5　各种营销传播工具在 AIDA 不同阶段的适宜程度

促销组合元素	注意阶段	兴趣阶段	欲望阶段	行动阶段
广告	▲▲▲	▲▲▲	▲▲	▲▲
销售促进	▲▲	▲▲	▲▲▲	▲▲▲
公共关系	▲▲▲	▲▲▲	▲▲	▲
人员销售	▲	▲	▲▲▲	▲▲▲
直接营销	▲	▲▲	▲▲▲	▲▲

▲ = 最不适宜使用

▲▲▲ = 最宜使用

应当指出，传播工具的选择不是一成不变的，企业需要随内外环境的变化，尤其是根据营销战略的改变来调整营销传播组合或促销组合。比如，企业在实施拉式策略时采用的促销组合就不同于采用推式策略时的组合。此外，各种传播工具，在很多情况下不一定处于替代关系，更可能是一种相互补充和支持的关系。

六、测量传播效果

传统上对不同类型的传播方式会发展起相应的效果测量方法。以广告为例，公司会采用实验、集中小组访谈、电话或问卷调查等方式来了解某个广告在个体或群体层面产生的影响。典型的测量指标包括广告内容或广告中的品牌识记，无提示回忆，有提示回忆等。这些测量很难与产品最终的销售直接联系，因此对那些特别关注广告对销售产生何种影响的企业而言，广告的有效性实际上处于一种不明确的状态，这也是为何不少企业在销售不景气时首先考虑降低广告投入的重要原因。

广告界则基于 AIDA 模型或其他新发展起来的"层次影响模型"，试图从受众的品牌意识、偏好、试用、重复购买、满意度等方面测量广告效果。背后的逻辑是：影响产品销售的因素很多，传播只是其中的一个因素；不仅如此，广告既有促进销售的短期效果，也有塑造品牌形象和在未来诱发购买的长期效果，因此仅仅从销售的增加或减少来衡量广告效果是不合适的。正是基于上述逻辑，在测量广告的效果时，广告界主张应将品牌资产或顾客资产的变化纳入考察范围。

表 16-6 呈现了某广告项目实际执行结果与事先制定的广告目标之间的比较。从中可以看出，该项目在提升品牌态度、购买意向及激发重复购买等方面表现出色，在试用率与市场份额方面则没有达到预期的目标。进一步分析表明，产品试用率之所以没有达标，根本原因是销售团队没有开发出足够多的销售网点，导致一些顾客在周边买不到广告中的产品。这也表明，虽然广告本身总体很成功，但它的最终效果与营销组合中的其他元素的配合密不可分。

表 16-6 广告效果测量

测量	目标（%）	结果（%）	变动（%）	数据来源
市场份额	10	9	-10	零售店监测
无提示品牌知名度	40	45	13	调查
有提示品牌知名度	90	88	-2	调查
品牌态度	60	68	13	调查
购买意向	40	47	18	调查
试用率	30	22	-27	消费者跟踪调查
重复购买率	70	75	7	消费者跟踪调查

（资料来源：Doyle P. Marketing management and strategy[M]. London: Prentice Hall, 1998: 276.）

伴随数字和互联网技术的发展，用户行为数据的可得性大大提高，这使企业可以根据点击、转发、评论、推荐、交易频率与交易金额等客观指标来评价传播效果。比如，在利用社交平台进行产品或品牌销售的背景下，吸粉数量、粉丝留存率、活跃度、转换率、忠诚度、转化成本等成为衡量传播效果的主要指标。

第四节　整合营销传播

一、整合营销传播兴起的背景

整合营销传播（intergrated marketing communication，IMC）是指综合运用多种传播方案和传播工具，向受众传递清晰、一致的信息，以实现传播效果的优化。它要求企业将所有的营销传播活动（如户外广告、公共关系、内容营销、终端促销等）视为一个整体，让它们共同服务于统一的传播目标。

整合营销传播源于 20 世纪 80 年代的美国，当时以大众传播为主导的传播模式受到多方面的挑战。从企业外部看，伴随 20 世纪 70 年代的经济"滞胀"和零售商力量的崛起，企业被迫削减广告投入，将更多的营销传播费用向销售促进倾斜；媒体细分程度的加深、新媒体的出现，消费者获取信息的手段日益多元，消费者对大众媒体的依赖减弱；遥控器、录播技术的出现及数字技术的发展，使消费者对信息的获取有更多的选择权和控制权；企业在营销传播方面的相互模仿和大众传媒对受众的"轰炸"，一方面使消费者对广告信息的信任度下降，另一方面竞争企业彼此之间的"干扰"会抵消大众传播的影响。

从企业内部看，以电视广告为代表的大众传播由于难以测量效果，加上传播成本节节攀升，导致很多企业高层对传统的营销传播方式信心不足。另外企业在将更多传播费用转向短期促销项目和互联网等新兴媒体的过程中，由于缺乏专门技能和人才，只有求助于传统的广告公司，后者由于思维惯性使然，仍主要依赖大众传播的理论和技术来指导"新媒体传播"，传播效果不尽如人意。更重要的是，在企业采用多种传播方式传播信息的过程中，由于传播预算掌握在多个层次的不同机构中，"内部政治"的存在不仅导致传播资源配置的分散，而且很难形成同一个声音对外传播。

正是在上述背景下，整合营销传播的概念被提出，并逐步得到企业和学术界的认同。整合营销传播的思想大致可归纳为如下几个方面：①消费者对企业产品和品牌的了解来自他们对各类接触信息的综合，因此要使传播有效和达到预期目标，需要了解消费者购买之旅有多少可能的接触点以及在每一个接触点的信息需求；②企业需要运用各种适合的传播工具去满足消费者在每一个接触点的信息需求，同时要理解并发挥各传播工具的协同作用而不是孤立地使用某种或某几种传播工具；③在利用各种传播工具时，需要传递一致的信息，即"用一个声音说话"；④为满足顾客的信息需求、确保提供一致的信息以及提升信息传播的效率，企业需要培养对新的传播工具的敏感性与专业能力，同时充分发挥"利益相关者"在对外传递营销信息中的作用；⑤营销信息传播需要与股东价值创造及可测量的传播效果直接联系起来。

在实践层面，整合营销传播大致经历了四个阶段：①战术协调阶段。在此阶段，公司侧重运用广告、促销、公关、直接反应营销或网络营销进行信息传播，并力图最大限度地提高所有传播工具之间的一致性和协同性。这一阶段通常不涉及对市场和消费者的深入调查，企业的传播活动总体上是"内向"的，具有浓厚的销售导向色彩。②营销传播范围重新界定阶段。在这一阶段，公司开始关注消费者在购买决策过程各阶段的信息需求，开始考察消费者与企业或品牌的所有潜在接触点，试图利用各种传播工具在每一个可能的接触点与消费者互动，而不是简单地把营销传播视为一种"促销"活动。由于将传播的起点放在对受众进行深入分析的基础上，传播更有针对性，传播成本也相应增加。③信息科技运用阶段。公司开始运用现有和潜在顾客数据来识别、评估和监控营销传播计划，并评估传播对关键客户或目标消费者的影响。由于需要对相关软件和硬件进行投资，同时需要在企业内部培育洞察顾客和市场的能力，投入的成本相比前两个阶段大大提高。④财务和战略整合阶段。此一阶段不仅建立起较为完整的营销数据库，而且借助信息技术发展起及时感知和应对消费者信息需求的能力，营销传播的整合不限于传播工具的协同及传播内容的一致，而是在营销组合层次上与渠道、定价等要素协同和配合。不仅如此，伴随传播效果可测量性的提高，营销传播的投入在较大程度上能以诸如投资回报率一类的财务指标予以反映，从而使营销传播真正融入公司的战略规划中。

二、整合什么

（一）传播工具的整合

首先，企业需要在不同传播工具之间分配预算，不能过度依赖某种传播工具。比如，需要根据传播工具的特点、企业营销传播目标及消费者在特定时空条件下的信息需求，在自有媒体、付费媒体、非付费媒体之间，在人际传播、大众传播和准人际传播之间合理配置预算。其次，需要针对消费者不同决策阶段的需求特点，提供主题一致但形式多样的信息。再次，需要测量各传播工具在促销和建立品牌形象方面的直接效果和间接效果，尤其是测量多种传播工具的协同效应，以客观评价传播工具的组合是否合理，是否需要进一步优化。最后，发展与外部传播机构长期合作的能力，培养熟悉各种传播工具和懂得如何优化传播组合的内部人才，建立包括人才队伍、数据库、数字技术等在内的整合营销传播基础设施。

（二）不同细分市场的整合

当企业在多个细分市场传播营销信息，需要考虑两个方面的信息整合。一是考虑同一细分市场内顾客的异质性，二是考虑不同细分市场营销信息的相互影响。同一细分市场内部异质性由多方面的原因导致：比如同是购买新能源汽车，有的消费者比另一些消费者具备更多关于新能源汽车的知识；一些消费者更多依赖从互联网获取信息，另一些消费者更多依赖从熟人、朋友处获取信息。显然，企业在针对不同类型消费者进行沟通时，需要在信息内容、表现形式、采用的媒体等方面"因人而异"。针对不同细分市场的信息传播，会产生"溢出效应"，企业需要根据这种"溢出效应"的方向和影响程度，来决定资源配置重点及营销传播工具的选择。比如，在化妆品、运动用品等领域，年轻人市场会对中老年市场产生"溢出效应"，此时营销传播重点无疑应放在年轻群体身上。

（三）线上与线下整合

在数字化时代，大多数消费者会同时从线上和线下获取信息，在此背景下企业需要同时考虑消费者在不同决策阶段在线上和线下的信息需求，安排合适的传播工具或传播手段与潜在顾客互动，如此才能更好地满足消费者的需要和提升顾客的体验感。在此过程中，也需要考虑顾客在线下的具体场景，以及在线上使用何种工具获取信息，例如，是使用手机还是使用电脑浏览电商平台或购物网站（图 16-8）。

图 16-8　消费者在不同决策阶段在线上和线下的信息需求

（资料来源：https://www.jiemian.com/article/2525656.html《国货为什么会慌？
这可能是全渠道营销的一次集体失利》。）

（四）不同利益相关者的整合

用同一个声音对外传播，知易行难。原因有二：一是企业内部各机构均不同程度与顾客接触，但各机构各自掌握某些资源而且有自身利益，同时企业营销传播计划尤其是其核心诉求不一定被企业内部所有人员了解，由此导致不同机构"各说各话"。二是营销传播不只是针对目标消费者，也包括针对企业的其他利益相关者，如中间商、外部公众等，由于各方关注点不同，即使是同一诉求或主题的信息传播，在内容侧重点、表现形式、使用的媒介工具上均会存在差异，由此导致人们对同一传播主题的信息解读各不相同。虽然如此，企业仍需要针对所有利益相关者，进行信息传播整合，力求使企业或品牌在所有利益相关者心中形成大体一致的形象。

三、如何整合

迄今并不存在"放之四海而皆准"的营销传播整合模式，但学术界就如何整合提出了一些有价值的思想和行动指南。被誉为"整合营销传播之父"的美国西北大学已故教授舒尔茨（Don E. Schultz）提出，应把营销传播整合视为一种思维方式，在企业战略层面思考营销信息的整合问题。美国学者 Rajeev 和 Keller 提出了传播匹配模型（communications matching model），该模型将消费者决策之旅分成若干阶段，在界定每个阶段消费者的行为特点及信息需要的基础上，为每一阶段制定传播目标，然后匹配相应的传播工具，以求达到理想的传播效果（图 16-9）。

图 16-9　整合营销传播的概念框架

（资料来源：Batra R, Keller K L. Integrating marketing communications: new findings, new lessons, and new ideas[J]. Journal of Marketing, 2016, 80(6): 122-145.）

无论是理论界还是企业界，均意识到数字技术给整合营销传播提供了新的机会和可能。比如，现在企业可以在网上跟踪单个顾客的购物之旅，观察其在购物之旅的每一个阶段的行为特点并推测其所需要的信息。借助于机器学习和人工智能，企业可以在识别顾客所处阶段及其需要的基础上，采用合适的手段适时推送其所需要的信息。不仅如此，企业还可以在线测试不同信息推送方式的反应和效果，从而不断优化信息推送的方式及信息内容的设计。图 16-10 呈现了数字化时代企业从倾听顾客需要、主动与顾客互动，到提供整合信息、测量传播效果和不断优化传播组合的整合营销传播实施过程。

图 16-10　数字化时代企业整合营销传播过程

延伸阅读 16-4　解码内容营销

　　整合营销传播的倡议者还就企业如何开展整合营销传播提供了行动指南。基本要点包括：审查整个组织的传播预算；创立营销传播绩效衡量方法；开发数据库管理利益相关者；识别顾客与企业互动的所有潜在接触点及相应的信息需要；分析企业内部营销传播部门的长处与不足；针对每个细分市场制订营销传播计划；建立专业性团队和雇佣具有团队协作意识的员工；将整合营销传播与企业管理决策过程联系起来。[1]也有学者从覆盖范围、成本、互补性、共同性、贡献等方面提出了评价整合营销传播方案的标准，这无疑对促进企业如何制定、评价和实施整合营销传播计划具有指导性。[2]

即测即练

自学自测　　扫描此码

---

① 菲利普·科特勒. 营销管理：分析、计划、执行与控制[M]. 9 版. 梅汝和，梅清豪，张桁，译. 上海：上海人民出版社，1999: 586-587.

② Keller K L. Unlocking the power of integrated marketing communications: how integrated is your IMC program?[J]. Journal of Advertising, 2016, 45(3): 286-301.

第十七章

管理销售队伍

通过本章学习，学生能够：

1. 了解销售人员的基本职责和主要销售方式；
2. 了解销售目标与销售政策的内涵；
3. 熟悉销售队伍结构和销售规模的确定方式；
4. 熟悉销售队伍管理的基本内容；
5. 描述人员推销过程。

第一节　销售人员及职责

一、销售及销售人员的重要性

销售，是世界上最古老的职业之一，对公司而言，它代表着巨大的投入。在美国，大约 10 个就业者中就有 1 人直接从事销售工作。[①]在我国，仅保险行业 2021 年登记注册的销售人员就超过 700 万。对大多数公司而言，直接花在销售上的费用占销售收入的 5%～40%不等。[②]

销售的重要性不仅体现在企业雇用的销售人员数量及在销售上的巨大投入，而且体现在销售人员或销售团队给公司创造的最重要的资产：顾客关系。销售人员的主要任务是创造顾客和带来交易，作为连接企业与顾客的纽带，他们既影响企业的短期销售和利润，也在很大程度上代表企业的形象，从而影响企业与顾客的长期关系。

一线销售人员的称谓很多，多数公司称为推销员，也有公司叫客户代表或客户经理，还有一些公司叫销售工程师或销售代表。在零售行业，营业员、导购员甚至收银员都可以划入销售人员的范畴，因为他们与顾客直接接触和沟通，影响顾客的获取、交易的达

---

① Perreault W, McCarthy E. Basic marketing: a global managerial approach[M]. Boston: Irwin, 1996: 449.
② Zoltners A, P Sinha, G Zoltners. The Successful Selling Organization, in Dawn Iacobucci ed. Kellogg on Marketing, John Wiley & Sons, Inc., 2001: 366.

成及顾客关系的维系。

销售人员大致可以分为三种类型：①订单接受者。这类销售人员的主要任务是处理顾客订单，包括应顾客要求配货、收款、开票、安排交货等，他们也会向顾客推荐产品，但获取额外订单不是其主要任务。此类销售人员又可进一步分为内部接单员和外部接单员，前者如零售店的导购员和营业员，以及生产或服务企业的电话订单接受人员；后者则需要走出办公室，去拜访顾客，但其主要任务是响应顾客要求，而不是主动说服顾客和获取新的订单。②订单获取者。这类销售人员需要通过自身能力去获取订单并维持顾客关系，其所要求的素质与技能远高于订单接受者。在制药、保险、财富管理等众多行业，销售人员通过主动识别和联系顾客、挖掘顾客需求等途径，获取订单并发展与顾客的长期关系。③支持性销售人员。这类销售人员本身不直接获取订单，他们主要为订单获取者提供信息、技术、信誉等方面的支持，旨在强化企业与顾客的关系和帮助企业在未来获得订单。支持性销售人员又可分为"技术型"和"布道式"两种：前者通常具有专门的技术特长，能向顾客提供较为专业的技术展示；后者试图通过拜访客户或中间商，宣传企业的产品或服务，以期引起潜在用户对产品或品牌的关注，为后期订单获取奠定基础。

二、销售人员主要职责

（一）主要职责

不同类型、不同规模的公司，销售人员的职责会有所不同。对于大多数公司而言，除了推销产品之外，销售人员还需要承担如下职责：寻找新客户、信息沟通、提供咨询与服务、收集市场信息、分配产品、发展和维持顾客关系、渠道建设与维护等。

（二）基本推销活动

销售人员常见的基本推销活动通常分为技术性和非技术性两类，每一类所包含的内容又会有所差异（表 17-1）。[①]

表 17-1　销售人员的基本推销活动

类别	沟通	销售	建立顾客关系	信息管理
技术性活动	电子邮件；电话/语音留言；利用微信等工具与顾客沟通	脚本销售；生产具体客户内容；向顾客提供相关技术	创建实用的公司网站和公众号；在公司内部发展团队销售技能	发展数据库管理技能、有效管理客户资料
非技术性活动	提升整体沟通技能；完善有效的展示技巧	掌握关系销售技巧；进行顾客业务研究；定义并向顾客销售有附加值的服务；客户跟踪；识别关键客户	发展强大的供应商联盟；与客户购买中心的所有成员建立联系；围绕顾客建立公司内部服务网络；建立信任；在公司内部协调顾客关系；有效倾听	完善时间管理技巧；有效组织信息流，减少不相关信息

---

① 马歇尔，约翰斯通. 营销管理精要：双语注释版[M]. 符国群，译注. 北京：北京大学出版社，2013：346.

（三）客户价值阶梯与销售

销售人员开展销售工作要努力实现两个目标：一是努力发展和沉淀更多的客户，二是发展与客户的长期关系从而在未来实现更多的销售。为此，企业的销售团队不是被动地满足顾客的要求，也不是满足于为用户提供高品质的产品与服务，而是要努力为客户的业务做贡献，为客户所在组织做贡献，此所谓客户价值阶梯（图 17-1）。

图 17-1　销售与客户价值阶梯

以 IBM 为例，当它在早期为我国保险公司提供软硬件服务时，它的销售团队不是去联系各地保险公司和介绍其产品、服务如何优异，而是通过举办各种高层会议告诉企业领导世界上最优秀的保险公司是如何高效地开展保险业务，以及在此过程中 IBM 可以扮演何种角色。如此，IBM 很自然地介入了我国的保险行业，而且成为很多保险公司不可或缺的合作伙伴。

当企业能够深度地介入客户的业务中，而且运用其专业知识与技能为客户的成长做出贡献时，双方就进入了一种彼此依赖的关系中，产品与服务的销售也就水到渠成。

三、主要销售方式

不同的行业、企业，甚至同一企业在不同的发展阶段，会选择不同的销售方式，下面介绍企业常用的一些销售方式。

（一）一对一销售

销售人员采用面对面方式或通过电话、视频等方式与客户沟通，介绍或展示产品与服务。这种方式便于了解客户需求并及时做出反应，也便于销售人员与客户发展长期信任关系，在工业品营销、针对政府等非营利组织或针对转售市场客户营销时，该种方式使用较普遍。

（二）一对多销售

由于一对一销售通常成本比较高，一些企业使用一对多的销售方式。比如，在医药行业，制药企业的销售代表会针对同一医院的多位大夫，或针对同一地区不同医院的大夫介绍和推广新的治疗技术与药品使用方法。在消费品领域，也有企业组织多个家庭聚会，借此销售餐具、瓷器、新的烹饪方法与食材等。一对多的销售，由于营造了多位客户共同参与的场景，可以激发客户之间的分享、交流及行为上的相互影响，有时可以产生一对一销售情境下难以产生的效果。导游向旅游团队成员推销某些地方特产，网红或博主在直播间卖货，均是一对多销售的典型例子。

（三）团队销售

团队销售通常是由来自市场、销售、技术、运营等部门的人员组成的销售团队一起与客户探讨解决方案和达成交易条件。该种销售方式通常适用大型项目或大型设备的销售，如华为将其网络设备和解决方案销售给电信运营商，就是采用这种销售方式。

（四）会议销售

定点邀请对采购决策具有重要影响的客户代表参加展销会或沙龙，介绍产品或服务，与潜在客户建立联系，达成合作意向或直接成交。

（五）研讨式销售

围绕某个特定主题组织研讨会，让参会人员了解最新技术或产品，展示其应用前景、遇到的问题及潜在解决方案等。比如，在医药与医疗设备行业，企业会组织某个领域的专家开展临床试验或研究，支持其发表高水平学术论文，在与专家建立合作关系的同时，扩大企业或其品牌的影响。

四、销售伦理与法律

（一）销售伦理与道德

销售人员肩负销售任务，大多数情况下单独面对客户并做出许多涉及交易条件的决策，面临的道德风险比较高。为此，销售经理或企业管理者一方面要理解销售人员面临的可能道德风险，并通过内部培训、定期交流、制定伦理准则等方式提供道德指引；另一方面，需要通过企业文化建设，提高销售人员的道德意识和职业操守。

道德判断涉及善恶的评判标准，也涉及行为后果的考量。现实生活中，销售人员既不是完全按社会认可或个人信奉的道义标准行事的"道德人"，也不是完全按行为是否对个人或对组织产生的后果做取舍的"经济人"，而是会综合道德准则与行为结果来开展销售活动。[①]作为管理者，当其下属的销售人员做出了有争议或不道德的行为时，需要具体分析当事人面临的道德冲突及行为动机来做相应处置。比如：如果销售人员明知其行为不道德而做出了该行为，则需予以严厉谴责和惩戒；如果销售人员做出了不道德行为，而他根本就没有意识到其行为的不道德性，则如何提高其道德意识将是防范重点；如果

---

① 甘碧群，符国群. 一种结合道义论与目的论的营销道德理论[J]. 外国经济与管理，1996(7): 18-21.

销售人员意识到了其行为的不道德性，而且为其行为感到羞愧和自责，此时加大惩戒或许反而会减轻其内心的自责感，不利于问题的真正解决。

为了从整体上提高组织在销售过程中的道德水准，企业需要从多方面采取措施。除了前面提到的制定内部道德守则和加强培训与教育，一些企业通过树立道德模范与典型、通过在销售人员评估中加入道德评估内容等方式促进销售队伍的道德建设。更有效的方法则是将道德建设融入企业的各项制度中，如金融机构设立有专门的合规部门，该部门不仅定期对销售人员进行包括道德在内的合规培训，而且对重要的交易合同会从道德角度进行审查。

（二）销售法律

销售人员也需要了解与销售直接相关的法律与法规：一方面避免违法，另一方面有助于运用法律武器维护自身合法权益。与销售相关的法律很多，主要有《中华人民共和国消费者权益保护法》《中华人民共和国反不正当竞争法》《中华人民共和国产品质量法》《中华人民共和国广告法》《直销管理条例》《禁止传销条例》。尤其是，当产品在国际市场销售时，销售人员更应了解进口国的法律在哪些方面与我国有所不同，这样才能更好地避免触犯法律。

第二节　销售队伍设计

一、销售目标

销售目标是对企业在一段时间内，在销售领域里应完成的任务的清晰简洁的书面陈述。组建销售队伍，首先要明确销售队伍的目标，据此可以进行相应的资源配置，包括安排广告及促销预算、营销渠道预算等。销售目标可以从销售队伍的总体层面，也可以从单个销售人员层面制定，下面主要从公司总体层面做介绍。

一个好的销售目标应该与公司的整体营销目标相匹配，在制定时通常要遵循 SMART（specific，measurable，achievable，relevant，timed）原则。具体而言，设定销售目标应遵循如下原则：①明确性，是指用具体的语言清楚地说明在哪些指标上最终达到何种效果或水平。②可衡量性，是指有一组明确的指标和在每个指标上预先设定可以量化或可以排序的数字标准，作为衡量是否实现销售目标的依据。③可实现性，是指设定的目标应实事求是，经过销售人员的努力可以实现或达成。④相关性，企业通常会在销售收入、投入费用、盈利等多方面设定目标，这些目标不仅要在总体上支持公司营销目标的达成，而且它们彼此之间应有较高的关联性或相关性。比如，如果企业要提高新客户销售额在整体销售中的占比，则应允许销售费用水平有相应提高。⑤时限性，是指销售目标的设定应有时间限定，如在某个促销时段、季度或某一具体年份实现某个目标。

销售目标可以围绕产出水平和产出效率设置，此时侧重销售额、销售数量、销售增长、新增消费者数量、市场占有率、人均销售额、消费者满意度、利润等指标。销售目标也可以围绕投入水平和投入效率设置，此时常用的指标有销售总费用、单件商品销售费用、客户访问数、推广活动次数、销售费用率等。通常，企业既可设置一些产出相关的目标，也可设置一些投入相关的目标。此外，为了完成企业整体销售目标，还会针对每个销售人员设置与行为相关的目标，如要求销售人员在产品知识、顾客服务、销售与沟通技能等方面达到某种可测量的水平。

企业确定销售目标可以采用自上而下的方式，即由高层管理者或销售总经理层层下达销售任务和销售指标；企业也可以采用自下而上的方式制定销售目标，即由地区销售经理或一线销售人员根据历史销售业绩，结合客户销售潜力确定每一个地区下一年度或下一季度可以实现的销售额或其他销售指标，将各地区的数据汇总即得到公司在某类产品上要实现的销售目标。现实中，很多企业是采用自上而下与自下而上相结合的方式，确定下一年度或下一阶段的销售目标。

一种将销售人员对用户分析与销售管理过程相结合、针对单个销售人员制定销售目标的方法，是销售漏斗管理技术。图 17-2 显示如何运用该技术为单个销售人员制定年度销售额目标，图的右侧部分是销售漏斗或销售漏斗技术，反映销售人员在吸引潜在用户的基础上，通过销售努力将成交可能性较小的用户变成成交可能性较大的用户，直至最终成为重复购买的用户；图的左侧部分反映某个销售人员已有或准备接触的用户情况，包括每个用户每年的采购量，以及各用户购买本公司产品的可能性或概率。地区销售经理可以和下属销售人员共同商讨，一起估计潜在用户年度采购量及成功交易的可能性，在此基础上汇总所有潜在用户可能实现的销售额，即得到下一年度该销售人员应完成的销售指标。该种方法的好处：首先，是将销售目标建立在对用户数据分析的基础上，具有较大的实现可能性。其次，可以根据客户规模和客户购买可能性对潜在客户分类，针对不同类型客户采取不同的销售政策。最后，企业和地区销售经理可以掌握用户数据，即使销售人员离职，企业也可以及时跟进，防止用户流失。

图 17-2　运用销售漏斗技术制定销售额目标

二、销售政策

销售政策是指针对不同类型的用户规定销售人员或销售团队应如何与之接触，开展哪些销售与服务活动，提供何种交易条件。更具体地说，销售政策包括：销售人员应与采购组织内部哪些人员接触，采用什么方式接触，顾客会收到哪些信息和服务，销售人员在拜访客户前和拜访客户过程中，需要搜集哪些信息等。

如表 17-2 所示，根据客户机会和公司的竞争地位，将顾客分为四种类型，企业可以针对每种类型的顾客制定不同的销售政策。针对顾客类型 1 和顾客类型 2，因企业具有竞争优势，企业宜维持或增加访问频率，以确保或提升优势地位。针对顾客类型 3，因该类客户潜力大，但企业处于竞争弱势，此时企业需考虑采取特殊措施力求改变竞争地位，如动员企业高层拜访客户，争取获得订单和与客户发展长期合作关系；如果企业无力改变较弱的竞争地位，则可将用于本客户的资源转移到其他用户。针对类型 4 的顾客，则可以考虑采用电话、在线沟通等非人员接触方式与客户互动，以节省销售费用。

表 17-2　客户管理政策方格

顾客类型 1	顾客类型 3
顾客吸引力：采购规模或购买潜力大，且企业具有竞争优势，顾客吸引力大 销售政策：维持或增加拜访次数及销售服务	顾客吸引力：如果组织能克服自身弱点，客户能提供具有吸引力的市场机会 销售政策：要么通过加大销售力度改变目前劣势地位，要么在无力改变现状的条件下将销售资源转移到其他用户身上

顾客类型 2	顾客类型 4
顾客吸引力：企业具有竞争优势，但未来机会不是很大，客户有一定的吸引力 销售政策：为客户提供中度水平的销售服务，以维持企业目前的竞争地位	顾客吸引力：顾客机会小且企业处于销售弱势地位。 销售政策：考虑用电话或直接邮寄销售等方式替代人员拜访，或者直接放弃该类顾客

（资料来源：Kerin R, Hartley S, Rudelius W. Marketing: The Core[M]. McGraw Hill Irwin, 2010: 377. ）

三、销售队伍结构

销售队伍结构或销售人员组织形式是指按照一定规则建立的销售人员分工协作体系。常见的销售队伍组织形式有区域式结构、产品式结构、顾客式结构、混合式结构四种。

（一）区域式结构

区域式结构是指将企业的目标市场划分为若干个地理区域，每个区域指定一名或多名销售人员在该区域内全权代表企业开展销售活动。该组织形式的优点：一是责任明确，便于考核与激励；二是有利于与顾客建立良好的合作关系；三是销售人员负责的区域集中，可以节省沟通和差旅成本；四是销售人员对区域内的客户与竞争情况比较熟悉，便于在区域范围迎接竞争挑战。

区域式组织的缺点如下：首先，不同地区销售潜力存在较大差别，这给销售人员的分配带来一定挑战。其次，销售人员长期在一地工作，可能会带来一定的工作惰性。尤其是，当销售人员与顾客建立了稳固关系后，对于开拓新客户可能动力不足。最后，当公司销售的产品种类较多，且各产品之间关联性不大时，销售人员难以对每种产品及特点有深刻理解，导致销售的针对性减弱。通常，区域式结构适用产品种类较少或产品同质性比较高的行业或企业。

（二）产品式结构

指按照不同的产品种类或产品群组建销售队伍。当企业存在多种不同的产品线，且产品之间的种类、销售方式、销售渠道等差异性较大时，采用此种组织形式比较合适。

该种组织形式的优点：一是便于销售人员熟悉所销售的产品和开展专业性销售；二是有利于销售部门与企业内部其他部门如生产、研发、售后等部门的密切合作，更好地挖掘客户价值；三是有利于企业重点销售有发展潜力的新产品。产品式组织结构的主要缺点是可能增加销售成本，因为当企业围绕多个产品群配置销售力量时，可能造成同一企业内负责不同业务的销售人员拜访同一客户的现象。

（三）顾客式结构

顾客式结构指企业针对不同类型顾客分别组织销售队伍。由于顾客的需求不同，对不同类型顾客销售同种产品时，要求销售人员具有不同的知识和采取不同的销售策略。企业可以根据行业、顾客规模、销售渠道的种类等对顾客分类，甚至可以针对个别重要客户进行分类，在此基础上围绕不同顾客开展有针对性的销售活动。

该种组织形式的优点如下：首先，销售人员长期与特定类型的顾客交往和互动，对顾客需求有更多了解，便于沉淀用户知识，也便于开展个性化销售。其次，便于企业围绕顾客开发新的业务和进行交叉销售，强化销售的深度和广度。该种组织形式的主要缺点是：当顾客比较分散时，销售费用可能会增加，因为此种组织形式下，可能增加销售人员的工作负担，不同销售人员负责的区域会产生重叠。同时对销售人员的素质要求比较高，要求销售人员熟悉客户、产品和协调服务顾客的内部关系。顾客式结构通常适用于用户比较集中或用户数量比较少的行业或企业。

（四）复合式结构

复合式结构指混合使用上述形式组建销售队伍，如区域—产品型结构、产品—顾客型结构、区域—产品—顾客型结构等。如果企业在一个比较大的地域范围内向各种类型的消费者销售种类繁多的产品时，通常将以上几种组织方式混合使用。复合式结构具有较大的机动性和适应性，能够充分发挥队伍中每一位成员的潜力，避免重复劳动，节约时间和成本。复合式结构试图克服各种单一组织结构的缺陷，同时兼容它们的优点，比较适合于产品类型繁多、顾客类别多且分散的企业。

应当指出，没有一种组织结构适用所有企业。在企业的不同发展阶段，销售队伍的组织形式也应随企业内外环境的变化予以改进、调整。"兵无常势、水无常形"，在对销售队伍结构进行反省、调整时，既要注意经济性和提高销售效率，也要注意不伤害广大销售人员的积极性。

四、销售队伍规模

销售人员是企业的重要资源，其规模是否适当对企业的经营绩效影响巨大。销售人员过少，销售潜力无法实现；销售人员过多，导致做销售费用增加，销售生产率下降。因此，确定合适的销售规模是组建销售队伍时需要做出的重要决策。销售队伍规模的确定通常有三种方法，分别是实验法、专家估计法和工作量法，下面分别介绍。

（一）实验法

实验法是根据现有销售人员数量是处于销售反应曲线的哪个位置，决定是增加还是减少某个区域的销售人员数量[1]。如图 17-3 所示，销售反应曲线是描绘销售力量与销售额关系的曲线。通常，当没有组建销售队伍时，产品的销售额可能处于某个较小的初始水平（S_0）；伴随销售队伍人数的增加，销售额最初会出现较快的增长，但到了某个临界点再增加销售人员数量，销售额不会再增加，此时销售额已达到了峰值或达到了完全渗透的水平（S_1）。销售经理可以根据上述销售曲线提出如下两个初始假设：假设销售人员太少，也许处于销售曲线 A 的位置；假设销售人员太多，也许处于图中 B 的位置。

图 17-3　销售反应函数

（资料来源：凯普，柏唯良，郑毓煌. 市场营销学：英文影印版[M]. 2 版.
北京：北京大学出版社，2012：256-257.）

---

[1] 凯普，柏唯良，郑毓煌. 市场营销学：英文影印版[M]. 2 版. 北京：北京大学出版社，2012：256-257.

销售经理需要决定采用何种标准来接受或拒绝上述两个假设中的一个。为此，可以选择某个或某几个地区作为实验组，再选择一个或几个销售潜力类似的地区作为控制组，在增加或减少实验地区的销售人员数量后，观察某段时期内其销售额与控制组相比是否存在显著差异。如果数据支持假设 A，则需要增加销售人员数量；如果实验数据支持假设 B，则应减少或维持销售人员数量。

（二）专家估计法

专家估计法的思路与实验法类似，由企业或行业内的专家在设定不同销售力量的情境下估计销售额，描绘出销售反应曲线；同时根据不同销售人员数量下的销售额与销售费用，描绘出相应的利润曲线，利润总额达到最大时对应的销售人员数量则是最佳销售人员规模。

具体步骤如下：首先，专家估计在没有销售人员时的销售额（图 17-4 中的 S_0）和市场完全被渗透时所需要的销售人员数量（S_1）；其次，估计在保持目前的销售力量的情况下的销售额；最后，估计在目前销售人员数量减少一半或增加 50% 的情况下各自的销售额。如此，可以大致估计出伴随销售人员数量变化而呈现的销售反应曲线。图 17-4 下方显示的曲线是利润曲线，在利润曲线的最高点，对应的是最优销售队伍规模 N^*。

图 17-4　销售反应函数与最优销售规模

（三）工作量法

根据服务的客户的总工作量及每个销售人员每年有效工作量确定所需销售人员的数量。该方法的第一步是按购买潜力或顾客规模对其分类，然后确定每类顾客每年拜访次数，在此基础上计算某个地区每年需要拜访顾客的总次数或总工作量；第二步，确定每个销售人员每年平均可以访问的次数；第三步，将拜访顾客总次数除以每个销售代表每年平均的访问次数，即得到该地区所需要的销售人员总数。

五、销售队伍报酬

吸引和留住优秀的销售人员，需要提供有竞争力的报酬。销售人员的报酬是销售费用的主要部分，报酬总额又需与销售收入相匹配。过低的报酬，不利于吸引高质量的销售人员，但报酬过高会增加企业成本，侵蚀企业利润，长期看不一定能持续。因此，管理层首先需要对"报酬或薪酬水平"做出安排，基本原则是参照行业销售人员的平均薪酬水平，在此基础上再根据销售人员的能力或业绩进行调整。

销售人员的报酬通常由四个部分构成：①固定金额，又称底薪，即每月固定领取的部分；②变动金额，即随个人或团队销售业绩而变动的部分，可以是奖金、业绩提成或利润分成；③费用津贴，如加班津贴、地区津贴、住房津贴；④福利补贴，如休假工资、交通补贴、生病或意外事故时的福利、养老金、企业年金等。

对于销售人员的报酬，管理层需要做出的一个重要决定是，总体报酬中固定部分和变动部分各占多大比例。对此，并没有适用所有行业或所有企业的统一标准，通行的规则是：如果销售收入与个人努力和能力密切相关，或者销售收入呈周期性变化，则宜加大报酬中的变动部分；如果销售人员承担的非销售职责比较多，或者销售收入与销售人员个人努力程度相关性较小，则应强调或偏向固定报酬部分。根据变动部分和固定部分的不同组合，销售人员的薪酬或报酬可以分成纯薪金制、纯佣金制、薪金—佣金混合制。

（一）纯薪金制

纯薪金制指销售人员的报酬全部或基本上是固定的，并按事前商定的金额定期发放。这种薪酬制度在销售领域极少采用，多见于公用事业如自来水、电力等少数行业。

纯薪金制的优点体现在如下方面：一是员工有安全感，当企业业务发展不错时，销售人员跳槽率比较低；二是员工愿意听从调遣，企业可以自由调整或变动销售人员岗位而不会引起强烈反对；三是成本核算简单，同时因为跳槽率低、监督成本较低，可以降低总体销售成本。纯薪金制最大的弊端是，难以留住特别优秀的销售人员。另外，当行业处于低谷时，总体销售成本无法随销售收入下降而下降。

（二）纯佣金制

纯佣金制指销售人员的报酬全部或基本上与销售业绩挂钩，随销售业绩而变动。这一制度比较适合非销售性工作较少的行业，如保险、房地产销售、医药等行业。该制度的优点：一是对销售人员有很强的激励作用，能够激励优秀的销售人员充分发挥其个人的能力和潜力；二是销售费用与销售收入密切联系，避免销售收入下降时仍须支付巨额固定销售费用；三是可以透过提成率的不同，指导销售人员善用时间和开发不同类型的顾客。

纯佣金制的缺点主要体现在两个方面：一是销售人员没有动力去从事非销售性的工作，如不愿意收集用户或市场信息并将其反馈给企业；二是当由于销售人员所不能控制的外部因素导致销售额大幅下降时，即使是最优秀的销售人员其销售收入也会大幅下降，他们很可能会选择离开公司，导致销售人员离职率较高。此外，在高额佣金或高提成比例的刺激下，销售人员更可能采用高压销售等手段达成销售目标，长远来看有可能损害客户关系和公司形象。

（三）薪金—佣金混合制

薪金—佣金混合制指销售人员的报酬既包括固定部分也包括随业绩而变化的变动部分。该种报酬制度兼有纯薪金制和纯佣金制的优点，又一定程度上能克服两者的缺点，被绝大多数企业采用。

该种报酬制度的难点是如何确定薪金等固定部分与佣金、奖金等变动部分的比例。如前所述，通常的原则是，如果销售工作成效主要不是由销售人员个人决定，如大部分客户靠平台推送或者能否与客户成交，很大程度上依靠其他相关人员的协助，此时可增加固定部分的比例，提高销售人员的工作安全感。

销售人员报酬中很大一部分是奖金，奖金的发放需要事先制定规则并让销售人员知晓，如此才能产生激励作用并影响销售人员行为。不同行业或企业需要根据自身特点来确定业绩考核维度与标准，并据此赋予不同考核维度以适当权重，然后根据销售团队中各成员的表现来确定奖金发放的额度。以医药行业为例，在确定销售代表的奖金分配时，一些医药公司会给每位销售代表的表现打分，然后根据得分多少将销售代表分成若干等级，每一等级对应不同的奖金额度。得分标准通常会考虑如下方面：是否超平均销售额、费用控制水平、顾客拜访次数、召开的专业推广会议次数、团队合作及合规合法等。

第三节　销售队伍管理

一、招聘与挑选销售代表

挑选和招聘到能够胜任销售岗位职责的优秀人才，是销售队伍建设的重要内容。优秀的销售人才是一种稀缺资源，是很多企业争夺的对象。研究发现，27%的销售代表创造了52%的销售额，由此表明杰出的销售代表与普通销售代表在效率上的差异。[1]挑选失误，造成的损失非常大。一是会提高离职率，造成招募、培训、补偿等成本的大幅增加；二是造成销售的机会损失；三是不合适或不能胜任工作的销售人员不仅影响团队士气，而且可能会给企业形象带来负面影响。

一些学者试图找到优秀销售人员的特征，但迄今得到的结果仍是原则性的。现实中，成功的销售人员既有仪表堂堂的，也有长相一般或长相普通的；既有外向的，也有内向

---

① 科特勒. 营销管理：分析、计划、执行与控制[M]. 9 版. 梅汝和，梅清豪，张桁，译. 上海：上海人民出版社，1999: 644.

的；既有雷厉风行者，也有慢条斯理者。大多数研究表明，业绩出众的销售人员，通常具有以下三项特征：①高的成就动机，即有强烈动机超越他人和成为职场赢家；②非常自信，即相信自己有能力满足顾客需要；③共情能力，即能设身处地为顾客着想，与之建立个人关系。[①]

不同行业的企业甚至同一企业的不同销售岗位，对销售人员的要求及相应的招聘标准都存在很多差异。医疗器械行业的销售人员与饮料行业的销售人员，在知识和能力要求上显然是不同的。因此，挑选和招聘销售人员，应从分析岗位职责和对岗位的描述开始。在此基础上，企业销售经理和企业人力资源部门应针对不同类型的销售人员制定资质或选择标准，包括学历、工作经验、解决问题能力、个人特质要求等方面的标准。

在确定了招聘标准后，人力资源部门可会同销售部门着手招聘。企业可以通过各种途径寻找应聘者，包括现有销售人员推荐、猎头公司推荐、刊登广告、进校园宣讲、参加人才展会，也可以利用微信朋友圈等社交媒体寻找应聘者。为挑选到合适的应聘者，除了根据应聘者个人资料和推荐信息做初步筛选，还需要组织笔试、面试。对一些重要的销售岗位，甚至会对应聘者家庭情况、之前的从业经历进行核实和调查。

二、销售人员的培训

对销售人员进行培训是一个持续的过程，新的销售人员要接受上岗培训，在走向工作岗位后销售人员还要接受各种专门性培训，如销售技能培训、顾客心理与顾客关系管理培训、产品与业务培训等。销售培训一方面旨在提高销售人员的能力，另一方面是为了提升其综合素质，以取得更好的销售业绩。

销售培训通常会涉及如下某个或某几个方面的内容：公司基本情况，如组织结构、业务发展、经营目标、公司文化等；公司的业务或产品情况，如产品制造过程、技术特点、使用场景等；用户需求与竞争状况，如顾客类型、购买动机、购买习惯，以及竞争品牌的优势与劣势等；推销与展示要点，以及如何与顾客互动等；实地推销的工作程序与责任，如怎样在不同类型的客户之间分配时间，如何控制销售费用，如何拟定推销线路，如何运用在线工具提高销售效率等。

企业进行销售培训的方法很多，但企业一般会根据培训目的、培训对象和企业资源的不同，选择一个或多个混合使用，比较常用的销售培训方法包括以下几种：①课堂培训；②演讲、辩论；③现场培训；④研讨培训；⑤销售会议培训；⑥角色扮演培训。

伴随在线和数字技术的发展，销售人员越来越需要运用新的技术手段规划销售方案和与顾客互动，因此，销售人员需要不断地接受新技术运用的培训。另外，企业也可以不断探索运用新的技术手段开展培训，以补充甚至部分替代传统培训方式。

---

① Walker, Chruchill, Ford. Motivation and performance in Industrial seling: present knowledge and needed research[J]. Journal of Marketing Research, 1997, 14(2): 156-168.

三、销售人员的激励

虽然有极少数销售代表将销售视为十分迷人和具有挑战性的职业，自我驱动力很强，但绝大多数销售代表需要企业或销售经理给予不断地激励。对于那些单独工作的现场销售人员，激励尤其不可或缺。首先，是由于人的本性使然。大部分人如果没有金钱、社会认可、职位晋升等方面的激励，难以持续努力地工作。其次，与销售工作的性质有关。销售代表大多数情况下是单独工作，远离家人，工作时间不像办公室人员那样稳定而有规律。不仅如此，相对于顾客，销售代表总是处于"求人"的地位，很多情况下缺乏足够的权力处理顾客的问题，面临的压力和挫折感往往高于大多数其他职业。最后，销售人员更容易面临个人问题，如无法就近照顾家人、因为压力而酗酒，或者更容易出现婚姻破裂、举债等状况。

激励销售代表的方式很多，常用且比较有效的方式有：①富有人格魅力的领导。那些富有激情、奖赏分明且具有责任感和个人魅力的销售经理，往往能激发销售团队和销售人员的斗志，带来更好的销售绩效。②鼓励、正面反馈与表扬。③提携与培养。如给销售代表传授经验，给予指导或让其掌握新的技术，以帮助销售代表不断提升能力和提高销售业绩。④合理的销售定额。"可变定额派"认为，销售代表之间存在个体差异，对那些自我驱策力较强的销售代表应制定较高的定额，对那些能力中等或自我驱策力并不突出的销售代表，则宜制定中等或平均水平的定额。给销售代表制定销售配额的总的原则是，既考虑该销售代表过去实现的销售额，同时考虑其所负责的区域的销售潜力。⑤其他辅助性的激励措施，如销售竞赛、销售会议、公司最高层的接见等。

对销售代表取得的业绩给予奖赏或回报无疑会激励销售代表更加努力工作。研究表明，销售人员最希望得到的奖赏依重要性排序依次为金钱激励、提升与个人成长、成就感。对那些业绩特别突出的销售人员，获得尊重感、安全感和认可并没有那么被看重。此外，各种奖赏或激励的重要性，也存在个体差异。那些年龄较大、比较资深且家庭人数比较多的销售代表，更看重经济或金钱激励，受过更多教育的年轻人则认为认可、尊重和成就感更重要。[①]

四、对销售人员的指导

销售经理的主要任务是带领销售团队，在某个地区范围内或针对某类产品完成计划的销售目标。为此，除了要培训、激励销售人员，促使他们努力工作，还需要对销售人员进行指导，使之更有效率地开展销售活动。

（一）制定客户访问标准

企业需要针对不同类型的客户，制定不同的客户访问标准。这项工作之所以重要，

---

① 科特勒. 营销管理：分析、计划、执行与控制[M]. 9 版. 梅汝和，梅清豪，张桁，译. 上海：上海人民出版社，1999: 649-651.

一是不同类型客户的销售潜力与吸引力不同，企业需采用不同的销售政策，由此要求将政策细化到客户访问标准上。二是新上岗的销售人员甚至有一定资历和经验的销售人员，可能不适当地将销售时间分配给了那些看上去很有吸引力但不具有盈利性的客户组织。三是很多销售人员更愿意与熟悉的客户打交道，导致对新客户的访问次数偏低。四是大多数销售人员更愿意拜访那些能给自己带来更多尊重、更容易接近的客户，而这些客户可能并非企业的目标客户。比如，某个新进入市场的医疗器械企业，在最初几年时间里，瞄准的主要是大城市的三甲医院，但由于这些医院的进入门槛高，销售人员可能更愿意在中小城市或大城市里规模相对较小的医院进行销售，显然这并不符合企业的目标与政策。

如何制定客户访问标准是一个经验性问题。企业一方面需要遵循销售政策的指引，另一方面则是努力避免不适当地把访问时间放在较小盈利性的客户上。比如，企业可以规定销售人员将一定比例的时间，如 25%的时间分配给新客户；当拜访新客户三次仍然没有达成交易，则放弃该客户。在制定客户访问标准的过程中，既需要吸收公司优秀销售人员参与，汲取他们的经验和智慧；同时需要进行成本—收益分析，即考察针对不同类型顾客拜访所付出的销售成本和带来的收益，只有当收益大于成本时，销售拜访次数的确定才是合理的和可持续的。

（二）按产品毛利率和销售反应率确定推销的轻重缓急

不同类型的产品具有不同的毛利水平，对毛利水平高的产品，企业无疑须配置更多的销售资源。比如，A、B 两种产品，A 产品的毛利率是 50%，B 产品的毛利率是 30%，在其他条件相同的情况下，销售人员须把更多精力放在 A 产品上。当企业产品种类较多时，销售人员不一定了解每种产品的毛利水平，因此需要销售经理给予明示和指导。

同样，不同产品的销售反应率也存在差别，有些产品虽然毛利水平不高，但其销售反应率比较高，即在不须占有太多销售资源的情况下，产品比较容易成交。此时，需要综合考察毛利水平和销售资源占用情况，来决定优先推销何种产品。

（三）有效地支配时间

销售人员真正用于推销和解决顾客问题的时间，只占其有效工作时间中很小的一部分。图 17-5 列出了销售人员的时间分配，从中可以看出，销售人员主动销售的时间只占其工作时间的 10%，用于解决顾客问题的时间占工作时间的 14%，其余大部分时间则用于路途和行政性事务。[①]如果能减少事务性时间，将其用于销售或与顾客互动，将大大提高销售绩效。

常用的提升销售人员时间效率、优化其时间配置的方法很多。一是制定年度顾客拜访计划，即规划一年的哪些时间段拜访那些现有和潜在顾客，以及在此时间段的活动。

---

① 科特勒. 市场营销原理：亚洲版[M]. 3 版. 李季，赵占波，译. 北京：机械工业出版社，2013：334.

图 17-5　销售人员的时间配置

二是采用时间—责任分析法，帮助销售人员更好地将时间在出差、访问准备、等候、销售、行政事务等各项活动中做合理分配，同时交叉利用时间以提高时间利用效率。如使用较快的交通工具以减少旅途时间，在等候拜会顾客时利用它来填写相关报告或拟订计划，或者在回公司总部开会、培训或处理其他事务性工作时，同时安排处理顾客服务等工作。三是将一些事物性工作，如报销、开票、表格填写等安排由内勤人员或支持性销售人员负责，或者通过简化表格填写和事务处理流程，减少事务性工作负担。四是采用新的技术手段，提升销售人员工作效率。比如通过使用移动办公系统和语音录入技术方便销售人员搜集、获取、分发相关数据，或者使用计算机和人工智能支持的决策辅助系统，让销售人员更快捷地了解市场和顾客情况，并对顾客需要做出反应。

五、销售人员评价与考核

对销售人员的绩效进行具体考核，一般包括销售人员日常活动考核、季度与年度业绩考核、服务能力考核、工作能力考核等。[①]

（1）日常活动考核。销售人员日报管理能提供有关顾客、市场和竞争者等许多方面的信息，销售经理可从中了解销售人员的工作情况及目标的达成情况，并发现问题和不足。

（2）季度/年度业绩考核。此项考核将主要考核销售人员季度和年度销售业绩，包括各类财务指标，如销售额、利润率、回款率等。

（3）服务能力考核。销售人员都必须做好对顾客的服务工作。销售人员服务能力的考核取决于顾客当季和全年投诉率，所有销售人员的投诉率不应高于规定的比例。

（4）工作能力考核。工作能力考核主要包括沟通能力、创新能力和信息能力。此项考核可结合销售人员职业生涯规划和当季或当月工作计划，从其工作的计划性以及目标

---

① 王海滋，赵霞.销售管理[M]. 武汉：武汉理工大学出版社，2008.

完成的情况考核销售人员的工作效率和工作质量。

根据考核内容的不同，考核方法也有多种形式。企业可以采用一种或多种方式进行考核，从而有效减少考核误差，提高考核精确性。常用的考核方法有以下几种。

（1）横向比较法。该方法将各位销售人员的销售业绩进行比较和排序。

（2）纵向分析法。该方法是将同一销售人员的现在和过去的工作实绩进行比较。

（3）尺度考核法。该方法将考核的各个项目都配以考核尺度，制作出一份考核比例表，对销售人员的绩效加以考核。

（4）360度考核法。该方法也叫全视角考核法，是指由直接上级、其他部门上级、下级、同事和顾客对销售人员进行多层次、多维度的评价。

（5）目标管理法。该方法通过一种专门设计的过程使目标具有可操作性，一级接一级地将目标分解到组织的各个单位。

（6）关键绩效指标考核法。该方法又称 KPI 考核法，该方法通过对销售人员工作绩效特征的分析，提炼出最能代表绩效的若干关键绩效指标，并以此为基础进行绩效考核。

第四节　人员推销过程

推销尤其是订单的获取，是一个复杂的过程，涉及与顾客互动和关系的建立。虽然推销的目的是达成交易，但实际上销售人员在与顾客会面前需要做大量的准备工作，交易的达成需要与顾客深入交流和解决顾客提出的各种问题，交易达成后还会有很多的后续工作。图 17-6 列出了人员推销的主要步骤。

图 17-6　人员推销过程

一、确定潜在客户名单

人员推销始于识别和确定潜在销售对象或潜在客户名单。合格的或合适的客户需符合如下标准：一是属于营销战略所瞄准的目标客户；二是该潜在客户对本公司的提供品有需要并且具备支付能力；三是能做出购买决定或对购买决定的做出具有重大影响。

获得潜在客户名单有很多来源，例如：通过在广告或促销材料中设置联系方式；通过参加展销会或行业会议获得客户名单；通过随机打电话或查阅电话黄页获得客户名单；通过从事引人注意的演讲和内容创造获得客户名单；通过研究上市公司的高管或查阅公司网站获得客户名单等。最有效获得潜在客户名单的方式是通过现有客户、现有合作伙伴或企业内部与顾客接触的其他部门的介绍、推荐获得的客户名单，因为这类客户名单可能更具有相关性。

在获得了足够的客户名单后，销售人员需要确定名单中哪些潜在客户更可能成为企业的实际客户。为此，需要对名单中的客户进行甄别，通过分析名单客户的业务、规模、财力、地理位置、特定需要等来确定其购买本企业产品的可能性，剔除那些购买本企业产品可能性特别小，或者对企业价值贡献小的潜在客户。

二、准备工作

在实际拜访或接触客户之前，销售人员需要尽可能地了解客户或采购团队的情况，以便决定如何接近客户，这被称为接触前的准备工作。销售人员可以通过网站、公司财报或其他公开信息来源了解所要拜访公司的情况；也可以通过熟人、朋友或公司内部渠道获取相关信息。

在销售准备阶段，除了大致了解潜在受访者对产品、服务的需求等信息外，首先，要明确拜访目标，如是建立联系、确立进一步接触意愿，还是搜集更多需求信息，抑或达成初步交易意向。其次，确定合适的接触方式和理想的拜访时机。是通过人员拜访，还是通过电话、微信、邮件等方式与顾客接触；是在工作时间拜访还是在非工作时间拜访。以私人银行高级财富管理经理为例，在首次拜访客户前，不仅需要了解受访客户可自由支配收入、投资目标和沟通方式偏好，还需要了解客户接触方式和接触时机的偏好。研究发现，不同职业的客户对接受电话访问的时间就存在不同，牙科医生喜欢在 9:30 前接电话，律师则偏好在 11:00 ~ 14:00 之间接电话，大学教授偏好的时段则是 19:00 ~ 20:00 之间。[①]再次，销售人员还应确定对客户的总体销售战略，如是强调性价比还是强调公司的技术先进性。最后，准备好接触时可能需要的相关材料。如名片、公司和产品介绍资料、展示工具、价目表、购买意向协议等。

三、接触客户

初次接触或拜访客户，对后续能否发展合作关系至关重要。销售人员应懂得如何约见和问候客户，如何通过合适的话题拉近双方的距离和建立信任关系。拜访过程可以分为三个部分，一是了解或探测客户的真实需要或欲求；二是证实或确认需求清单是否完整；三是估计或显示提供品或解决方案给用户带来的利益和价值。

销售人员应预计到顾客迟早会提出各种反对意见来终止交谈，如提出各种借口来掩盖其不愿意与销售人员所在公司交易的想法，这些想法可能是建立在惯性思维或不正确的感知基础上，如认为原来的供应商更可靠或其提供的交易条件更加具有吸引力等。在销售人员做了介绍和展示后，客户常用的反对借口是自己没有权力做决定，或者预算不

---

① Kerin R, Hartley S, Rudelius W. Marketing: the Core[J]. The McGraw-Hill, 2010: 371-372.

够，还需要与其他供应商接触后再做决定等。对这些可能的反对意见或借口，销售人员应预先有所准备或防备，如在交流过程中询问谁有权做出购买决定，客户在特定类别产品上每年的大致预算有多少等。如此，才能探测到用户真正关心的问题，了解其真实的需要。

在询问客户所关心的问题和了解其各种要求后，销售人员需要列出客户需求清单并确认是否存在需要进一步补充的事项。需求清单的完整性之所以重要：一方面是源于客户有时并不完全了解行业最新的技术发展，或者遗漏了一些未来有可能变得非常重要的购买标准；另一方面则是防止在后续交流中用户提出许多新的需求事项，从而推翻之前达成的某些共识。

在了解用户的完整需求之后，接下来销售人员需要向客户显示企业提供的解决方案，到底能给客户带来多大的价值。比如，能给客户带来多少成本节约，能够在多大程度上提高客户的产出水平等。如此，销售人员在与客户交流、磋商的过程中，就会聚焦价值而不是价格，从而有助于成交。

在与客户接触和交流的过程中，优秀销售人员需要具备如下技能：一是倾听的能力；二是共情或从用户角度思考问题的能力；三是显示或证明企业提供品价值的能力。为此，销售人员需要对客户所在行业及客户自身的特殊需要有深刻的洞察，同时对自己所在公司的独特能力有全面的理解。

四、演示与说明

在这一阶段，销售人员向客户讲解产品的"故事"，说明购买的产品或服务给其带来的利益，或产品如何解决客户的问题。在推销过程中常犯的错误是过分强调产品的特点或功能，忽视了产品给用户带来的利益。很多情况下，潜在顾客并不关心产品的工作原理和属性特点，也不一定在意产品的新功能，他们关心的是产品能否解决其所关注的问题。

推销说明或讲解有三种常用方式，分别是刺激—反应式推销、公式化推销、需要—满足式推销。

刺激—反应式推销是指销售人员一一介绍产品的优点，希望总有一个优点能够打动潜在客户。典型案例是，当你走进服装店，销售人员在了解了你的初步需要及你所要的尺码后，会拿好几件可能适合你的衣服，一一给你介绍，然后让你选择一件。这种展示方式对很多产品的销售不一定合适，因为现有供用户选择的产品不一定匹配用户的真实需要。

公式化推销是销售人员以标准化步骤向潜在顾客提供预先设计好的信息内容，旨在让顾客接触准确且全面的信息。该方式在上门推销、电话推销中运用比较普遍。该方式把所有潜在客户看成是同质的，或者忽视他们在信息需求上的偏好差异。当销售人员对不同类型潜在顾客的差异缺乏了解，或者当销售人员刚上岗和比较缺乏推销经验时，此种方式比较合适。此种推销方式的好处是能确保信息展现的完整性；缺点是销售人员自说自话，说明和讲解缺乏弹性，也没有获得顾客的反馈。

　　无论是刺激—反应式推销还是公式化推销，交流过程均是由销售人员主导。需要—满足式推销则强调通过探测和倾听去了解潜在客户的需要与偏好，在此基础上裁剪信息以适应特定客户，并突出介绍和展示为用户所看重的产品利益。需要—满足式推销又可分为适应性推销（adaptive selling）和咨询式推销（consultative selling）两种类型。适应性推销是指销售人员调整演示与说明以适应具体的销售情境，如根据互动过程中了解的情况决定为客户提供何种解决方案，而不是强推事先拟定的解决方案。咨询式推销，是指销售人员重在识别顾客面临的问题，以类似专家或顾问的方式诊断顾客问题并提出可能的解决方案。这种形式的推销，不是在多个现存方案中做挑选，而是与用户一起探讨新的价值创造方案，该种推销方式在工业品市场营销中运用较普遍。

　　产品展示与说明过程中，销售人员应避免夸大其词，更应防止"高压推销"。合适的方式是向客户展现公司是如何满足其采购标准，如何给其创造经济价值。一旦产品或解决方案逐一满足了顾客之前提出的各项采购标准，并得到用户的首肯，销售人员就应直接建议进入签约环节。如果顾客仍有顾虑和问题，则与顾客的互动进入下面介绍的异议处置阶段。

五、处理异议

　　客户异议，指在销售过程中，客户提出的各种各样的问题以及意见。客户异议是普遍存在的，而客户异议处理是否得当直接决定了最后的成交与否。常见的客户异议或借口是：产品的某些性能或指标达不到要求；价格太贵；对目前供应商很满意，找不到转换理由；需要进一步与领导或其他部门协商等。面对异议，销售人员需要采用积极的态度予以应对，如通过询问或追问，让顾客澄清真正的问题所在。比如，当顾客嫌价格太高不愿意成交时，背后的真正含义有可能是客户希望获得某种折扣；也可能是报价超越了客户的预期或预算，还可能是客户不是最终的决策者。只有弄清上述不同的意涵，销售人员才能找到合适的应对之策。

　　常用的处理异议的方法有：①询问处理法。该方法是利用客户的异议来进一步追问客户。该方法的目的是识别客户的虚假异议并解决真实异议。②转折处理法。该方法是先表示理解顾客异议，再用事实和理由否定顾客异议，以此消除顾客的敌对心理和疑问，然后转变到自己的立场上来。心理学家研究表明，转折词"但是"的使用，会使顾客感觉不柔和，因此，销售人员使用时一定要委婉。③补偿处理法。补偿处理法也称 T 型法，是指销售人员利用顾客异议以外的该产品的其他优点或长处对顾客异议涉及的短处进行补偿或抵消的一种方法。补偿处理法适用于顾客的反对意见确有道理的情况，这时销售人员采取否认的态度和反驳的策略是不明智的，应该承认客观上的缺点并通过提供其他优点来弥补客户损失，让客户感觉仍值得购买。④利用法。利用法是指利用顾客异议本身积极的一面来处理异议的方法，其目的是把顾客异议转换成购买的理由。⑤否认法。否认分直接否认和间接否认，该方法指直接或间接否定顾客异议。该方法特别适合于回答顾客用问句形式提出的顾客异议或不明真相的揣测陈述。使用该法时应该自信而不失礼貌。反驳应该有理有据，令顾客信服。⑥举证法。举证法是指销售人员通过列举人证、物证、例证等来处理顾客异议的方法。使用该方法时要注意：他们购买或使用产品的例证对顾客来说是可信的；例证要具体，并且可以考证，销售人员不能随意编造故事来欺骗顾客。⑦先发制人法。该种方法是为防止潜在顾客提出有关异议而由推销员主动抢先提出，取得先发制人的主动地位，以达到排除购买障碍的方法。

六、促成交易

在成功处理顾客的异议之后，销售人员应力求尽快达成交易。一些销售人员或由于缺乏自信，或由于担心被拒绝等原因，导致在推销的最后阶段功亏一篑。实际上，当客户对产品或解决方案的价值有了理解，对各项交易条件表示了首肯或没有明确的反对意见时，销售人员可明确要求客户做出购买或交易决定。

销售人员需懂得如何从客户那里识别可以达成交易的信号。成交信号可以分为 3 类：一是表情、动作信号，当客户有购买意向时，其神态和动作均会发生变化。二是语言信号，销售人员可以从客户交谈的语言中，捕捉到客户是否有采取购买行为的倾向。三是事态信号，表现为客户主动提议转换洽谈场所、主动变更洽谈程序、进一步询问销售人员的日程安排等。

销售人员有多种方法促成交易，常用的方法如下。

（1）直接请求成交法。该方法是指用简洁、明了的语言，直接要求潜在客户购买。使用该方法时，销售人员切忌盲目自信，一定要提前组织好语言，以免客户产生反感而导致成交失败。

（2）假定成交法。该方法是假定客户已经做出了购买决定，然后直接给其开具发票或要求其付款或签字。

（3）选择成交法。该方法也称缩小选择成交法，是销售人员为客户设计出一个可以有效成交的选择范围，使客户只在有效成交范围内进行成交方案选择，如二选一。

（4）总结利益成交法。该方法是指销售人员总结能引起潜在客户兴趣的主要特点、优势和利益，然后促使顾客成交的方法。

（5）利益诱导法。通过提供限时折扣或优惠，让客户感觉到错过成交就错失了巨大利益，从而促使其马上采取成交行动。

七、跟进与维护

交易达成后，还会有很多的后续工作，包括发货、开票、送货、安装及其他售后服务安排等。为了确保顾客满意和进行后续重复购买，销售人员除了表达希望与顾客保持长期接触的愿望外，还须定期回访顾客，了解产品使用是否达到预期，以及在顾客面临使用问题时尽快予以解决。

本章案例

最大医美公司爱美容销售人员薪酬

即测即练

自学自测　　扫描此码

数字化营销

通过本章学习，学员能够：

1. 了解数字化营销的含义及数字化营销兴起的背景；
2. 熟悉数字化营销的不同形式及特点；
3. 理解企业的数字化营销过程与数字化用户管理；
4. 了解数字化营销未来发展趋势。

第一节　数字化营销概述

一、数字化营销的含义

早期的西方学者，要么把数字化营销理解为一种交互式媒体[①]，要么将其视为一种数字化分销渠道[②]。还有学者认为，数字化营销是一种数字技术支持的流程，通过该流程，企业可以与客户及合作伙伴协作，共同为利益相关者创造、沟通、交付和维持价值[③]。

国内也有不少学者探讨了数字化营销。一种观点认为，数字化营销是使用数字媒体推广产品和服务的营销传播活动，主要包括社会化媒体营销、移动营销、微电影营销、虚拟游戏营销、搜索引擎营销及电子商务营销等。[④]还有学者认为，数字化营销是基于明确的数据库对象，通过数字化多媒体渠道，实现营销精准化，营销效果可量化的一种高层次营销活动。[⑤]

综上，如果从狭义看，数字化营销可以视为新的交互式媒体和新的营销渠道，或者

---

① Parsons A, Zeisser M, Waitman R. Organizing today for the digital marketing of tomorrow[J]. Journal of interactive marketing, 1998, 12(1): 31-46.

② Cristian M, Elena E, Camelia V. Digital marketing–An opportunity for the modern business communication[J]. Annals of the University of Oradea, Economic Science Series, 2008 (4): 982-987.

③ Kannan P K. Digital marketing: A framework, review and research agenda[J]. International Journal of Research in Marketing, 2017, 34(1): 22-45.

④ 阳翼. 数字营销[M]. 北京：中国人民大学出版社，2019.

⑤ 李永平，董彦峰，黄海平. 数字营销[M]. 北京：清华大学出版社，2021.

视为一种基于用户数据与实时技术分析相结合的新的营销方式；从广义看，数字化营销是借助互联网及数字与智能技术，对用户和市场数据进行实时分析，以更有效率的方式对用户需求做出反应。

二、数字化营销的特点

数字化营销具有营销技术化、高度互动性、目标精准性、平台多样性、营销效果可测量性等特点。

（一）营销技术化

营销技术化体现在很多方面。一是日益增多的企业运用数字技术提升消费者的体验，例如，零售店采用自助结账设施减少排队等候；房地产中介基于 VR 技术推出"虚拟样板间""VR 看房"等服务；旅店推出服务机器人提供送餐、迎宾等服务。二是营销人员运用移动或远程终端与顾客互动，提供咨询、授信、商品展示等一系列服务。三是采用数字技术获取用户数据，并在公司范围内进行扩散，提升营销管理与决策水平。四是基于大数据、移动定位技术和人工智能技术进行个性化推荐和精准营销。

（二）高度互动性

在利用传统媒体进行沟通时，信息的传递往往是单向的，卖方与顾客互动十分有限。即使卖方有时采取一定的刺激手段，以鼓励顾客对相关信息做出响应，效果也并不理想。在数字技术的推动下，绝大多数的数字媒体都具有互动功能，营销者可以对顾客需要做出实时响应。

（三）目标精准性

基于大量的用户数据，形成精准的客户画像，通过给用户"打标签"，企业可以投其所好地进行个性化推荐、智能选品等营销活动。如淘宝网购物页面有"猜你喜欢"栏目，淘宝会根据顾客曾经使用的搜索关键词和访问记录推荐产品；网易云音乐平台则根据用户的历史播放数据为每位用户推荐不同类型的"每日推荐"。

（四）平台多样性

数字化时代，数字营销的渠道和平台逐渐多样化，除了传统的网站、App、微博、微信等社交媒体，还有迅速走红的移动直播平台、短视频等。移动互联网的崛起，使得媒体进入了社交化时代，人人都是内容的生产者，任何一个移动终端都可成为传播渠道。在此背景下，企业与用户互动的渠道日益增多，但同时也会带来多入口、多平台管理与整合的问题。

（五）营销效果可测量性

大数据等技术的发展很大程度上消除了原先广告主和营销公司之间的信息不对称问题，营销方案的可行性、广告投放取得的实际效果都可以在特定时间段内被验证。微博、微信、直播、短视频等新兴移动社交互动平台的兴起，使传播活动的效果可以通过点击量、阅读数、转发量、评论数、点赞数等最直观的数字形式予以反映和测量。

三、数字化营销兴起的背景

首先，互联网与数字通讯技术的发展，极大地改变了消费者的生活方式。数字化环境下，出现了所谓的"数字人"或"数字化消费者"。[1]他们的行为或生活方式呈现如下特征：一是个体与外部的连接方式发生了根本性改变；二是碎片时间的利用；三是生活的社群化和虚拟化；四是在线既是一种生存状态，又是一种沟通媒体，还是一种获取资讯、产品和服务的渠道。[2]

当消费者每天花大量时间在互联网或社交媒体浏览资讯、与人交流、获取产品与服务、获得娱乐与体验时，他们会留下大量足迹。信息技术的发展，使得对这些"足迹"数据的采取、储存、分析既具有技术上的可行性，又具有成本上的可负担性。数据与技术的双轮驱动，给企业及时、快捷和准确理解消费者提供了可能，这正是数字化营销得以兴起的前提条件。

其次，在数字化时代，企业和消费者的互动方式出现了前所未有的改变。互联网不仅将企业与消费者的互动变成双向和随时随地，而且沟通与互动的主动性、可控性也逐步向消费者转移。以互联网为支撑的社交或在线购物平台上，消费者不再是被动地接受信息，甚至不只是搜集和获取信息，而是主动转发和生产信息。此时，消费者的身份部分发生改变，即由营销者的"猎物"变成营销者的合作伙伴。表18-1呈现了互联网环境特征对买卖双方的意义。比如，伴随网络范围的扩大和网上信息的指数级增长，消费者选择范围扩大，产品比较变得容易，然而要获得合意的产品和有价值的信息，则仍然存在诸多困难；从营销者角度看，企业固然可以突破时空限制和在更大范围与潜在顾客交流和互动，理论上企业获取顾客信息也越来越容易，但对绝大多数企业而言，在网络空间获得"可见度"并非易事，深入理解顾客也不是想象的那样简单。在此背景下，如何获取数据与技术融合带来的红利，如何以不同于传统的大众化营销下的方式与顾客互动，势必带来一系列挑战。数字化营销是应对这些挑战的产物，也是进一步推动互动方式向更加多样化方向发展的催化剂。

---

① 所罗门. 消费者行为学[M]. 杨晓燕，等译. 北京：中国人民大学出版社，2018：12-14.
② 卢泰宏. 消费者行为学50年：演化与颠覆[J]. 外国经济与管理，2017, 39(6)：23-37.

表 18-1　互联网环境特征对买卖双方的意义

互联网特征	对消费者的意义	对营销者的意义
网络的纵深发展	选择范围扩大；太多的选择；搜索与评价困难；信任谁的问题日益突出	突破地域限制，市场规模变大；可见性和流量很关键；真正洞察消费者变得困难
质量参差不齐的大量信息的存在	对某些产品，产品或品牌间的比较变得容易；信息不对称依然严重；网上产品品质的不确定性	获取顾客信息更加容易；对顾客信息的分析则相对困难
互动性	匹配需求日益重要；反馈机制日益可行	为定制化提供了机会；建立与保持声誉
更低的网上商店访问成本	为访问更多的商店提供了可能	无差异性产品面临更大的价格压力
更低的交易成本	期待更低的价格	提升效率；低成本营销能力

（资料来源：Wind J, Mahajan V. Digital Marketing: Global Strategies from the World's Leading Experts[M]. John Wiley & Sons, 2022.）

　　最后，数字化环境催生新的基于数字技术的商业模式和新的营销方式的出现。数字化环境和数字化技术，给企业营销带来了新的机遇，那些率先利用这些机会的企业则通过创造更大的顾客价值赢得了竞争优势，这一方面促进了新的商业模式和新的营销方式的涌现，另一方面则激发更多的企业加入到数字化营销的行列。以小米手机为例，这家具有"互联网基因"的企业在进入制造领域后，以"快、极致、低价"作为价值诉求，以饥饿营销、社群营销、网上销售等方式进入市场，不仅自身获得了极快的成长，而且也将很多数字化营销的"玩法"带入手机行业，推动了行业的数字化转型。

　　数字化营销本质上是对市场和顾客知识的更广泛、更深入和更有效的运用，它并不是对传统营销方式的简单替代，它在创造新的营销方式和创造新的顾客价值的同时，也通过对传统营销方式的赋能提升用户体验、优化营销资源配置。比如，营销人员通过微信、腾讯会议系统等与顾客沟通，丰富了与顾客接触的方式，而且也节约了成本，但这些沟通方式并不能完全取代线下与顾客的面对面交流，后者在建立人际信任、解决复杂问题等方面具有其他沟通方式所不能替代的独特地位。

延伸阅读 18-1　用数据做营销

第二节　数字化营销方式

　　数字化营销有很多方式，本节对目前运用较广的几种方式做介绍和讨论。部分数字化营销方式如社交媒体营销、移动营销已经在第十六章做了介绍，为避免重复，下面主要讨论短视频营销、直播带货营销、内容营销和社群营销。

一、短视频营销

　　短视频通常是指在互联网上传播的时长在 5 分钟以内的视频。短视频呈现社交属性强、互动性强、碎片化时间利用等特征，日益受到广大受众的欢迎。短视频营销指借助短视频，向目标受众传播有价值的内容，吸引用户了解企业产品和品牌，最终形成交易。数据显示，2020 年，69%的受访广告主表示，会增加分配给短视频的预算。[①]2021 年的调查显示，短视频受到越来越多的广告主青睐，渗透率持续增加，连续两年成为广告主内容营销的首选。[②]

短视频形式丰富、内容生动，成为很多消费者获得资讯、参与娱乐、分享体验和消磨时间的重要方式。人们花在观看短视频上的时间日益增多，由此刺激了更多的短视频内容生产，在受众观看—内容生产—更多观看之间形成良性循环。

除了受众的多样性和广泛性，短视频营销受到企业界的重视和追捧，还有如下几个方面的原因。首先，大量明星进入短视频平台，不仅带来了流量，而且创造了许多新的合作形式，如明星带货、品牌内容营销、品牌定制剧集等。其次，短视频的兴起造就了许多在特定领域具有重要影响的"红人"或"主播"，他们不仅具有较强的品牌传播能力，也有很强的带货能力。再次，短视频可以通过场景塑造、沉浸体验和增加趣味等方式，宣传推广产品优势，激发用户购买欲望。最后，企业可以从互动、点击、播放、带货量等方面对短视频营销效果进行评估。

如今，短视频领域的竞争已全面走向红海。越来越多的人参与短视频的内容创作与分享。要想在浩如烟海的短视频中脱颖而出，一方面，要研究各短视频平台的推送规则，为企业制作的短视频找到合适的播放平台；另一方面，则应研究影响短视频运营成功的主要因素，如短视频定位、短视频标题、短视频内容、短视频封面、配乐等，其中优质、有趣的内容是短视频能在较大范围内获得传播的基础。

二、直播带货营销

直播带货营销是指依靠店主、网红、明星或其他有影响力的名人在互联网平台推广企业的产品并直接带动产品的销售，它是直播与电商销售结合的产物。个别头部网红，一天带动的销售额数十亿元计，效果明显。淘宝、抖音、快手、哔哩哔哩等直播平台交易规模不断攀升。2021 年我国直播场次超 7500 万场，同比增长 100%，直播带货商品链接超 3.9 亿个，同比增长 308%。此外，直播店铺数相较于 2020 年同比增长 183%，直播触达人数增长 65%。直播品牌数和直播销售额均保持较高增速水平，直播带货交易规模超过万亿元。[③]

直播带货之所以如此火爆，是因为相较于传统的营销方式，直播带货营销具有以下优势：①直播带货往往运用名人或网红的影响力，获客成本相对较低。随着平台获客成

---

① CTR. 2020 年广告主营销调查报告[R/OL](2020-08-01). https://zhuanlan.zhihu.com/p/165660757.

② CTR. 2021 年广告主营销调查报告[R/OL](2021-05-16). https://baijiahao.baidu.com/s?id=1699894017888684456&wfr=spider&for=pc.

③ 果集. 2021 直播电商年度数据报告[R/OL](2022-05-26). https://view.inews.qq.com/a/ 20220526A0AJEG00.

本以及广告费用的提升，利用直播技术引流并与产品销售结合，能够降低销售成本。直播带货，不需要在百度、微博等各大平台上支付高昂的营销费用，仅需要一个直播间、一支话筒、一个摄像头就可以完成，大大降低了营销费用。②直播带货往往采用底价、优惠券或者红包的形式吸引粉丝进入直播间参与购买，助推用户直接采取购买行动。③直播带货具有交互性、即时性和强刺激性。直播间的强互动性能够直接、快速地引起消费者的兴趣，主播或意见领袖的导购和讲解，使观众可以实时看到产品的使用效果，加速用户下单过程。④营销反馈的及时性与营销效果的可衡量性。主播将产品信息传递给直播间观众的同时，观众也以弹幕或发言的形式分享着自己的体验，企业可以及时获得受众反馈，便于在下一次直播前及时修正，从而能更好地满足消费者需求。此外，直播间的实时观看人次、销量、人均客单价，以及消费者购买的商品、购买记录等都可以很好地被后台捕捉和记录，便于企业进行后续营销效果的分析和衡量，进而提高营销资源的配置效率。

直播带货营销为中小企业在全国甚至全球范围销售产品提供了机会，然而由于那些处于头部位置的社交媒体播主本身也是采用企业化方式运作，其带货条件和要价可能比较高，不一定能够与中小企业达成合作。对于中小企业，一种方式是与某些在区域市场有一定影响力的播主合作，另一种方式是培养自己的带货播主。

三、内容营销

内容营销是基于对目标受众的理解，有针对性地创造、发布与顾客相关且有价值的内容，以此吸引受众并使其产生购买行为和为企业创造利润的过程。内容营销运用文字、图片、视频、音频等形式将有创意、有价值和有吸引力的内容传递给目标受众，在这一点上它与传统的广告等营销方式具有相似性；不同或独特之处则是内容营销不是聚焦企业的产品或品牌的介绍，而是通过富有感染力、对目标受众具有吸引力的"非产品内容"吸引和打动受众，并试图在互联网环境下实现"内容"的快速与广泛传播。不同于单次市场营销活动，内容营销是由前后紧密衔接的多种活动组成，它贯穿于从吸引客户到客户产生购买行为的全过程，具有连续性、持续性和长期性的特征。在实践中，内容营销会与企业的广告、促销等活动配合使用。

单纯的广告或促销活动，会遇到消费者的怀疑和抵制，有趣味的内容则不会。如何将内容与企业或品牌相联系呢？一种方式是运用技术手段将企业希望传递的产品或品牌信息植入内容中，如将品牌植入电影、电视或短视频节目中，但这种植入不应影响受众对内容的体验。另一种方式是内容的 IP（知识产权）化。在泛娱乐化的背景下，企业要快速吸引受众注意，达到情感共鸣，绑定 IP 事件无疑可以达到事半功倍的效果。近些年，故宫博物院凭借各路"萌萌哒"文创产品形成自己的 IP，同时吸引了众多品牌与其进行跨界合作，款款产品爆红网络，体现了内容营销的威力。

毫无疑问，成功的内容营销首先有赖于富有创意的内容。内容的生产大致有三种来源：一是企业的营销或创意团队创造的内容；二是外部专家创造的内容；三是用户或顾客创造的内容。如何创造具有趣味性和吸引力的内容并没有放之四海而皆准的模式，关键是洞察消费者的心理和情感，然后运用新颖的主题和喜闻乐见的形式与潜在受众产生情感共鸣。

创造有吸引力的内容固然重要，将内容推送到觉得内容有价值的顾客面前，即进行内容的传播同样甚至更为重要。[1]如果好的内容做出来却没有很好地传播出去，对于企业是一种额外成本和损失。为了做好内容传播，企业首先需要考虑将内容推送给谁；其次是考虑内容传播的目标是什么，包括覆盖范围、收看数量、转发量等方面希望达到的结果；再次是运用哪些类型的媒体传播；最后是从哪些方面衡量内容传播的效果。

延伸阅读 18-2　内容营销促进用户行为转变

四、社群营销

社群或社区是具有某些共同兴趣、爱好、利益或其他共同特征的人员组成的群体。同一社群内的成员共享群体意识、道德责任感、仪式和传统，彼此之间会有更多的互动，由此促成内容、信息、产品等在群体内更快速地扩散。[2]社群营销是在"品牌社群"与"消费社群"的基础上发展起来的，它围绕某个品牌或某类产品的消费组织诸如团购、分享、会员团建、公益行动等活动，旨在促进口碑传播和增强成员对品牌的认同感和忠诚度。在数字化时代，借助于互联网和新型社会化媒体，社群营销的范围、互动媒介、互动成本、互动的时效性等方面均发生了根本性变化，客观上这有利于社群营销影响力的扩大和它在营销中地位的上升。

社群营销的一个着力点是利用社群网络促进口碑传播。那么口碑来自哪里呢？有人认为口碑来自产品，但是再好的产品也会有"黑粉"，即便是苹果也有很多"黑粉"，普通的产品也有"铁粉"。口碑与产品有关，但口碑不由产品决定，而是由企业与用户的关系决定。同价同质的产品，当企业与用户是"粉丝"关系时，口碑就高。而社群的作用就是通过内容、活动、利益、机制，把普通用户转化为会员，把会员转化为"粉丝"，把"粉丝"转化为"铁粉"或合作伙伴。

尽管移动互联网极大地降低了人们的沟通成本，但人们总是愿意相信那些跟自己拥有相同价值观、相同目标、相同特征的人。一群有共同兴趣、认知、价值观的用户更容易抱团，形成群蜂效应，在互动、交流、写作、感染的过程中，对产品品牌产生认同感。现在越来越多的企业关注和重视私域流量，其目的就是构筑品牌社群，把对品牌拥有相同爱好的消费者纳入同一个流量池中，通过他们的支持和相互影响，引发传播势能。

相较于其他营销方式，社群营销具备以下特征：①弱中心化与多向互动。社群营销

---

① 窦文宇：待到山花烂漫时——解码内容传播的秘诀与规律，北大博雅讲坛，2017 年 6 月 22 日。
② Muniz A, O'guinn T C. Brand community[J]. Journal of Consumer Research, 2001, 27(4): 412-432.

中每一个成员都拥有发言权，每一个成员也都是传播的主体，但是这个群体也是有中心的，中心就是社群的建立者和管理者，虽然他们是弱中心化的。在社群里，群内成员可以多向性地进行互动和交流，群员可以自由地发布信息也可以自己选择传播分享信息，无形之间给企业创造了更好地理解消费者及宣传推广的机会。②情感营销。企业可以利用社群进行情感营销，它可以通过传递兼具价值和趣味的内容，让群内成员受到这种有趣味性的氛围的影响而更加喜欢上这个社群，最后自愿成为社群的推广者。另外，通过社群运营，企业也能精准定位情感关键点，进而进行针对性的营销活动。目前很多社区电商微信群的群主正是通过这一方法，加强了社群内成员的情感浓度，带来了更高的销售转化。③知识产权、场景、社群的统一。社群营销实现了"知识产权（IP）+场景+社群"的完美统一。具体来说，企业或品牌方用 IP 来占领认知高地，吸引用户关注，解决流量来源问题；企业运用场景来强化用户体验，把吸引过来的用户留住，同时挖掘用户的其他需求，提供一站式系统解决方案，为社群的转化和变现创造机会；社群就是最后的"催化剂"，用来催化企业与用户、用户与用户之间的强关系，解决信任问题，并形成共识。社群营销的核心就是构建企业与用户的信任关系，通过社群实现个体的自我赋能，最终用户与社群相互赋能，形成良性循环。

开展社群营销，首先，要解决群流量的问题，这实际上是一个发展会员或"拉粉""吸粉"的过程。其次，进行社群管理。包括建立社群规则、沟通机制、社群成员分层、激励与约束机制等。再次，开展社群活动，增强成员互动，培养社群归属感。最后，通过活动和内容增加用户黏性和促进购买转化。

第三节　数字化营销过程

数字化时代，营销过程也发生了根本性变化，图 18-1 呈现了数字化营销的大致过程。

图 18-1　数字化营销过程

（资料来源：百分点集团报告，2021.）

一、客户数据整合

数字化时代，企业获取的客户数据不仅数量众多、形式各异，而且来源多样，对这些用户数据进行有效整合是制订个性化营销计划的基础。用户数据整合，是指企业将不同渠道获得的客户数据聚合在一起，并以某种方便营销人员或决策者提取和理解的方式分类、存储、呈现。

要把繁杂无序的客户数据整理为能为营销者所用的数据，需要做好数据的归类、打标与多端数据的对比，这样不仅能精准识别客户来源，还能对数据进行有效性与重复性的检测。不仅如此，企业需要结合数字化建设，实时捕获新老客户最新的行为与人口统计数据，将它们整合到现有数据库中。为此，企业需要制定严格的数据采集、输入、分发标准与利用流程，并经由专业性团队或智能化数据分析，为后续的客户画像与洞察提供数据支持。

二、客户画像与标签

客户画像是在已知事实或数据之上，整理出每一个用户或潜在客户相对完整的档案。由于每一个抽象出来的用户特征会用一个相应的标签来表述，因此，客户画像也常被看作关于客户信息的标签化的结果或各种标签的集合。客户标签则是以客户画像为基础，通过各种标签还原出客户的各种特质与轨迹，帮助营销者精准定义目标消费者并识别他们的特征与诉求。在实践中，客户画像经常与市场细分相结合，代表着某一个细分市场的典型客户。典型的客户画像通常采用的维度和标签与市场细分较为类似，如人口学特征（性别、年龄、收入、家庭状况等）、消费行为特征（RFM 指标：最近一次消费、消费频率、消费金额）、社交行为特征（社交人群、社交习惯等）、线上行为特征（网站浏览行为、搜索行为、搜索内容、App 使用行为等）、线下行为特征（如出行规律、商圈级别、酒店选择偏好等）、偏好特征（价格偏好、品牌偏好、颜色偏好等）。在大数据时代，一个典型的客户画像可以由成百上千条标签组成（图 18-2）。

图 18-2　客户画像与标签

（资料来源：百分点集团报告，2021.）

三、场景化与个性化营销

场景是指消费者在产品购买、使用或消费时所处的情境，不仅包含周遭的物质环境，还包括消费者的某种暂时性状态，如是否有他人在场，心情状态等。一方面，一旦将场景因素引入，企业对消费者的刻画就更加"具象化"，这有助营销者更准确地把握消费者"此时此地"的需要。另一方面，营销的场景化，使消费者更有代入感，通过情绪的唤起和正面联想的激发，拉近产品或品牌与消费者的距离，进而更容易促发消费者的购买行动。

营销场景需要针对具体的产品或品牌来营造。以王老吉为例，为了让消费者认同并购买其产品，在广告中设置了与家人或朋友吃烧烤、看足球、吃火锅等场景，声称在这些场景下更容易上火，适合喝王老吉。

企业可以围绕消费者购买决策过程的各环节来设计或构造营销场景。通常可以分为沟通场景、购买场景、使用场景。沟通场景是指消费者主动搜集信息或存在某种信息需要时，他或她所处的情境状态。如当消费者主动搜集旅游目的地信息时，企业可以推断该消费者的可能需要，此时如果为其推荐某些旅游信息或旅游产品，消费者更可能处于接受的状态。购买场景则是指消费者在购买某种特定产品时所处的情境，如消费者在网上商场购买了某种产品后，企业可以为其推荐与此相关的配套产品。使用场景则是指产品可能的使用场合，如在情人节、母亲节等节日，提供餐饮、鲜花等产品的企业就可以通过营造温馨、浪漫的氛围和场景来促进产品的销售。

场景化为企业个性化营销创造了可能。在具体的场景下，结合用户的历史数据，企业可以更精准地捕捉到顾客"此时此地"的需要，从而为其提供更加个性化的产品与服务。比如，当酒店知道消费者是携家人一起入住时，则可以在房间用品、餐饮、健身优惠等方面作出个性化安排。

四、自动化执行

借助于大数据和人工智能等相关技术，以往需要营销人员承担的信息传播与沟通、活动推广等现在可以通过自动化方式实现。营销自动化指在特定条件下，在预定事件（或触发事件）发生时，企业向特定人群自动发送营销信息。营销自动化不仅局限于电子邮件发送，也可以运用于社交媒体、短信、App 推送及其他数字渠道，其目标是将营销活动中涉及的复杂流程变得简单和可重复，减少人工干预，提升用户体验。通过可视化的流程编辑器形式，基于全渠道的客户识别，营销自动化系统可以帮助企业更好地围绕整个用户生命周期来进行客户运营和营销活动管理。

在目前的技术背景下，营销自动化系统对企业营销的助力主要体现在以下方面：

（1）基于客户资料、行为和消费数据等，进行客户分群和分层，准确识别出企业需要的特定营销对象，比如识别出要流失的客户、会员客户、老客户、近期没消费的客户等。

（2）自动推送营销或活动信息。比如通过有效的触达方式将优惠信息、活动开始或截止日期告知客户，或在特定时间点推送有关信息，如在客户生日的前几天发送会员生日优惠提醒，将召回消息发送给流失的客户等。

（3）监测客户行为，对行为事件进行分析判断，并决定或提醒后续的营销行动。比如自动化执行系统可以帮助企业监测接收到消息的客户是否发生了预期的行为，并且根据企业提前设定好的动作或流程，决定是否再次接触客户。

五、效果分析

传统上，营销效果评估是基于小样本的市场调研，如通过电话访谈、问卷调查等方式，评估营销活动在提升品牌知名度、好感度等方面的作用。数字化营销背景下，企业对营销活动的效果分析，是基于用户行为数据，结合机器学习和深度学习实现的。相比传统的营销效果评估方法，基于用户行为数据的分析，其效果更快捷、更全面也更客观。目前采用的数字化营销效果分析可以帮助企业从微观、中观、宏观三个层面全面监测、评估营销效果。

微观评估通常是指对某个营销项目及其效果的监测和分析。营销项目由一个或多个营销活动构成，如一个为期 5 天的促销活动，或某个内容营销项目在多个平台发布。此时，可以通过对该项目营销过程各环节或节点潜在用户的反应，如曝光、点击、互动、购买、触达率、复购率等来衡量其效果。针对不同品类的产品，采用的衡量指标可能会有差异。如在生鲜、美妆、日化用品等高频、决策周期短的品类中，曝光、点击、购买等指标能较好地反映营销效果；而在汽车、家居建材、房地产等低频、决策周期长的品类中，一次营销活动并不会直接产生转化，因此曝光、点击和留存量则是更好的衡量指标。

中观评估是指在一个稍长的时间周期内（比如一个季度）评估不同渠道、不同营销活动对于消费者的共同作用。在现实生活中，消费者会在多个渠道查看商品信息、接触营销信息、下单购买，因此把最终的购买或销售归因到单一渠道是不合理的。中观评估可以在企业全渠道数据打通的基础上，完成对全渠道全链路的效果评估，帮助品牌在不同渠道、在消费者决策的不同阶段的资源配置与优化。

宏观评估是针对某个细分市场，而不是针对单个消费者进行营销效果评估。比如消费者按照区域划分，营销活动按照渠道划分，组成二维象限，交叉分析每个区域和每种营销渠道的数据，如营销成本、销售收入、触达人群等，这样在一个地区或一个细分市场范围内考察各渠道的投入产出效果。

延伸阅读 18-3　SHEIN
为何在海外爆红

需要注意的是，营销效果评估和分析不是营销活动的终点。通过分析得到的结果和报告，会进行数据回流，融入下一轮的数据整合中，并在此基础上，指导和优化新一轮的营销活动，进而形成完整的数字化营销闭环。

第四节 数字化客户管理

本节重点介绍数字化客户管理各环节和重点领域，包括公域与私域、获客、留客、客户的转化与升值、数据合规与客户隐私。

一、公域与私域

一般来说，企业管理客户的场域可分为公域和私域两种。公域是指流量巨大，可持续获取新客户的渠道，如淘宝、百度、京东、微博等。公域流量犹如火车站的人流，企业或商家要获得公域客户光顾，通常需要花巨资"引流"。公域客户散落在各大社交或电商平台上，引流的企业本身并不拥有客户信息。与之相对应，私域指的是不需要额外付费，企业可以任意时间、任意频次，直接触达客户的渠道。比如，自有公众号粉丝、公司客户群、微信好友等均属于私域客户。私域客户与企业直接链接，企业拥有其联系信息，如果运营得当，可以反复利用和触达。

公域和私域的区别体现在：首先，二者的竞争程度不同。公域平台里商家对客户的争夺十分激烈，像淘宝、京东等，虽然日活跃客户数以千万计，但由于平台内商家众多，绝大多数没有名气的商家如果不花钱"引流"，每天光顾的顾客会十分稀少。私域平台由企业自己运营，平台内部不存在争夺客户的问题。其次，留存度不同。公域流量池里面的客户对应成千上万种商品，即使购买了本公司产品的客户，留存也比较困难；私域流量客户只对接一个品牌，企业可以通过自己的系统来精细化运营，这样留存度较高，用户黏性更强。再次，运营方式不同。当企业运营公域流量时，考虑的是尽可能捕获更多流量，以此来扩大粉丝基数；在私域流量当中，主要考虑的则是如何提高客户的留存率，同时获得用户更深的介入，即提升客户转化率。最后，转化方式不同。公域流量通常需要通过投放广告或者通过推广来获客，但是流量是不可控的，有时候营销资源投放效果很差，转化也不好；而私域流量则更加可控，当客户被沉淀到企业自己可以触达的数据系统后，之后的活动曝光、通知、营销、会员卡、下单等，均可以通过企业自己的客户运营活动实现，无须再投入大量广告来获客。

总体而言，当企业主要考虑流量"增量"——获取更多的客户，扩大粉丝基数时，其营销活动和推广应主要针对公域流量。而当企业的营销目标主要是挖掘"存量"——提高粉丝留存度，增加复购率时，私域流量的建设和运营成为关键。

二、获客

不管是公域还是私域，不管是传统营销还是数字化营销，获客都是营销活动最重要的目的之一，不过两者在获客的手段和方法上完全不同。传统营销获客主要借助两大手段。其一是打造品牌，通过品牌去影响目标用户。这种方式通常需要花费巨额的广告费用，通过做广告，建立客户认知进而提升品牌影响力。在很多情况下，通过打造品牌获客存在很大的不确定性，因为企业并不清楚品牌投入是否真的能达到理想的获客效果。其二通过终端零售渠道来获客。此时实际上是借用中间商的影响获得客户资源，企业产品或品牌广泛进入零售终端，不仅费时费力，而且要进行贸易促销，获客成本比较高。

数字化营销强调利用大数据完成获客和管理客户，以此提高获客的精准度和效率。一方面，用大数据给客户画像并定义品牌的目标客户，使目标客户的锁定更加精准，从而提升客户对营销刺激的反应性；另一方面，借助数据技术提高营销触达率。通过数据来洞察目标用户的媒体接触习惯，根据客户的位置信息推测在每个品牌接触点的特定需求，企业可以实施精准营销，从而提高营销触达效率，实现高效获客。

三、留客

在通过营销活动让客户看到企业产品或品牌后，如何让客户留下来，成为企业在获客之后应优先考虑的问题。研究发现，让现有客户留存下来比去重新获取一个客户更便宜；一个新客户的获客成本比留存一个老客户贵 5 倍以上；提高 5% 的客户留存率，产品利润可增加 125%。然而，以市面上 App 应用为例，苹果和安卓两大系统 App 平均客户留存率在 30 天后仅为 7%。[①]显然，如果企业不做好客户留存，转而继续投入大量营销资源去获客，不仅极大增加了营销成本，最后很可能"竹篮打水一场空"。

衡量企业留客能力的指标是客户留存率(customer retention rate, CRR)，即企业在一定时期内能够留住客户的百分比，这可以通过期初客户在期末依然留存数除以期初客户数得到。较高的客户留存率不仅可以降低成本，提升利润，还可以帮助企业获得好感度和提升产品复购率。

$$CRR = \frac{期初客户在期末依然留存数}{期初客户数}$$

一般来说，企业可以将整个客户的留存周期分为 3 个阶段：初始阶段、中期阶段和长期阶段，并在不同的阶段使用不同的方法提高客户留存率。

初始阶段对应的是新客户，此时营销人员需引导客户，让他们熟悉产品功能，向他们传递价值。初始阶段的营销活动决定了客户对产品和品牌的第一印象，对客户留存具有决定性意义。

中期阶段对应的客户已经留存了一段时间，他们对于产品和品牌已经有较多了解，此时营销人员需要让客户多参与，企业可以使用诸如签到、打卡、积分、事件营销等，提高他们的活跃度，培养用户粘性及忠诚度；对于存在不满的客户，一方面需要了解不满的产生原因，并有针对性地解决顾客面临的问题，另一方面可以利用短信、邮件、App

---

① 青瓜传媒. 最全提高用户留存率指南[EB/OL]. [2021-01-13]. https://www.opp2.com/230080.html.

推送等方式发放各类优惠券、红包等，以此避免顾客流失。

后期阶段对应的是忠诚的客户，如果说前两个留存阶段企业侧重产品引导和客户体验，那么最后这个阶段的营销重点是不断推出具有吸引力的产品。在此过程中，关键是让忠诚的客户一起参与，通过客户共创和开展社群营销提高客户涉入度和忠诚感。

四、客户的转化与升值

客户管理不仅涉及前期关系的建立与维系即获客、留存，而且也涉及后期关系的深化即转化和升值。客户转化是将公域或私域里仅对企业产品感兴趣的消费者变成交易型客户；升值则是持续挖掘客户价值，让其在生命期内更多购买企业产品、推荐新的客户，从而给企业带来更多价值。为此，提升转化率和客单价是重点，这可以通过下面的例子予以说明。

假设企业获得了3000个潜在客户名单，随机分为3组，每组1000个客户，现在针对他们开展电话营销。第一组转化率为2%，客单价150元；第二组转化率为3%，客单价100元；第三组转化率为1%，客单价为135元。经计算可得，三组的销售额分别是3000元、3000元和1350元。显然，企业要提高销售额可以从两方面着手：一是提高转化率；二是提高客单价，即经营好客户价值。

提高在线客户转化率的途径很多，主要有：通过免费试用或为首次购买者提供特别优惠促进转化；让留存客户参与产品设计或产品价格制定，提高参与感；通过在线引导、在线咨询、简化在线购买流程、提供免费送货等方式提高转化流畅性和减少客户阻力；建设客户社群，在提升客户体验感和参与感的同时，促进分享和转化；通过网红带货、社交达人产品使用分享等提升转化率。

挖掘用户长期价值则至少包括四方面内容：一是提高客单价；二是促进更高频率的购买；三是延长客户生命周期；四是鼓励客户分享和进行正面口碑宣传。为此，企业需要做好如下工作：第一，跟踪客户，解决客户使用过程中的各种问题；第二，开发新的产品、服务，或开发产品新的用途、新的使用场景，通过不断创新留住客户和增加客户的购买量；第三，回馈忠诚客户，或对带来新客户的老客户给予经济激励；第四，投资品牌和获得客户对公司的价值认同。

五、数据合规与客户隐私

大数据时代，数据合规与客户隐私保护越来越受关注。企业利用大数据技术，在公域或私域里，获客、留客、促进客户的转化与升值，这一系列活动的开展都是以客户数据为基础。企业的数字化用户管理，虽然能够有效提升营销效率，但是如何合规地获取数据、保护好客户的隐私，是获得用户信任的关键。近年来，微信、美团等手机App在后台偷偷读取客户的信息，多次登上了微博热搜榜，引起了极大的争议。从2016年开始，我国密集发布了一系列政策和法规，从法律层面明确了数据安全和个人隐私保护的重要性。

2021 年颁布的《中华人民共和国个人信息保护法》从数据收集、数据存储、数据加工 3 个层面对数据合规提出了明确要求。比如：在收集阶段，企业要遵循"告知—同意—取消权"的基本原则，不能因为客户不同意而限制功能使用；在存储阶段，企业要遵循"删除权—加密—去标识"的基本原则，将能识别或关联个人信息主体的信息处理掉；在加工阶段，企业要遵循"透明—公平—拒绝权"的基本原则，保证数据加工使用的合法、正当、必要、诚信、公开、透明。

针对客户隐私保护，企业在数字化营销过程中需重点关注以下三个方面：首先，建立隐私保护机制。数字化管理主要通过线上完成，企业要有技术支持，在客户管理系统开发完成后，可以定期提供软件升级维护服务，否则在系统受到攻击的时候，很可能会丢失、泄露客户的数据。只有定期更新升级，系统才能拥有稳定、牢固的安全防护，确保数据安全。其次，完善信息采集流程。在体系建立之前，要做好客户调查工作，确认哪些信息客户愿意披露，哪些信息客户不愿意披露。不同类型用户对信息披露的敏感性存在差异，企业需要设置筛选和自定义的选择功能，对那些有较高敏感度的信息让客户根据需要选择是否授权。最后，树立尊重隐私的观念，确保合法、合规。对于非必要采集的数据，如相片、通讯录、聊天记录、通话记录、定位、语音等个人隐私数据，应以企业业务需要的最小限度采集，并保证相关数据不被业务以外的事项调用，尤其是防止因管理疏忽、内部越权等造成客户数据外泄而给客户造成损失。

第五节　未来趋势与展望

随着数字经济的发展，众多企业面临数字化转型的挑战。营销作为连接供需的桥梁和中介，处于数字化转型的前沿，营销人员只有了解数字技术的最新发展及在营销领域的潜在运用，才能更好适应未来的环境变化。本节侧重勾勒人工智能（AI）、元宇宙、物联网、区块链、数据中台的发展及对营销可能产生的影响。

一、AI 赋能营销

人工智能（artificial intelligence）简称 AI，是计算机科学的一个分支，它试图使机器能够胜任通常需要人类智能才能完成的复杂工作。AI 领域的研究包括机器人、语言识别、图像识别、自然语言处理和专家系统等。海量数据的产生、深度学习算法的演进、图像处理器在人工智能领域的使用，以及专用人工智能芯片的开发，使人工智能技术得以成功商业化。目前，人工智能技术已经在图文搜索、图像识别、新闻稿撰写和推送、金融投资、医疗诊断、无人驾驶等诸多领域获得实际的应用。

在数字营销领域，人工智能技术不仅帮助营销人员从事创意和决策活动，而且在某些领域能以更快捷、更准确的方式与客户互动和解决客户问题。人工智能技术在营销领域的运用包括但不限于如下方面：快速进行客户画像；基于大数据和人工智能算法预测特定客户偏好和进行个性化产品推荐；网上广告位的实时定价与拍卖；程序化广告投放和程序化创意制作；智能化咨询与用户问题回复。

人工智能技术为营销带来的最直观的变化是，不仅将数据、技术、内容融合在一起，还通过语音、图像等与客户进行深度交互，最终利用动态分析能力，与消费者多层次沟通，实现精准营销和传播效果的优化。未来，人工智能在客户数据收集、客户洞察、营销资源配置优化、售后服务、机器人虚拟助手、内容生产、智能搜索、决策支持等方面，必将发挥越来越大的作用，并给营销带来革命性变化。

二、元宇宙助力品牌形象建设

2021 年被称为"元宇宙"元年，随着阿里巴巴、腾讯、字节跳动等互联网科技企业相继作出投资布局，元宇宙成为资本领域和科技领域的热门话题。广义而言，元宇宙是指与现实世界平行的虚拟世界，用户通过终端设备进入虚拟世界进行类似现实世界的大部分活动。狭义来说，元宇宙是基于下一代网络技术搭建的全新生态，通过 VR/AR 设备，人们可以同虚拟世界建立连接。不仅如此，远期的元宇宙将把现实世界的各种场景迁移到虚拟世界中，这将给整个营销行业带来不少新的玩法与机会。

作为元宇宙的核心承载，相关场景虽然是虚拟的，但品牌在其中获得增长的机会是非常真实的。深入了解元宇宙商业形态和相关知识，获得客户认可，对于品牌塑造其真实可信的虚拟身份，并在未来虚拟世界中能改善消费者的体验至关重要。

虽然元宇宙是全新的互联网概念，但相关技术与生态早就被一些前沿品牌和营销人员熟知，像共享社交空间、数字支付和游戏化等，均是构成元宇宙的重要元素。目前，元宇宙尚处于早期形成阶段，未来如何演化难有定论，但其核心和本质是利用机器学习和去中心化来提供既身临其境，又兼具互联互通和自由开放的网络体验。虚拟场景为企业品牌创立提供了新的机会，不论是在线上创建自有场景，还是和用户一起共同创建体验场景，都为品牌与顾客的互动提供了助力。

延伸阅读18-4 虚拟品牌社群的过去、现在与未来

元宇宙创造了新的营销生态系统，这固然为企业在虚拟世界创立品牌提供了机会，但虚拟世界毕竟有不同于现实世界的游戏规则，这些规则又处在形成与演化中，这无疑会给营销者带来许多新的挑战。如品牌将如何进入元宇宙，营销人员如何在虚拟环境中发挥品牌的作用和塑造品牌形象，品牌如何能创造符合元宇宙特征的独特体验，这些均是需要营销人员去思考和探索的。

三、物联网丰富营销渠道

在当前技术环境下，支持移动传输的 4G、5G 通信网络已得到广泛应用，手机、平

板电脑等智能终端的普及率远远超过台式计算机等固定终端的普及率；传感器的精度更高、更加智能，通信网络更加泛在化，使万物在任何时间、任何地点实现互联成为可能。如果说个人电脑（互联网，1.0 时代）、智能手机（移动互联网，2.0 时代）带来了一系列商业模式的革命，正在发展中的人机交互、万物互联（物联网，3.0 时代）作为增量数据流量的导入口将引发新一轮的革命：互联网 3.0 将不再局限于人与人之间的连接，而是扩大为"万物互联"，并在此基础上生成更大规模的数据，带来更强大的人工智能，进而推动社会生产力的发展。

物联网是人与人、人与物、物与物的互联互动，一切物体都可以发送和接收信息。在万物互联的环境下，接入网络的终端数量将迎来几何级数的增长。国际数据公司 IDC 预测，中国物联网市场规模在 2025 年将超过 3000 亿美元，全球占比约 26.1%，位居首位。[①]物联网的到来将实现"万物皆屏"，届时营销渠道必将更加丰富，企业可以实现多场景和多形式的营销。在万物皆屏时代，消费者的触媒习惯也将被重塑。通过全方位链接用户生活设备，企业可以精准获得海量用户的线下消费行为、媒介接触习惯及日常生活场景等信息，并据此将营销内容与用户所在场景需求相匹配，真正实现精准营销。

四、区块链保障数据资产

在数字营销领域，有两个普遍存在的问题。一是数字广告欺诈。研究显示，2021 年互联网广告异常流量占比 10.1%，[②]短视频、KOL（关键意见领袖）等广告形式流量数据造假问题十分严重。另一个问题则涉及 Cookie 使用和用户隐私的保护。对于这两个问题，区块链技术可以很好地解决。

区块链是一种数字化、分散化的技术，可供公司记录信息和验证产品或交易。它创造了一种去中心化、分布式存储、全球统一的超级数据库系统，将产业链上下游联结在一起，构成了一个完整的利益链条。这种去中心化、分布式存储的数据库技术具有公开透明、共同维护、去信任化、安全可靠等特性。区块链技术可以将数据加密并分割成小块分布在众多节点上，且可以在区块链上进行验证和跟踪，这使得区块链可以打击广告欺诈行为。同时，即使链上某一部分的数据泄露，其他节点上的数据也不会受影响，由此保证了数据交易的不可篡改和来源的可靠性。

此外，去中心化的存储平台具有极高的隐私性。在区块链上，消费者的个人信息属于消费者，用户可以控制自己的数据，并决定共享多少数据，这从源头上杜绝了用户隐私泄露的问题。用户也可以选择将一部分愿意分享的数据有偿分享到平台上，使数据共享真正实现市场化，数据来源变广，数据泄露的风险也会降低。

---

① 互联网数据中心 IDC. 2021 年 V2 全球物联网支出指南[EB/OL]. (2021-12-03). https://baijiahao.baidu.com/s?id=1718106586976543513&wfr=spider&for=pc.

② 中国信通院、中国广告协会、中国互联网协会. 数字营销异常流量研究报告（2022 年）[R/OL]. (2022-07-16). https://max.book118.com/html/2022/0713/6202023113004211.shtm.

五、数据中台为营销人员赋能

数据中台是基于企业级互联网大数据架构打造的数字化创新平台，它处于业务前台和技术后台的中间层，通过对企业业务数据的整合和共享，提升业务运行效率和为客户创造更大价值。数据中台提供数据能力组件和运行机制，形成聚合数据接入、集成、清洗加工、建模处理、挖掘分析，并以共享服务的方式将数据提供给业务端使用（图18-3）。

数据中台将分散的数据以可视化和易于理解、使用的方式提供给营销人员，为营销人员赋能。首先，提供多维度洞察客户的能力。借助数据中台，营销人员可以快速获得客户全方位信息，了解客户特征、购物偏好、交易习惯，为实现与客户的沟通和精准营销奠定基础。其次，提供多场景、全渠道获客能力。数据中台将企业在官网、展览会、短视频、微信、小程序等各个营销平台上的客户线索和信息呈现给一线营销人员，有助于在各种场景下获客和实现客户转化。最后，提供全生命周期管理客户的能力。由于能实时了解单个客户在企业不同营销平台的活动轨迹，企业能形成精细化的会员管理体系，实现会员全生命周期的管理。

图 18-3　技术后台、数据中台、业务前台与数据闭环

延伸阅读 18-5　什么样的企业适合"中台"？

在数据就是资产的时代，数据中台的建设对企业实现数字化转型具有十分重要的战略性意义。它帮助企业建立数据标准，同时通过提供赋能于具体业务场景的数据应用，帮助业务端更精准地发现客户、分析客户等，用数据滋养各项业务，使整个业务运营过程体验更友好和高效，并缩短运营周期，实现降本增效。此外，数据中台承担着一定的实现企业战略目标的使命，数据中台的建设势必需要对应的组织和制度来支撑。数据中台这种体系化工程将横向拉通企业数据的相关方，包括中台建设团队、中台运维团队、数据产品经理团队、数据运营团队等，形成企业真正的数据组织。

本章案例

"国货之光"花西子如何玩转数字化营销

即测即练

自学自测 扫描此码

第六篇

价值获取篇

第十九章

建立和维持客户关系

通过本章学习，学员能够：

1. 理解客户关系管理的产生背景及核心流程；
2. 理解客户终身价值的含义和测量；
3. 熟悉客户选择与获取流程和策略；
4. 熟悉维持和强化客户关系的策略；
5. 解释如何管理客户关系组合。

第一节　关系营销与客户关系管理

一、关系营销的基本内涵

关系营销是企业建立、维持、加强、商业化客户与其他软件间的关系，以保证各参与方的目标得以满足，这要通过相互交换和履行承诺来实现，彼此的信赖相当重要。对一个服务提供者来说，建立关系意味着给予承诺；维持关系意味着履行承诺；加强关系意味着在先前承诺履行的基础上给予新的承诺；商业化关系意味着从长期来看交易的成本和利润是正相关的。

关系营销理论的提出，扩充了企业的营销视角和营销活动范围，使企业在新的营销领域有了着力点。一般来讲，关系营销主要在以下四个方面与传统营销相区别。

第一，重视客户保持。吸引新客户只是营销活动进程的第一步，重要的是通过良好的服务和销售，稳固彼此的关系，将一般性客户转变成忠诚的消费者。

第二，延伸营销组合。关系营销认为传统的 4P's 营销工具并不能保证企业与其客户建立、维持稳固的关系，必须在人员（people）、流程（process）、有形展示（physical evidence）等方面下功夫。

第三，全员营销。关系营销认为营销工作并不只是营销部门的事，全体员工都应该有营销意识，有全心全意为客户服务的意识，有抓住一切机会推广企业产品、树立企业形象的意识。营销计划的制订与实施也不应该只由营销部门来执行，企业要养成团队工作的习惯，从各部门抽调精英共同完成营销任务。

第四，全面关系营销。关系营销认为企业营销的对象不能仅仅局限于目标客户，应该把客户的内涵扩大，将所有的利益相关者都视为自己的客户，企业应注意协调并最大化所有利益相关者的利益。

二、客户关系管理产生的背景

企业作为一个利益主体，以追求最大利润或合理利润为目标，而利润最终必须依靠企业与客户的交易来实现，客户是整个关系营销理论体系的核心、出发点和归宿，所有关系都围绕着企业与客户的关系展开，并最终落脚于企业与客户的持续交易之上。

客户关系管理是实施关系营销的核心环节，而关系营销理论则为客户关系管理的实施提供指导，二者是包含与被包含、全局与局部、面与点、战略与实施手段的关系。

"客户关系管理"一词出现于20世纪90年代中期的信息技术行业，当时主要是用来描述一些基于技术的客户解决方案，如销售自动化、客户服务系统，此一阶段可视为客户关系管理的雏形阶段。随后，借助计算机电话集成技术，将销售自动化和客户服务系统合并起来，并加入营销、现场服务等功能模块，形成集销售与服务于一体的呼叫中心。从20世纪90年代后期开始，在呼叫中心的基础上，进一步加强整个系统的数据管理能力和分析能力，同时添加新功能模块，逐步形成完善的客户关系管理系统。

现代客户关系管理中一个突出的特点是关系营销理论与信息技术的融合。需求的拉动、信息技术的推动和营销管理理念的更新，极大地促进了客户关系管理理论与实践的发展。

（一）营销管理理念的更新使得客户关系管理的发展成为必需

在确立了以客户为中心的经营理念之后，企业面临的一个抉择是将资源重点放在吸引新客户和一次性交易上，还是侧重保持老客户并与之进行持续性交易？买方市场出现，使得"一切为了新客户"的做法可能有失偏颇，保持有利可图的老客户与吸引新客户同样甚至更为重要。

一旦确立客户保持在企业经营管理中的核心地位之后，企业面临的另一个抉择是选择哪些类型的客户予以保持？越来越多的企业意识到，并非所有的客户都值得保持，企业应该根据客户对企业利润贡献大小来进行取舍。为此，须根据客户对企业的价值贡献进行客户分类，明确关系利润的大小，对不同类型的客户关系采取不同的营销战略和策略。

（二）企业实践的迫切需求使得客户关系管理的发展成为必要

不少企业将营销工作大致分为销售、市场和服务三个部分，并设置专门的部门进行管理，各个部门都迫切需要构建一个通用的以客户为中心、共享客户知识的互动平台。

销售人员希望能动态识别客户的价值，并根据客户价值合理分配销售资源；希望能共享潜在客户和现有客户的信息，在业务拓展和开发过程中及时、准确地掌握客户的动态；希望能合理规划客户拜访计划，避免拜访的盲目性和无规律；希望能够与客户保持紧密的联系，保证彼此之间快速、顺畅、多渠道沟通，同时避免出现多个销售人员争抢同一客户的内耗现象。

市场营销人员希望能够确保营销推广活动的有效性，找到真正对企业产品感兴趣的群体，准确识别出他们的需求、态度、习惯和行为模式；希望能够全面掌握市场动态，增强市场反应能力，及时制订各种营销计划和行动方案，及时了解营销活动的效果和客户反馈。

服务人员希望能够减少过多的重复询问，引导客户通过多种渠道解决问题；希望能够有预见性地帮助客户发现问题，消除隐患；希望能够有计划地主动与客户沟通，及时了解客户的需求、想法、意见和建议，为决策部门提供参考。

营销活动开始从规模化、分散化向个性化、整合化转变，这种转变是客户关系管理应运而生的需求基础，是持续发展的动力源泉。

（三）现代信息技术的革新使得客户关系管理的发展成为可能

互联网、电子商务和移动通信技术不仅提供了与客户交流、交易的新渠道，降低了服务成本，也为企业内部人员及时共享各种信息资源提供了便利。无论身处何时何地，销售人员都可以借助网络查看到存储在公司客户信息库中的客户资料。

数据仓库、商业智能等技术的发展，使得收集、整理、加工和利用客户信息的质量大大提高，市场人员可以在挖掘客户过往交易信息以及背景资料的基础上，开发新的服务项目和推广计划，实现定制化服务，并定点跟踪营销活动的效果。

呼叫中心、在线平台、社交媒体的发展，不仅降低了企业的通信成本，也为与客户的沟通带来了新的变革。服务人员借助呼叫中心、在线服务和社交媒体，实现与客户及时、快速、全天候的沟通；通过有计划地呼出活动，实现从被动服务向主动服务的转变；通过与客户数据库的连接，为客户提供更加亲切、周到、人性化的服务，提高客户的满意度。

三、客户关系管理的核心流程

客户关系管理的核心流程包括客户组合分析、客户信息积累、客户价值设计、客户价值传递、客户周期管理和绩效评估等。

客户组合分析是成功运作客户关系管理的前提。为了提高营销活动的效率和效果，企业需要改变以往大规模营销的模式，实施精细化管理，有选择地为客户提供服务。这种选择至少存在三个层次：细分客户群和确定目标客户；寻找有价值的客户，对客户进行分级；寻找合适的关系战略，进行差异化服务。不是所有的客户都应该发展为长期的亲密关系，这取决于客户的类型和客户对关系的需要。企业可以根据客户的终身价值对其进行细分，了解他们对关系类型的偏好，进而发展合适的关系战略和策略。

企业对目标客户需求与偏好的深入了解，有赖于客户信息的积累，并将客户信息转化为知识，应用到具体的营销决策中。客户信息积累是一个长期、系统的过程，企业应该根据决策需要确定客户信息结构，并持续收集和更新客户信息。完善的客户信息有助于制定科学的营销决策。

客户价值设计来源于真实需要的挖掘，而需求的真实性取决于对客户理解的完整性。为客户创造价值的途径很多，产品、服务、流程、人员、品牌、渠道等方面的创新或重组都可以提高客户的满意度。开发出令客户满意的价值组合，首先需要对价值的内涵进行科学的界定，客户重视的是感知价值，而且是让渡价值，是效用与付出之间的对比，所以客户价值设计在理论上可以从增加效用和减少付出两个方面着手。

为了将设定的价值传递和交付给目标客户，企业需要在内外部构建价值网络，将供应商、分销商、合作伙伴、投资方以及员工等相关利益者整合起来，共同服务于目标客户，对抗竞争对手。在价值交付和传递的过程中，有两条相互连接、彼此依托、一明一暗的主线。明线是客户接触过程，它直接影响客户的感受，是价值传递的最前沿阵地，另一条隐藏于其后的暗线是维持整个交付传递系统正常运转的价值战略网络，是客户接触的支撑平台。二者的结合，为客户价值准确、及时、有效的传递提供了有力的保障。

从寻找目标客户、识别客户价值、积累客户信息、设计客户价值到传递客户价值，不是一次循环就结束的过程，需要从客户周期的角度来经营客户关系，注意不同阶段客户需求的变化及演进规律，注意不同阶段之间关系营销策略的衔接。

对客户关系管理各个环节的运行绩效进行评估，有助于企业更加深入地了解客户需求，改进工作思路与对策，提高客户满意度与保持率。

第二节　客户终身价值及测量

一、客户终身价值的内涵与意义

客户终身价值（customer lifetime value，CLV）是一个客户购买某个公司的产品和服务给企业带来的预期总利润，是该公司对客户未来可能贡献的全部利润的估算。一个客户为企业贡献的价值不仅包括其过去价值和现在价值，还包括其未来价值；这些价值需要企业实施关系营销才能实现，从这个意义上讲，客户终身价值也是客户关系价值，只有关系维持住了，客户终身价值才能延续。

客户终身价值概念对企业的启示表现在以下几方面。

首先，客户的流失不仅意味着潜在利润的损失，而且也意味着前期客户投资的成本无法收回。对企业而言，客户流失不仅仅是一次交易额的减少，而是未来潜在利润的无法获得。从客户终身价值的视角看，留住或保持客户对企业而言非常重要。

其次，企业需要树立关系营销的观念，将客户关系作为一项资产来经营。为了实现客户终身价值最大化，企业必须战略性地处理与客户的关系，在一开始接触客户时，就要秉持长期关系导向，切实贯彻与客户建立长期关系的理念，不搞"一锤子买卖"，不涸泽而渔，不为追逐短期利益而牺牲长期利益。

再次，企业需要注意客户生命周期、生命阶段的变化，不能只根据客户眼前的价值确定与客户关系的类型。为了长时间满足客户的需求，企业须密切关注客户在生命周期不同阶段的需求变化，据此实时调整营销组合策略，实现客户终身价值最大化。企业在识别客户价值大小的时候，要有前瞻性，对一些价值增长潜力较大的客户，要提前锁定，与之建立长期稳定的关系，甚至帮助客户稳步提升价值。

最后，客户终身价值并非一成不变，企业需要注意营销战略/策略对客户关系、客户资产价值的长远影响。市场环境瞬息万变，客户为企业贡献的销售收入、企业为客户提供服务所花费的费用、客户的忠诚度等因素都会随之发生改变，导致客户的终身价值出现波动。为此，企业需要因时而变，在营销战略与策略方面主动应对和适应。

二、客户终身价值的测算

客户终身价值的经典估算模型是：

$$CLTV = \sum_{t=0}^{n} \frac{(R_t - SC_t)r_t}{(1+i)^t} - AC$$

式中，CLTV——客户终身价值；

      t——客户与企业保持关系的年限；

      R_t——客户在第 t 年为企业带来的销售收入；

      SC_t——在第 t 年企业服务该客户的成本；

      r_t——客户在第 t 年的保持率；

      AC——企业获取该客户所花费的成本；

      i——贴现率或称资金成本。

假设一个客户在未来的四年里每年为企业带来 150 元的销售收入，企业服务该客户的成本是每年 50 元，保持率为 100%，资金成本是 10%，获客成本是 10 元，那该客户的生命价值就是 307 元。计算过程如表 19-1 所示。

表 19-1　客户终身价值计算示例

年限(t)/年	0	1	2	3	4
销售收入(R)/年		150	150	150	150
服务成本(SC)/年		50	50	50	50
贴现率/资金成本(i)/%		10	10	10	10
现值/元		91	83	75	68
获客成本(AC)/元	10				
客户终身价值(CLTV)/元		307			

企业可以在估算客户终身价值的基础上，对现有客户进行价值分层，识别出高价值客户、一般价值客户和低价值客户，从更长远的角度来确定客户关系类型。另外，企业也可以根据客户终身价值的变化来预测和评估营销策略的效果。比如企业想推行一项回馈老客户的奖励计划或吸引潜在客户的促销计划，可以估算一下该计划对客户未来的销售收入、服务成本、保持率或当前获客成本具体会产生多大的影响，进而评估该计划在多大程度上影响客户终身价值。

第三节　选择与获取客户

一、客户选择的流程

企业不需要也不可能满足所有客户的所有需要。企业需知晓哪些客户对企业的产品感兴趣，并详细了解他们的构成及行为模式，从中选取对企业有价值的客户。

（一）确认企业所在的行业/市场

为了避免落入"营销近视"的困境，企业应该综合竞争导向和客户导向视角，明确自己所处的竞争领域与市场范围。一般而言，企业可以在四个层次来划分自己的市场竞争领域。品牌竞争、行业竞争、形式竞争、一般竞争，对此，在前面第九章已经做过介绍，在此不再赘述。

（二）确定企业的潜在客户群

在确定市场边界之后，企业需要深入了解市场的结构和特征，以便发现目标客户和新的市场机会。选择合适的细分变量，有助于了解市场的结构与特征。有时，合理选择细分变量会给企业带来新的发展机会或卖点。"她他"饮料和佳洁士牙膏打破传统行业细分标准，将性别作为市场细分的新变量，分别开发出女士专用和男士专用的饮料与牙膏，受到部分客户的青睐。当然，很少有企业只用一个变量对市场进行细分，更倾向于多维度的市场细分。对各个细分市场的评价可以从两个方面入手：细分市场的吸引力以及与企业能力的匹配程度。企业对不同细分市场评估后，可以选择其中一个或多个细分市场作为自己的目标市场。

（三）搜寻潜在客户

"坐等客户上门"的时代已经成为历史，在选定目标市场之后，企业需要通过各种途径主动发掘与搜寻目标市场中的潜在客户。一般而言，销售人员或客户代表是企业搜寻潜在客户的主力军。在招揽客户之前，销售人员或客户代表应当清楚自己拥有哪些搜寻客户的手段与途径。除了拜访和打电话，展销会、广告、公关活动和网络搜索可能在某些时候效果更佳。

在搜寻潜在客户的过程中，销售人员或客户代表还需要对客户的类型、角色、购买决策过程有所研究和区分，连同客户的基本信息一同存储于客户信息库中，方便以后的价值分析与营销方案制定。

首先，个体客户与组织客户的需求存在显著差别，搜寻的方式也应该有所不同。以移动通信服务为例，个体客户侧重品牌归属与社会认同感、通话质量等需求，而集团客户则希望能够借助移动通信工具促进其业务发展和进行高效的内部沟通。大众媒体是搜寻个体客户的有效途径，企业也可通过各种客户忠诚计划招徕潜在客户；而集团客户更适合通过专业媒体和网络来搜寻。

其次，应关注客户在购买决策过程中的角色。在个体消费者的购买决策过程中，一般有倡议者、影响者、决策者、购买者和使用者等角色；而对于组织用户，其中的角色可能包括倡议者、影响者、决策者、批准者、购买者、使用者和"守门者"等。各个角色对购买决策都产生某种程度的影响，在搜寻过程中应注意识别不同参与者扮演的角色，以及不同角色在购买决策中的介入程度，并针对性地做出应对。

二、客户获取的流程

怎样界定企业已经成功地获取了一位新客户呢？对这个看似简单的问题的回答揭示了不同的营销理念。现实中存在两种截然不同的界定视角：交易观和过程观。前者认为当客户发生第一次购买行为时，该客户即被视为已经获得。这种观念在一些行业似乎已经成为一种共识。过程观则提出了不同的标准，它认为只有当客户发生再购买行为时，该客户才被视为已经获得。很明显，过程观是按照一个完整的消费者购买决策流程来界定客户获取，是从关系建立的角度来开展客户获取活动。在过程观念的指引下，企业衡量客户获取部门的业绩是以客户重复购买为标准，这就迫使其在与客户接触的初始阶段就要从关系营销的角度出发，将客户获取与保持联系起来，考虑客户获取活动对客户保持效果的影响。从理论上来讲，过程观也使得客户获取与客户保持两个阶段非常紧密的衔接，客户发生第一次再购买活动之后，就进入了客户保持阶段，即客户保持开始于客户获取结束之时。

客户获取的流程可以分为以下 4 个步骤：确定获取广度和深度、选择获取战略、设计获取活动方案、执行方案并对执行效果进行评估。

（一）确定获取广度和深度

潜在目标客户的广度与企业成长或扩张策略紧密相关。根据产品与市场两个维度，我们可以将企业的业务增长策略划分为市场渗透、市场开发、产品开发与多元化 4 种类型。很明显，市场渗透与产品开发都是在现有市场上拓展业务，所以潜在目标客户局限于与现有客户具有相似特征的群体或个人，企业可以充分利用客户数据库，有针对性地发放传单、提供样品和开展其他跟进活动。不过二者的侧重点或着力点应有所不同。在市场渗透策略下，由于是在现有产品上做文章，营销人员需要充分发挥现有客户的忠诚效应和正面口碑效应，将现有客户的消费体验作为吸引新客户的主要着力点。产品开发策略下，由于开发出了新的产品功能或特征，企业可以以此作为差别优势吸引新客户。在市场开发与多元化策略下，企业选择进入新的市场，原有客户数据库不一定具有直接运用价值，而搜集潜在客户在人口统计与行为特征等方面的信息存在一定的难度，所以客户获取活动的针对性和效率相应降低。在市场开发策略下，除了可以运用现有客户的体验作为获取新客户的手段，还可以重点强调企业为新的市场区域所做出的适应性或定制化调整，以显示企业对新市场的足够重视。多元化策略下，企业吸引新客户的有力工具来源于企业自身或其品牌的魅力。

潜在客户获取的深度与企业的资源、能力以及所处的市场环境密切相关。常用的方式是"拉网式"获取，以单个客户为获取单位，逐一进行评估、比较、甄选，既避免抽样或随机选择造成的遗漏，也便于进行一对一的个性化营销活动。但这种方式有时也会造成较高的获取成本。如果单个客户的数据难以获得，或获取单个客户信息的成本太高，或客户群体间个体差异非常小，则企业可以考虑以细分市场为获取单位，根据某些细分标准构建客户信息结构。如果以上两种情形的主客观条件都不具备，则只有进行试探性方式获取客户，在广大潜在目标客户中寻找"积极响应者"。

评估客户的潜力尤其是价值潜力，是确定获取阶段投资规模的主要依据。在明确了客户获取的广度和深度之后，企业需要根据客户的潜力进一步缩小获取的范围。客户的潜力主要包括支付能力和购买倾向，我们可以通过分析一些与收入和支出相关的指标来预测客户的价值潜力。这些指标包括收入、可支配收入、可任意支配收入、需要类别支出比例、产品类别支出比例、企业支出比例和品牌支出比例。收入是最基础的依据，一般而言，收入越高，支付能力越强；不过要考虑税收和强制性或义务性费用扣缴等因素的影响，因为强制扣除部分不能由个体自由支配和消费。可支配收入中，有一部分必须根据业已存在的契约如期支付出去，如住房与汽车贷款的偿还、保险费的缴纳等，剩余的可任意支配的部分才是一般消费型企业争夺的焦点。然而，这也并不意味着潜在客户的可任意支配收入越高，其获取价值就越大，或其购买某一品牌的倾向就越强。无论是个体客户还是组织客户，均需要把其可支配的收入分配到不同的需求类型或产品类型，此一预算分配结果很大程度上决定了企业某一品牌的客户价值潜力。企业也不能完全局限于用户当前的收入状况和支出比例来确定客户价值，在某些情况下，客户的预算分配是具有一定弹性的，企业可以考虑通过自身营销努力来影响客户，提升客户对本企业的价值潜力。

（二）明确客户获取策略

量化客户获取目标，是企业市场部门必做的事情，因为它直接关系到企业的市场占有率、市场地位甚至战略性竞争优势。用数字、比率和指标刻画客户获取目标无疑是必要的，但也应意识到它们也是导致企业营销部门急功近利的主要原因。企业应根据其发展规划以及市场发展的趋势来合理确定新增客户的规模，同时应及时评估所获取客户的质量水平，并且将客户获取数量与客户保持结合起来。

客户获取策略选择的基础是客户终身价值的大小与构成。客户终身价值综合考虑了客户未来的利润贡献、资金的时间价值、预期的投资报酬率、关系期限以及投资风险等因素。获取客户的基本逻辑是：只要客户的终身价值为正值，该客户就值得获取。一般而言，潜在客户的终身价值（或者其保持收益）越大，获取的投入也应该越大；在客户终身价值大体差不多的情况下，利润贡献主要集中在关系期前期的客户，其获取力度应该高于利润贡献集中在关系期后期的客户，因为前者的投资回收风险相对较小。

针对未来收益高，而且在关系交往的前期就可以收回大部分获取投资的客户，企业投入重点应放在客户获取上。对未来收益高但获取投入回收期长的客户，企业需要适当削减客户获取投入，将较多的投入放在客户保持工作中，以此增强客户的忠诚感，避免因客户流失而导致投资无法收回的局面。针对此类客户，如果将投入重点放在获取阶段，未来的风险则很高。对于未来收益低但投资回收期短的客户，企业基本可以采取灵活、放任的态度，不需要开展大规模的获取活动。对于保持收益低且投资回收期长的客户，需要在分析的基础上进行取舍，如果有可能通过企业努力提高客户的终身价值，则可以采取细水长流的获取战略，否则应放弃获取这类客户。

（三）设计获取组合策略

在具体设计客户获取方案时，除了需要在整合营销传播的框架内进行规划，还有一条需要牢记的原则：客户获取策略必须考虑对客户保持的影响。

夸大宣传对客户获取有利，但对客户保持有害。企业的沟通与宣传活动会对客户的预期、体验以及随后的满意度产生直接影响。一些追求短期利益的企业，在客户获取阶段夸大产品的性能和功效，添加根本不存在的特征，或进行概念炒作，大肆宣传无关紧要的产品新意，尽管吸引了许多新客户，但无疑为今后的客户保持工作带来极大的隐患。客户的抱怨、投诉、不满、流失，会在产品使用之后随之而来，这不仅会增加企业后期的"应对"成本，而且还会引起社会质疑和造成企业商誉与形象受损。

客户获取阶段的定价不一定要与客户保持阶段维持在同一水平。企业既可以在产品导入市场的初期采取低价渗透策略，待到获得一定的市场地位和市场认可后再适当提升价位；也可以一开始就确定高价格的撇脂策略，等到赚取足够的利润之后再降低价格、清空库存。决策的关键是两种策略使用的最佳时机。如果客户关注企业未来在保持方面的投入，看重未来的增值服务，有可能成为忠诚型客户，获取阶段的定价可以适当调低，以低价吸引潜在客户购买和使用，随着服务项目的增加和服务质量的提升而提高价格。如果预计客户在未来对价格日益敏感，或者产品更新换代的速度较快，产品生命周期较短，可以考虑在获取阶段采取高价策略，在保持阶段逐渐调低价位。

产品试用也是获取客户的有效途径。在食品、饮料、服务等领域，企业可以通过免费试吃、试饮、试用来吸引潜在客户尝试。同样，在住房、汽车等大件耐用品销售方面，也可以通过参观、试住、试驾让客户产生购买兴趣。试用同样会对客户的预期、体验以及满意度产生影响，企业需要注意试用体验与实际使用体验的一致性，如果试用环境与实际使用环境存在较大的差异，有必要提醒和告知消费者，帮助其调整期望水平。

（四）评估客户获取效果

完整的客户获取绩效评价指标体系应该包括客户获取的数量、获取率、获取成本、全部新客户投资额、全部新客户投资在销售收入与利润中的比重等，表 19-2 呈现了这些评价指标及具体含义。

表 19-2　客户获取绩效评估指标体系

客户获取绩效评价指标	评价内容
获取的数量	衡量获取活动的效果以及是否达到企业预定的获取目标
获取率	衡量确定潜在目标范围的科学性、合理性以及获取组合策略的效率与效果
获取成本	与客户的保持收益相比较，确定今后的获取活动规模
全部新客户投资额	与设备投资、产品研发投资等相比较，确定企业投资结构是否合理、均衡
全部新客户投资在销售收入与利润中的比重	衡量企业是否有能力扩大对新客户获取的投资额
获取资产在客户终身价值中的比重	综合评价获取活动的绩效以及未来客户保持活动的投资额度

第四节　维持和强化客户关系

一、客户保持策略

在成功获取新客户之后，企业需要根据客户终身价值的大小和构成，确定与客户建立何种类型的关系，提供相应的产品和服务，实现客户保持或忠诚。客户保持是客户成功获取之后的延续，如果不能留住有价值的客户，前期获取客户所发生的费用与支出就无法弥补。客户保持也是客户开发与客户忠诚的基石，如果客户背叛或流失，企业就无法实施升级销售和交叉销售等客户开发活动，客户忠诚的培养也不能持续。企业的客户保持策略一般包括满足和超出客户预期、提供额外价值、创造联系、形成信赖等。

（一）满足和超出客户预期

满足客户的期望是保持客户的基本前提。如果客户的需求与期望没有得到识别与满足，很难想象客户是否还会愿意继续与企业保持交易关系。当客户对企业提供的价值与其期望相吻合的时候，客户就会产生满意的感觉，而持续的满意有助于产生客户忠诚。

当客户对企业提供的价值感受超出其期望的时候，客户就会有兴奋、愉悦甚至惊喜的感觉，尽管这种感觉不一定能长久持续，但它往往对客户忠诚产生非常重要的正面影响。

满足和超出客户期望并不是要求企业在各个方面都做到最好，关键是识别目标客户认为重要的属性并给予满足。客户可能对产品和服务的多个属性都有某种期望，比如产品质量、服务反应速度、价格水平、服务人员素质等，这些属性对客户而言不可能是同等重要的。只有在客户认为非常重要的属性上表现优异，企业才能抓住客户的心，长期地保持该客户。戴尔公司发现，客户在网上购买电脑，特别在意订单处理速度与准确性、价格优惠幅度、产品服务质量和网站界面友好程度等属性，戴尔公司根据自身的能力，集中精力在订单处理、产品质量和售后服务 3 个方面提高绩效，深得目标客户的喜爱。

（二）提供额外价值

对企业而言，为客户提供额外的价值通常会增加一些成本；只要提供额外价值所获得的收益能够弥补额外的成本支出，企业就应该尽量为客户提供额外价值。目前企业通常采用忠诚计划、客户俱乐部/会所和销售促进等方式为客户提供额外价值。

1. 客户忠诚计划（loyalty schemes）

对客户忠诚行为的一种奖励制度安排，最先在酬宾赠物券和配给券中出现。今天，客户忠诚计划往往与会员制紧密结合在一起，在客户关系管理系统的支撑下，与客户信息库进行无缝对接，根据会员客户的行为信息和背景信息来确定奖励的内容和程度。

2. 客户俱乐部/会所（customer clubs）

企业保留客户的一种组织形式，俱乐部或会所的客户可以享受企业提供的一系列额外利益或特权。大多数客户俱乐部都实行会员制，如果客户想加入，必须进行注册，提供个人详细信息，有的俱乐部还收取一定的注册费和会费。一方面，企业可以从客户提供的详细信息中更加深入了解客户的需求、偏好与行为模式，开发、设计和传递更加定制化的产品与服务；另一方面，运用俱乐部的形式开展一些群体活动，提高客户的品牌认知感、归属感，还可以进行交叉销售和向上销售等客户开发工作，获得额外的收益。客户通过参加俱乐部，可以获得一系列的特权，比如购买会员专属的产品或服务、即时获得最新产品的信息并试用、价格折扣和促销优惠、特别提醒等。

3. 销售促进（sales promotions）

一种直接刺激客户再次购买的手段。与忠诚计划和客户俱乐部相比，它往往具有短期的效用。销售促进也可以用于客户获取，但在客户保持阶段使用的销售促进更加侧重于鼓励客户重复购买。在这个阶段经常使用的促销手段包括：附赠优惠券、现金返还、有奖促销、抽奖等。

（三）创造联系

保持客户的第三个策略是创造联系。在企业与客户之间可以有许多种联系，如人际关系的联系、技术联系、法律联系、流程联系等。这些联系总体而言可以分为两大类：社会联系和结构联系。

社会联系是指企业员工与客户之间通过发展良好的人际关系而形成的某种联系。企业员工需要通过了解客户的个人需求与偏好，将企业的服务个性化、私人化，从而增进与客户的感情交流。有的员工还善于通过发展地缘关系或亲缘关系来加强与客户的情感联系。在B2B商业环境里，具有相同规模、文化或地理位置接近的企业之间通常更容易建立社会联系。

结构联系是基于企业与客户的共同投入而形成的相互依赖，交易双方因此获得收益。共同投入实际上是对买卖双方关系的一种捆绑，是提高各自转换成本的重要方式。结构联系的表现形式多种多样，例如，通过提供多种折扣和优惠而形成的财务捆绑；通过签订合同形成的法律捆绑；通过投资、合资或产权交易而形成的资本捆绑；通过熟悉彼此流程、组织结构和优劣势而形成的知识捆绑；通过技术合作开发与共享而形成的技术捆绑；通过准时制生产、价值网构建而形成的流程捆绑；通过新产品合作开发、项目共同论证和建设等形成的项目捆绑；通过提供多个产品、全方位服务或"一揽子"解决方案而形成的产品组合/方案捆绑。

（四）形成信赖

客户保持的最后一个策略是创造客户对企业的信赖，这也是客户保持的最高境界。一旦客户对企业形成信赖，他们往往对企业的产品和服务感到非常满意，深信企业优于竞争对手；专注于企业的产品和服务，不为竞争对手的短期利益所引诱。客户信赖可以分为3个层面：基于产品形成的信赖、基于关系形成的信赖和基于价值观形成的信赖。

当客户觉得企业的产品在满足其需求方面无可替代，在各个方面都表现得无可挑剔，客户就会形成对企业产品的信赖。而当客户对企业的某个工作人员、工作团队或整个公司形成情感上的强烈依附，将它们视为最亲密的伙伴，视为自己生活中不可缺少的一部分，关系型的信赖就因此而形成。如果客户完全认可企业的价值观和企业文化，并觉得与自己的价值观、人生观一致，那就形成了基于价值观的信赖。无论是产品信赖、关系信赖还是价值观信赖，其形成都需要时间的积累。企业在日常的价值设计、传递与提供过程中，应注意与客户的互动，在满足客户需求与期望的基础上，展现诚信与价值，如此才能建立长期稳定的伙伴关系。

二、客户开发策略

在客户关系逐渐稳定之后，企业应该考虑如何着手开展客户开发的工作。客户开发是一种以企业与客户的现有关系为基础，以客户为中心，发现客户多种需求，去销售更多的产品，满足其多种需求的营销方式。客户开发实际上是客户需求的开发，通过分析客户的行为，发现客户新的需求，为客户提供更多更好的服务。客户开发工作不仅可以提高客户满意度和忠诚度，稳固客户关系，还可以给企业创造更多的利润与销售，提高企业的竞争能力与盈利水平。

企业的客户开发工作大致可以分为 3 个阶段：首先要根据客户的需求与企业的能力确定新增产品或服务的类型与数量；其次要预测和评估客户开发的可行性和效果；最后有针对性地开展客户亲和管理活动。

（一）客户挖掘与产品开发

客户开发的成功与否很大程度上依赖于企业对客户的熟悉程度。完善的客户数据库是客户开发的重要保障。当客户在京东等网上商店注册、浏览或购物之后，网站通过分析客户的登记资料、浏览痕迹和交易数据，推断出客户可能还会对其他哪些产品有购买兴趣，然后将这些产品信息推荐给客户个人。

在锁定客户需求之后，企业必须明确自身能够为客户提供哪些产品和服务。客户开发工作往往突破企业与客户现有业务交易的范围，需要企业为客户提供新的产品与服务。这些新的产品与服务可以从企业内部或外部两个途径获得，而企业内部获取又可以分为两种形式：现有产品的重新组合与新产品的开发。如果企业已经进行了多元化的扩张，企业就可以考虑在不同业务单元之间进行搭配或组合，为客户提供一揽子服务或全方位服务。如果目前的业务没有能够为客户开发提供新产品或服务，企业可以考虑启动新产品开发项目，既可以要求自身的研发部门独立承担新产品开发的任务，也可以委托外部研发机构进行开发，甚至可以直接从外部购买成品，与现有产品进行搭配销售。

（二）客户开发绩效预测

预测和评估客户开发的可行性和效果，需要考虑以下几个因素：反应率、购买数量、提供成本以及盈利情况。

（1）反应率。客户对开发的产品及服务的反应率直接影响客户开发的成本与效率，对整个客户的贡献价值也有着重要的影响。客户的反应率越高，则客户开发的成本越低，企业就可以提供更多的产品与服务，并从中获得更多的收入和利润。

（2）购买数量。一般而言，客户反应率越高，客户越有可能购买更多的产品与服务。但有的时候也不排除例外的情形发生，客户的反应率高，但购买量小。

（3）提供成本。提供成本是指针对特定客户开发新的产品或提供额外服务所增加的成本。决定提供成本的因素包括产品与服务的类型、客户的特征以及企业接触客户的效率等。客户数据库和其他技术的运用可以极大提高企业接触客户的效率，如果企业有完整的客户资料，识别、寻找和联系客户就相对容易和便捷。如果客户居住或工作的地方比较偏远，或者没有任何通信方式而只能登门拜访，购买的产品属于非标准产品等，这些均会提高企业的提供成本。

（4）盈利情况。产品的反应率、销售数量以及提供成本直接决定其盈利状况。有购买意愿的客户数量越多，每个客户购买的产品数量越多，企业为客户提供产品的成本越低，客户开发的盈利性就越高。企业不要局限在单一产品或服务的盈利状况上，而是应该关注客户开发的利益和整体客户价值的提升。

（三）亲和力管理

一旦选定了客户开发的对象和内容，企业需要借助现有的关系基础和新开发的产品与服务，提高企业整体的感召力与亲和力，维系和升华客户与企业之间的关系。企业在客户开发阶段的亲和力，一方面取决于客户与企业的已有关系状况，客户与企业的关系越稳定、紧密，企业越具有亲和力，客户开发的推行就越可能成功。另一方面，在开发过程中，如果客户对企业的专业能力越信任，企业越具有亲和力。经过客户获取和维系阶段的活动之后，留存的客户基本对企业现有的业务产生了一定的信任，这有助于客户的维持。然而，这种信任并不会自动过渡到企业所推出的新产品与服务上，为此需要营销人员采取措施来转移或重新培养客户信任。

第五节　管理客户关系组合

一、客户关系分类

客户关系的形成和发展遵循一定的规律，其演进通常可分为五个阶段：注意、熟悉、深入、信赖和瓦解。

如右图所示的关系阶梯模型，对企业与客户之间关系演进过程做了形象的描述。阶梯的底部是潜在客户；经过企业的一系列营销活动，潜在客户可能会成为企业实际的客户，不过此时他们只与企业进行一次或者不定期的交易，处在关系交往的注意和熟悉阶段；通过企业的关系运作，这些客户可以成为频繁交往的客户，此时他们对企业的产品、服务并未达到不离不弃的程度，甚至对于企业的交往仍处于迟疑的状态；只有当企业把客户转化成支持者时，彼此的信任逐渐建立，此时他们愿意与企业形成长期稳定的联系，甚至积极主动地向别人宣传企业；到最后，客户成为企业的合作伙伴，达

关系阶梯模型

到信赖和承诺的状态，与企业一起探索形成双赢局面的办法。

企业到底应该与客户建立怎样的关系？从售后服务的角度可以将企业与客户的关系分为5种类型：①基本型，即产品售出后不再与客户联系；②反应型，即鼓励客户若有问题就与企业联系；③可靠型，产品售出后不久就与客户联系；④主动型，经常与客户联系；⑤伙伴型，与客户形成了相互依赖关系。

从价值创造和传递的角度可以将企业与客户的关系分为4种：以价格为中心的关系，即通过每天低价、标准化产品和良好的购物体验为一般客户创造价值，这种关系有较强的竞争性；以产品为中心的关系，即通过提供定制化产品为客户创造价值；以需求为中心的关系，通过个性化服务和专门渠道为客户创造价值；以价值为中心的关系，通过联合开发令企业和合作伙伴双赢的方案、服务、产品来创造价值，此时通常需要各方密切协作。

前面提到的关系阶梯模型也从另一个角度阐述了企业与客户关系的种类，从潜在客户到伙伴，企业与客户之间的密切程度不断增强。综上，从企业关系投入和关系密切程度的角度看，企业与客户之间的关系可分为无关系、松散型关系、一般关系、密切型关系和伙伴型关系5种。

二、客户关系匹配

不是所有的客户都应该发展高密切度的关系，发展何种密切程度的关系，取决于客户类型和客户对关系的需要，也取决于客户价值的大小（表19-3）。

表 19-3　不同价值客户的关系匹配

客户分类	关系类型	关系战略	关系重点
盈利性大客户	一般关系	保持	便利与效率
忠诚老客户	伙伴关系	保持	参与和沟通
有增值潜力的客户	密切关系或松散关系	发展	根据行为视角而定
战略性客户	密切关系或伙伴关系	发展	根据发展潜力而定
低价值客户	松散关系或无关系	维持或放任	根据企业自身的需要和市场环境的变化而定

（一）高价值客户的关系战略

对此类客户，企业应该保证足够的资源投入，千方百计地留住客户，防止他们转向竞争对手。为此，企业需真正了解客户需求，在此基础上持续不断地提供超预期的价值，让他们坚信本企业是最好的供应商，是值得信赖的伙伴。

客户价值之所以高，原因可能在于其能持续提供较高的直接交易价值，也可能在于其为企业提供重要的间接价值，如信息价值、推荐与宣传价值等。不同情况下，保持策略的具体内容应有所不同。能持续提供较高交易价值的客户称为盈利性大客户，他们无论在当前还是未来，都是企业重点关注的对象。大客户可能较为关注交易的过程和结果，对价格比较敏感，喜欢交易便利和交易效率不断提高，厌恶交易中断和浪费。他们通常喜欢简单的、程式化的交往关系，乐于将交易视为一种习惯和理所当然的事情。大客户多是组织用户或中间商用户，比如工业企业、商业企业、政府机构和事业单位，其采购额大，决策参与者多。对于盈利性大客户，保持策略的重点在于便利和效率，努力为客户营造一种便利、熟悉、高效的交易环境，助力客户业务发展。这包括专门定制的标准化产品/服务、优惠的价格、高效稳定的配送渠道、快速双向的信息沟通、安全便利的支付方式等。

能为企业提供巨大间接价值的客户称为忠诚的老客户。这类客户的销售收入基本趋于稳定，而且维护成本较高，之所以能成为高价值客户，原因在于两方面。一是由于该类客户的服务成本逐年下降，使得利润增加，这主要是因为客户关系持久，双方信息沟通和工作流程都大大顺手，减少了时间和人员耗费。二是由于该类客户带来的间接价值持续增高，他们不仅会交叉购买，而且会不遗余力地为企业做正面宣传，给企业带来更多的新客户。忠诚的老客户更注重与企业在情感上的联系，寻求一种品牌上的归属感，他们对价格并不十分敏感，愿意重复购买，同时基于信任愿意试用新产品，对企业忠诚。他们往往是产品的早期使用者或创新采用者。对于忠诚的老客户，保持策略的重点在于参与和沟通，积极地、人性化地与客户进行定期或不定期的沟通交流，了解和重视他们的想法和意见，并邀请他们不同程度地参与到企业的各项决策中来，努力营造一种亲密无间的关系环境，发展联盟式的客户关系。

（二）一般价值客户的关系战略

一般价值客户的长期盈利能力低于高价值客户，他们没有高价值客户那么稳定和忠诚，可能与多个企业进行交易，流失的概率较大。然而，这类客户潜力巨大，如果培育得当，有可能成为企业的高价值客户。通常，针对一般价值客户，关系战略的重点应突出"发展"二字。

从客户的直接价值和间接价值突出的程度来看，一般价值客户可以进一步细分为有增值潜力的客户和有战略意义的客户两种。有增值潜力的客户当前交易价值比较低，主要原因在于这类客户与企业的关系可能一直徘徊在考察期或形成期前期，双方没有建立足够的信任和相互依赖关系。然而，由于该类客户的总体业务量比较大，只是目前将其采购分散于几个不同的供应商，企业如果强化关系管理，未来增值潜力巨大。对于这类客户，要认真分析其行为模式，了解其转换障碍与成本，通过适当的资源投入再造双方关系，最终进入关系稳定期，力争获得客户更多的业务份额。

战略性客户对当前的交易价值，贡献可能并不明显，但是由于它未来能创造较多的间接价值，所以应予以高度重视。这类客户的战略意义在于：客户在业内有着很强的影响力，能够对其他客户起到很好的示范作用，与他们合作可以提升企业本身的美誉度，有利于企业在竞争中脱颖而出，从而吸引其他更大规模、更具有战略意义的客户；或具有捆绑品牌(co-branding)的效应；或能帮助企业很容易地进入新的业务领域；或能优化企业的成本结构等。对战略性客户，企业需要在考察其发展潜力的基础上进行适当的关系投入。

（三）低价值客户的关系战略

对于低价值的客户，企业通常的做法有两种。一种做法是坚决剔除，不再与他们联系和交易。另一种做法是坚决保留，信奉客户上帝论，无论客户多么难缠，都不遗余力地与客户保持一定的关系。这两种做法都不是正确的关系战略。企业应该在认真分析客户价值低的原因之后，有选择性地取舍。低价值客户没有大幅提升利润贡献的空间，但是如果存在以下两种情况，还是值得企业与之继续保持适当的关系。

一是存在客户服务成本降低的空间。企业能够找出与客户交往更省钱的方式，如从原来面对面的销售方式转为电话销售、直销、电子邮件销售等，或由原来的直销转为由经销商销售，这样不仅保证了销售收入，也减少了交易成本，提高了利润水平。针对这种情形，企业可以采取维持战略，不增加关系投入，而尽量降低维持关系的成本。

二是有利于企业市场竞争战略的执行。有时，保持一定数量的低价值客户是企业实现规模经济的重要保证。大规模生产可以使单位成本降低，这对于那些固定成本/可变成本之比很高的供应商有特别的意义，从而使企业对于那些低价值客户有了盈利的空间。有时，保持一定数量的低价值客户是企业维持市场份额、遏制竞争对手的重要手段。企业在不同的发展阶段，其目标是不一样的，有时企业的首要目标是市场份额最大化，而不是利润或收入最大化，此时，快速改进的产品有可能占领整个市场。针对这种情形，企业可以采取弹性的关系战略，根据企业自身的需要和市场环境的变化来调整与客户关系的紧密程度。

对于以上两种情形之外的低价值客户，企业最好选择结束关系的战略，停止对他们的服务，把他们引向其他更适合的供应商。

三、投入一产出分析

（一）客户盈利性分析

客户盈利性分析可以分为定性分析和量化分析两种途径。

1. 定性分析

根据客户信息库中客户信息的丰富程度，可供选择的客户盈利性定性分析方法有二分法和矩阵分析法两种。

二分法的理论依据是公认的 80/20 法则。该法则认为，企业 80% 的利润是由 20% 的客户创造的。根据 80/20 法则，可以将企业的所有客户划分为两个层级：黄金层级和钢铁层级。20% 的客户构成企业的黄金层级客户，他们是企业盈利的主要来源。其余的客户是钢铁层级客户，这些客户给企业带来的盈利彼此差异不大，但是远低于黄金层级客户所创造的盈利。二分法是当前企业根据客户盈利性进行客户分类时普遍采用的一种方法，该方法提供了一个较好的基准，对客户进行细分，并据此分配营销资源，从全局的角度设计持久、稳健的客户发展战略。

客户盈利能力可以分解为客户收益和客户服务成本两个维度。矩阵分析法从客户战略重要性和客户关系管理难度两个维度出发，将客户分为关键—容易、关键—困难、不关键—容易和不关键—困难四个层级，更加具体、深入地剖析客户的构成。

矩阵分析法也称为战略—管理难度分析法。其中评估客户战略重要性的指标有：客户购买数量或金额、客户的潜力和声望、客户的市场地位和在对抗竞争、进入新市场、改善技术和技巧以及影响其他关系方面发挥的作用。评估客户关系管理难度的指标有：产品特征、客户特征和市场特征。

2. 量化分析

客户盈利性量化分析大致可以归纳为两种类型：自上而下型客户盈利性量化分析和自下而上型客户盈利性量化分析。

自上而下型客户盈利性量化分析一般先计算出企业的总利润，然后按照一定的标准将利润（或成本和收益）分摊到细分客户群或每一个客户身上，从而测算出客户的盈利性程度。比较典型的方法有 VBC 法和 ABC 法。

VBC 法，即基于产量的成本分摊法（volume-based costing），是成本会计学中十分常见的一种成本分摊方法，它的基本原理是：将企业的间接成本或一般管理费用（包括管理费用、销售费用和财务费用等）按照产品生产所消耗的直接成本（包括直接人工、直接材料）的比例或产品销售收入的比例来进行匹配，从而得出客户的盈利水平。VBC 法在大生产时代具有其合理性。由于此时企业以生产为主，直接生产成本占据了企业全部成本的绝大部分，管理费用、销售费用等一般管理费用处于依附地位，数额相对较小；另外客户的个性化需求因为卖方市场的缘故而受到压抑，企业服务客户的形式单一、成本低廉，企业应对客户差异化需求的压力并不强烈，此时依据直接成本或销售收入来分摊间接费用不会有很大的偏差，基本能保证成本匹配的合理性。VBC 法的最大的优点是信息收集容易、操作简便、运作成本低。

ABC 法，即基于活动的成本分摊法（activity-based costing），又称为作业成本法。ABC 法分两大步骤：①确定生产一个产品或服务一个客户所包含的活动总量；②确定每一个活动所消耗的企业资源数量。二者的乘积即是产品生产或客户服务的总成本。由于成本是基于活动来精细匹配，ABC 法使得管理者能够很好地区分出哪些客户或细分市场在营销和配套支持方面要求更多，因而需要耗费更多的企业资源；哪些客户或细分市场则相反。在此基础上，结合收益的情况，管理者就可以测算出哪些客户是高价值的，哪些客户是低价值的。ABC 法的弊端在于信息收集分析的成本过高，不过随着 IT 技术的发展和 CRM 的不断深入，这种状况会得到极大的缓解。

自下而上型客户盈利性量化分析则直接对每一位客户的盈利性程度进行测量或排序。比较典型的方法是源于市场调研技术并在零售业中广泛运用的 RFM 法和之前介绍的客户终身价值法。RFM 法是根据每一个客户的光顾间歇（recency）、光顾频率（frequency）和消费额（monetary）三个变量来计算其价值大小的一种方法。光顾间歇是指客户两次购买之间的时间间隔，间隔越小，分值越高。光顾频率是指客户在一段时期内光顾的次数，次数越多，分值越高。消费额是指客户平均每次购买的金额。金额越大，分值越高。RFM 法既可以采用三分制又可以采用五分制，甚至可以采用七分制，视企业细分的需要而定。企业不仅可以依据客户的 RFM 值对他们进行排序、分组，确定价值高低，还可以从中发现客户购买行为的动向与趋势，建立市场预警系统。

（二）客户资产分析

每一个客户的终身价值对企业而言就是客户资产，而全部客户的终身价值加总起来就构成了企业的客户资产总和。客户资产分析可以分为总量分析和结构分析两种。

总量分析是对企业的客户资产总和或均值进行横向和纵向的比较分析，从而判断企业的未来增长潜力、竞争优势和绩效表现。总量分析的前提是要求客户终身价值的计算方法和取值水平要保持一致，以确保不同企业之间、企业不同时期之间的客户资产具有可比性。客户资产总和反映了企业的整体实力，是企业未来盈利空间的总体可能性，客户资产越大，企业的发展前景越好，越能够吸引外部投资的进驻。人均客户资产反应企业的营销效率和客户关系管理的成效，人均客户资产越高，表明企业获取和保留了更多高价值的客户，整体经营绩效更好，未来的竞争优势明显。

结构分析是通过编制客户资产损益表来分析年度客户资产的变动情况，它有助于判断年度营销工作绩效，和确定下一年度客户关系管理工作的重点。编制客户资产损益表，需要在计算每一个客户在不同时点的终身价值的基础上，把客户数量、人均客户资产、客户总资产等指标的期初余额、期中变动情况及期末余额计算出来，如表 19-4 所示。编制完成客户资产损益表之后，企业可以进一步做如下分析。

表 19-4　客户资产损益表举例

项目	客户数量(人)	人均客户资产（元）	客户资产(元)
初始余额	100 000	282.00	28 200 000
流失客户	15 000	343.00	5 145 000
小结	85 000	271.24	23 055 000
获得新客户	20 000	294.00	5 880 000
小结	105 000	275.57	28 935 000
CLTV 上升的客户	15 000	305.00	4 575 000
CLTV 下降的客户	15 000	182.00	2 730 000
CLTV 不变的客户	75 000	275.57	20 667 857
期末余额	105 000	266.41	27 972 857

（1）年度整体经营绩效分析。通过对比期初和期末的客户资产总额和人均客户资产，可以看出企业年度经营绩效的优劣。表 19-4 表明，虽然客户数量有所增加，但期末人均客户资产出现下滑，导致企业的客户资产减值。

（2）年度获取客户工作绩效分析。通过对比新客户的人均客户资产和人均客户资产的初始余额，可以初步判断客户获取工作的成效。从表 19-4 可以看出，新客户的人均客户资产高于人均客户资产的初始余额，这说明企业获取了更多高价值的客户，企业未来盈利能力将得到提升，因此客户获取工作是很有成效的。

（3）年度维系客户工作绩效分析。通过对比流失客户的人均客户资产和人均客户资产的初始余额，可以初步判断客户维系工作的成效。仍以表 19-4 呈现的数据为例，流失客户的人均客户资产明显高于人均客户资产的初始余额，说明企业流失的多是高价值的客户，客户维系工作需要进一步加强。另外，通过分析每一个客户终身价值在期中的变动情况，可以判断企业客户开发工作的成效，如果客户终身价值显著提升，要么是企业对客户的交叉销售和升级销售工作取得成效，要么是客户的忠诚度有明显提升。

延伸阅读 19-1 客户资产分析

本章案例

希尔顿和喜达屋的客户关系管理

即测即练

自学自测

扫描此码

第二十章

建立品牌声誉

通过本章学习，学员能够：

1. 理解品牌含义、分类和品牌的作用；
2. 解释品牌资产含义及企业创立品牌资产的动因；
3. 熟悉企业的主要品牌决策；
4. 理解创立品牌的基本思路；
5. 了解如何动态管理品牌。

第一节 理 解 品 牌

人们对品牌的理解会随品牌实践的演进而不断深化。本节在介绍主流品牌定义的基础上，给出了本书对品牌的界定，同时简要介绍了品牌历史、品牌与产品的区别，指出应从企业、顾客、社会和国家等多个角度来认识品牌。

一、品牌内涵

（一）品牌概念

根据美国营销学会的定义，品牌是"一个名称、名词、符号、标志、设计或它们的组合，用于识别一个企业或企业群体的产品与服务，以便与竞争者的产品和服务相区分"。[①]

在现代社会，品牌不只是一种产品或服务的识别标记，消费者还会根据对品牌背后的产品、企业和营销活动的理解，对品牌赋予某些特定的含义。比如，提到华为，很多人会将它和通信设备、手机、高科技企业等相联系。品牌作为一种速记符号，凝聚或积淀了人们关于某个特定组织或特定产品的多方面信息、感受和态度，它"蕴含情感，有

---

① Kotler P, Keller K. Marketing management[M]. New Jersey: Prentice, 2009.

个性，能够俘获客户的心灵"。[①]

如同人的名字，品牌最初是起识别和区分作用。所谓识别，就是消费者在购买某个特定产品之后，在下次购买时仍能记得之前是否购买或使用过该产品。所谓区分，则是消费者能够在不同企业提供的产品或服务之间做出选择，不致混淆。品牌不同于普通名字或符号的地方在于，后者不具有字面含义之外的联想和"含义"，前者则有[②]。正如"茅台"不是一个简单的地理标志，而是蕴含了国酒、高档、高价等联想，这些联想在不同的场景下可能会被消费者做出不同的诠释，从而使其与来自茅台镇的其他白酒相区别，并在白酒市场异军突起。综上，我们认为，品牌是由文字、字母、图形、颜色、包装或者它们的组合所构成，用以区分产品来源的符号或标记，消费者或社会赋予它某些含义。

品牌的一项独特功能是它会影响人们看待产品的方式。完全一样的产品，当冠以不同的品牌，人们对其品质的感受，对其价值的判断，会迥然有别。根本的原因，在于人们是透过品牌这一"镜片"来感知产品，因此人们对产品品质、对产品价值的评价，受到实际产品和品牌的双重影响和形塑。

（二）品牌发展历史

品牌在英文里叫"brand"，具有烙印、烙痕的意思。它最初是指放牧时在马、牛等动物身上烙上印记，以便区分这些放养动物的主人。中世纪的欧洲，一些行会组织强制性地要求工匠或艺人在其制作的产品上打上印记，以便于识别，以及在会员和非会员的制品之间做出区分。工业革命之后，尤其是伴随大规模生产和流通体制确立，外表如出一辙的产品在一国甚至跨出国界的范围内销售，商品上没有品牌，消费者就无法选择，品牌的区分作用日益突出。[③]

产品上使用标记在我国也有悠久的历史。我国出土的北周时期的陶器就刻有生产者"郭彦"的名字。东周时期，我国酒类上的著名品牌"杜康"便开始使用。汉唐时期，产品上使用标记日益普遍。东汉时期，我国销往欧亚的瓷器，多标有"铃记"字样。[④]《唐律疏议》明文规定："物勒工名，以考其诚，工有不当，必行其罪。"这一时期的著名品牌，如"唐三彩"一直沿用至今。我国北宋时期山东济南刘家功夫针铺所使用的"白兔"品牌，已经具有现代品牌的全部外貌。该品牌中心是一只白兔，左右刻有"济南刘家功夫针铺""认门前白兔儿为记"，下面还附有宣传广告，称"收买上等钢条，造功夫细针，客转为贩，别有加饶，请记白"[⑤]。明代我国刺绣领域出现了苏绣、湘绣、粤绣、蜀绣四大名牌，宣德年间，北京珐琅制品以"景泰蓝"闻名于世。清代则出现了"同仁堂""六必居""盛锡福"等著名品牌。

① 科特勒，弗沃德. B2B 品牌管理[M]. 楼尊，译. 上海：格致出版社，2008.

② Calkins T. The Challenge of branding, kellogg on branding[M]. John Wiley & Sons, 2005: 1.

③ 符国群. 商标管理教程[M]. 武汉：武汉大学出版社，1992.

④ 符国群，刘国忱. 商标管理[M]. 大连：大连理工大学出版社，1989.

⑤ 张序九. 商标法教程[M]. 北京：法律出版社，1986.

（三）品牌与产品

凡是能给用户带来利益的任何东西，均可以视为产品。从这个角度来看，广义的产品，既包括有形产品，也包括无形的服务，甚至包括特定的想法和创意。从市场营销的角度看，产品是一个整体概念，它包括核心产品、形式产品与附加产品等多个层次，对此本书第十二章已有介绍。

品牌所指向的对象或客体是产品，品牌的标志通常也会依附在产品或产品的包装及相关宣传材料上。然而，两者有明显的区别。首先，品牌存在于用户与社会大众的大脑，是人们关于该标志的一系列联想，产品则是以某种形式存在的一系列利益，它由企业在生产车间或通过某种运营方式生产出来。其次，产品无论是以有形还是以无形的形式呈现，都会伴随市场和消费者需求的变化而不断变化，而品牌作为一种符号或标志，在相对较长的时间内，需要保持某种稳定与一致。换句话说，品牌追求的是稳定性和一致性，产品追求的是创新和变化。最后，产品通常是企业可以控制的，它的外形、做工、客观品质等，均是企业运营和操作的结果，品牌则存在于消费者的大脑，它由企业、用户和社会共同创造出来，并不完全由企业所掌控。

（四）多视角看品牌

从消费者角度看，品牌代表企业对品质的承诺或担保，消费者对同一品牌下的产品或服务期待有同样的品质和体验。品牌也是消费者简化购买决策的工具或手段，正因为对某些特定的品牌有认知，甚至有亲身购买感受，所以在面对众多商家提供的同类型产品时，消费者可以减少信息搜集时间和购买判断时间，迅速做出选择，从而节约交易成本。一些著名品牌还是身份、地位的象征，本身具有符号价值，能帮助消费者提升自我形象，强化与某些特定"他人"的心理连接。

从企业角度看，品牌首先是一种无形资产，可以为其带来利益和价值。拥有知名品牌，可以更好获取外部资源，例如，更容易获得银行贷款，更容易获得政府支持，也更容易寻找到合适的合作伙伴。拥有知名品牌的企业也更容易招到合适的员工，并获得员工的认同。最后，知名品牌拥有更多忠诚的顾客，拥有更大的顾客群，或能获取更高的产品溢价，同时也具有更强的抗风险能力。

从社会角度看，品牌可以看作企业和社会（消费者）的一种心理或社会契约，前者承诺提供品质可靠和一致的产品与服务，后者承诺在可承受范围内予以优先惠顾。品牌投资也可以看作信号或声誉投资，以解决在信息不对称条件下可能出现的"劣币驱逐良币"现象。在这个意义上，品牌是信用社会的"促进器"。品牌也传递和传承着特定企业和特定时代的文化，因为，品牌背后的企业，总是在一定的价值观指导下来开展其经营活动，其行为方式无不打上时代和企业创始人的烙印。

从国家角度看，知名品牌数量的多少，知名品牌影响力的强弱，不仅是一国经济实力的综合反映，也从一个侧面反映该国的文化软实力。美国经济的强大，体现在其有一大批世界知名的品牌，如苹果、可口可乐、麦当劳等。另外，这些品牌本身也体现了美国追求规模、追求效率、追求创新的文化。同样，德国拥有奔驰、宝马、西门子等众多知名品牌，这些品牌无不折射德国人严谨、追求工程精湛和品质卓越的文化。

二、品牌分类

品牌可以从多个角度分类。可以从品牌构成要素、品牌营销范围、品牌使用对象、品牌使用主体对品牌分类，每一种分类服务于特定的目的。

（一）从品牌构成要素分类

从品牌构成要素划分，品牌可以分为文字品牌、图形品牌、立体品牌、组合品牌。文字品牌是指单纯由文字、字母等构成的品牌，如"英雄"钢笔、海尔电器等。图形品牌则是指只有图形没有文字构成的品牌，这类品牌由于不便于呼叫，现实中使用较少，如奥运会的五环标记、国际羊毛组织用于证明"纯羊毛"的标志等。立体品牌，则是指用三维图形或某种立体设计构成的品牌，如"茅台"的独特瓶形就属于这种类型的品牌。组合品牌是指由文字、图形或设计所构成的"整体"而形成的品牌，如"三一"品牌是由"三一"（SANYI）这两个字，加上三个"一"所组成的三角图形而构成。从品牌构成要素对品牌分类：一方面能帮助企业更好地设计品牌；另一方面也有助政府商标管理机关在商标登记注册和保护过程中，更好地对品牌归类，避免品牌标示的雷同。

（二）根据品牌营销范围分类

根据品牌营销范围分类，品牌可以分为全球性品牌、全国性品牌、地方或区域性品牌。全球性品牌至少要满足三项基本条件：一是产品或服务在全球范围销售；二是该品牌的大部分销售量应来自母国或品牌来源国之外；三是该品牌在全球消费者中或在其所属的细分市场有较高的知名度或影响力。根据以上标准，我国目前只有华为、海尔、小米、抖音等品牌划入全球性品牌行列。全国性品牌则是在全国范围销售，并在所属细分领域为大多数消费者所知悉的品牌，像茅台、五粮液等就属此类。地方性品牌则主要在某些特定的区域范围内销售，并为该区域内部分或大部分消费者所知悉的品牌，像一些地方性企业使用的啤酒、香烟品牌就属此类。

（三）根据品牌所使用的客体或对象分类

根据品牌所使用的客体或对象分类，品牌可以分为产品品牌、公司品牌、公司-产品混合品牌、区域（地区）品牌、国家品牌。产品品牌的使用对象是某种产品或服务，如小米手机、海飞丝洗发水就是产品品牌。公司品牌的使用对象是公司，如阿里巴巴、京东集团、宝洁（P&G）均属于公司品牌。公司—产品混合品牌则是同时在产品或服务上使用公司品牌和产品品牌，如茅台王子酒、雀巢Kitkat巧克力就属于此类。

区域（地区）品牌的使用对象通常是某个特定地区或地方，它与该地的特有自然、人文资源或产业集群相联系，能够激起人们对该地区或地方的独特联想。中关村、硅谷、镇江香醋、广西巴马、桂林山水均属于区域品牌。区域品牌大致可以分为两类：一是产业集群品牌，它是某个地理名称与某个产业或多个产业的集合，如武汉硅谷、景德镇陶瓷、洛川苹果等；二是地理标志和城市品牌，如八达岭长城、阳朔山水、武汉东湖等，这类品牌反映了某地或某个城市独特的人文或自然景观或资源，以及建立在这些资源基础上的体验、情感和形象。区域（地区）品牌与前面提到的产品品牌、公司品牌不同。首先，区域（地区）品牌是与某个地理概念相联系，具有地域和空间特点；其次，产品品牌和企业品牌，其产权通常属于某个特定企业，而区域（地区）品牌则为该区域内的多个企业或组织所共有，甚至为该区域内的所有居民所共有，具有"类公共产品"性质；再次，区域（地区）品牌的"公共性"衍生出某些组织或个人"搭便车"的现象，导致区域品牌的打造需要更强的行业自律和政府协调。

国家品牌则与"原产国"或原产国形象紧密联系，甚至可以看作是"原产国"的同义，它反映的是一个国家的整体形象或一个国家的某个特定产业的形象。从这个意义上来说，国家品牌也可以看作区域品牌的延展。原产国最初指的是"made in"，后来逐步扩展到组装国、部件制造国、产品设计国、品牌来源国等多个概念，但它们都可以归到"原产国"或"原产国形象"的讨论范畴。国家品牌或原产国，可以从三个层次考察。一是指一个国家的整体形象，如提到德国，会联想到德国人的严谨，德国人的自律性和德国的历史、文化、经济发展水平等。二是指某个特定国家的产品作为一个"总体"所具有的形象，如提到德国产品，使人产生高品质、可信赖等联想。三是指某个特定国家的某类产品及形象，如德国汽车、瑞士手表、法国葡萄酒等。[①]国家品牌是众多来自该国的企业、产品、人员，以及该国自然与人文资源、文化、制度等综合作用的结果。

（四）根据品牌使用者分类

根据品牌使用者分类，品牌可以分为生产者品牌、服务商品牌、中间商品牌、集体品牌。

生产者品牌是指生产、加工、制造、组装产品的企业所使用的品牌，如华为、小米、海尔等品牌均是生产者品牌。服务商品牌指提供某种服务的企业所拥有和使用的品牌，如中国银行、京东、顺丰、迪士尼等。服务商品牌或服务品牌可以看作是生产者品牌的另一种形式。

中间商品牌也叫自有品牌，是指零售商等中间商在其挑选的商品上不用制造商的品牌而使用自己的品牌。如沃尔玛推出"惠宜"使用在包装食品上，"惠宜"就是自有品牌。中间商尤其是一些大型中间商使用自有品牌具有诸多优势，如降低贸易促销、广告、包装等方面的成本，利用品类数据更有效洞察顾客需要，利用规模优势降低进货成本，等等。西方一些国家自有品牌销售在零售总额中的占比高达30%~40%，曾一度给制造商品

---

① 符国群，苏子逸. 中国消费者评价进口产品的影响因素研究[J]. 管理学报，2014, 11(4): 585-590.

牌造成很大压力。目前我国自有品牌在零售总额中的销售占比很低，因此未来这类品牌的发展具有较大的空间。[①]

延伸阅读 20-1　西方零售商品牌给制造商带来的机会与挑战

集体品牌是由多家企业或多个组织共同使用的品牌，如前面提到的地理区域品牌、产业集群品牌就属于集体品牌。集体品牌虽然是由多家企业或组织使用，但其所有权通常归属于某个非盈利组织，如协会、政府控制的下属机构。为了维护集体品牌的声誉，通常品牌所有者会制定条约或制度，规定集体成员使用该品牌的权利与义务。

第二节　品牌资产

品牌资产是目前品牌研究领域最核心、最基础也是受到最多关注的概念，因为该概念不仅可以从"质"上进行界定，也可以从"量"上进行测量，从而有助于把品牌研究推向深入。本节主要介绍品牌资产概念产生背景、构成要素，重点讨论企业为何愿意投入巨资来发展品牌资产。

一、概念产生背景

品牌具有价值，这一点几乎没有人否定。但把品牌视为资产，甚至将其视为比厂房、设备更为重要的资产，则不是所有的企业都认同，即使口头上同意，在行动上也未必真把它作为资产来运用和保护。

品牌资产（brand equity）一词是 20 世纪 80 年代美国广告界提出来的，并很快得到企业界和学术界的认可。[②]美国广告界提出这一概念，并不是广告界的人高瞻远瞩，也并非其刻意善举，而是有着深刻的社会背景。众所周知，20 世纪 70 年代末，西方国家出现了"经济滞胀"，在严峻的经济形势下，众多拥有品牌的企业纷纷削减品牌投入，将更多营销费用投入短期促销中，广告界首当其冲。在此背景下，一些广告公司认为，广告、营销等品牌投入，产生两方面效果：一是促进短期销售；二是使品牌在未来抵御风险的能力提升。后一方面的效果，则是品牌投资沉淀的结果，被视为品牌资产。通俗点讲，企业在品牌上的投资，很大一部分形成了品牌资产，能够在未来给企业带来收益。如果只着眼短期销售，不进行长远的品牌投资，对企业而言则是十分短视的，长期看，品牌迟早会变得脆弱和被人们淡忘。

二、内涵与构成

学术界对品牌资产到底如何界定，它应包括哪些内容，仍处在探索和争论中。对品

---

① 符国群. 西方零售商品牌给制造商带来的机会和挑战[J]. 南开管理评论，2001, 4(2), 48-50.
② Aaker, David A. Building Strong Brands[M]. New York: the Free Press, 1996.

牌资产的界定，有两种主流看法。一是加州伯克利大学的戴维·阿克（David Aaker，1991）的看法，他认为："品牌资产是顾客或消费者有关品牌联想的结果，这些联想或增加或减少产品、服务所带来的价值。"二是美国达特矛斯大学凯文·凯勒（Kevin Keller，1993）的看法，他认为："品牌资产是消费者拥有关于某一品牌的知识而对该品牌营销活动所产生的差异性反应。"

品牌资产虽然看不见，摸不着，但它也确实是一种真实的存在。基于此，一些中介机构定期对全球重要品牌的价值进行评估，并予以公布。通常认为，品牌资产包括品牌知名度、消费者感知的品质、品牌联想、品牌忠诚及其他能受到法律保护的品牌权益（如英特尔广告中的独特声音）。品牌知名度之所以构成品牌的重要内容，一是因为提升品牌知名度需要投资，二是因为品牌知名度会影响消费者的选择。研究表明，消费者仅仅是听说过某个品牌，其选择该品牌的可能性就会增加。[①]

感知质量或知觉质量是构成品牌资产的另一重要内容。它依赖于产品或服务的客观质量，但两者并不完全等同。客观质量高的产品不一定感知质量就高：反之也一样。根本原因在于，很多情况下，消费者通常无法凭感官对品质做出直接判断，而只能凭产品之外的一些线索如价格、包装、购买渠道等来判断。其中，品牌是消费者据此判断品质高低的重要线索。

品牌联想则是当提到某个品牌时，消费者马上能想到的与该品牌相关联的所有事物、判断、态度、情感等。品牌联想越正面、越丰富，则该品牌价值越大，否则品牌价值越小。如果品牌拥有很多负面联想，则品牌会成为企业的负资产。

有影响的品牌最后会通过顾客的重复购买和选择体现出来，这被称为品牌忠诚。传统上，很多企业认为顾客之所以忠诚于某个品牌，是因为该品牌品质好、服务好，产品本身对消费者有吸引。但越来越多的证据表明，产品吸引并不是形成品牌忠诚的唯一原因，甚至在不少情况下也不是最主要的原因。[②]一些消费者比另一些更容易形成品牌忠诚，同一消费者在某些产品领域比另一些产品领域更容易形成品牌忠诚。那种认为，只要产品品质好服务好，品牌就会自然被消费者接受和选择的观念，显然是错误的。

延伸阅读 20-2 老字号"狗不理"转型

三、企业投资品牌的动因

企业在品牌上投资，取得消费者和社会的信赖，消费者通过选择、正面口碑等方式回馈有信誉的品牌，惩罚那些信誉低或没有信誉的品牌，如此，形成良性的社会信任机制，降低整个社会的交易成本。品牌投资的结果，是信誉的积累，是品牌无形资产的提升。对于很多著名品牌，其品牌资产价值甚至远远超过其有形资产价值。由此不难理解，

---

① 符国群. 商标资产研究[M]. 武汉：湖北人民出版社，1998.

② 符国群. 谈谈品牌忠诚[J]. 外国经济与管理，1992(2): 46-49.

可口可乐为何敢扬言，即使其全球所有工厂在一夜之间被焚于大火，第二天就会有银行愿意贷款，使其重振雄风。

企业投资品牌的直接动因是它能给企业带来高的长期回报，背后更深的原因是品牌能给客户或给最终客户创造价值。著名品牌用其信誉作为担保，为客户提供了品质与服务的保证；简化了消费者决策过程，降低客户交易成本；提供符号象征意义，增强客户感知价值。企业投资品牌所获的种种回报，建立在完善和强有力的知识产权保护制度基础上。现代商标保护制度的确立，使品牌的声誉和由此带来的利益能够为品牌所有者独家享有，确保品牌投资不会被"搭便车"。

延伸阅读 20-3 Interbrand
品牌评估法评介

第三节　企业品牌决策

在创立品牌过程中，企业面临很多决策。本节重点围绕是否使用品牌、使用自创品牌还是使用他人品牌、创立何种类型的品牌、使用一个还是使用多个品牌进行讨论。

一、是否使用品牌

现在，越来越多的企业倾向在产品上使用品牌，过去认为没有必要使用品牌的产品，如食糖、大米、蔬菜、水果等，现在多数企业也会使用品牌出售。产品上使用品牌，大体上有这样一些好处：第一，有利于企业对产品进行推广和宣传；第二，便利购销；第三，便利追踪产品；第四，有利于培养客户忠诚和与客户发展长期合作关系；第五，有利于将品牌作为商标注册，在此基础上发展品牌声誉和维护自身合法权益。

并非所有企业都在产品上使用品牌，如果企业财力单薄，无力进行品牌投资，或者经营管理水平较弱，难以维持产品或服务质量的稳定，此时就不一定使用品牌。另外，某些企业产品尚不定型，或者产品在市场上能否成功，不确定性很大，是否使用品牌大可斟酌。还有，对于某些原料产品、地产地销的产品，由于消费者一般不是依据品牌做选择，所以使用品牌的价值也会下降。

对于制造商而言，是否使用品牌，首先要考虑的是能否履行品牌责任。最主要的是两条：一是信守承诺，核心是保持产品或服务品质的稳定；二是愿意对市场或消费者进行长期投资。很长一段时间，医药企业包括一些大型跨国医药公司主要通过创新和开发新药与其他药企竞争，当众多企业投入大量资金开发新的药物时，即使药物的科学含量整体很高，某个药品要脱颖而出，实际上非常困难。之前，药品企业每推出一种新药，会启用新的包装和对药品命名，以表明药品是新的，很少进行品牌投资。这样做的后果是，新的药品无法"承继"以前产品或品牌的沉淀影响。在产品销售量大、毛利高的情况下，对稍有不同的产品启用新的产品名称，或许在经济上是可行的。但当竞争日益激烈，产品毛利大幅度压缩后，仍采用新产品、新名称的战略，则将难以为继。现在，一些医药企业开始效法快速消费品公司，花费更多资源进行市场和品牌投资。[①]

二、使用自己的品牌还是他人的品牌

生产企业一旦做出使用品牌的决策，随之而来的是需要在自创品牌还是使用他人的品牌之间做出选择。对于财力雄厚、技术和管理水平比较高的企业，一般都倾向于创立自己的品牌。然而，诚如前面所指出，创立自己的品牌不仅需要大量投入和耗费较长的时间，而且也存在可能失败的风险。一些企业为达到迅速占领市场的目的，也可能使用他人或第三方的品牌。这里可以分为三种情况：一是在某个区域市场使用他人品牌，典型的例子是"加多宝"前身鸿道集团于 21 世纪初与广州药业签订品牌使用许可协议，后者授权前者使用"王老吉"这一品牌。同样，红牛是泰国天丝集团拥有的品牌，于 20 世纪 90 年代中期与中国的某家企业组成合资公司，前者授权后者在中国使用"红牛"品牌。二是为其他制造商贴牌生产产品，即成为所谓原始设备制造（original equipment manfacturer，OEM）厂商。像富士康、比亚迪等公司均有为苹果、三星等提供贴牌生产业务。三是使用中间商品牌，即制造企业为中间商提供贴牌生产。在使用他人或第三方的品牌时，需要许可方与被许可方签订品牌使用许可协议，明确双方权利与义务。由于在许可期限，品牌资产增值的利益分割等方面没有事先做出明确无误的规定，一些企业在使用他人品牌时出现各种纠纷，最终出现多输局面，教训惨重。

三、建立何种类型的品牌

通常，在企业决定建立自己的品牌并进行品牌投资之后，需要决定将品牌投资聚焦何处，或者说需要决定主要通过何种方式为顾客创造价值。根据资源聚集方向的不同，或根据顾客价值创造方式的选择，会形成三种不同类型的品牌，即功能性品牌、形象性品牌和体验性品牌。

功能性品牌关注产品功能、品质和性价比，注重营销效率和分销可获得性，像汰渍、沃尔玛、戴尔等均属于此类品牌。形象性品牌侧重顾客感知，这种类型的品牌重点是根据顾客需求适时而变，与顾客沟通成为营销重点，企业需要在市场调查，适应市场变化和发展客户关系上进行大量投资，像可口可乐、耐克是这类品牌的典型代表。体验性品牌着眼于满足顾客较高层次的需求，企业重点是为顾客提供超出其预期的体验，保持服务品质和服务环境的一致性、稳定性成为打造这类品牌的最大挑战。像迪士尼、星巴克是这类品牌的典型代表。

表 20-1 呈现了前述三种类型品牌在差异基础、营销组合重点、满足顾客需要、管理挑战方面的不同。应当指出，在现实生活中，功能、形象和体验这三类元素会体现在同一个品牌中，不同品牌因在某个元素上表现突出而呈现其个性。

---

① Corstjens M, Carpenter M. From managing pills to managing brands[J]. Harvard Business Review, 2000, 78(2): 20-22.

表 20-1　功能性品牌、形象性品牌和体验性品牌比较

品牌类型	差异基础	营销组合重点	消费者需要与介入程度	管理挑战
功能性品牌	卓越性能和更经济	产品、价格或渠道	生理与安全 需要低介入	如何维持差异
形象性品牌	形象	沟通	社会与自尊需要 中度或高介入	保持品牌与动态环境 下的需要相协调
体验性品牌	独特的参与和体验	服务的提供 （人和场所）	自我实现的需要 中到高介入	服务品质的一致性， 消费者"饱和"的风险

四、使用一个品牌还是使用多个品牌

一些企业如红牛、维珍、三一集团采用单一品牌策略，即在同一品类甚至多个品类上使用同一个品牌，另一些企业如宝洁公司则采用多品牌策略，即在同一品类上使用多个品牌。以洗发水为例，宝洁公司在中国市场就使用潘婷、海飞丝、沙宣等品牌。

单一品牌策略的好处是：资源集中使用，不像多品牌策略下资源被分散配置；能够获得营销规模效益；便于企业的管理和协调，有助于将品牌战略融入公司战略。不足之处是：不利于对不同细分市场的覆盖；当企业拥有多条产品线，或在同一品类下拥有多种档次的产品时，品牌定位将遇到挑战；不利于争夺渠道陈列空间；有时会丧失某些市场机会，设想宝洁公司如果只有一个洗发水品牌，则宝洁在该市场的品牌影响力可能被削弱。此外，如果品牌下的产品很多，其中一种产品出现危机或负面事件，可能会殃及企业的其他产品。

多品牌策略的好处是：便于针对不同消费人群进行精准定位；有助于企业将产品覆盖到更广泛的人群；内部竞争有助于提升效率；总体上弱化市场风险。不足之处是：多品牌经营要求更多的资源；在资源不充裕的条件下，某些品牌得不到应有的重视，或者会导致某些品牌的认知混淆；管理与协调的难度会相应增加，由于各品牌可能形成"部门"利益，资源配置的整体优化可能存在阻力。

是采用单一品牌策略还是采用多品牌策略，受很多因素的影响。首先，是企业拥有的资源，资源越丰富的企业，采用多品牌策略获得成功的可能性也越大。其次，与企业发展的历史和阶段有关。以通用汽车和福特汽车公司为例：前者在 20 世纪初通过购并多家汽车企业获得发展，自然形成了多品牌格局；后者在相当长的时间内，只使用福特这个品牌，但后来随着业务的发展也开始在福特这一公司品牌下使用多个子品牌。最后，与企业服务的市场以及产品的多样性也有关系。通常，如果服务于多个异质性程度很高的市场，或产品种类多且彼此之间关联性弱，则更可能适用采用多品牌策略。全球性食品公司，如雀巢拥有众多品牌，很大的程度上与不同国家的消费者在口味、饮食习惯等方面的多样性、差异性存在密切关系。美国企业更多倾向采用多品牌策略，而欧洲一些国家及韩国、日本的企业似乎更倾向采用单一品牌策略，这或许与各自国内市场的规模和

容量有一定联系。

五、品牌组合策略

当企业产品单一、规模较小时，通常会使用一个品牌，甚至不使用自己的品牌。然而，伴随企业的成长，当产品业务和种类越来越多，服务的顾客和地域越来越广，企业使用品牌的数量、层级及品牌彼此之间的关系日益复杂。即使在单一品牌策略下，企业也需要采用可资识别的标示如数字、字母将各种档次、型号的同类产品相区别，以便于沟通和选择。图 20-1 和图 20-2 分别呈现了高露洁公司和英特尔（Intel）公司的品牌架构。

图 20-1 高露洁公司的品牌架构

图 20-2 英特尔公司的品牌架构

品牌组合，实际上是指一个公司的品牌架构，它回答一个公司拥有多少个品牌及各品牌之间具有何种关系的问题。[①] 品牌组合策略，则是指公司如何设计其品牌架构，如何

---

① 王海忠. 品牌管理[M]. 北京：清华大学出版社，2014: 246-248.

在不同的发展阶段处理公司拥有的各品牌之间的关系。具体来讲，在设计和管理品牌组合时，管理者需要回答如下问题：公司应有多少品牌层级？某个层级的品牌应覆盖多少产品？各个层级品牌的知名度和形象如何？同一产品上不同层级品牌要素如何结合？以英特尔公司为例，其品牌分为 3 个层级，第一个层级是公司品牌即 Intel，第二个层级是平台品牌如迅驰或欢跃，第三个层级是产品品牌如奔腾、酷睿。在设计或决定多少品牌层级时，一是遵循精简原则，即尽量少增加品牌的层级，因为层级越多管理将越复杂；二是遵循清晰原则，即每一层级的品牌所指示的对象对应于特定类型的产品或市场。如宝马 1 系代表入门级汽车产品，宝马 7 系代表宝马汽车中的最高级；同一系列里，宝马 X 系代表 SUV 车型，宝马 Z 系代表跑车。

接下来的决策是某个层级的品牌应覆盖多少产品，比如是否将 Intel 这一公司品牌运用到手机芯片上或汽车芯片上，这对英特尔来说是非常重要的决策。毕竟，Intel 之前是计算机芯片的代名词，而且在手机芯片领域已经存在诸如高通这样的更有影响力的品牌，当把 Intel 品牌延伸使用到手机芯片上时，用户不一定接受，因此在做这类决策时，Intel 会面临一定风险。在决定某个品牌到底覆盖哪些产品时，一个基本的原则是"共同性"，即这些产品本身在某个方面让消费者感觉有"共通"的地方。如惠普激光打印机（LaserJet）在推出台式机、彩色打印机、大型办公室打印机时，分别使用 DeskJet、PaintJet、OfficeJet 等子品牌，让"Jet"这一品牌元素共同使用于不同类型的激光打印机上。

在决定每一品牌层级的知名度和形象时，除了考虑行业特点，还需要遵循相关性和差异性的原则。所谓相关性，是指尽量使不同层级的品牌具有视觉、形象等方面的联系。所谓差异性，是指不同层级的品牌之间，存在让消费者或用户感知到的外在或内在的差异。宝洁公司在亚洲市场重点推广其产品层次的品牌，但同时也会在广告中提及 P&G 这一公司品牌。这样一方面树立各产品品牌的独特形象，突出品牌之间差异性，如海飞丝去头屑，潘婷滋润头发；另一方面，P&G 又将各个独立的品牌联系起来，使得对其中一个品牌的好感有可能传递到其他品牌。微软公司在公司层面使用 Mircosoft 这一品牌，在平台层面使用 Microsoft Windows，在产品层面使用 Microsoft word，显然，这 3 个层级的品牌通过"Microsoft"紧密联系在一起，同时彼此在视觉、内涵上又有明显的差异。同时，从长期看，Microsoft 是品牌资产的核心，在公司所有的传播活动中，都需要突出它的地位和形象。在产品层面，如在推广 Microsoft Word、Microsoft Excel 等产品时，则需要根据市场或顾客需求的变化，调整诉求重点。因此在这个意义上，越是在公司层面，品牌形象尤其是品牌的核心价值与诉求越是需要保持稳定性和一致性，不能经常变化；而在产品层次上，品牌所宣示的含义则应与时俱进，以动态适应环境的变化。

最后，管理者还需决定在某个特定的产品上如何将各层级的品牌元素有机搭配，使消费者能够理解该产品在公司产品结构中所处的地位，和便于作出选择。仍以 Intel 为例，至强（Xeon）品牌主要用于企业服务器和工作站，奔腾（Pentium）则主要用于台式电脑，两者面向的目标市场不同，同时在产品或产品包装上，Intel 品牌与至强或奔腾同时使用，重点突出 Intel 的标示。不仅如此，奔腾下还用数字或字母如 Pentium I、Pentium II 或 Pentium M 来表示产品的技术新颖程度或功能特点。图 20-3 呈现了企业可供选择的各种品牌组合策略，最左侧代表企业使用单一品牌策略，最右侧代表多品牌策略，中间则包括其他可能的品牌组合策略。在每一种品牌策略下，又存在多种使用变型，如在单一品牌策略下企业可以在所有产品上使用完全一致的品牌文字、造型，也可以根据产品的不同或目标市场的不同，在品牌文字、造型、色彩等方面有所差异。

图 20-3 品牌关系图谱

（资料来源：阿克. 品牌组合战略[M]. 雷丽华，译. 北京：中国劳动社会保障出版社，2005: 48.）

第四节 如何创立品牌

本节主要围绕 Keller 模型讨论企业如何从选择品牌构成要素、制定品牌营销战略与策略、利用次级联想 3 个方面创立品牌，扩大品牌影响。

一、Keller 模型

创立品牌没有固定的模式，美国学者凯文·凯勒提出了一个如何创立品牌的分析框架（图 20-4）。根据这一框架，企业创立品牌，目的是发展品牌资产，品牌资产主要由品牌意识与品牌联想构成。品牌意识有点类似品牌知名度，可以进一步分为品牌意识的深度与宽度两个方面。品牌意识的深度指顾客或消费者在选择某类产品时，在多大程度上能联想到该品牌。比如，当消费者购买矿泉水时，如果马上联想到"农夫山泉"，则该品牌对消费者而言具有意识深度。品牌意识的宽度，则是指在不同的使用场合或购买情境下，消费者在多大程度上能联想到某个特定品牌。仍以"农夫山泉"为例，如果在上课、锻炼、登山、旅游等各种场合，需要购买饮料，消费者均联想到"农夫山泉"，则该品牌具有品牌意识宽度。很显然，如果某个品牌在消费者心目中既有深度，又有宽度，该品牌无

图 20-4　如何创立品牌——Keller 模型

论对企业还是对消费者均有价值。

品牌联想是指提到某个品牌时，消费者头脑中涌现出来的各种与该品牌相联系的认知、看法和评价。它有三个维度，即品牌联想的强度、偏好与独特性。当提到奥迪或看到奥迪的图标，人们会有很多联想，如"德国""汽车""高品质""价格高""四个圈""商务"等。这些联想，有些是正面的，有些是负面的，有些是中性的。只有当一个品牌的联想很丰富，而且这些联想大多是正面或中性时，该品牌才有价值。

显然，如果企业具有雄厚的品牌资产，即企业的品牌在广大消费者中既有知名度，又有基于品牌联想的美誉度，该品牌就会给拥有者带来积极结果，如忠诚的顾客、产品的溢价、对竞争冲击的弱化等，这是图 20-4 最后部分所呈现的内容。Keller 模型对企业如何创立品牌资产提出了 3 个着力方向，即选择品牌构成要素、借用次级联想、制定营销战略与策略。

二、选择品牌构成要素

常用的品牌构成要素包括品牌名称、符号与标识、颜色、品牌形象代言人、品牌口号、歌曲与声音、包装。有学者认为，品牌元素的选择要遵循一系列标准，包括可记忆、有意义、富有美感、可转换、可适应、可保护。[①]

（一）品牌名称

为品牌选择一个合适的名字并不像想象的那么简单，其中一个重要的原因是，很多富有内涵和意蕴的字或词已经被别的公司作为品牌使用并已经获得了商标注册。在这方面西方一些企业的做法值得借鉴和学习。比如，埃克森石油公司的前身是新泽西石油公

---

①凯文·凯勒. 战略品牌管理[M]. 4 版. 吴水龙，何云，译. 北京：中国人民大学出版社，2014：113-118.

司，为改名仅支付给咨询公司的品牌命名费用就达 200 万美元，调查消费者 7000 多人，查阅世界上 50 余种主要语言。

（二）品牌符号与标识

标识与符号是指品牌的视觉元素，如奥迪的 4 个圈、巴宝莉的"格子"、华为的太阳花图案。符号和标识不仅容易辨认，而且由于它是以非语言形式呈现，能够在不同语言之间转换。另外，与品牌名称不同，符号与标识可以在一段时间后很方便的变动，以更好地适应时代对含义和审美的要求。图 20-5 显示了苹果标识的演变。

| 1976年 | 1976—1998年 | 1998年 | 现在 |

图 20-5　苹果标识的演变

（三）品牌颜色、声音与口号

颜色是构成品牌的一个重要元素，如京东用的是红色，苹果用的是银灰色，麦当劳用的是红色和黄色。颜色不仅具有某些含义，并被特定的人群喜爱，而且作为品牌的"底色"或"基准色"可以传递一致性。比如"哈根达斯"冰淇淋无论是在包装、冰柜、门头还是店内装修均采用褚红色，以此反复刺激消费者，强化品牌印象。

声音作为品牌的一部分虽然不常见，但一旦某种奇特的声音与品牌联系在一起，可以产生神奇的效果。一些电台或电视连续剧的片头音乐，可以看作是品牌的一部分。华为手机的开机铃声，英特尔广告中经典的五音节混合声音，均让人印象深刻。声音作为品牌元素的最大优点是它的穿透性，即使你在忙于别的事务，也无法躲避声音的唤醒。

品牌口号是用来传递有关品牌的描述性或说服性信息的短语，它们通常出现在广告中或印在产品包装上。"劲酒虽好，可不要贪杯哟"，戴比尔的"钻石恒久远,一颗永流传"等口号，不仅产生了良好的促销效果，而且强化了品牌的定位和认知。

（四）品牌形象代言人

品牌形象代言人可以是现实生活中的人物，也可以是虚构的人物或卡通人物。著名体操运动员李宁所创立的"李宁"球鞋和运动服饰，就是用李宁本人作为形象代言人。麦当劳大叔属于虚拟的品牌人物，唐老鸭、米老鼠则是由卡通演化而来的品牌代言人。品牌代言人增强了品牌的形象性和吸引力，能够丰富品牌联想。品牌形象代言人通常具有某些方面的个性，它不直接指代特定产品，能使品牌跨越多个产品类别。在使用品牌形象代言人时，企业应避免形象代言人过度曝光，因为在太多产品上使用形象代言人会导致消费者对其他品牌元素认知的弱化。

（五）包装与造型

独特的包装或产品造型，能提升产品识别度，甚至能作为品牌或商标的一部分获得法律保护。像茅台酒的瓶型、2022年北京冬奥会的吉祥物"冰墩墩"，均作为商标获得了注册，其他企业和个人未经允许不得随意使用。包装不仅能创造差异，而且它本身就是一种沟通媒介。在琳琅满目的商品货架上，包装只有新颖、独特，才能抓住顾客的目光并促进购买。王老吉红罐装的销售量远超纸盒装，根本原因是经由广告、零售终端促销等营销传播活动，红色易拉罐已经成为"王老吉"品牌不可分割的一部分。

三、借助次级联想

让消费者记住一个陌生的词汇并不容易，但如果把该词汇与其大脑里已有的知识联系起来，则个体对该词汇的识记和回忆就会变得相对简单。同样，企业为了使自己的品牌进入消费者的记忆域，可以有针对性地建立品牌与消费者大脑中既有知识的联系。我们把存在于消费者的记忆里且依附于特定"实体符号"的知识称为次级联想，一旦这些次级联想能与品牌联系起来，就会强化消费者对品牌的认知和好感，甚至会直接促动消费者的选择行为。比如，曹操在我国是一个家喻户晓的历史人物，企业将其著名诗句"何以解忧，唯有杜康"印在"杜康"酒的包装上，就会强化人们对"杜康"品牌的认知。

常见的能产生次级联想的实体符号包括公司名称、原产地或原产国、名人与偶像、体育或文化事件、第三方资源等。上述实体符号发挥杠杆作用的方式可能并不相同，比如名人和偶像更可能激起某种情感或好感，而像"希望工程"这样的事件营销则更可能传递某种"体验"或传递关于"关爱和社会责任"的价值与理念。

以名人代言为例，之所以在一定条件下有效，首先是基于特定名人在一部分消费者中有知名度和好感度，其次是名人的形象与所代言的品牌形象相一致，或者名人的证词证言具有可信度。名人代言或名人广告之所以能对品牌产生正面影响，一定程度上可以用经典性条件反射理论予以解释，即名人作为一种被消费者喜爱的"无条件刺激"，反复与消费者不太关注的"品牌"这种条件刺激配对出现，最终会将消费者对名人或偶像的好感或情感迁移到品牌上，产生"爱屋及乌"的效果。[1]

在具体运用次级联想来创立品牌资产时，企业需重点考虑三个方面。[2]首先，目标消费者是否具有关于特定实体符号的知识。比如，如果消费者没有关于"茅台"的任何知识，在广告中宣传"塞外茅台"，或者声称"来自茅台镇的佳酿"，可能就产生不了期待的效果。其次，与实体符号相关的知识能够在特定消费人群中产生积极的联想、判断或

① 符国群. 消费者行为学[M]. 4版. 北京：高等教育出版社，2020: 179-182.
② 凯勒. 战略品牌管理[M]. 4版. 吴水龙，何云，译. 北京：中国人民大学出版社，2014: 217-241.

感受。如果品牌的目标消费人群对明星的喜好并不一致，即有人喜欢也有人不喜欢该明星，则对该明星的选择就需要慎重。最后，与实体符号相关的知识是否具有传递性，即相关正面联想能否传递到品牌上。曾经有国内制造咽喉片的企业，聘请巴西著名球星罗纳尔多做品牌代言人，一些媒体就提出了质疑，这里反映的实际上是人们对"传递性"的担心。

四、品牌战略与策略

为品牌制定营销战略与策略，大多数企业遵循的仍然是"4C's+STP+4P's"范式。下面结合"真功夫"早期案例，来阐释如何基于上述范式来制定品牌战略与策略。

"真功夫"是一家连锁餐饮店，截至 2020 年年底在全国有超过 600 家门店。真功夫的前身是 20 世纪 90 年代中期成立于广东东莞的"168 甜饼屋"，在扩张到广州、深圳时因"168"不能被注册为商标，遂改名为"双种子"，但改名后发展得并不顺利。2003 年聘请外部咨询公司，对"双种子"进行了品牌诊断，并建议重新设计品牌和规划该品牌的营销战略与策略。表 20-2 呈现了改名为"真功夫"的品牌策划的基本思路。

表 20-2　　2003 年真功夫品牌营销战略与策略

4C's	营销战略基本思路	4P's
环境：到 2003 年中国餐饮市场连续 13 年以两位数增长，年营业额超过 6000 亿元人民币；快餐市场中式快餐占比接近 80%，几乎没有有影响力的品牌，因此品牌发展存在巨大的机会	1. 品牌改名：从"双种子"改名为"真功夫"，并用李小龙卡通图像作为标识	产品策略：为了突出"营养"定位，放弃油炸食品。
顾客：调查发现，消费者喜欢洋快餐的原因依次是：口味好、环境好、服务快捷；喜欢中式快餐的原因依次是：口味适合、有营养、习惯吃中餐。另外，消费者对"双种子"联想不佳	2. 考虑到"岭南食物"讲究营养和"蒸"的烹饪特点，以及洋快餐在"营养"方面的弱点，品牌定位为"蒸的营养专家"	定价策略：提高菜品价格，达到与麦当劳、肯德基相同价位。
公司：公司最初的成功是开发了蒸汽锅，能够在一定程度上实现菜品标准化；走出东莞后知名度低，单店盈利低甚至有些店出现亏损；双种子各门店装修五花八门，缺乏统一主题	3. 引进外部投资，占领制高点，聚焦在北京、上海、广州等大城市开店	分销策略：在人群密集地方如火车站、飞机场、地铁口开店
竞争者：在西式快餐市场，麦当劳和肯德基占支配地位；在中式快餐市场，有影响力的品牌较少，主要是永和大王、马兰拉面等		促销策略：统一店内外装修；统一促销主题；网站、门头、广告均突出"营养""健康"主题

（资料来源：节选自秦丽丽，真功夫品牌营销，北京大学光华管理学院 MBA《品牌管理》课程报告，2009.）

制定品牌战略与策略，首先，需要进行 4C's 分析，需要从市场、企业内部获取相关数据，这是品牌规划的基础。为此，真功夫的品牌策划团队不仅查阅了行业发展数据，同时也走访了消费者，访问了企业管理层和一线员工。其次，需要确定目标消费人群和进行市场定位。在上面介绍的真功夫品牌策划方案里，虽然没有明确划分消费人群，但主要的目标客户是那些出差和旅行的消费者，以及大城市写字楼里时间匆忙的年轻白领。针对目标人群，真功夫的价值定位是"蒸的营养专家"，一方面与缺乏营养的洋快餐相区分，另一方面彰显"蒸"这一烹饪方法在保持食物营养方面的价值。最后，营销策略紧紧围绕品牌定位展开。换句话说，所有的营销策略均须强化定位，那些与定位不一致的策略需要调整。比如，真功夫的价值建议强调的是"营养"，原来的一些产品如油炸食品等就需要从产品组合中剔除。

延伸阅读 20-4　多芬的使命感营销

品牌方案制定出来后，并非万事大吉，需要在执行过程中调整和完善。仍以真功夫为例，早期的一些加盟店，因担心增加投资和不确定这些投资能否带来相应的回报，对统一装修、统一促销主题等政策措施心存疑虑和抵触，为此公司通过先期试点、给予加盟商补贴等一系列措施，才使得整个方案得以逐步推行。

第五节　动态管理品牌

本节围绕品牌导入、品牌强化和品牌转型三个方面，讨论企业如何动态管理品牌。

一、品牌导入

在品牌的启动期或导入期，企业往往需要在销售产品和投资品牌之间作出权衡。对于中小企业，因为没有太多的资源来做品牌，通常会把产品在市场的立足和成功置于更为重要的地位，这本身也无可厚非。毕竟，对很多企业而言，生存是第一要务。

（一）高层支持

是否投资品牌，在企业内部并不是一开始就会形成共识，所以高层的参与和支持就变得十分重要。以英特尔为例，当其斥巨资开发的 386 系列投放市场时，尽管性能卓越，但销售并不理想，大多数用户认为目前使用的 286 芯片已经很好，无需升级。在此背景下，后来成为 Intel 营销总监的卡特给当时英特尔总裁格鲁夫建议，应当进行市场和品牌投资。格鲁夫并不肯定卡特的建议是否切中要害，于是拿出一小笔资金让其在美国的一个小城市进行试验，以检验卡特提出的品牌投资方案是否可行。结果，试验获得巨大成功。即便如此，当后来卡特提出年度投资达 1 亿美元的 "Intel Inside" 计划时，公司高层中仍有很多人仍持反对意见，最终格鲁夫力排众议，才开启了英特尔品牌的创立之路。

企业高层在品牌创立中的作用主要体现在三个方面：一是确定品牌发展方向，如权衡不同阶段短期销售与长期品牌影响力的关系；二是筹措资源、协调内部各部门的行动；三是确定或批准品牌相关重大事项或政策。

（二）过程规划

如果能像前面介绍的"真功夫"案例那样，由专业团队设计一套方案就品牌定位、营销策略做出规划，无疑有助于品牌的发展。然而，很多企业可能是采用"摸着石头过河"的方式开启品牌创立之路。声超 E 科是法国声科影像在中国创立的品牌，从 2013 年进入中国市场，仅用短短 6 年时间就在群雄林立的中国超声诊断设备市场异军突起，成为与飞利浦和 GE 等大牌超声诊断设备比肩的品牌。[①]

声科医超是如何做到的呢？首先，是建立品牌管理团队，公司老总亲自挑选团队负责人，而且特别强调团队人员的医学与技术背景。其次，是品牌命名和编创品牌故事。声科最初的名字比较长，突出弹性超声技术，但后来发现用户对此印象不深，而且不能与 B 超相区分，一年以后在经销伙伴的建议下改为"声科 E 成像"，2019 年进一步改为"声科 E 超"。考虑到公司创始技术团队有 3 人曾获得诺贝尔获奖提名，品牌管理团队提炼了"三诺"故事，以此在业内进行传播。再次，循序渐进扩大品牌影响。声科品牌管理团队最初并没有制订 3～5 年长远规划，而是采用步步为营的策略，明确每年的工作重点，如 2013 年确定为"知名度年"，2014 年确定为"美誉度年"，2015 年确定为"价值年"，2016 年确定为"满意度年"。在此过程中，既有年度工作重点，也会开展某些跨年度的品牌活动。前者如举办"高端沙龙"，组织"装机仪式"等，后者则围绕"多中心临床试验"和制定《超声 E 成像临床应用指南》展开。所谓"多中心临床试验"是组织超声领域全国众多顶级专家参与到病人诊断与数据分析中，既支持了医学研究，同时也将声超 E 科的设备在大医院得到使用。不仅如此，在公司的支持下，经过全国 100 多位专家的合作，基于数千病人的数据，《超声 E 成像临床应用指南》于 2018 年付梓面世，不仅开创了"E 超成像"这一新的品类，而且确立了声科 E 超行业标准制定者的地位。

（三）行动措施

即使制定有品牌战略或品牌规划，企业也不能教条式地按照纸面文件机械地实施，而是要根据环境的变化动态地调整规划，创造性地实施规划。检验品牌规划是否符合实际的一种方式，是看规划中的"行动抓手"或行动措施能否达成短期或长期的目标。比如，上面介绍的声科 E 超在"知名度年"并没有大张旗鼓地去做广告，也没有参加全国性的展会，而是采取"高端沙龙会"这种更接地气的方式。同样，英特尔在决定斥巨资打造品牌后，品牌管理团队启动"合作广告"项目，对合作伙伴在广告中推广"Intel"品牌给予补贴，吸引了大批经销商和 OEM 厂商加入到推广英特尔品牌的行列。

（四）确定品牌管理组织形式

品牌管理组织形式存在三种类型，即业主负责制、职能管理制和品牌经理制。[②]

所谓业主或公司经理负责制，是指品牌或产品层次的决策活动乃至很多的组织实施活动全由业主或公司的高层领导承担，而只有那些低层次的具体活动才授权下属去执行。

---

① 符国群，王卓. 声科 E 超：红海市场的品牌导入[OL]. 北京：北京大学光华管理学院案例. 2022:13-204(2020-11-17).

② 符国群. 商标资产管理的组织形式及演变[J]. 外国经济与管理，1997(11): 36-39.

业主或公司经理负责制的最大优点是决策迅速，协调能力强，同时，可以注入业主的企业家精神，从而为品牌发展提供强大的策动力。它一般适宜产品和品牌比较少且规模不大的企业。

职能管理制是指在公司统一领导协调下，品牌管理职责主要由公司各职能部门分担。这一制度在 21 世纪 20 至 50 年代的西方比较盛行，至今也仍被不少企业采用。优点是，由受过专门训练的专业管理人员负责对品牌管理：一方面可使公司领导摆脱很多具体事务的纠缠，集中精力思考和解决企业发展中的重大问题；另一方面也可使品牌管理由传统的直觉与经验型管理转向以知识为基础的科学管理，从而提高管理水平。突出的问题有两个：一是职能部门之间如何有效沟通与协调；二是当公司拥有多个品牌时，可能出现品牌领域无人负责的现象。

品牌经理制是公司为每一品牌的产品或产品线配备一名具有高度组织能力的经理，使他对该品牌的产品开发、产品销售额、产品毛利率全部负责，并由他来具体协调产品开发部门、生产部门以及销售部门的工作，负责品牌管理的全过程。品牌经理制于 20 世纪 30 年代由宝洁公司首创，并很快被众多大型消费品公司采用。这种管理制度的好处是，每个品牌有专人负责，同时又引进专业性管理技能，它兼具业主负责制与职能制的优点，同时又可在很大程度上避免它们的不足。由于大多数企业不具备"高度授权"的管理文化，引进品牌经理制时，很难赋予品牌经理足够的权力，由此导致品牌经理难以履职。自 20 世纪 80 年代以来，一些企业开始引入品类经理、全球性品牌经理、品牌管理委员会等制度，试图对品牌经理制予以完善。[①]

二、品牌强化

（一）强化品牌定位

品牌在市场获得初步影响后，需要通过强化品牌定位来巩固其市场地位。处于不同地位的品牌，采用的策略可能会存在差异。但无论处于何种地位，强化品牌定位的重心在两个方面：一是保持品牌形象的独特性；二是保持品牌与目标消费人群的相关性。

1. 品牌形象独特性

首先，品牌投资应重点围绕定位展开。比如"Volvo"长期围绕"安全"定位进行品牌投资，不仅在研发、生产等环节开发更安全的工艺与技术，而且在传播中用各种数据和事实，展现"Volvo"汽车的安全性，以致不少消费者将其誉为"铁匣子""坦克"，其"最安全的汽车"形象被不断深化和"神化"。

其次，防止竞争对手削弱品牌定位。伴随竞争对手对企业品牌核心价值诉求的攻击，以及产品同质化的出现，品牌的独特差异点有可能弱化。产品的不断创新无疑是一种应

---

① 王海忠. 品牌管理[M]. 北京：清华大学出版社，2014：294-297.

对之策，另一种可能的思路是在非功能利益上创造差异，如在品牌形象、产品体验等方面与竞争对手拉开距离。典型的是百事可乐在早期主要通过"口味"对可口可乐发展攻击，后来则是通过瞄准更年轻的消费者，通过"时尚""叛逆""活力"等元素的注入，让其与可口可乐形成品牌差异。

最后，防止品牌过度延伸淡化品牌形象。品牌成名之后，企业可以利用其影响力推出新产品和进入新的业务领域，但也应防止因过度延伸给母品牌带来的潜在负面影响。试想，如果"茅台"广泛地延伸使用到诸如红酒、啤酒等产品上，短期内可能会带来一些利益，长远看有可能得不偿失。

2. 品牌相关性

品牌相关性是指品牌是否与目标消费者的生活、消费具有关联性，或者更通俗地讲，品牌是否会被纳入消费者的考虑与选择范围。相关性与品牌的差异性、独特性有一定联系，但两者并不是一回事。历史上，一些很有个性的品牌消失了，其根本的原因是品牌丧失了相关性。造成相关性丧失的根本原因，一是技术进步，二是消费者需求改变。技术进步带来颠覆性创新，使原有产品或技术过时，典型的是新能源汽车将逐步取代原有燃油车，昔日辉煌的一些品牌，如果不能跟上技术变化的步伐，很可能被淘汰。消费者需求的改变，可能与技术进步相关，也可能与技术进步没有必然联系。北欧一些国家的消费者将奢侈界定为"绿色、环保""与家人在一起""自己动手"等，这样的生活方式会使那些传统名牌和昂贵奢侈品失去相关性。

（二）品牌延伸

品牌延伸是指将某一著名品牌或已经具有市场影响力的品牌使用到与成名产品或原产品完全不同的产品领域，比如将"华为"使用到智能汽车上或使用到笔记本电脑上就是品牌延伸。与品牌延伸相关的一个概念是产品线延伸，后者是指在同一产品类别但不同型号、规格或质量等级的产品上使用母品牌，如华为开发不同系列的笔记本电脑，但均使用"华为"品牌。显然，品牌延伸的风险比产品线延伸的风险大。然而，如果品牌延伸获得市场认可，意味着企业成功地进入了新的业务领域，有可能进一步扩大品牌的影响力。以娃哈哈为例，它最初针对儿童生产"娃哈哈"营养口服液，后延伸到矿泉水、瓶装茶饮料等多个领域，由此奠定了娃哈哈在今日饮料市场的地位。

一方面，品牌延伸可以提高消费者对新产品的接受度，可以降低新产品导入成本，如果成功还可以提升母品牌形象、丰富品牌含义、扩大品牌覆盖范围。另一方面，品牌延伸也可能稀释母品牌的含义，蚕食公司其他产品销售，或者使企业丧失开发新品牌的机会。[①]或许考虑到这些可能的风险，娃哈哈集团在进军软饮料市场时，并没有采用品牌延伸策略，而是使用"非常可乐"。

---

①凯文·凯勒. 战略品牌管理[M]. 4版. 吴水龙，何云，译. 北京：中国人民大学出版社，2014：368-376.

如何提升品牌延伸的成功率或降低其可能的风险呢？首先，要评估母品牌在消费者中的影响力，如品牌联想是否丰富，是否正面，是否具有独特性。如果母品牌影响力弱，或者有不好的联想，品牌延伸获得市场认可的可能性就会降低。其次是考虑相关性或匹配性，即考虑母品牌所具有的资产在延伸产品领域是否能给顾客带来实际利益。最后，评估品牌延伸给母品牌带来的可能负面影响。即使延伸产品获得了消费者认可，如果品牌延伸从长期看淡化了母品牌的独特形象，则有可能得不偿失。[①]

（三）化解品牌危机

品牌危机是指消费者或社会公众短期内对品牌失去信任并迅速采取负面口碑、抵制等行动，由此导致品牌陷入困境状态。品牌危机可分为功能型与道德型两种基本类型，前者多集中于产品缺陷或产品功能出现问题给消费者带来安全、健康等方面的隐患，从而引起消费者的愤怒和不满；后者是指企业的品牌行为违背了消费者或社会公众的价值观或道德准则，触发他们对品牌的敌对行为[②]。

在品牌成长过程中，品牌危机时有发生。包括万科、华为、麦当劳、奔驰等众多品牌均在某个阶段发生过品牌危机。如果处理不当，轻则短期内造成巨大的销售损失，重则造成品牌长期不振甚至从市场消失。2008 年的三聚氰胺事件，不仅导致河北三鹿牌奶粉直接退市，而且波及我国几乎所有奶粉企业。

大多数品牌危机事件，会严重损害品牌声誉，在社交媒体充当"放大镜"的今天尤其如此。面对危机，一是要迅速反应，二是要统一口径，三是要开诚布公、诚实面对，四是要处理责任人、补偿受害者。[③]如果处理得当，给予受害者适当补偿，一些消费者尤其是与品牌关系密切的消费者可能会选择原谅，甚至成为品牌的坚定支持者。

三、品牌转型

当品牌逐步丧失相关性和独特性后，企业不得不面临品牌转型。品牌转型对有些企业可能是被动的，对有些企业则是主动的，现实生活中前者可能更为常见。很多企业，如李宁、海尔、华为都面临过或正在面临品牌转型。如李宁在面临销售严重下滑的背景下，于 2010 年启动品牌转型，但最初的品牌重塑计划并不成功，直到 2014 年才摆脱连续亏损的局面，到 2018 年再度"王者归来"。[④]海尔则在 2018 年提出在物联网时代，品牌开创应从传统的产品品牌和平台品牌向生态品牌转型，可以看作是品牌主动转型的代表。[⑤]

---

① 符国群. 品牌延伸研究回顾与展望[J]. 中国软科学，2003(1): 75-81.

② 陶红，卫海英. 抢雷策略对品牌危机修复效果的影响研究：品牌危机类型、品牌声誉的调节作用[J]. 南开管理评论，2016(3): 77-88.

③ 王新刚. 品牌管理[M]. 北京：机械工业出版社，2020: 134-137.

④ 范小军、赵文毓：从传统运动品牌到国潮界话题王：中国李宁的凤凰涅槃之路，中欧国际工商案例，2020（案例编号：MKT-20-646-CCd）.

⑤ 张瑞敏. 创联网时代生态品牌[M]. //何佳讯. 品牌的智慧. 上海：格致出版社与上海人民出版社，2020: 177-182.

品牌转型的常见方式有品牌重新定位、品牌激活、品牌范围拓展等主要方式。品牌重新定位通常指通过重新确立新的目标群体或提出更契合目标消费者的价值诉求，使品牌更具有相关性和独特性。典型的是 20 世纪 40 年代的万宝路香烟，最初主要面向女性销售，意识到男性市场规模更大，公司通过重新设计产品和包装，以及引进"西部牛仔"形象代言人，将万宝路塑造成具有"男子汉气质"的新形象，获得极大成功。

品牌激活又称品牌活化，是指通过启用曾经在历史上有重要影响但现在处于闲置或老化状态的品牌，使其重新焕发活力。一些传统的老字号，不仅在一部分消费者中有美好记忆，而且本身具有深厚的文化底蕴，其品牌仍具有重要的利用价值。这些品牌通过传承和创新，可以在新的时代重新激起众多消费者的喜爱。比如，20 世纪 60 年代红极一时的"红旗"轿车，曾是国家领导人的座驾，有过辉煌的历史，但在 20 世纪 80 年代被迫停产，直到 2009 年被重新启用，2021 年销售量超过 30 万辆，初步显现被激活的迹象。品牌激活有四种主要策略，即唤醒、复古、扩展和改变。[1]

品牌范围拓展与前面介绍的品牌延伸有关，即将品牌广泛使用到多种产品上，从而使品牌从单一的"功能利益"定位扩展到更抽象的形象、体验等价值层面，使品牌更具有包容性。以"多芬"为例，它最初被使用在香皂上，一直强调的价值诉求是"滋润皮肤"，但现在该品牌被使用在沐浴露、洗发水等众多产品上，它在人们心目中的形象也变得多元。从好的一面看，品牌联想更加丰富，不好的一面则有可能导致其品牌形象不再独特。

延伸阅读 20-5　哈根达斯品牌的动态管理

本章案例

新可乐的推出

即测即练

自学自测　　扫描此码

---

① 何佳讯. 长期品牌管理[M]. 上海：上海世纪出版集团，2016: 19-20.

教师服务

感谢您选用清华大学出版社的教材！为了更好地服务教学，我们为授课教师提供本书的教学辅助资源，以及本学科重点教材信息。请您扫码获取。

≫ 教辅获取

本书教辅资源，授课教师扫码获取

≫ 样书赠送

市场营销类重点教材，教师扫码获取样书

 清华大学出版社

E-mail: tupfuwu@163.com
电话：010-83470332 / 83470142
地址：北京市海淀区双清路学研大厦 B 座 509

网址：http://www.tup.com.cn/
传真：8610-83470107
邮编：100084

中国高等院校市场会研究会官方推荐教材
新时代营销学新形态教材书目

书 名	主 编	书 名	主 编
市场营销学	符国群	促销基础	贺和平 朱翊敏
市场营销学（简明版）	符国群	营销实战模拟	孔 锐
消费者行为学	彭泗清	营销策划	费鸿萍
市场研究	景奉杰 曾伏娥	营销工程	沈俏蔚
国际市场营销	孙国辉	大数据营销	李 季
服务营销	王永贵	商业数据分析	姚 凯
组织营销	侯丽敏	旅游市场营销	白长虹
网络营销	龚艳萍	金融市场营销	王 毅
战略品牌管理	何佳讯	农产品市场营销	袁胜军 肖 艳
产品创新与管理	黄 静	医药市场营销学	官翠玲
定价策略	柯 丹	体育市场营销学	肖淑红
整合营销沟通	牛全保	电信市场营销学	吕 亮
营销渠道管理	张 闯	新媒体营销	戴 鑫
品牌管理	王海忠	绿色营销	王建明
零售管理	蒋青云	创业营销	金晓彤
销售管理	李先国	珠宝营销管理	郭 锐
客户关系管理	马宝龙		